兰州大学"双一流"建设出版项目

甘肃省法学会重点项目

陇上法制与法律人物

李功国　主　编

王　勇　脱剑锋　副主编

中国社会科学出版社

图书在版编目（CIP）数据

陇上法制与法律人物/李功国主编. —北京：中国社会科学出版社，2023.4
ISBN 978 – 7 – 5227 – 1732 – 6

I. ①陇… Ⅱ. ①李… Ⅲ. ①法制史—文化史—研究—甘肃 Ⅳ. ①D927.42

中国国家版本馆 CIP 数据核字（2023）第 061077 号

出 版 人	赵剑英
责任编辑	孔继萍
责任校对	王佳玉
责任印制	郝美娜

出　　版	中国社会科学出版社
社　　址	北京鼓楼西大街甲 158 号
邮　　编	100720
网　　址	http://www.csspw.cn
发 行 部	010 – 84083685
门 市 部	010 – 84029450
经　　销	新华书店及其他书店

印　　刷	北京君升印刷有限公司
装　　订	廊坊市广阳区广增装订厂
版　　次	2023 年 4 月第 1 版
印　　次	2023 年 4 月第 1 次印刷

开　　本	710×1000 1/16
印　　张	25.5
插　　页	2
字　　数	401 千字
定　　价	158.00 元

编委会名单

主　　编：李功国

副 主 编：王　勇　　脱剑锋

主要成员：刘延寿　马玉祥　杨　磊　何子君
　　　　　刘志峰　刘晓霞　康建胜　吴应珍
　　　　　董武斌　张锡娟

序　言

　　"河岳根源，羲轩桑梓"，甘肃，因古代省境内有甘州（今张掖）与肃州（今酒泉）两府，各取其号字而命名。又因省境大部分在陇山（六盘山）以西，唐代曾设陇右道（古代以西为右），故简称"陇"。本书名之曰"陇上法制与法律人物"，即为甘肃省法律人物立传，以"陇上"代替"陇籍"，意在不以"原籍"为入选要件，只要在甘肃从事过法律工作并取得重要成就者，即有可能入选。况且，本书系学术著作，并非组织结论，即使是学术评论，也仅是"一家之言"。当然，本书将坚守实事求是、科学公正的立场，以马克思历史唯物主义为指导，努力做到准确、细致、公允，对历史和人民负责。

　　甘肃是中华民族和华夏文明发祥地之一，有着7000年的悠久历史和璀璨的文化，包括法制法文化，它不仅仅是中华法制法文化的重要组成部分，而且敦煌文化与法文化，已成为世界性多种文化交融荟萃之地。自传说时代起，"羲皇故里"、炎黄尧舜、大禹治水、皋陶理民，以至周文化、秦文化、强汉盛唐文化、丝路文化、河西文化、敦煌文化，下启宋元明清，陇上先民在甘肃这片土地上，创造了根脉延绵、制度发达、治理有方的古代法制法文化，为中华法制文明作出了突出贡献。当今又成为中央政府确认的华夏文明传承创新发展基地。著名历史学家李学勤教授在为《遥望星宿：甘肃考古文化丛书》（2004年）撰写的总序中指出："中国历史文化早期的一系列核心疑问和谜团，恐怕都不得不求解于甘肃"。我们有理由为甘肃灿烂的传统文化、法文化而自豪，有责任弘扬优秀传统文化、法文化，为当代中国社会主义法治现代化建设作出新的更大贡献！

历史是人民写的，其中历史法律人物作出了突出贡献。自传说时代起，伏羲、女娲和黄帝相传诞生在甘肃，大禹治水足迹遍及甘肃山川，周人崛起于庆阳，秦人肇基于天水礼县，天下李姓根在陇西。从周祖不窋及其孙姬刘；秦开国之君秦襄公及秦始皇；西汉汉武帝经略西域、张骞开拓丝绸之路，均以甘肃河西、敦煌为要地，飞将军李广、名将霍去病、赵充国；东汉法制理论家王符、傅玄等，魏晋南北朝贾诩、苻坚、张轨、李暠、沮渠蒙逊、河西三儒、鸠摩罗什、吴洪辨、唐悟真等；隋唐杨坚、牛弘、裴矩、李渊、李世民、李隆基、李翱、张说、李晟，张议潮、曹献金、曹文忠；宋元明清范仲淹、王尧臣、秦綋、汪文辉、潘玉龙、王竑、安维峻、邹应龙等；迄至近现代，包括清末民初、民国人物、新民主主义革命和革命根据地人物，全书共收入陇上法律人物200余人。由于法治是国家的基本制度，关涉治国安邦、国计民生、社会治理、中外往来等根本问题。西北、甘肃、河西又是军事斗争前沿，烽火连绵，治军征战、戍边屯田、军民关系，民族宗教政策等均已法律化、制度化。加之中国古代法制与政治、行政、军事职责分工不分明，实行"礼法刑政综合为治"，因而上述所选人物中具有多面性，既有帝王国君、军政大臣、执法司法监察机构等人员、中央派出大员、节度使，也有甘肃地方各级执法司法官员、军事执法人员、民族政权人员、宗教尤其是佛教僧统、活佛、寺主、高僧等，还有士族豪绅、僧俗知识分子、法学律学理论家、佛经翻译家等。他们往往一身兼多种角色，创多种业绩，但都主张法制并履行之，制定典章制度，执法公正严明、重视民本民生、奉行德主刑辅，维护国家安全和统一，为开疆守边、拱卫中原，为甘肃和全国依法治理与法制文明作出了历史性巨大贡献，其事迹已永载史册！由此，本书对甘肃法律人物的选录，乃综合考虑了上述情况，以避免简单化和随意定论。

本书的写作目的和意义在于：

第一，为甘肃法律人物建档立志，开省级法律人物志之前例。它将囊括甘肃省5000—8000年涌现的法律代表人物，地位重要、业绩显赫，当属中华民族法律人物之重要群体之列，在世界上也有重大影响力。

第二，人物联系事件，联系制度，联系全局。故而本书也是甘肃省法律方志。通过纪传体法律人物的写作，可以反映甘肃历朝历代的法律制度更迭及法制状况、社会治理状况。如强汉盛唐时代的国势强劲繁荣，五胡乱华和晚唐五代的社会动荡，甘肃陇右、河西、敦煌及北地、秦州等地的法制变迁等。可以看出，甘肃出土法律文献资料十分丰富，历代各项法律制度比较健全、细密，与当时当地社会经济发展状况基本适应，整体处于发达水平。

第三，陇上法律人物集中展示中华文明和中国优秀传统法律文化的本土风貌与智慧。它以儒家文化为主流，礼法相融合，坚守多元一体、多族一国，彰显中华民族刚柔并济、自强不息、厚德载物的真精神，甘肃人民艰苦奋斗、勤劳厚重、独树一帜的品格，为传承文化、弘扬中国风格、中国语境、实现传统法律文化的创造性转化、创新发展奠定了坚实基础。

同时，陇上法律人物又具有开拓视野，包容世界四大文明、三大宗教和多国多民族文化与法文化的胸怀与气魄。贯通全省的丝绸之路，西连中亚、南亚、西亚、欧洲，东连中原、江南、东北亚、东南亚，商旅、走卒、使节、宗教人物不绝于途，驼铃声声、胡韵悠长。农耕文化、游牧文化、绿洲文化、工商文化交汇。使陇原成为华夏文化根脉，亚欧交流中枢之地。史、地、区位、人文、时势造就了众多光鲜人物形象，其影响力早已走出国门，播及世界。

第四，陇上法律人物多数系朝中三司重臣、巡察大吏、州县长官、军事、宗教要职，执掌立法、执法、司法、监督各项权力。其职务活动具有很强的实践性、操作性。像《开皇律》《贞观律》《永徽律疏》以及《职方格》《水部式》《四时月令诏条》《敦煌用水细则》等典章制度的制定与实施、监督；张轨、李暠、张议潮、曹文忠等地方政府制定的各项经济、文教、社会治理政策与举措的贯彻执行等，均表现出很强的实施力度。不少执法司法官员执法如山，刚直不阿，是非分明，坚守公平正义，判例判词精彩、智慧，表现出很高的办案水平和效率，成为我国优秀传统法律文化的宝贵财富。

第五，陇上法律人物及其精神文化是中华文明与法制文明的集中展示和典型表现。甘肃是文化大省，历史悠久、文化深厚、血脉文脉绵延，国之正道浩然！它的历史存续性与传承价值；长入现代的转化性、创新性，使它根繁叶茂，万古常青。它将在世界变局中成为新时代中国特色社会主义法治文化的不竭动力与丰厚滋养，为依法治省、依法治国继续作出新的努力。

李功国

2021 年五一劳动节

目　录

上编　古代陇上法制与法律人物

第三章 隋唐至宋、元、明、清法制与法律人物 ………… (113)

下编　近现代陇上法制与法律人物

上　编

古代陇上法制与法律人物

第 一 章

古代陇上法制发展变迁
与自然人文背景^①

一 古代陇上法制与法律文化发展变迁

甘肃，简称甘或陇，位于中国西北部，是中华民族和华夏文明的发祥地之一，有着悠久的历史和灿烂的文化。在漫长的历史进程中，先民们在甘肃这片土地上谱写下璀璨夺目的法制文明和法律文化，成为中华法制文明和中华法律文化的重要组成部分。

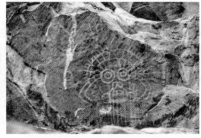

岩画

（一）夏商周

按照马克思主义的法律起源观，法律是伴随着私有制、阶级和国家

① 本章参考资料：(1)甘肃省法学会史稿编委会编纂、李功国执行主编：《甘肃省法学会史稿》(内部资料)，2016 年 10 月。印刷单位：甘肃光子印务有限责任公司。

(2)甘肃省地方志编纂委员会、甘肃省审判志编纂委员会编纂：《甘肃省志·审判志》，《甘肃省志·法学》，甘肃文化出版社 1995 年版。

(3)《兰州大学校史》，兰州大学出版社 1990 年版。

马家窑彩陶

的出现而产生的。在上古时期甘肃大地上，随着原始社会向奴隶社会的过渡，法律开始萌芽、诞生。史籍记载："太昊伏羲氏生于成纪"，即今天水市秦安县北部，因此，天水有"羲皇故里"之称。伏羲氏"始画八卦，以通神之德，以类万物之情，造书契以代结绳之政，于是始制嫁娶，以俪皮为例"。这些似乎都是古老的习惯法。相传黄帝曾往崆峒问道，并巡视甘肃及其以西地区。"黄帝立为天子，十九年令行天下"（《史记·五帝本纪》），设李官总主征伐与刑狱，所以史称"刑始于兵，兵刑不分"。"刑"即法律，"兵"指战争，古人认为法律起源于战争。尧舜之时，法官称士，掌管刑狱。《尚书·舜典》记载："帝曰皋陶蛮夷滑夏，寇贼奸宄，汝作士，五刑有服。"是时，三苗部族"诸侯不用王命"，被流放三危，即今敦煌，后再次向北分流，至大禹治水，三苗之族才开始安定下来。夏禹划天下为九州，甘肃属雍州。大禹治水，足迹遍及甘肃山川。禹治水有功，与司法官皋陶执法有力不无关系，《史记·夏本纪》记载："皋陶作士以理民"；"敬禹之德，令民皆则禹；不如言，刑从之"；"道之兴自此始"（《史记·周本纪》）。不窋的孙子、鞠的儿子公刘在此开垦荒地，兴修水利，制造农具，整修农田，种植五谷，为农业发展作出了很大贡献。公刘以后，周族兴旺起来，地域不断扩大。古公亶父学习殷商法律制度，设司寇掌刑狱，"刑名从商"。周文王大力发展奴隶制度，执法公允，诸侯争讼不能解决者，请其"决平"。文王、武王治下，势力日渐强大，终以"行天之罚"名义，举兵灭商建立西周奴隶制国家。周朝继承了殷商的法律制度，但也有创新，确立了以"德治""礼治"为指导思想和以"宗法制"为主要内容的法律制度，对后世产生了深远影响。

皋陶　上古时期政治家、司法鼻祖

(二) 春秋战国与秦汉

春秋战国时期，秦武公于公元前 688 年，设邽县（今天水市）、冀县（今甘谷县），是甘肃设县之始，特别是冀县之设是中国设县之始，有"华夏第一县"之称。公元前 356 年，商鞅变法，推行郡县制及其封建法律制度，每县设令、丞处理政事和狱讼，并建立什伍同罪连坐制。公元前221 年，秦始皇统一中国，建立封建制中央集权国家，制定《秦律》，统一法律。秦在甘肃东部地区分置陇西、北地郡，郡领县、乡。秦郡守、县令掌辖区内狱讼，郡丞、县丞佐理事务；乡设"啬夫"，处理一般诉讼。

公元前 206 年西汉王朝建立。析陇西、北地郡，置天水、安定郡，增辟武都郡。公元前 121 年得匈奴浑邪王、休屠王属地，置武威、张掖、酒泉、敦煌郡，汉昭帝时置金城郡。西汉分全国为

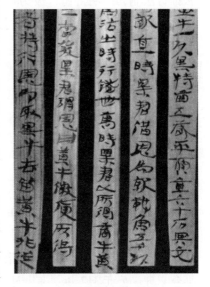

居延汉简

十三刺史部，甘肃属凉州刺史部，辖十郡一百二十五县。刺史行使监察权，审判权属郡守、县令。一般诉讼由郡、县审理，死刑及疑难案件须

经刺史复核报呈朝廷核准。公元25年东汉王朝建立，甘肃仍属凉州刺史部，置十郡二属国。汉灵帝后一度由州牧、郡守行使死刑权。建安时，凉州刺史部监察十三郡，领一百三十余县。司法审判制度沿袭西汉旧制。两汉时期，开辟了著称于世的"丝绸之路"，它以西汉时期长安为起点（东汉时为洛阳），经河西走廊到敦煌。从敦煌分为南北两路：南路从敦煌经楼兰、于阗、莎车，穿越葱岭今帕米尔到大月氏、安息，往西到达条支、大秦；北路从敦煌到交河、龟兹、疏勒，穿越葱岭到大宛，往西经安息到达大秦。"丝绸之路"的开辟，对中西经贸、文化交流产生了极其重要的影响，对今天开放战略、政策的制定仍然有重大的借鉴意义。发现于甘肃省敦煌市、玉门市和酒泉市的"敦煌汉简"，与发现于内蒙古自治区额济纳旗居延地区和甘肃省嘉峪关以东的金塔县破城子的"居延汉简"，是研究两汉法制的重要史料。

这一时期甘肃出现了一些有名的思想家，有重要的法律思想，最具代表性的是东汉时期的王符。王符（约85—162），字节信，安定临泾，今甘肃镇原人，东汉政论家、文学家、进步思想家。著有《潜夫论》，主张推行法制，严明赏罚；极为反对滥赦；严斥司法官吏贪赃枉法，拖延诉讼；要求"诛暴止奸"，严肃打击巧取豪夺的王族贵戚和买卖、迫嫁妇女的犯罪。

（三）三国两晋南北朝

三国时期，曹魏在甘肃河东、河西设置秦、凉二州，旋合并为凉州。凉州领有十四郡。后武都、阴平二郡入于蜀汉之梁州。曹魏与蜀汉基本沿袭东汉法律和司法审判制度。

公元265年西晋王朝建立，分全国为十九州。甘肃分属雍、凉、秦三州，辖十九郡。郡领县数不详。西晋初期，参考汉律、魏律编纂颁布了《晋律》，因颁行于泰始年间，故又称《泰始律》。《泰始律》是中国封建社会中第一部儒家化的法典，其主要特点是"峻礼教之防，准五服以制罪"。《晋律》后被东晋和南朝沿用。西晋地方审判权由州刺史、郡太守、县令掌理。公元317年，东晋建立，出现十六国割据局面。甘肃割据政权曾有前凉、后凉、南凉、北凉、西凉、前秦、后秦、西秦、后赵、夏等汉族和少数民族政权。各个割据政权的刑狱均沿袭两晋旧制，刑罚更为残酷。战乱频繁，诉讼案件多由军事长官兼理。公元420年后，南朝刘宋在甘肃置秦、凉二州，领四郡。公元452年后，北魏在甘肃置有十六州。公元552年，西魏承袭北魏在甘肃的辖地，分析设置十九州。公元557年，北周取代西魏，在甘肃领有十六州。司法狱讼沿袭东晋旧制，刑律趋于完备。

三国、两晋、南北朝时期，甘肃出现了一些有名的审判官吏、法律专家、思想家。西晋北地泥阳，今宁县人傅玄（217—278），曾任监察御史中丞，敢于奏劾，令"贵游慑服"。著《傅子》120卷，内有《法刑》《问刑》篇。主张各级官吏要认真遵守法律，反对以个人好恶判案，反对"八议"，反对"酷刑峻法"和"视杀人如狗彘"；但拥护恢复"肉刑之论"。十六国时期，前秦王符坚（338—385）略阳临清，今甘肃秦安氏族，任用敢于严格执法、"宰政公平"、"无罪而不刑，无才而不任"的王猛为相。王猛曾在数十天内惩治不法豪强20余人，以推行符坚的改革政策。符坚感慨地说："吾今始知天下之有法也。"北魏陇西临洮人李冲（450—498），任孝文帝的尚书仆射，帮助孝文帝改革，建立三长制和新租调制，拟定法律。

（四）隋唐

公元581年隋王朝建立，甘肃置雍、凉二州，领二十七郡。州刺史、郡太守、县令掌理狱讼，郡通守、县丞辅佐。隋朝牛弘（545—610），安定，今泾川北人，擅长文字，通律令，官至吏部尚书。公元583年与苏威等人制定《开皇律》。公元606年十月至次年四月，制定《大业律》。这两部法律较宽简。《开皇律》500条，定刑罚名为笞、杖、徒、流、死5种，废除酷刑和孥戮相坐之法，减轻杖刑数量。《开皇律》上承汉律的源流，下开唐律的先河，其中所规定的各项基本制度均被唐律直接继承，成为唐律的直接蓝本，后来又为宋、明、清各朝所沿用。在中国法律制度发展史上具有重要的历史地位。公元618年唐王朝建立，改郡、县为道、州、县，狱讼沿袭隋制。甘肃河东、河西分属陇右、关内二道，二道辖领的州、县在今甘肃境内的有二十州，七十二县，后迭有变动。开元年间，边境地区置节度使，甘肃置陇右、河西节度使。节度使主管军事、行政，兼行审判、监察。州刺史掌理州行政、狱讼，州衙门内设法曹参军，专掌刑狱诉讼。县令掌理县的行政、狱讼，县衙设司法佐、史等官吏，辅佐刑狱诉讼事务。县以下的乡官、里正、村正处理一般诉讼。

唐朝皇帝李世民（599—649），祖籍甘肃秦安，中国历史上著名的皇帝，立法和司法比较开明。公元637年主持制定唐律《贞观律》，主张赏罚得当，不分亲疏贵贱，一断以律。能够明正赏罚，"一一于法"；首创"九卿议刑"制，改"三复奏"为"五复奏"，以控制死刑；整顿吏治，严防枉纵等。在《贞观律》基础上，后形成《永徽律疏》。《永徽律疏》的完成，标志着中国古代立法达到了最高水平，成为中华法系的代表性法典，对后世及周边的日本、朝鲜、越南等国家产生了极为深远的影响。五代十国时期，甘肃境内相继建立多个地方政权，法律及狱讼多沿袭唐制。

（五）宋元明清

公元960年，北宋王朝建立，地方置路、州（府）、县。甘肃设有熙河、秦凤、泾原、环庆、利州、永兴军六路。辖十八州、三军、两府。路置提点刑狱司（后改为按察使司），主官称提点刑狱公事，掌理一路诉讼刑狱；州（府）司法主官称司寇参军，掌理州（府）诉刑狱，县由县令主管诉讼刑狱，县丞辅佐。公元1032年，西夏占据甘肃西北部，灭甘州回鹘，在河西置甘肃、平西军司、黑水镇燕军司、卓罗和南军司等军事组织。其政权机构：西凉府设宣化府、平凉府、兰州、河州、熙州、巩州、会州、庆州、泾州等十一州。西夏仿照宋制，知府、县令掌理地方狱讼，军司之军事长官兼理狱讼。公元1041年，北宋名臣范仲淹调知庆州，在此戍边抗击西夏，在甘肃大地上留下了其足迹。公元1043年，范仲淹等人推动"庆历新政"改革，主张法制。公元1115年，金王朝在甘肃分置临洮、凤翔、庆原三路，辖十四州、二府、一军。金袭宋制，路设提点刑狱司，主官称提点刑狱公事，后改按察使司，称按察使，掌理诉讼刑狱。州、县由行政主官兼理狱讼。公元1127年，南宋王朝在甘肃据利州一路，辖四州，刑制与北宋同。敦煌遗书中有很多唐宋时期的诉讼档案、契约文书，是研究该时期法制的重要史料。

公元1271年，元朝建立，在地方置省、路（府、州）、县。公元1281年，甘肃正式设省，称"甘肃等处行中书省"（长官为平章政事），简称甘肃行中书省，治所在甘州路的甘州（今张掖市）。元朝时，甘肃分属陕西行中书省所领的凤翔路的一部分及巩昌路；甘肃行中书省所领的永昌路、肃州路、甘州路、沙州路和凉州路。省设提刑按察使司和宣慰司，其主官分别称提刑按察使和宣慰使。提刑按察使司掌理俗民诉讼刑狱。僧侣刑狱诉讼由宣慰司受理，重大案件呈报宣政院。僧俗之间的讼案由地方行政长官约会寺院主持僧审理。路（万户府、总管府）、府、州、县各设置达鲁花赤一人，由蒙古人担任，为掌理诉讼刑狱、鞫勘罪囚主官，路（万户府、总管府）总管及府尹，州尹、县尹由汉人或色目人担任，辅佐刑讼。公元 1368 年，明王朝建立，甘肃属陕西布政使司右布政使管辖，领庆阳、平凉、临洮、巩昌四府及灵州直隶州，管辖九州五十县。甘肃南部及河西地区置军事卫所。公元 1449 年"土木事变"以后，在甘肃设立固原都指挥使司和甘肃都指挥使司，辖二十一卫。在今日甘肃的有十七卫，辖六十四所。省提刑按察使司主官称提刑按察使，掌管省诉讼刑狱，府、县狱讼，由知府、知具行使、都指挥使司、卫、所防区以内的刑狱中军事长官审断。

公元 1644 年，清朝建立，甘肃属陕西右布政使司管辖，右布政使司治所巩昌。公元 1667 年，改陕西右布政使司为巩昌布政使司。次年，改巩昌布政使司为甘肃布政使司，治所皋兰。公元 1669 年，在皋兰城道门街修建甘肃提刑按察使司衙门。提刑按察使司受理全省的诉讼案件。清袭明制，甘肃布政使司下辖九府（州），保留司、卫、所。公元 1725 年，裁撤司、卫、所。公元 1882 年，甘肃省辖兰州、平凉、巩昌、庆阳、宁夏、西宁、凉州、甘州八府；阶、秦、固原、泾、肃、安西直隶州；化平直隶厅，六十一县（散厅）。甘肃提刑按察使司设提刑按察使一人，其职权审判并理全省部分行政事务。省以下审判权由府、州、县行政主官行使。府（直隶州、直隶厅）署衙门设有户、刑、工、礼、兵、吏等房，各房有书吏，员额不等。府（直隶州、直隶厅）署衙门内重大案件及疑难案件由知府（知州）审理，府（州）同知辅佐。一般案件由府（州）署衙门内所设各房受理，其中吏房受理寺庙词讼，户房受理钱粮词讼，工房受理水利账债词讼，刑房专门掌理命盗斗殴各类案件的传讯缉拿。县（散州、散厅）署衙门主官统理辖区内刑诉案件，县丞、典史辅佐。公元 1906 年，清政府改革司法制度，行政权与审判权开始分离。公元 1909 年，甘肃提刑按察使司改为提法使司，司署衙门内设有总务、刑民、典狱三科。

二 传说时代至春秋战国时期中国古代法律文化与传说①

著名历史学家李学勤教授在为《遥望星宿：甘肃考古文化丛书》
（2004 年）撰写的总序中指出："中国历史文化早期的一系列核心疑问和
谜团，恐怕都不得不求解于甘肃。"② 这个"谜团"，当然是指溯源意义
上的中国文化。基于李学勤教授的提示以及多年的实地调查和考古资料
阅读，笔者认为，中国文化当然包括中国法文化，其历史地理源头很可
能就在陇上，就在甘肃，就在敦煌。事实上，陇上与河西地区积淀着大
量的法文化遗存。这些法文化遗存，对于今天展开中国法文化的原型识
别、情境复原和话语重建，意义重大。同时，陇上及河西法文化的农牧
混合型文化属性，对于我们发现中国法文化的两大文化基因，即西北游
牧法文化和中原农耕法文化何以分岔的历史地理文化原因，也提供了难
得的经验样本。"法韵甘肃"，很可能就是"法韵中华"的历史雏形和微
观缩影。以下以"自然法""道生法"（或称"准人在法"）、"人在法"
等历史中国法文明发生的历史脉络为分期，分别予以叙述。

（一）以"天人关系"为主线的"自然法"时期

1. 从"华胥之俗"发现人类最早的"自然法"

陇东地区是"华胥之俗"传说流行的重要地区之一。关于"华胥之
俗"的内容，主要记载于《庄子》和《列子》等古籍之中。《庄子·齐
物论》谓："夫赫胥氏之时，民居不知所为，行不知所之，含哺而熙，鼓
腹而游，民能以此矣。"《列子·黄帝篇》中讲述了一个黄帝神游"华胥
氏之国"的故事："华胥氏之国，在弇州之西，台州之北，不知斯齐国几
千万里；盖非舟车足力之所及，神游而已。其国无帅长，自然而已。其
民无嗜欲，自然而已。不知乐生，不知恶死，故无夭殇；不知亲己，不
知疏物，故无爱憎；不知背逆，不知向顺，故无利害；都无所爱惜，都
无所畏忌。入水不溺，入火不热，斫挞无伤痛，指摘无痛痒。乘空如履

---

① 本节作者：王勇，西北师范大学法学院教授，甘肃省法学会敦煌法学研究会副会长，兰
州大学敦煌法学研究中心特聘研究员。

② 李学勤、于玉蓉：《追寻中国古代文明的足迹——著名历史学家李学勤先生访谈录》，
《甘肃社会科学》2014 年第 1 期。

实，寝虚若处床。云雾不碍其视，雷霆不乱其听，美恶不滑其心，山谷不踬其步，神行而已。"

相同的情形，也见于关于"神农之世"的记载中。《庄子·盗跖》中记载："神农之世，卧则居居，起则于于。民知其母，不知其父，与麋鹿共处，耕而食，织而衣，无有相害之心。此至德之隆也。"《商君书·画策篇》记载："神农之世，男耕而食，妇织而衣；刑政不用而治，甲兵不起而王。"显然，华胥之时与神农之世大同小异，都是中国古史三代之前曾有过的母系社会状态，其民风质朴，无奸巧之智，无利害之争，既不需要以礼法制度去"匡天下之形"，也不需要以"仁义"道德教化以"慰天下之心"，人们无拘无束，自由自在，这恰好就是老子、庄子所追求的理想社会状态。华胥氏之国是无亲疏远近、无贵贱尊卑、无制度安排、无利害之争、无爱憎怨恨的自然淳朴、原始和谐的社会状态。

"华胥之俗"的传说，具有重要的法学方法论启示意义，从中可以发现被西方法学以及当代中国法学所遮蔽了的人类最早的"自然法"或"自在法"状态。"华胥氏之国"就是中国自然法乃至整个人类自然法观念的真实原型，是黄帝人定法的创制前提。自然法之于实在法，犹如"无知之幕"对于罗尔斯的正义论，无摩擦空间之于牛顿定律，无交易成本状态之于科斯定理一样，在方法论上意义重大。实在法是从自然法中涌现出来的，是自然法的叠加扩展形态。"华胥之俗"的传说，与盘古氏的传说密切相关，隐含着人类造化之谜。盘古氏的传说是这样的："天地混沌如鸡子，盘古生其中，万八千岁，天地开辟，阳清为天，阴浊为地。天日高一丈，地日厚一丈，故天极高，地极深。盘古临死化身：气为风云，声为雷霆，眼为日月，四肢为四极，血液为江河，肌肉为土，皮毛为草木，骨为金石，精髓为珠玉，汗为雨泽，身之诸虫化为黎氓。"可以想象，人类是从天地自然中"涌现"出来的，这一涌现时刻也就是所谓的"自然法时刻"。

将"自然法"或"自然社会"作为概念分析工具，较为系统的可追溯至英国思想家艾德蒙·柏克，在1756年发表的《论自然社会，或论形形色色的人造社会所导致的诸多悲惨和罪恶》一文。柏克论证指出，自然状态虽然有诸多不便，诸如人们之间缺乏彼此交往、得不到彼此协助、人与人之间发生争端时缺乏居间的仲裁者，但生活在自然状态的人们彼此平等，营养主要依靠植物，树上结有浆果，枯枝用来搭建栖息地，两性之间的自然需求使他们相互吸引，彼此结合，繁衍生息，社会观念应运而生。这种建立在人的自然嗜好和本能基础之上的社会即"自然社会"，它不同于人为建立的"政治社会"。政治社会包括国家、法律、市民社会、政府等，在柏克看来，政治社会的诸多人造设施正是人类不断走向堕落的罪魁，在柏克笔下，"自然社会"毋宁是一面镜子，透过它人们可以更为清楚地发现现代社会面临的种种弊病。①

2. "华胥履大人迹"的传说是对人类外婚制（理想国）的最早记录

"华胥氏履大人迹生伏羲"的地方也被称为雷泽，范三畏先生认为，雷泽即甘肃省庄浪县桃木山之"朝那湫"。朝那湫现在不甚为人所知，但在古代却声名显赫。朝那湫在古代国家祭祀中的地位与长江、黄河并列，是处是神州上游而联通两河水脉的神山神水。近年来，庄浪县的文化宣传部门已经对相关传说进行了深度发掘，可信度较高。

"华胥氏履大人迹生伏羲"的具体内容，在许多古籍中有记载。最早提及华胥氏的文献主要有《竹书纪年》和《庄子》等。《竹书纪年前编》说："太昊之母，居于华胥之渚，履巨人迹，意有所动，虹且绕之，因而始娠，生帝于成纪。以木德王，为风姓。"太昊氏即伏羲氏，此说伏羲之母华胥氏居住于华胥之渚（水中一小块陆地），因偶履"巨人"之足迹而感孕，后生了伏羲。在中华古史的传说系统中，华夏民族最早的始祖是华胥氏。流传于伏羲诞生地古成纪（今甘肃省静宁、秦安一带）的一则民间传说对"履迹"作了更加形象的诠释：传说上古时有一女经常在一个叫"天镜"的大水池中洗澡。有一次，出浴后发现池边有一个几丈长的脚印。她好奇地躺在脚印上，不觉睡着了。醒来时发现自己已怀孕了。后来生下了个男孩，这个孩子就是伏羲。而她履迹生子，是因为雷公施行了"雷脚"之术。②

这个传说很可能是对人类外婚制的最早记录。履大人迹或履巨人足，隐喻着华胥氏对身材高大的外氏族男子的"性选择"倾向已经出现，这

---

① 任军锋：《寻找"回家"的"星与罗盘"——读李猛〈自然社会：自然法与现代道德世界的形成〉》，《政治思想史》2016 年第 2 期。

② 王知三：《成纪神话传说》，兰州大学出版社 1997 年版。

个"大人"或"巨人"之足，可能是同时期燧人氏中身材高大的一位男子，燧人氏因为率先熟食而更有可能养育较多身材高大的男人，身材高大者，其足也大。自古以来，身材高大也是成为原始社会群体领袖的一个最为重要的社会生物学指标。从这个视角来看，也可以解释为什么华胥氏所生的伏羲女娲皆为"人首蛇身"，其实，"蛇身"是古人对身材修长者的一个比喻说法，既然是履巨人迹，也就意味着父亲是一位大个子（当然在外婚制下，真实的父亲是不知道的），有其父子必有其子。另外，一对身材高大而修长的男女相配，正所谓"郎才女貌"，是一对令人羡慕的族内俊杰，领袖权威也会自然获得。

外婚制或是由特定的地理条件所塑造，这个地理条件是各氏族生活的领地之间"封而不闭""隔而不离"，典型如绿洲戈壁地带和黄土高原丘陵沟壑地带，各聚居地之间有交通上较为困难的广大"隙地"的存在。在这样的地理条件下，我们才能理解老子对小国寡民之"理想国"的描述——"鸡犬之声相闻，民至老死不相往来"。外婚制是属于有性无婚生育模式，子女通常"不知其父，只知其母"。近年来，新疆罗布泊小河墓地考古发现，或许对印证上古时代外婚制的存在有重要启示。比如，在小河墓地中，考古人员发现最为普遍的一个特征就是：女棺上有男根立木，男棺上的女阴立木，而且都是单人单棺，没有夫妻合葬棺。可以推测，这是当时普遍实行外婚制下的象征性冥婚葬。因为，在外婚制下，每个氏族的成年人都是"单身生育者"。氏族人口的繁衍生存一直存在，只是没有所谓一夫一妻的固定婚配制。氏族成员普遍都是"不知其父，只知其母"。这里面就存在这样一个问题，如果某一氏族成员亡故，会如何埋葬她（他）？答案很可能是，每一个死去的氏族成员，氏族集体都会安排安葬，但是在冥界，她或他也需要性生活，要有一个男人或女人的陪伴，于是，在女棺上插上男根立木，在男棺上插上女阴立木，通过这样一种象征性冥婚，那么，死者就会得到安慰。

由此也可以理解，为什么后来人类进入父系社会的一夫一妻制后，如果有未成婚的青年男女因病或意外死亡后，常常会出现可怕的真正的冥婚——"寻找"一位也已死去的大致同龄异性一起合葬。这种风俗，尤其盛行于历史上的内地和中原地区，据媒体报道，至今在有些地方仍然存在。当然在河西走廊，情况可能好一些，20 世纪 60 年代至 70 年代，儿童因病死后，通常是由其家人，在野外将其火烧，并未听说为死者办理冥婚的传闻。这可能是因为河西走廊的居民，没有特别强烈的祖先崇拜和延缓家族"香火"的传统。小河墓地的"形式冥葬"的历史经验可供今人借鉴，可望根绝实质性的、可怕的民间地下冥婚习俗。通常，人类的基本需要就是食与性两种，如果食物充沛，那么外婚制从理论上讲，则为性行为提供了有秩序但能充分平等满足的可能。因此，将华胥氏的时代和"小河"时代，视为理想国或自然法的真正的历史原型，在学理上是富有启示意义的。我们或者无须借助柏拉图的《理想国》和西方法学中的所谓"自然法"理论，在中国本土的上古历史中，就可以找到我们自己的理想国或自然法原型。

3. 陇上地形中的"自然法"意象——均势与和平兼得

"陇上"是一个神圣的称谓，陇上地形地貌中所蕴含的一种深刻的法（灋）文化意象，即无数个具有大致同等禀赋的人文地理单元（汭、塬等）之间的均势与和平结构。这里很有可能是人类原始正义感即自由与和平形成的原生地。"天演黄土，地育龙脉"，就是对作为自然法的法（灋）文化的深奥而简约的表达。黄土高原上的汭位、水网和地脉，正是人类造化、幸存和延续得以可能的关键所在。中国原始阵法"伏羲先天圆阵"，实质上是利用汭位的艺术。"攻位于汭"，是为了识别并先占形胜之地，以便于休养生息和远离天敌。"伊甸园"其实就是最优汭位的代名词，这样的地方就是人类初生时的"摇篮"。比如陇东的庆城，这里正是水绕山环之周先祖驻地"北豳"：东邻合水，西濒蒲河，汇入马莲河（见下图）。另外，还有宁县的庙咀坪和泾川的回山王母宫等。这样的地方，就是最优汭位。

在史前时代，先民们一般是居住于半山、丘陵地带，因当时的社会组织与工具发展水平所限，尚无力治理河道，使之有一个固定的河道，人只能避水而不能治水。如住在平原地带，若洪水泛滥，田地、居处皆化为乌有，人也性命不保。所以古代文献多言华夏先民起于昆仑，连南方的楚人也自认为其远祖发祥于昆仑。由此可以推测，"昆仑""昆仑之丘"的原意很可能就是"汭位"或泛指远离洪水且能长期生存繁衍的台地、高地区域。

甘肃省庆城县的地理形胜——最优汭位

陇山系华夏，泾渭启文明。由于水网遍布和沟壑纵横，黄土高原上的汭位量多而质优，使人类早期文明"摇篮"具备了真正的冗余保险的条件，正所谓祖脉同源。黄土高原上的汭位对于中国早期文明的形成具有不可估量的意义。比如，利用黄土、雨水与耒耜，周人大概解决了粮食自给问题。小台塬与大沟壑构成了一个"千塬万壑"的空间地理格局。这里"生地"多，但"死地"少。《孙子兵法》上讲，"死生之地，存亡之道，不可不察也。""地者，远近、险易、广狭、死生也。""死地"的定义是"疾战则存，不疾战则亡者，为死地"，"无所往者，死地也"。即无法逃生之地，拼死一战则生，不战则无所逃也。"生地"是可以逃生之地，不须死战，有回旋余地。"视生处高"是处于顺势。

那么，居住与安全防卫又如何实现自给呢？对此，马克思也有这样的担忧：自给自足的小农"只要某个侵略者肯来照顾他们一下，他们就成为这个侵略者的无可奈何的俘虏"[1]。显然，一个安全的外部环境是自给自足的小农经济得以可能的关键条件之一。要探究先周原型小农之所以实现了最低成本的安全自卫的原因，还是要从黄土高原特有的地形、地貌等地质条件入手。黄土高原沟谷众多、地面破碎，是典型的沟壑区或丘陵沟壑区。主要有黄土沟间地、黄土沟谷和独特的黄土潜蚀地貌，

---

[1]　［德］马克思：《不列颠在印度的统治》，载《马克思恩格斯选集》第2卷，人民出版社1972年版，第67页。

其中黄土谷间地包括黄土塬、梁、峁、沟等。如果在塬与沟之间的阳坡处开凿窑洞，这项工作，利用石木工具和人力劳动就能完成，沟边深的黄土层可削凿、砍挖、可夯，挖掘出的土壤可直接沿着沟底泻下，而不必专门的人工搬运。这就是史料所记载的周人"陶复陶穴"。这样的窑洞式民居，在今天陇东和陕北黄土高原一带，依然大量可见。沟边窑洞除了低成本的开凿之外，其冬暖夏凉的天然条件还可以节约燃料，另外，还可起到隐蔽的效果，不易招致附近游牧族群的掠夺和抢劫。"黄土地区易于防守，并且是对外扩张的良好基地。"① 陇东民间，现在还流行着这样的民间谚语："屋是招牌地是祸，攒下银钱是催命鬼。"这说明本地农民自卫、保守的小农经济意识具有强大的历史惯性。早期的先周族人在塬上不建房，塬上只是任由草木自生，牲畜漫游，不会出现显著的"不动产标识"，以引起附近游牧族群的觊觎。塬与沟相接处的坡地种植五谷，既可防塬上狂风吹拂并可最大限度吸收阳光，亦可便于主人在窑洞处就近看护。

对此，拉铁摩尔已经敏锐地发现，"这个地区的土壤与气候特征对于中国文化的起源有着特殊的关系。深厚的黄土层没有石头，可以用最原始的工具来耕作，土壤的垂直节理可以允许在黄土崖边建造冬暖夏凉的窑洞。地势优越的窑洞至今还用来躲避盗匪，其在原始时代躲避敌人的作用应更大"②。利用天然的地利之便来自我防卫，最值得一提的是周人所建的"不窋城"，是周人最早的定居之所，其原址就在今天甘肃省庆城县。这是一个居险自卫的经典范例，也是一个典型的"汭"（一个三角洲之中的核心高地），正所谓"庆城形胜"，这里也孕育了先周以后中国城池建筑设计的经典范本——四周城墙，城墙之外又有护城河，旨在实现双重防卫保险，也即所谓"城郭沟池以为固"（《礼记·礼运》）。史载"不窋末年，夏后氏政衰，去稷不务，不窋以失其官而奔戎狄之间"，立邦国于北豳（也就是今庆城县城）。这是一个特殊的水绕山环之地：东邻

① ［美］拉铁摩尔：《中国的亚洲内陆边疆》，唐晓峰译，江苏人民出版社2005年版，第198页。

② ［美］拉铁摩尔：《中国的亚洲内陆边疆》，唐晓峰译，江苏人民出版社2005年版，第22页。

合水，西濒蒲河，两河在东南方位处汇入马莲河。周人之所以选择这里定居，是因为此地是当时能够实现的最低成本自卫之地。据《庆阳县志》记载，"不窋城"中曾建有鹅池洞，其功能在清邑人贡生刘铣《重修鹅池洞庙记》中就可证实："昔人思患预防之意，依山凿洞，量地为池，水虽在外，内能汲饮，使一城之人遇变故而不以渴为害，其用意至深远也。"其实，丘陵沟壑纵横的黄土高原上的数以百万计且面积大小不等的"塬"（今天多以姓氏命，如"周塬""杨塬""张塬"等），都有这样的地理之形胜，只是今天，塬边环绕的河流已被深沟所替代（河流水量下降到沟底仅存的一丝溪流了）。这里的每一个塬，其实就是当时的一个"小农"的驻地。

陇上人文地理的典型特征是：沟塬纵横，梁重峁复，千塬万沟，封而不闭，布而不满，聚而不挤，独而不统，小而不脆，俭而不奢，贫而不瘠，和而不同，孤而不寡，农牧互济。这正是均势与和平兼得的地理机会，在这样的地理格局下，就形成了王宗礼教授所说的"板块式社会"，各板块之间的关系往往表现为隔而不离，封而不闭，同中有异——在生存上求同，在文化习俗上存异。垅塬（原）不是"一个"，而是连绵不绝的"多个"，是"千高原"。这些特征共同构成了最优地理政治，孕育了最强的反脆弱性文化。陇原，垅原，龙原，隆原，这几个概念或高度通约，蕴含着中国文化在初生时的元气和深层情感。如果说"不分不活，不合不强"是一种理想状态的话，那么，黄土高原的人文地理特征，正是对这一理想状态的直观表述。何炳棣教授也留意到黄河上游支流区域在文明初创时期的特殊地位。"华北农业发源于黄土高原和比邻高原东缘的平原地带。农作开始于黄土地带无数小河两岸的黄土台地。这些台地都高于河面几十尺甚至几百尺。台地既近水面又不受河面的淹没。应强调指出的是，这些数以千计的黄土台地遗址几乎都不是沿着泛滥无制的下游黄河本身的。因此可以肯定地说，华北农业的起源根本与泛滥平原无关。"[①] 钱穆的论述则更为直观和简明，"普遍都说，中国文化发生在黄河流域。其实黄河本身并不适于灌溉与交通。中国文化发生，精密言

---

① 何炳棣：《中国文化的土生起源：三十年后的自我检讨》，载何炳棣《读史阅世六十年》，中华书局 2012 年版，第 395—396 页。

之，并不赖借于黄河本身，他所依凭的是黄河的各条支流。每一支流之两岸和其流进黄河时两水相交的那一个角里，却是古代中国文化之摇篮。那一种两水相交而形成的三角地带，这是一个水汭权，中国古书里称之曰'汭'，汭是两水环抱之内的意思。中国古书里常称渭汭、泾汭、洛汭等，即指此等三角地带而言。……三角汭权地带里面，都合宜于古代农业之发展。而这一些支流之上游，又莫不有高山叠岭为其天然屏蔽，故每一支流实自成为一小区域。……""此等小水系，在中国古代史上皆极著名。中国古代的农业文化，似乎先在此诸小水系上开始发展，渐渐扩大蔓延，弥漫及于整个大水系。……中国是一个大家庭，他能具备好几个摇篮，同时抚养好几个孩子。这些孩子成长起来，其性情习惯与小家庭中的独养子不同。这是中国文化与埃及、巴比伦、印度相异源于地理背景之最大的一点。"①

这里面，体现的正是文明发生的"地理机会"。对此，唐晓峰教授作过一个生动的说明："历史学家们从政治、经济、军事各个方面揭示出许多历史发展的机缘，而从历史地理学的观察角度，我们强调历史发展还须有一个地理机会。所谓地理机会，意思是具体的历史发展从不是在空中抽象地完成，而必当在一处或几处关键的地理部位上首先获得条件，最早发生，然后继续在地理上，渐渐扩大，最后完成。历史发展的地理机会，就是那个（些）最早具备条件的地理部位。善于'脚踏实地'思考问题的人，都会明白，历史没有地理机会是不可能发展的。英文的'发生'一词写作 take place，直译是'得一个地方'，很有地理意味。"② 奥本海在《论国家》中亦特别强调：农人与牧人的接壤处是早期文明激发地带。③ 这一真知灼见也意味着，文明的发生，既要有安全的"姆庇之家"，也要有足够的回旋余地或实验（试错）空间。据此可以理解，西北地区"狭小"的绿洲、河谷和台塬和与其毗邻的"广袤"的裸地、沙漠、戈壁、草原和沟壑等这样一些"隙地"之间，正是文明发生的"地理机

---

① 钱穆：《中国文化史导论》，商务印书馆 1994 年版，第 4—5 页。

② 唐晓峰：《国家起源的"地理机会"》，载唐晓峰《新订人文地理随笔》，生活·读书·新知三联书店 2018 年版，第 29 页。

③ 唐晓峰：《国家起源的"地理机会"》，载唐晓峰《新订人文地理随笔》，生活·读书·新知三联书店 2018 年版，第 30 页。

会"。台塬—沟壑间，可以发现家族的地理构成；绿洲—沙漠间，可以发现社—群的地理构成；河谷—草原间，可以发现部落的地理构成。

从这里，似乎可以揭示出国史上"西北情结"的秘密所在。众所周知，国史上对于"西北情结"有许多表述，兹摘录部分如下："大事于西"；"天道多在西北"；"西北为天门"；"肇国在西土"；"有大艰于西土"；"三代中东胜西之事少，西胜东之事多"（傅斯年）；"夫作事者必于东南，收功实者常于西北。故禹兴于西羌，汤起于亳，周之王也以丰镐伐殷，秦之帝用雍州兴，汉之兴自蜀汉"（《史记·六国年表》）；"自古中兴之主，起于西北，则足以据中原而有东南；起于东南，则不能复中原而有西北"（《宋史》卷三百五十八《李纲列传》）；"有圣人出，经理天下，必自西北水利始"（刘献廷）；等等。①

总之，甘肃这片大地蕴藏着丰富的法（金）文化遗迹，目前缺乏的是从法学视角去重新发现和解读。除了上述遗迹外，还有大量其他遗存有待发掘和阐发，如赵逵夫教授的先秦文学研究成果、《甘肃通史》先秦卷对先秦时期陇上历史的综合研究、陈平《关陇文化与嬴秦文明》一书以及已经发现的大量史前遗址和出土文物等这些材料中，都包含着大量法（金）文化内容，需要重新发现和解读。比如，从法（金）文化的视角释读老子的"民可使由之，不可使知之"，可以发现，这句话里本无"愚民"之意，而有"上善（于）若（引导）水（流）"之意。对于在火车站和机场出入的人流，最好的办法就是：民可经"路由器"而疏导之，不可仅仅告知其"须排队"。立法者要做楷模，不能仅有言传，更要有身教；要以身作则，"领"民守法。因此，事理学是法理学的基础，而不能颠倒过来。另外，对先秦陇上法律文化的重新研究，还可以帮助我们反省迷失在现代西方话语体系中的中国法理学话语体系，为重建富含中国特色、展现中国气派、独具中国风格的法学话语体系和知识体系提供翔实的传统资源和深刻的理论启示。

---

① 刘乃寅：《何以西北？——国史上西北情结的渊源》，《中国历史地理论丛》2007年10月第22卷第4辑。

附：李良飞：建筑技艺与金文化——读《甘肃省情·法韵甘肃》有感①

一直以来，我觉得建筑和法律的关联度是很低的，如果有的话，建筑和法律同属于大文化范畴。但是在我读了西北师范大学法学院王勇①教授的著作《甘肃省情·法韵甘肃》②后，我改变了看法。建筑技艺和法文化是有关联的。该作品可以说是从非纯粹法学角度对金文化的一种解读，给法科学子提供了新鲜又有趣的阅读方向。王勇教授稽查图史，求诸实据，博观约取，溯源缕析金文化之诞生历史。

中国传统文化在世界上是一个特殊体系，而古代中华建筑营造法式绝对是这体系最具有代表性的，从雄伟庄严的坛庙宫殿到粉墙黛瓦的江南园林，从多姿多彩的民居村落到雪域高原的辉煌寺庙，这些传统建筑以其悠久的历史传承、高超的营建技术和独特的艺术魅力，在世界建筑史上独树一帜，自成体系。中国传统建筑主要以木结构为承重结构，根据地域分布分为井干式、抬梁式、穿斗式等。木结构采用柱、梁、檩、枋构成的木构架做支撑，承载屋顶、楼面的重量以及风力和地震力，墙壁只起围蔽、隔断和稳定柱子的作用，因此，建筑的墙和门窗可以自由设置，同时平面形状丰富多变，可以满足不同气候条件下千变万化的功能要求。木构架采用榫卯连接，加上木材本身的柔性，使木构架在抗震性能上表现突出。以土木为材质原料，以绳墨锤尺为工具，以中华中庸内敛包容并蓄文化为灵魂，创造出形式多样但又别具一格的建筑形态。

中国古代有一本奇书叫《营造法式》，堪称古代建筑学的一部百科全书，全书 36 卷，357 篇，3555 条，分五大部分，即名例、制度、功能、料例和图样，制定了各类工程制度、施工标准、操作要领，对各种建筑材料的选材、规格、尺寸、加工、安装方法都一一加以详尽记述。这些具有中华特色的建筑营造法式对周边国家产生了很深的影响，在韩国、在日本、在越南，他们的古代建筑风格都具有中华特色，尤其是日本的

---

① 李良飞，西北师范大学 2020 级硕士研究生。

② 王勇：《法治省情——法韵甘肃》，载张建君主编《如意甘肃——甘肃省情专题研究》，甘肃人民出版社 2021 年版，第 159—183 页。

京都保存的唐代建筑格式最为完整。在伴随之建筑文化输出的过程中，也必然伴随中华法系的输出。如果说古代中国建筑形态是最能体现中华传统文化的，那么中国的中华法系对世界也产生了影响，尤其是唐代的《唐律疏议》堪称中华法系的代表，也成为中国历史上以儒家思想深刻全面融会贯通于法律之中的典型代表，不仅对唐朝及后来的朝代，还对周边的地区都产生了非常深远的影响。

作为古代中国巅峰时期最具有代表性的两种文化形式，在诞生、发展、交融进程中，从原始的意象形态到后来煌煌大观让人仰之的文化，那么在这两种不同文化载体之间到底存在什么关联，两者之间到底是怎么互为影响的，两者之间在漫长的发展中有没有借鉴和融合呢？

王勇教授在《甘肃省情·法韵甘肃》一文中提出：金字取意于"弹墨绳以取正直"这一"营造法式"，刑取意于"形塑某物使其成为标准化模块"这一"营造法式"。这一论断充分说明古建筑技艺与法文化是有相通的，两者之间具有借鉴和融合。中华法文化的源头是"金"文化，金字取意于"弹墨绳以取正直"。墨绳即木匠画直线用的工具，是古代建筑工匠用来"平直望准"的（见下图）。人们也常用"绳墨"比喻法度、准则。打线的松墨和弹墨的绳子相对，在画圆的仪器和画方的工具相对，俗话说，"没有规矩，不成方圆"，即将规矩引申比喻为标准和法度。用时还提到《黄帝四经》中"金"文化，以及大禹治水传说中的手持之"规矩"，都与伏羲女娲图像或造像中的"规矩"有密不可分的关联。因此综合来看，以矩与规为代表的法（金）文化意象，正是中华法文化的历史源头，而"规矩"正是中华法（金）文化创始时期的一则经典记忆及其物化载体。

《荀子·礼论》有语："规矩诚设矣，则不可欺以方圆。"《孟子·离娄章句上》曰："离娄之明、公输子之巧，不以规矩，不能成方圆；师旷之聪，不以六律，不能正五音；尧舜之道，不以仁政，不能平治天下。今有仁心仁闻而民不被其泽，不可法于后世者，不行先王之道也。故曰，徒善不足以为政，徒法不能以自行。"《庄子·骈拇》曰："且夫待钩绳规矩而正者，是削其性者也，待绳约胶漆而固者，是侵其德者也；屈折礼乐，呴俞仁义，以慰天下之心者，此失其常然也，天下有常然。常然者，曲者不以钩，直者不以绳，圆者不以规，方者不以矩，附离不以胶漆，

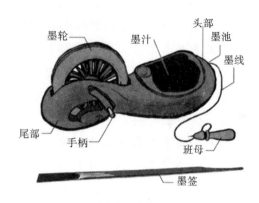

墨斗及其构造

约束不以墨索。故天下诱然皆生而不知其所以生，同焉皆得而不知其所以得。故古今不二，不可亏也，则仁义又奚连连如胶漆？索而游乎道德之间为哉？使天下惑也！"先不论这些先贤哲人用曲尺、墨线、圆规、角尺传达的修身、治国、平天下的思想如何，但是正如《甘肃省情·法韵甘肃》中所言古人在运用"度量准据在人域治理中的作用已经非常重视"。

大禹、伏羲、女娲毕竟只是限于文字记载的上古文化，其中关于矩与规为代表的法（佥）文化意象还需要实物向佐证。王勇教授在文中提道："地上文献记载与地下文物遗迹，在陇上可以完美的契合"，其中特别举例"大地湾文物遗址"（见下图）。大地湾先民成熟的"佥"（佥）文化——是"望准、测平、绳墨等'营造法式'——的产物"。

于今日社会而言，法文化无疑是对民众生活影响最重要的一种文化，信仰法律成为公民的共识，建设法治国家也成为国家战略。但是，观察古代的中华文化尤其是"陇上"，王勇教授发现，此种状态于古代社会却并非一直存续，佥文化的诞生是基于社会生活的现实需要而产生的，是从无到有的过程。人们在改造自然的实践过程中，从"弹墨绳以取正直"到"大地湾 F901 房址'地面平如镜，更比水泥坚'"，在生产生活中把对"度量准据"逐步运用到了人域治理中。古代的匠人采用"规矩"可以"平直望准"，建造雄伟壮观高达稳固的工程，建筑的质量得到了可靠的保证，有些建筑物可以屹立经年不倒。"规矩"使建筑具有的秩序，那么

大地湾遗址

引申到社会治理领域，采用"规矩"也可以在社会中建立规则和秩序，这不正是统治者需要达到的？同样的法文化作为上层建筑其必然深深扎根于社会习俗之中，而社会习俗的形成也是人们长期群居生活在各种历史条件下综合的结果。不管是在庙堂之高，还是处江湖之远，杜甫说"安得广厦千万间"，一处遮风避雨的地方无疑就是最现实的需要。尤其在生产力低下的古代社会，在大兴土木，诸如修建宫廷庙宇，开凿运河长城以及老百姓修建住宅的生产活动中，需要对于那个社会来说极其庞大的人力、物力和财力（大兴土木对我们这个时代也需要很多人财物力），而这些要素在碰撞过程中必然会对社会习惯产生影响，最后作用于上层建筑。古代王朝更迭，律令更弛，大兴土木拖垮国力也是其中之一。

周国平在《思想的星空》里说过："人之所以读书，无非有三种目的。一是为了实际的用途，二是为了消遣，三是为了获得精神上的启迪和享受。真正的阅读必须有灵魂的参与，它是一个人的灵魂在文字的精神世界里漫游，是在这漫游途中的自我发现和自我成长。"王勇教授的《甘肃省情·法韵甘肃》就是一篇读起来既可以扩展知识，又可以获得精神上的启迪的著作。看似在说"陇上"法韵，讲的却是中国的问题，不着痕迹地牵引着读者去校正近代以来西方价值偏颇，感受与思考人类命运共同体构建的法文化价值观。

4. 鸟鼠同穴——高寒瘠地孕育生命合作的"自然法"

关于"鸟鼠同穴"的最早记录，与甘肃渭源的鸟鼠山密不可分。在中国文献记载中最早的名山之一就是"鸟鼠山"（《山海经》中称"鸟鼠同穴山"），它位于甘肃省渭源县西南18千米，是西秦岭山脉北支的一部分，是渭河上游北源与洮河支流东峪沟的分水岭，海拔2609米。在流传至今的古书中，如公元前四五百年间孔子编修的《尚书》中的《禹贡》、西汉司马迁编写的《史记》中的《夏本纪》及成书于战国末年和秦汉过渡时期的《山海经》中的《西山经》等书中都曾提到过"鸟鼠同穴"。

后来在汉代的《尔雅·释鸟篇》中关于鸟鼠同穴有过略为进一步的简述："其鸟为鵌（音念作徒 tú——作者注），其鼠为鼵（音念作突 tū——作者注）。"据后来东晋的郭璞在《尔雅注》中解释："鵌似鵽（音念作多 duō，是一种出没于北方沙漠地带、大小如家鸽般、名叫鵽鸠的雉类）而小，黄黑色，穴入地三四尺之，鼠在内、鸟在外"；"鼵如人家鼠而尾短。"这种注解明白地告诉了我们：有一种叫鵌的小鸟雀入住在三四尺深的一种叫鼵的"鼠洞"里，而且鸟雀住在洞前，"鼠"住在洞内深处，此即"鸟鼠同穴"之说。另外，在《甘肃志》这部地方志里也有"凉州地有兀儿鼠者似鼠，有鸟名本儿周者似雀，常与兀儿鼠同穴而处"的记述。虽然在这些古书中都曾提及鸟鼠同穴之事，但都没有进一步详细述说其内容和缘由，"鸟鼠同穴"这一自然界的奇怪现象显然很早以前就已被人们注意到了。

需要特别说明的是，人们过去看到"鸟鼠同穴"，以为是鸟与小兽同穴而居，其实这是误解。科技工作者发现，在同一洞穴中，并不是鸟鼠同穴的。鼠兔洞穴口很多，多达一二十个，鸟多半选择鼠兔已经废弃了的旧洞，或者只占其中一个洞口。由于鸟和鼠并不同出一个洞口，就不可能在地下有密切交往。偶然，鼠兔在受惊危急情况下，会临时闯进鸟的洞穴"避难"，或者在刮大风、下冰雹或下雪时，小鸟暂时到鼠兔洞穴中躲一下，可以少吃一些苦头。但是，这种同居的时间并不长，总有一方会出洞逃逸。所以，与其说"鸟鼠同穴"，还不如说是"鸟鼠合作"①。

究其原因，这很可能是因为草丛稀少的空旷高原上海拔高，没有林木和高大灌木丛，隐蔽条件差，气候寒冷，日夜温差大，在这种情况下，许多鸟类由于无树营巢，只能利用鼠兔遗弃的地下洞穴来躲避烈日的曝晒或雨雪、风雹的袭击，甚至还可能借用这些废弃洞穴来产卵育雏，以避免鹰、狐等天敌的危害。这是它们适应高原开阔地域环境的一种生存本能，一种特殊的生态现象。同样，对于鼠兔来说，鸟雀们的惊鸣叫声也是某些天敌来临的警报信号，可让它们及时逃遁，可谓互相利用，共同获益。从这个意义上来看，可以认为鸟鼠之间的确存在着一种相互依存的"共生"的生态关系。高寒瘠地的生命，通常都倾向于演化出合作的本能，而不是竞争的本能，这或许就是孕育生命合作之"自然法"的地理机会和气候条件。有学者说过，贫穷地区的人们往往消费不起奢侈的制度安排，而只能消费交易成本最小化的制度安排。因此，从法经济学的视角来讲，最优的制度安排，往往是在高寒贫穷的社群中率先孕育出来的。俄国地理学家、无政府主义运动的最高精神领袖和理论家克鲁泡特金（1842—1921），在其《互助论》一书中主张，虽然达尔文主义认为自然界的法则是"适者生存"，但在动物世界存在另一种重要的法则——合作，动物组成群体更利于生存竞争，在群体中年长的动物更容易生存下来，因此也更能积累经验，而不会互助合作的动物种类，更容易灭亡。生物进化的规律是互助而不是生存竞争。当克鲁泡特金读到赫胥黎《生存竞争》一文时，内心的怒火被点燃。他认为动物之间不必然是"霍布斯式的战争"，更多的应该是合作和互助。克鲁泡特金的观点，源于他在西伯利亚期间观察到了大量的动物之间合作的案例。

恶劣的地理条件和气候环境条件既可以造成竞争的加剧，也可能促成合作行为，这个问题值得深入研究。一般而言，竞合是一种最理想的状态，只有当其发生分化时，竞争才会成为破坏合作的一种力量。半农半牧区域的人群更倾向于合作，而纯农业区和纯牧业区的人群倾向于竞

---

① 唐召明：《藏北故事：探访"鸟鼠同穴"之谜》，中国西藏网，http：//www.tibet.cn/cn/news/yc/201908/t20190821_ 6667385. html。

争。当拉铁摩尔说亚洲内陆边疆的半农半牧地带，即长城地带是"贮存地"时，应该有这样的理论含义。就是说，越是生态和文化多样性地区的人群，越可能倾向于合作，而越是生态和文化同质化或单一化地区的人群，越是倾向于竞争。当优越地理环境与恶劣地理环境毗邻而又不完全封闭时，恶劣地理环境形成的合作群体通常会对优越地理环境下的松散群体形成致命威胁。

（二）以"天人关系兼顾人人关系"为主线的"自然法"时期

1. 伏羲"一画开天"，标志着人类"金"意识的萌生

据窦彦礼先生调查考证，天水伏羲庙的"一画开天"，即伏羲开天，也是盘古开天；秦安县陇城镇女娲祠的"开天辟地"，也反映的是盘古开天；甘谷县的古风台，正是盘古文化的代代传承。甘谷古风台伏羲庙的"开天明道"，即是对盘古开天的精神写照。传说中的盘古开天，即伏羲立道。纵观1万年至7000年前的三皇时代，众说纷纭的神话人物，追根溯源，华胥氏、伏羲、盘古、女娲、元盉五位人祖，均记载于《山海经》里的《西山经》，① 民俗传承遗址多在庆阳市的华池、合水、宁县、镇原一带。实际"开天"，即伏羲画八卦，分混沌的宇宙为"道生阴阳"，即人类最早的天地人自然宇宙观。②

江山教授以"中国"法理学的视角，指出了"自在法—人在法"这一不同于西方法理学的"自然法—实在法"的分析框架，他指出，"人在法得以从自在法中延伸，其先决条件是人类具有精神能力的结果，是这种能力的呈显导致了人在法对自在法的相对分离。值得提示的是，不能以为最早的人在法与自在法有什么明显的不同之处。无论你怎样去考察它们，都难以找到它们之间的分界线。这样，我便把这种开始与自在法有区别的法称为准人在法。"显然，伏羲"一画开天"，是人类"人在法"秩序从"自在法"秩序中延伸出来标志，是人类智性能力或精神能力发展的第一步成果。当然，这时的人在法并没有完全从自在法中"脱

---

① 窦彦礼：《天水伏羲庙与秦安女娲祠的盘古文化脉络》，https://mp. weixin. qq. com/s/y‐R9xllsoOnJSQFZq5vVaW（仓颉文化网），最后访问日期：2018 年 11 月 15 日。

② 窦彦礼：《天水伏羲庙与秦安女娲祠的盘古文化脉络》，https://mp. weixin. qq. com/s/y‐R9xllsoOnJSQFZq5vVaW（仓颉文化网），最后访问日期：2018 年 11 月 15 日。

嵌"出来，而是将自在法的规律表达出来而已，因此，带有"准人在法"的痕迹。

事实上，从"皇"与"帝"在古籍中的源义素，也可以发现，"人在法"秩序有萌动。《春秋·纬运斗枢》："皇者，合元履中，开阴布纲，指天画地，神化潜通。"《易纬》："帝者，天号也。德配天地，不私公位。"帝与蒂、地、根蒂、瓜蒂通约，是天地之生化，是生灵，是连天地之心，自喻为帝者，即为天地立心，故不私公位。《白虎通》："帝者，王者号也，德合天者称帝。""皇者，君也，天人之揔，美大之称也。"①《尚书大传》所述："燧人以火纪，阳尊，故托燧皇于天；伏羲以人纪，故托羲皇于人；神农悉地力，种谷蔬，故托农皇于地。"② 天、地、人三皇与盘古氏参加中国"历史"序列，乃具有重大意义的意识形态表露③。"三皇"象征天、地、人，泛指愈为遥远的太古混沌时期，而以"五帝"专指圣人的出现及文明或文化的发生，一种具有政治性格的族群登上历史舞台了。

而圣人的出现与"金"观念的产生是密不可分的。东汉许慎在其《说文解字》中，对"灋"作了这样的解释："灋，刑也。平之如水，从水。廌，所以触不直者，去之，从去。法，今文省。金，古文"。然而，后来的许多法律学人忽视了这一段文字中的"金"（"金"），以及"金"与"刑"（"井〉""井"或"刑"）之间的关系。这是一个"致命的忽视"。实质上，"金"字是比"灋"字更古老的写法，"金"与"刑"（形）有其共通的原始含义，即"形名天地"，是人在法秩序对自在法秩序最早的模拟，这与伏羲"一画开天"所表达的"准人在法"是一致的。《尚书序》曰："伏牺（羲）氏之王天下也。始画八卦，造书契，以代结绳之政，由是文籍生焉。"由此，人类文理天地，形名天地，由此发端。形名天地，正是所来"形名之学"的历史原意所在。

"金"字不单是中国法文化的最早源头，而且与"刑"的原初含义有密不可分的关系，二者具有高度的"家族相似性"。"金"与"刑"指涉

---

① 姚大中：《姚著中国史——黄河文明之光》，华夏出版社 2017 年版，第 74 页。
② 姚大中：《姚著中国史——黄河文明之光》，华夏出版社 2017 年版，第 75 页。
③ 姚大中：《姚著中国史——黄河文明之光》，华夏出版社 2017 年版，第 76 页。

着法观念的历史原点，体现着中华法观念的原生性含义，二字都与"建筑技艺""建筑标准"或"建筑规范"有关，是处理天人关系，或者经由处理或顺应天人关系来调适人人关系的产物。金字取意于"弹墨绳以取正直"这一"营造法式"，刑取意于"型塑某物使其成为标准化模块"这一"营造法式"。构建和谐的人与天地之间的关系，是人类迈向文明的第一步。这方面的法文化及其相应的历史印记，在甘肃积淀极为丰厚，并且代表和体现着中华法（金）文化的历史源头，正可谓金迹煌煌。法（金）文化起点，奠定了中华法文化作为"硬规则"的先天禀性和历史底色，影响深远。不妨暂且列出以下陈述与释读。

伏羲持矩，女娲持规

伏羲女娲所持矩规的法（金）文化意象（见上图）。天水伏羲庙中伏羲女娲所持矩规造像，正是中华法（金）文化创始时期的一则经典记忆及其物化载体。矩与规，是法（金）文化的物质载体，实质上就是经天纬地的工具，是为了自然的人化—人的自然化这一双向和谐关系的建构而运用产生的。金要实现人与自然之间的和谐共存，因此，求"真"便是其核心要义。求"真"源自利用日晷测日影时的取"正"或校"正"的追求，而这正是人类科技文化的源头。《黄帝四经》中的《经法·道法》中写道："道生法。法者，引得失以绳，而明曲直者也。执道者，生法而弗敢犯也。法立而弗敢废也。能自引以绳，然后见知天下，而不惑矣。"有学者已经发现，实际上被比作绳墨的"法"，应是西周时代写作"𨤲"而非"瀍"的字，本义就是一种制坯或冶炼的模具，其内涵和意义被拓展到人域治理领域，是经由工匠出身的墨子及其后学们的理论创建开始的。"𨤲"字最早的写法是"𨤲"，是指望准、测平、绳墨等"营造法式"，是建筑中取平取正的工具及其技术规程。"𨤲"的造字灵感，很可能源于木匠为了取直木料而"弹绳墨"的这个动作。从今天的"农田基本建设"的视角来看，平田整地，形（型）塑井田，改造田土，纵横沟洫，正是"刑"与"𨤲"的共同含义，是经由型塑天地自然，而实现人与自然的和谐相处，共存共生。

《黄帝四经》中对度量准据在人域治理中的作用已经非常重视，其中写道："规之内曰员（圆），柜（矩）之内曰［方］，［县］之下曰正，水之上曰平，寸尺之度曰小大短长。权衡之称曰轻重不爽，斗石之量曰小（少）多有数，八度者，用之稽也。"（《黄帝四经·经法·四度》）。这正是对上古法（𨤲）文化的完整而权威的概括。临夏积石山禹王庙之大禹治水传说中，也蕴含着丰富的法（𨤲）文化元素，在这里可以看到大禹治水的主要工具还是"规矩"。显然，《黄帝四经》中"𨤲"文化，以及大禹治水传说中的手持之"规矩"，都与伏羲女娲图像或造像中的"规矩"有密不可分的关联。因此综合来看，以矩与规为代表的法（𨤲）文化意象，正是中华法文化的历史源头。

令人欣慰是的，地上文献记载与地下文物遗迹，在陇上可以完美地契合。比如，大地湾遗址 F901 号大房子水泥"平"地中所蕴含的法（𨤲）文化意象，就值得特别关注。大地湾 F901 房址地面是如何取平的？"地面平如镜，更比水泥坚"，是如何达到的？是否是大地湾先民成熟的"𨤲"（𨤲）文化——望准、测平、绳墨等"营造法式"的产物？回答应该是肯定的。在大地湾的建筑文化中，"刑"与"𨤲"之间是高度通约的。大地湾与马家窑文化发达的陶器制作技艺和建筑模块（木坯）制作技艺，与当地先民率先发明的"井丿""井"或"𰀁"（模型，陶范）密切关联。"刑"字最早的写法是"井丿""井"或"𰀁"，其基本含义是指是"模型"或"陶范"，是形塑田地或泥土的一种方正形的模具，也就是说，

"刑""井""型""形"这几个字的基本含义是通约的。日本学者白静川先生提出"井"字还可以解释为"首枷",在铸造时当作模型的外框形状,用以刑罚时起固定人身之用的首枷,与"刑罚的刑和范型的型原本均作井、刑,都是作外框之用,为同一语源"①。井的范型义后来作"刑":"刑范正,金锡美,工冶巧,火齐得,剖刑则莫邪已。"《荀子·强国》如果把这个含义的"刑"字与"平之如水"联系起来,那么,"刑"很可能是指经由"平田整地"而塑造出井字形的水平耕田。在这种语境之下,"刑"的基本含义即模型、形塑、平整、水平的意思都一应俱全了。

经由"刑"塑天地,而择居于形胜之地,从而使天人和谐成为可能。在这里,"刑"与"金"既是技术,也是"硬规则",是实现天人合一的中介。由此,亦可联想,轩辕谷"轩辕"之得名,很可能与真实的"制辕田"或"二畜拉犁耕田"的源起有关,因为平田整地的技术规则及其载体——"刑"与"金"已经出现了。当然,"刑"与"金"也有对资源空间的自然"先占"之义——自然先占是原始正义观的核心内涵。因此,作为技(占)术的法,其文化信息主要体现"金""井""泂"(天然营卫)等文字及其发生背景之中,这是毋庸置疑的。墨家技术、方国定居、营造范式、规矩绳墨、平直望准、筑城守圉等,正是早期法(金)文化观念生成的基本社会历史背景。

众所周知,长城也是甘肃最为重要的一种历史文化遗迹,但是,对其法(金)文化意象,人们却知之甚少。关于长城的法(金)文化意象,可以从"科斯定理"说起。美国经济学家科斯,在阐发他的"科斯定理"的时候,是从农夫与牧民之间的一个寓言故事开始的,这个寓言故事是这样的,牧民的草场与农民的农田相互毗邻,如果这个牧民的牛羊进入到农民的农田里面损害了庄稼,这就引发了双方的冲突。传统的解决方法就是要限制牧民的行为,此种解决方法从法学上来讲就是通过侵权法的思路来解决——"你践踏、啃吃了我的庄稼就要赔偿",所以要求牧民管理好自己的牲畜,用侵权法的思维来解决,这是传统的解决方法。但

① 武树臣:《中国法的原始基因——以古文字为视野》,《法律科学》(西北政法大学学报)2016年第4期。

是科斯认为如果农民对他的土地和农田、牧民对他的草场拥有界限清晰的产权，那么在市场条件下，农民和牧民可以通过协商，去找到一个最佳的解决方案，就是他们双方之间会通过合同法的思路来解决这个问题，这样就有可能把冲突转化为合作。不过，这个转化需要支付一个最低的交易成本——农民要设置一道栅栏，以圈入庄稼，圈出牛羊。这道栅栏的放大版，正是长城。因此，长城是把中国大历史中农牧之间的冲突或者是竞争，转化为农牧之间的交易和合作的一个"宪制设施"，正所谓"塞主和合"。长城所体现出的"塞"的辩证法，就是"闭塞"＋"活塞"，是主开合的地方。因此，长城地带实质上就是欧亚世界历史形成的地理文化枢纽，长城是一道成了精的大土墙，是一本显而不露的政治学百科大辞典。塞绩赫赫，却从不显露；塞翁谦谦，却从不张扬。

实际上，这样的"长城原理"，在微观层面，仍在发挥着"和谐"农牧关系和生态保护的功能，比如尕扎那的"栅栏之谜"。甘南迭部沟及扎尔那的栅栏，围建了散布在森林和草地之间的一块块"袖珍型"农田，使林草田之间保持了一个合理的资源利用结构，这其中便隐藏着使当地农林牧复合生态系统可持续之谜。这些栅栏在春夏时节"圈入"庄稼或谷蔬，"圈出"牲畜使其在林草间漫游觅食，秋冬之季，在庄稼收割之后，再向牲畜开放围栏农田中的谷茬。这样一种习惯性的"圈入规则"（Fence in）与"圈出规则"（Fence out）在不同时空背景下的动态灵活运用，使这里的栅栏具有了生态—智慧禀性，成了"活的栅栏"。迭部沟及扎尔那的栅栏是世上仅存的原生态的理想型栅栏之一，是"防畜栅栏"，旨在实现对资源的克制利用和社群共享。显然，栅栏作为一个法（金）文化的经典意象，是毋庸置疑的。

金意象及其历史实践的出现，与最早的"准人在法"的产生，或者说，理性从自然神性中解放出来，其意涵是相同的。金的核心规则就是两个字：平与直。水平与垂直，都是对自然规律——地球张力和地球引力的直接模拟。伏羲画八卦，造书契，制娶嫁，定历法，分部以治民，结网罟以畋以猎，驯化禽畜，取牺牲以充庖厨，利用规矩、经纬、天地，这些惊天地、泣鬼神之举，之所以能够发生，是前期文明历史日积月累的结果。从有巢氏构木为巢，避虫豸，免风雨，到燧人氏钻木取火，炮生为熟，有了此前文明的准备期，至伏羲一画开天，文明涌现便水到渠成。当然，与此同时，人类的精神活动，主体意识，乃至圣人意志也随之产生。

2. 女娲"抟土造人"传说与最早的妇产科学护理规范

女娲"抟土造人"传说在甘肃陇山周边地区非常流行，这一传说也深刻影响了世界各大宗教经典中核心叙事元素的建构。"土生土长"的信念，是中国文化的一种深厚情结。但是，需要实证研究。如果能够还原女娲"抟土造人"传说的科学真相，其实更有利于树立中国文化自然。多重证据可以推测，"女娲抟土造人"的真相，应是"在绵土上生娃"。在上古时期，这应该是使婴儿成活率最高的"生产"智慧。陇中的一位作家杨进荣，在一篇纪实性散文中写道：

> 小时候，村邻谁家女人要生孩子，必先准备一筐绵绵土，坐月子的女人和新生婴儿的第一次体外相见，都是在土炕的绵绵土上。六七岁，跟上母亲接生去看过呱呱坠地的婴儿，血水染身，脐带未断，家里人和母亲要忙着顾救大人，小生命蹬着腿腿，哇哇地哭闹，在绵绵的土上刺来刺去……落后的时代，绵绵土上接生的孩子，大都已过不惑之年，没有那土的软绵，细嫩的肉肉如何也受不了坚硬泥炕的折磨……婴幼儿没有现在的宝宝霜之类的护肤或燥湿用品，两腋下，双腿内侧，透气差，湿热痒烂，抓一把绵绵土，用绵花沾擦，烂处易好，且孩子干燥舒服，少闹腾人。冬到腊月，北风雪花，马牛驴羊生产，提一筐绵绵土，在小生命全身带土揉搓，能很快干燥水分，避免因天冷冻死冻伤冻病小动物。①

在黄土高原，人们把绵绵土也叫烫烫土。在绵绵土上生孩子，可以说是实行了几千年的做法，其功能与今天妇产科医院接生孩子时，使用的"爽身粉"的功能大致是相同的。今天，许多20世纪六七十年代出生于西北农村的人，基本上都是在绵绵土上被接生下来的。陕西人把女人坐月子，叫作"到炕上咧"，"生娃"（见下图）。旧社会的时候农村妇女生孩子很少去医院接生，大多数是由农村年长而且有经验的妇女接生，

---

① 杨进荣：《老家的绵绵土》，https://mp.weixin.qq.com/s/8fRrZvIkaTYpba00Z8iFOw，最后访问日期：2021年10月8日。

陇东民间剪纸——坐月子

俗称"接生婆"。还有些生育多的婆婆直接为儿媳妇接生。女人生孩子时，因为没有水给出生的孩子清洗，人们就在生产前，拉些干净的绵绵土回来。女人生产时，把这些绵绵土全部倒在炕上，孩子一出生，就落在了土里，就等于洗过澡了。而女人要在这种土上坐好几天。这种坐月子的土，被人们简称为"月土"，其实就是女人产后为母子洗澡用的。①

　　降生于炕上的娃娃，被绵绵土抟成了"泥娃"，接生婆者观察到，言说出去，就成了女娲"抟土造人"，再经过没有生育经验男性知识分子的误传、讹传，或者进一步神秘化叙事，于是，不断被夸张，被重构，神话就产生了。理性视之，女娲传说时代是一夫一妻刚刚确立的时期，孕产妇如果都会"抟土生人"，婴儿的成活率，相对于此前更为原始的"生产"方法，大概率地会显著提高。当氏族的人口生产得以大幅度提升时，"抟土生人"便极有可能被正当化乃至神圣化，同时，也有利于进一步巩固一夫一妻制的正当化和合法化。这就是说，女娲"抟土造人"传说，很可能与人类最早的妇产科学护理规范的诞生密不可分，从而在那个文明初开的时代，率先实现了"优生优育"和氏族繁荣。历史上，婴儿出生或出生后的死亡率非常高，其中，孕产环境不卫生和不安全或许是最

---

　　① 《〈山海情〉和我知道的西海固：曾经，女人生孩子，用土给娃娃洗澡》，http：//k. sina. com. cn/article_ 6498942900 _ 1835dffb400100ourb. html，最后访问日期：2021 年 1 月14 日。

重要的原因。可以想象，在孕妇临产时，有保暖而干净的土炕，准备了绵绵土，提前到场的有经验的接生婆，有了这些保障孕妇生产的安全条件，加之有食物的保障，在上古时期，在黄河流域的这一土著居民的人口产生数量乃至质量领先于周边的居民，是极有可能的。

3. 伏羲女娲交尾图透露出维护"一夫一妻"制的坚定信念

从古至今，伏羲女娲交尾图像以各种形式，在西北地区广泛存在，其中所隐含的历史信息常常被人们作多重解读，但是，其中一个最为核心的含义却往往被人们忽视，即一夫一妻制。伏羲女娲交尾图是对一夫一妻制进行直观化、形象化表达的经典图像，透露出华夏文明维护一夫一妻制的坚定信念。一夫一妻，结为一体，天作之合，之所以从其创制伊始便获得了"政治正确"的意识形态意义，是因为当一夫一妻制作为一项新制度确立伊始，人们对其重大的制度意义认识并不清楚，那时的人们，仍然具有浓厚的外婚制情结，对性自由和性自主的理想时代仍然念念不忘。在外婚制下，通过无婚之性进行生育是自然而然的事情，一男一女的固定的性结合是一件无法想象的事情。在外婚制下，只有氏族为一体的意识，没有一男一女结合为一体的意识，氏族本身没有性别之分，性是如同吃饭一样的本能生活，氏族中的女性与外氏族的男性发生"野合"，是一种自然而然的情形，女性生娃被视为是神的赐福，由"感孕"而生。因此，在外婚制下，不会认为新生儿是一男一女有意识地"创造"的产物。

但是，在伏羲女娲交尾图像中，一夫一妻，一男一女结合而创造新生命的意识产生了。交尾图像要传达的主要信息，不是蛇身人首，也不是所谓 DNA 双螺旋的是最早发现，而是维护一夫一妻制的坚定信念，明确地宣告对外婚制的废除，只有一夫一妻才是正当合法的性关系。当然伏羲女娲交尾图中，对蛇身人首图像要素的强调，还透露出外婚制下，可能已经出现了"性选择"的现象。外婚制后期，性选择使"俊男倩女"这种审美结构得以强化乃至固化，这会导致多数丑女都选俊男而不得，多数丑男都选择倩女而不得的困境。这就像今天的"追星"现象一样，男女性结合导致了性需求机会上的严重的不平等，这或是外婚制晚期的一个危机。伏羲女娲的"蛇身"，其真实含义应该是指双方身材修长，体貌般配，是天作之合，就是今天人们常说的郎才女貌。这意味着，外婚制后期，氏族与氏族之间参与外婚男女之间已经不平等配置。加之，狩猎带来的武器的进步，可能会加剧性资源不平等配置而带来的冲突，比如"情杀"。

因此，实施一夫一妻制势在必行，伏羲女娲之间即使有外婚制的禁忌（同氏族有血缘关系的男女之间不得发生性关系），也在所不顾，伏羲女娲也有可能不是同父所生，而且华胥氏如果不是特指首领而是包括氏族中所有成年女性的话，伏羲女娲也不一定是同母所生，由此可以推测，伏羲女娲很可能是指华胥氏族内部具有表亲关系，或血缘关系较远的一对杰出男女。在这种扩大的、血缘关系较远的内婚制下，所生后代退化概率不会太高。以"挂壁公路"而闻名于世的河南辉县的郭亮村，一开始的近亲婚姻习惯是"两家转，三家换"，随着人口规模的逐渐扩大，郭亮村作为一个长期的封闭村落，其内婚制并没有导致后代基因的退化。由此可见，族群规模扩大时，内婚制下的一夫一妻制是可行的。另外，氏族在出现畜牧业的情况下，也需要更多的人力资源尤其是男性留在本族。氏族与氏族之间的人口数量的竞争取决于女性的数量。伏羲族通过娶入女性，增加女性，可以增加本族的人口数量。而实行一夫一妻制后，性选择上不平等的问题，就被生育权的平等化解了。虽然性选择的等级出现了，但是，性需求和生育权的平等也意外而至。对于低层的男女来讲，性选择已经不重要了，性本能满足以及由此带来的生育机会的平等才是更为重要的。任何选择都有代价，族内婚的代价就是性行为有了秩序，但是失去了自由甚至平等。因此，可以说，一夫一妻制是人类发明的最公平的婚育制度，但也是最不讲人性的婚育制度。浪漫情欲必须纳入制度理性的轨道之内，这就是伏羲女娲开创一夫一妻制的重大意义所在，[①] 当然，也是其深度悖论所在。

4. 攻守之道——从伏羲先天圆阵发现"濮"的兵家起源

伏羲氏狩猎时形成的圆阵，隐含着先占正义的原初含义，或者说体现着"濮"的兵家起源。学者商庆夫从古文献、史前考古、古文字演化方面推证认为原始社会存在有原始阵法，如伏羲先天圆阵、轩辕握奇阵。伏羲先天圆阵始创于我国原始社会的母系氏族公社时期，这可在古文献记载、史前考古和古文字演化等方面得到多方证实。它尚不具备古兵家所说的八方八位和中枢、奇兵诸要素，起初只是较匀称的圆形或半圆形

[①]　郑也夫：《外婚制的起源》，载郑也夫《文明是副产品》，中信出版社2015年版。

围圈，其后当长期通行等距离的三营部分法，继之演化为在圆环上等分、对应的六营部分法，并为过渡到可方可圆的握机阵奠定了基础。①

东汉许慎在其《说文解字》中，对"灋"作了详细的解读。其中，"触不直者"我认为具有防御和驱逐入侵者的含义，与今天物权法上所讲的先占正义具有密切的关联。古代兵书常说，"止即为营，动即为阵"（《武经总要》卷8《李靖阵法》）；"队法即阵法"（《江南经略》）。布局、步阵和营卫，都是实现"先占正义"的基本方法。在采集狩猎时代，营与阵一体两面，攻守互济。农牧分化后，农耕居国侧重于营，游牧行国侧重于阵。"伏羲"（牺）这个称谓的字面含义，应是指：选好点位，静候野兽，伺机聚而歼之。参证一些传说和东鳞西爪的文献记述，理应把伏羲放在原始畜牧经济的历史背景下加以考察，从而就可追溯到"阵法与营法起源于狩猎"这一兵家通识的最初源头。

5. "黄帝问道广成子"——"法自然"故事之一

黄帝于崆峒山问道广成子的故事，史籍中最早记载《庄子·在宥》中。其内容是：

> 黄帝立为天子十九年，令行天下，闻广成子在于空同（崆峒）之上，故往见之，曰："我闻吾子达于至道，敢问至道之精。吾欲取天地之精，以佐五谷，以养民人。吾又欲官阴阳以遂群生，为之奈何？"广成子曰："而所欲问者，物之质也；而所欲官者，物之残也。自而治天下，云气不待族而雨，草木不待黄而落，日月之光益以荒矣，而佞人之心翦翦者，又奚足以语至道！"黄帝退，捐天下，筑特室，席白茅，闲居三月，复往邀之。广成子南首而卧，黄帝顺下风膝行而进，再拜稽首而问曰："闻吾子达于至道，敢问：治身奈何而可以长久？"广成子蹶然而起，曰："善哉问乎！来，吾语汝至道：至道之精，窈窈冥冥；至道之极，昏昏默默。无视无听，抱神以静，行将自正。必静必清，无劳汝形，无摇汝精，乃可以长生。目无所见，耳无所闻，心无所知，汝神将守形，形乃长生。慎汝内，闭汝外，多知为败。我为汝遂于大明之上矣，至彼至阳之原也；为汝入于窈冥之门矣，至彼至阴

---

① 商庆夫：《中国原始阵法"伏羲先天圆阵"考述》，《文史哲》1999年第4期。

之原也。天地有官，阴阳有藏。慎守汝身，物将自壮。我守其一以处其和。故我修身千二百岁矣，吾形未常衰。"黄帝再拜稽首曰："广成子之谓天矣！"广成子曰："来！余语汝：彼其物无穷，而人皆以为有终；彼其物无测，而人皆以为有极。得无道者，上为皇而下为王；失吾道者，上见光而下为土。今夫百昌皆生于土而反于土。故余将去汝，入无穷之门，以游无极之野。吾与日月参光，吾与天地为常。当我缗乎，远我昏乎！人其尽死，而我独存乎！"

黄帝第一次见到广成子时不问治身之道，而直接请教治国之道，这一舍本逐末之举非但没有得到回答，还受到广成子严厉的训斥。这是故事的一个关键情节。对于这个故事的要旨，古往今来，有很多种解读，其中以"修身养性，追求长生不老之道"这个视角的理解最为常见，但是，从"欲治国先治身""治身为本，治国为末"的精神切入，应该是最为深刻，也是更为真实的解读。《吕氏春秋》中记载："道之真，以持身，其绪余，以为国家；其土苴，以治天下。由此观之，帝王之功，圣人之余事也，非所以完身养生之道也。"且道家认为："故知治身，则能治国也。"通晓修身养性之法，即可推及治理国家。在道家看来，人主观有为的手段不合乎"至道"的无为要求，人君只有"慎守汝身""守一""处和"，以这样的"无为"之法与"至道"合一，才能顺应大道中"佐五谷""养民人""遂群生"。这显然就是"国家养生学"的思想。也正有此方面原因，黄帝又被奉为道家始祖，故有"黄老"之称。

据历史传说，黄帝问道广成子之后，又经过 28 年的治理，"天下大治，几若华胥氏之国"。显然，华胥氏之国有着曾为黄帝所向往的无亲疏远近、无贵贱尊卑、无制度安排、无利害之争、无爱憎怨恨的自然淳朴、原始和谐的社会状态。《列子》说黄帝神游华胥之后，"怡然自得"，懂得了真正的"养身治物之道"，这就是"不可以情求"，亦即一切事情切不可刻意为之，应该自然无为，恬淡无欲。这既是黄帝从"神游华胥"而得到的关于生活态度的体验，同时也是关于治国之道的深刻启示。当然，黄帝"几若华胥氏之国"的治理状态，并没有维系多久。

可以推测，黄帝之时，天下治理已出现了背离"华胥之俗"和"神农之世"的倾向，因此黄帝有意想找回此前的理想国和自然法，尽管事实上已无法完全复古。《庄子盗跖》中，将"华胥之俗"和"神农之世"与后来有了圣人的文明时代做了比较，说华胥之时是"民居不知所为，行不知所之，含哺而熙，鼓腹而游，民能以此矣"。而后来，"及至圣人，屈折礼乐以匡天下之形，县跂仁义以慰天下之心，而民乃始堤跂好知，争归于利，不可止也。此亦圣人之过也"。同样，"神农之世，卧则居居，起则于于。民知其母，不知其父，与麋鹿共处，耕而食，织而衣，无有相害之心。此至德之隆也。然而黄帝不能致德，与蚩尤战于涿鹿之野，流血百里"。《商君书·画策篇》也有记载，"神农之世，男耕而食，妇织而衣；刑政不用而治，甲兵不起而王。神农既没，以强胜弱，以众暴寡，故黄帝……内行刀锯，外用甲兵"。

显然，华胥之时，是中国古史三代之前曾有过的母系社会状态，其民风质朴，无奸巧之智，无利害之争，既不需要以礼法制度去"匡天下之形"，也不需要以"仁义"道德教化以"慰天下之心"，人们无拘无束，自由自在，这恰好就是老子、庄子所追求的理想社会状态。黄帝前后，应该就是"自然法"时代与"法自然"时代的一个分水岭。黄帝问道广成子，主观上是想恢复到"华胥之俗"和"神农之世"那样的自然法状态，但是，客观上，只是达到了一种"法自然"的效果。但是，无论如何，"自然法"情结，从此便一直伴随着历史中国的治理实践，作为一种历史底色，始终没有彻底消亡。比如，黄帝与岐伯共同完成的中华医学经典《黄帝内经》及其生活实践，也是极为成功的法自然故事。另外，长寿者彭祖的传说，也是黄帝时期法自然的经典故事之一。应该说，中国的"自然法"，与近代西方法哲学中的"自然状态"是完全相反的两种价值预设，西方法哲学中的"自然状态"是一切人对一切人的战争，是"丛林社会"，中国人的"自然法"却是真实意义上的"理想国"。

6. 从甘肃上古关于"羌—氐"的记事中发现中国法文化的原始基因

"羌—氐"的历史地理文化属性及其互补结构

	羌	氐
原型	羌—氐	氐—羌
别称之一	高地人群	低地人群

续表

	羌	氐
别称之二	放羊人群	种田人群
别称之三	"山"民	"河"民
别称之四	夏窝子	冬窝子
别称之五	父系为羌（"羊"与"儿"的组合）	母系为姜（"羊"与"女"的组合）
别称之六	移动采猎	定居食谷
别称之七	游牧	农耕
别称之八	属阳喜阴	属阴喜阳
别称之九	黄帝（黄土高原）	炎帝（黄土平原）

　　根据顾颉刚的观点，中国古史是由"层累地造"而形成，因此，关于"三皇五帝"的谱系及其内部关系，很难梳理清晰。如果从经济地理学和当代考古学的视角，通过追溯农牧起源来梳理上古中国的历史发展线索，或许更为明智。要追溯农牧起源，那么，甘肃上古关于"羌—氐"的记事或传说，是绕不过去的。"羌—氐"是迄今为止，在史籍中记载的关于甘肃和西北地区最古老的土著先民，是采集渔捞兼营的史前部族，后来逐渐演化为农牧兼营的部族。"羌—氐"是一个复数概念，并不是一个单一族群，其种类多，分而广，每一个"羌—氐"人群，总是在一个特定的高地和河谷之间，随季节循环走牧或游耕。也就是说，最早的"羌—氐"因为是依季节在高地和低地之间进行循环性采集渔捞，在夏季高地生活时表现为"羌"，在冬季低地生活时表现为"氐"，所以"羌—氐"在初始意义上是一体两面的关系，具有母系社会的特征，"羌"与"氐"两者不能分割开来（见上表）。上古时期，"羌—氐"主要活动在西北的广大地域，在今甘肃陇山周围，以及青海的黄河、湟水、洮河、大通河等黄河流域上游一带是古代羌族的活动中心，兰州地区自然也是中国古羌族的发祥地之一。

　　据史载，秦献公（前384—前362）西征，一部分羌人西迁，这一支羌人迅速发展壮大，遍布于兰州西部的湟水流域和青海到塔里木盆地南缘，直至帕米尔高原和葱岭以西的广大地区。由此可以印证后来华夏历史中源远流长的昆仑山神话传统的真实性。在中国历史神话传说中，昆仑山是王母瑶池，是天柱地维，是万山之祖，是万水之源，是中华龙脉，是5000多年来中国人最天马行空的想象。事实上，从今天的地形图上可以看出，从西昆仑，到中昆仑，再到东昆仑，由三大部分组成的昆仑山山脉群的确是地球上最为持久、最为稳定的神圣"水源地"。关于这座西方大山（雪域群山）"昆仑"的信息，可能来自古代西北的羌戎族群，他们在迁徙和交流中将这一信息带至东方。昆仑山不只是神话，它比最伟大的神话还要宏伟，它是地球力量的创造，没有这种力量，就没有这座超级山脉，也就没有荒野，没有河源，没有中华民族的先祖，瑰丽的想象就无处安放，永恒的精神就无以承载。①

今天所说的"三江源"就是东昆仑的雪山融水和降雨的直接产物。由昆仑山的雪水所孕育的众多河流与河谷为早期野生谷物的繁盛提供了得天独厚的条件，这使"羌—氐"先民的采集渔捞生计得以自然发生，而这正是农牧文明发生的历史地理前提。周期性的融雪河流创造了肥沃的冲积扇河谷和众多的绿洲，带来了天赐"圣米"（野生稷谷）和营养丰富的百草，人群和羊群在采集和采食的同时，也发生了"落粒"和"粪地"意外效果，再上来年河流淤泥的覆盖，使永续性采集生计得以可能。在长期的移动性采集和"粪地"的作用下，就为自觉性的农牧文明的发生积累了条件，使农牧兼营的文明得以自然发生。《天工开物》是中国第一部具有科技史意义的百科全书，书中把"乃粒"（即种粮）和"乃服"（即制衣）放在书首，则大有深意。"乃粒"开篇即说"生人不能久生，而五谷生之。五谷不能自生，而生人生之"。人得以生存则需粮食，但粮食是人种的。可见，人要吃饭穿衣，就离不开"人羊谷"这个生命共同体。从目前初步发掘的一些史前考古遗址，比如齐家文化、马家窑文化、辛店文化、卡约文化等来看，有可能是羌人的文化遗存。上古甘肃乃至整个西北地区的"羌—氐"人群的活动史实，在齐家文化中可以得到最为直接的证明。齐家文化是史前东西文明交流的中转站。齐家文化分布区恰是中国地理的中心区，生态多样性为孕育和接受文化多样性提供了有利条件，使这一地区成为上古时期东西文化交流和人类迁

---

① 星球研究所：《昆仑山对中国意味着什么？》，https://i.ifeng.com/c/841ZElqKQno，最后访问日期：2021年10月20日。

徙的要冲，其率先接受青铜、游牧文化的洗礼，逐渐成为中国上古时期文化的中心。① 齐家文化，在甘肃境内演变成为辛店文化，向东发展到关中境内则演变成为刘家文化，其中，越处于西方，越多"羌"文化因素，越处于东方，越多"氐"文化因素。

姜、羌在甲骨文中是头戴羊角头饰之人，显然他们是以羊为图腾的原始采猎部落。在秦汉之前，史书通常是羌氐并称，人们大多认为羌氐同源而异流，到了汉之后，羌氐人就逐渐分开了。羌氐的分离，很有可能是在后来农牧兼营进一步发展的情况下发生的，低地之"农"和高地之"牧"无法兼顾，一部分妇孺老弱开始长期定居于河谷平原，一部分青壮男人开始长期游牧于高地区域。由此造成了"冬窝子""夏窝子"的分离，前者成了农夫之"家"，后者成了牧人之"窝"。可以推测，"家"概念原义素有其特定经济地理文化内涵，豢或圈是原型，向农区演变为家或圉，向牧区演变为帐圈（"鄂尔多斯"即英语 Ordos 的原生含义；而"部落"又与"帐圈"是通之前也的）。《国语·晋语》有言："昔少典娶于有蟜，生黄帝、炎帝。黄帝以姬水成，炎帝以姜水成。成而异德，故黄帝为姬，炎帝为姜，二帝用师以相济也。"这个记载提示着一个重要的历史信息：炎黄两个部族的前身很可能就是"羌—氐"部族，是"羌—氐"发生分化的产物。大致可以说，渭水上游一带便是炎帝氏族的发祥地，陕西省北部和甘肃省东部便是黄帝氏族的起源地，如果以陇山为基准，大概也就是今天所说的陇西与陇东这两处区域，两相居处本不太远，所以便互婚互助，用师相济，结为联盟。

从大历史视野看，西北游牧文化和中原农耕文化共同构成了中国法律文化生成演进的两大文化基因，这两大基因的原始基因，又可追溯至甘肃上古时期的"羌—氐"文化。因此，甘肃或河陇地区，可以视为中国法学的最为合适的历史文化地理锚点，这里也是拉铁摩尔所谓的中国"贮存地"的主要组成部分。在这里，可以把中国与西方（欧洲）法律文化的外部比较转化为中国的内部比较——西北中国与中原/东南中国的比较，运用这个视角，就能完整描绘出一幅具有世界意义的关于中国法律

---

① 易华：《齐家文化：史前东西文明交流的中转站》，《中国社会科学报》2013 年 2 月 22 日。

文化协同演化的心智地图。①

　　7. 大禹导河积石山——法自然之经典故事

　　大禹导河积石山的史实，在《山海经》等多处古籍中都有记载，《尚书·禹贡》记载，大禹"导河自积石，至龙门，入于沧海"，清初著名地理学家梁份在其梁份《秦边纪略》中写道："盖黄河入中国，始于河州，禹之导河积石是也。""积石"一地，应指今甘肃临夏的积石山。② 今天的积石山北端被黄河拦腰切断，形成一条长约25公里的峡谷，这条峡谷就叫积石峡，是黄河上游著名的峡谷。积石峡里，黄河汹涌澎湃，横冲直撞，咆哮着向东奔出峡谷。最新有关喇家遗址的相关研究，也间接地证明了大禹开通积石峡，疏导黄河的真实性。大禹积石山导河，体现出治水国家的自然起源——道法自然。大禹当时治河而上至积石，有保障从夏地到龙门一带水路畅通的意思在内。在上游最容易分流的位置，进行分流，可以说是都江堰水利工程之智慧的最早起源。

　　关于大禹在整个华夏范围内治水的历史事实，在出土的西周青铜器《遂公盨》中，有更为翔实和权威的记载，98字的铭文开篇记述了"大禹治水"的故事，后篇论述的内容是"为政以德"。盨上所铸铭文字体优美，行款疏朗，且字字珠玑，几无废言。铭文开篇即言，"天命禹敷土，随（堕）山，浚川……"记述了大禹采用削平一些山冈、堵塞洪水和疏导河流的方法，治平了水患，并划定九州，还根据各地土地条件的不同规定各自的贡赋。在洪水消退后，那些躲避洪水而逃到丘陵山冈之上的民众下山，重新定居平原之上。由于有功于民众，大禹得以成为民众之王、民众之"父母"。随后，铭文又以阐述德与德政，并教诲民众以德行事。遂公盨铭的发现，将有关大禹治水的文献记载一下子提前了六七百年，是目前所知时代最早也最为翔实的关于大禹的可靠文字记录，充分表明早在2900年前人们就在广泛传颂着大禹的功绩，而夏为"三代"之首的观念，早在西周时期就已经深入人心。

　　大禹导河积石所体现出来的"法自然"意涵，值得从法学视角深入

---

① 王勇：《没有锚点的中国法学——河陇地区作为中国法学运思的历史文化地理锚点》，《甘肃政法学院学报》2016年第1期。

② 赵逵夫：《积石与大禹导河事迹再考》，《社科纵横》2006年第3期。

发掘。正所谓"土治曰平，水治曰清"。"法治"的"治"，是从"治水"中演绎出来的。有一篇关于都江堰水利工程的报道，这样写道："都江堰渠首工程地处成都扇形平原的顶点，占据成都平原的制高点。既是扼制岷江洪水的咽喉要害，又是控制平原地区灌溉用水的关键。"① 这说明了治水的关键是要从上游着手。如果依这一思路来说明大禹导河积石的意义，也是可以成立的——"大禹所导积石之山地处黄河流域水网的顶点，占据黄河流域的制高点。既是扼制黄河洪水的咽喉要害，又是控制整个黄河流域灌溉用水的关键。"这样，《禹贡》中所说的大禹"导河积石""导江岷山"，就等于点明了在长江和黄河上游，通过导河以治水的战略意义。大禹"导河积石""导江岷山"的意义不在于追溯长江和黄河的源头，而在于找准上游的关键部位来治理洪水，是整个治水大业的重中之重。所谓"上游不努力，下游徒悲伤"，"上游不分流，下游很难防"。大地上水网的树状分布，是从上游的根部开始的。

有学者研究表明，中华文明的起源地当在一、二级阶梯之交的黄河与长江上游地区，而非二、三级阶梯之交的黄河与长江中下游。② 这提示了大禹治水发生的主要地理位置。一、二级阶梯之交的黄河与长江上游地区，也是"羌—氐"最早生活的区域，"羌—氐"人群在高山和峡谷之间的季节性、周期性"居游"生计，以及在半山腰的台地位置建筑"水寨"的经验，使他们对山区的"水性"有优于常人的了解，从而也为优先习得治水技能提供了可能。这就是说，大禹治水事业的成功，是大禹在获了整个羌人集团的支持下取得的，而不仅仅是大禹一个人的功绩。道法自然，天人合一，作为一种智识和技能，一定有其发生的地理机会和群众基础，因此，治水作为羌人的一种"社群—地方性"知识，值得深入探讨。

另外，关于"大禹所导积石之山"，需要联系大禹治水的具体方法，才能获得准确理解。"积石"得名，很可能不在大禹治水之前，而在大禹

---

① 惠小勇、黄卧云、王毅、黄毅：《都江堰，中华科学文明的世界符号》，《新华每日电讯》2019 年 4 月 13 日。

② 尹玲玲：《"洪水"新解——兼及中华文明起源问题的学术史梳理》，《史林》2020 年第 3 期。

治水之后。"积石"也不是当地基于当地地质结构的"层岩"特征。"积石"两字中透露出的关键信息，不是作为地名，而其中很可能内含着大禹治水的方法。积石峡中的一些巨石，比如"禹王石""支锅石"等，很可有就是被人们误读的《山海经》中的"息石"或"息壤"。据尹玲玲在其《江陵"息壤"与鲧禹治水》一文的研究，鲧禹治水所能的"息石"，究其实质是为治理堤防管涌，而在河床上放置的巨石。管涌，是指在渗流作用下，土体中的细颗粒被地下水从粗颗粒的空隙中带走，从而导致土体形成贯通的渗流通道，造成土体塌陷的现象。管涌破坏一般有一个发展过程，是一种渐进性的破坏。管涌发生时，水面出现翻花，随着上游水位升高，持续时间延长，险情不断恶化，大量涌水翻沙，使堤防、水闸地基土壤骨架破坏，孔道扩大，基土被淘空，引起建筑物塌陷，造成决堤、垮坝、倒闸等事故。① 《山海经》中，所谓"息石""息壤"究竟为何物，因古文献相关记述极为简略，加之郭璞、高诱云息壤能无限生长、越挖越多，使其蒙上了神秘色彩。如徐旭生所云，古代的传说虽口耳相传，因年代久远容易失真，但大约都有历史的事实为核心，并非子虚乌有；历史工作者如果能审慎地处理，就可以剥开它们神话的外衣，找出真正历史的核心。② 关于鲧禹治水传说中神话与历史的成分及比例，历史学界的认识也多有分歧。事实上，"息壤"乃泥沙淤积而成的沙堤洲滩，"息石"则是用重物压制以防管涌的巨石，又有助力泥沙淤淀的中流砥石之功，其特定埋深还有水文指示意义。③

明人谢肇淛更曾明确指出，"息壤，石也，而状若城郭。""息石"则为防止堤防发生管涌的巨石。所谓管涌，就是坝身或坝基内的土壤颗粒被渗流带走的现象，是指在汛期高水位情况下，堤内平地发生"流土"和"潜蚀"两种不同含义的险情的统称。"中流砥柱"这一成语的原初意义与效果，看来早在鲧禹时代就已有很好的认识和利用。镇管涌之"息石"就相当于矹立中流之砥柱，可使江流减缓，助力泥沙淤淀。部分早

---

① 富曾慈主编：《中国水利百科全书·防洪分册》，中国水利水电出版社 2004 年版，第 268 页。

② 徐旭生：《中国古史的传说时代》，科学出版社 1960 年版，第 19—20 页。

③ 尹玲玲：《江陵"息壤"与鲧禹治水》，《历史研究》2019 年第 4 期。

期传世文献记鲧禹治水方法有明显区分，即鲧用堵而禹用疏。这种区分对后世影响很大，认为禹因疏而功成，鲧因堵而殛死。可见，《山海经》中所记禹治水的方法，都是"布土"或"湮"。黄河上游的地质结构以细红砂岩为主，河床易渗漏，堤岸已崩溃，因此，黄河上游治水，除了疏导分流之外，更为关键的，是压实河床，加固堤岸。积石峡中"禹王石""支锅石"等这些巨石的堆积，即为了为以息石来息壤，以防水土流失。这些"一川碎石大如斗"的巨石，正是一个一个的"镇水石"。

河西走廊酒泉市肃州区屯升乡乡志中，曾记载了这样一则治水案例。"九家窑离州城一百五十里，其下有千人坝，坝水流至马营渗入漏沙，为民间不争之水。马营河河床低于九家窑台地十余丈，台地上有沃土两万亩，引水上岸，须在九家窑南十五里修筑'龙首'，并凿山开洞使水'泻出山麓，纵横四布，以溉以耕。'于是童公'鸠集夫匠，凿通大山五座，穿洞千余丈，洞高七尺，阔五尺，开渠千五百丈，其悬崖断案，水不能过者，架槽桥（渡槽）四座。十一年（1733）三月，引水配套工程竣工，截流通水，洞外渠堤决口数处，'成而复溃'……"①

以上内容是摘自《屯升》之"屯升史略"篇中对酒泉市肃州区屯升乡历史上有名的"童华治水"与屯田取水的故事的描述。

雍正十年（1732），陕甘总督刘于义、军需侍郎蒋洞已起草的《议定屯田条例》得到当时皇上的批准。而当时国内九家窑的屯垦任务最为艰巨，缺乏人力、物力、资金的支持，实施难度可想而知。正好时任肃州知州的童华上任，于是专司其事，带领军民开凿隧道。

由于马营河受到常年的流水侵蚀和水流作用的影响，河床低于河岸台地的农垦区，所以限于当时的条件，在马营河的中下游根本没有办法引水上岸进行屯田灌溉。所以唯一的方法就是马营河的上游以上十几里

---

① 详细内容，参见中共酒泉市肃州区屯升乡委员会、肃州区屯升乡人民政府编《屯升》（内部资料），2005年5月印制，第3页。《屯升》一书系由中共酒泉市肃州区屯升乡委员会、肃州区屯升乡人民政府组织编写，陈桂玲具体负责主编，于2005年5月由甘肃省酒泉市英子文化设计制作中心装帧排版并印刷发售。编写期间，时任肃州区政协主席李洪斌组织专人对初稿进行论证，肃州区文化局刘大翔书记提供大量原始资料，为本书供稿的作者包括肃州区文化名人、乡村干部、农民、学生、教师，是一本对酒泉市肃州区屯升乡的历史文化、风景名胜、发展现状、风土人情等做了全景式介绍的地方志。

的山洞引水，这样才可以让水流顺势而下，利于浇灌。但是马营河发端于祁连山，群山环绕，要想引水灌溉，必须在群山之间穿山凿洞。于是，童公"鸠集夫匠，凿通大山五座，穿洞千余丈，洞高七尺，阔五尺，开渠千五百丈，其悬崖断案，水不能过者，架槽桥（渡槽）四座……"在山洞凿通之前，事先按照屯垦的计划，修建渠道，做好了修渠引水的准备。

"雍正十一年（1733）三月，渠道修通了先放水试洞，由于砂石筑堤，许多渠段，一见水就钻漏崩溃，水不能到达渠尾。于是又顺着水流走势，因势利导，分段勘查补砌，至坚实合格为止……"由于先前修筑的渠道都已经破损崩溃，所以只能顺着水流修筑渠道。以至于先前设想的按照计划"修渠引水"的想法彻底落空，故而后来的新开的渠道以及对于已经投入运营的渠道都是在原有的基础上进行新建、返修、加固。所以"水到渠成"便成了九家窑民众开荒屯田，引水灌溉自然而然的选择。

事实上，这样的教训不仅仅发生在九家窑，只要是在地质结构复杂的干旱、半干旱地区，按照事先规划设计的"修渠引水"的想法，都很难成功。"在中亚细亚的塔什干区、饥饿草原、苏尔汉河区、瓦赫什河谷地灌溉渠（塔吉克斯坦）等地，以及在北高加索（卡巴尔达渠）和在外高加索地区，当在黄土底土中开凿新的水渠时，发现这样的情况：当水沿新渠流过后不久，渠底及邻近沿岸地段逐渐沉陷。同时，在沿水渠的黄土底土中出现一系列垂直裂隙，黄土接连不断地沿裂隙塌落到与水渠平行的阶地上，每一渠岸有 5—12 处。渠底沉陷达到 1.5—2 米和 2.5米。"① 看来，"筑渠引水"失败的事例在现实中还真是屡见不鲜。

"水到渠成"的本意是"水先到而渠后成"，而不是"先筑渠而后引水"。这其中蕴含着一个极为深刻的信息经济学原理：在复杂的地表地质结构背景之下，自然水流本身充当了一个低成本的知识与信息收集与整合的载体，完成了水流在地表上运动路径的最佳选择。从水源地出发的诸多漫流性支流并不都会开辟出持续成功的地表流经路线。呈现在当前

---

① 中共酒泉市肃州区屯升乡委员会、肃州区屯升乡人民政府编：《屯升》（内部资料），2005 年 5 月印制，第 504 页。

的某一条延绵的河流其实就是水源地某一支流与其所流经的地表地质结构相互间成功协调的结果，协调不成功的水流已然中途"夭折"。在此基础上，依流经成功的自然水流的河道去加筑渠道，因势利导，这就是"水到渠成"的应有之意。"先筑渠而后引水"能够成功的前提是，地表地质结构均匀、同质性强，否则，即使人为地支付高昂的地表地质结构勘探费用，或者不惜成本地提高筑渠标准，最终也会得不偿失。同理，好制度均是最优成本约束条件下试错的副产品。制度在产生和变迁过程中，知识与信息的收集与整合的边际成本会影响制度的效能；能够使制度选择的信息成本最小化而效能最大化的制度变革方案才是最优策略。

显而易见，大禹导河以"积石"，以压实河床，加固堤岸为重要治水方法，主要原因就在于黄河上游的地质结构以细红砂岩为主，河床易渗漏，堤岸易崩溃。大禹治水肯定是遵循着因地制宜的原则。至于大禹疏凿出25公里的积石峡，应该也是有一些可信的成分，因为诸如李冰父子修建都江堰开凿宝瓶口所用的"火烧水激"的方法，在大禹时代很可能也已普及。

至于大禹在兰州九州台想象出"九州"的故事真实性，尚需进一步考证。不过，进一步从大禹治水当时的历史情境中理解"九州"的含义应该是有意义的。"州"是水中的高地，今天最为典型的就是指河心岛。大禹之所以要"定"九"州"，并不是要确定九个州作为行政版图，而是要把土地固定下来——"在海洋上漂泊者的眼中，大陆就像是搁浅在海滩上的一头鲸鱼"，不要"由水带土"，"水流土失"。"洪"水的"洪"字，在甲骨文中是上面两个交叉的树木，下面是水，有学者解释是，四面八方的水汇集于中央洼地之意。但是，著者理解是树木在水上漂流——大水冲毁并携带着土壤和草木一起移动。所在，在一个洪水滔天、大水浸漫的情形下，定"九州"的意象，就是使很多的土地（土壤）固定下来，不要像船那样，被大水带着漂泊移动。"九"是很多的意思，在当时，并不一定有确指。使"土地固定"下来的思维，使空间纹理化，体现着早期中国人"陆地"（舆地）建构思维，而西方人在大洪水时代却是乘着"诺亚方舟"逃逸于洪水，是完全相反的一种"海洋"建构思维，喜欢面向一种平滑空间。也许，东西方文明的分野，从大禹治水时就发生了。

元代进士杨仲弘在其《题积石》一诗中，之所以写出了"多少鱼龙争变化，总归西北会风云"这样的诗句，很可能是由于西北——在一、二级阶梯之交的黄河与长江上游地区，这个天时地利加上了大禹治水的智慧，使人谋与天算得以完美统一，水患被成功转化成了水利，于是，才有了"总归西北会风云"。有风云而致雨，是人谋与天算的共同结果。"有圣人出，经理天下，必自西北水利始"（刘献廷）。《荀子劝学》曰："积土成山，风雨兴焉；积水成渊，蛟龙生焉。"由此引申，便有了积石成坝，平湖秋月；积石成金，金石为开。也因此，人们就可以理解，郑国渠、白渠之用——"举臿为云，决渠为雨"。文献《汉书》卷29"沟洫志"颂其云："田于何所，池阳谷口，郑国在前，白渠在后。举臿为云，决渠为雨。泾水一石，其泥数斗。且灌且粪，长我禾黍。衣食京师，亿万之口。"

最后值得说明的是，尽管《山海经》在其不同章节中描述了昆仑山是黄河发源地，但是，《禹贡》却将积石山确定为黄河的源头，由此引发了学界的诸多争议。但是，《六经图》中的"禹贡随山浚川图"，图中的黄河由双实线绘成，发源于昆仑山，并从积石山脚下绕过。这种绘制似乎将"河出昆仑"以及"导河积石"两者糅合了起来。这说明，围绕"积石山"争议河源问题没有多大意义，将"河出昆仑"以及"导河积石"两者统一起来，才是有意义的。

（三）以"人人关系"为主线的"道生法"时期

1. 从天水轩辕谷理解《黄帝四经》中的"道生法"思想

甘肃清水县山门镇白河村中，有一个名为三皇谷的自然村落，又称三皇沟、轩辕谷，是中华人文始祖轩辕黄帝降诞圣地（见下图）。晋人郭璞《水经》载："帝生于天水轩辕谷。"《甘肃通志》载："轩辕谷隘，清水县东七十里，黄帝诞此。"《甘肃省志考异》中载："轩辕谷在上邽城东七十里，轩辕帝生处也。"清水古称上邽，又属天水郡管辖。各种县志亦均有记载"轩辕谷，东南七十里，黄帝诞于此"。上邽县城东邻陕西陈仓为炎帝降诞地，西壤秦城为伏羲降诞地，三皇降诞，肇启文明，有着必然的文化渊源。

清水县轩辕谷——亦是形胜之讷

同一个自然村落，兼有三皇沟和轩辕谷两个称谓，似乎很有深意。如果联系黄帝"作盘车以济不通"的传说，应该可以作一种统一性的解释。三皇在古籍中有一个共同的说法，即天皇、人皇和地皇，这里面很有可能体现着一种关于"上中下"的立体的地理生活空间意象。丘陵众多，上下起伏，道路迢递，是关山一带乃至整个黄土高原地区的一种普遍的地形地貌。这种地理空间的优点是封闭性能好，便于自我防卫，缺点是交通不便，不便于同周边区域交往。这就有了黄帝"作盘车以济不通"的地理机会。"作盘车以济不通"，不仅仅意味着黄帝发明了车，还意味着黄帝还发明了控制车辆安全平稳行进的一整套技术规程和设施。在起伏不定的丘陵地带行进，车辆需要经常性的上坡和下坡，在这种情形下，车辕的抑扬控制就成了行车安全的关键，即要把握好"轾"辕和"轩"辕之间的度。上坡时要防止出现辕轩——车辕上扬，下坡时再防止出现辕轾——车辕下抑（见下图）。当车辆率先发明并同时具备成熟的控驭技术时，道路的修建必然会同时跟进。张家川县和清水县东部的马鹿河为此提供了证据。

古代"盘车"主题绘画作品中的辕轩和辕轾情境

马鹿河在张家川县和清水县东部，是一条流经甘陕两省的河流。一条河流，3 个名称：在张家川县称马鹿河，在清水县称长沟河，流入陕西省宝鸡市境内称通关河。马鹿河入境清水县秦亭镇秦磨自然村后，当地人称之为长沟河。在清水县汇入长沟河的主要支流有：罗泉沟水、轩辕谷水、白家河、鲁家河、盘龙沟水、罗塬沟水等 10 条河溪及 5 条支沟水。马鹿，民间一直叫马鹿铺。这个"铺"并非店铺，而是古代邮递制度留下的印迹。宋代的驿传机构称为"急脚马递铺"，简称"急递铺"或"铺"。递送文书分为步递、马递、急脚递、水递 4 种。由此可见，马鹿铺的铺，留下了这里很早就是陇坂上邮递驿站的印记。关于马鹿名字的由来，据《张家川县志》载："马鹿原名马鹿坡，因历史上野生动物马鹿多而得名。"当地作家马孟廉认为，马鹿与马路同音。马鹿应该是秦朝"车同轨"的官道"马路"的转音。马鹿是古道，是古驿站，又是集镇，集市至今兴盛不衰。

这样看来，历史上最早的车辆发明、行车技术与道路网络（马路即官道）等一系列先进"生产力"，同时在黄帝的诞生地涌现出来，就可以得到圆满的解释。由此也就可以理解《黄帝四经》中的"道生法"思想。《黄帝四经》之《经法·道法》中写道："道生法。法者，引得失以绳，而明曲直者也。执道者，生法而弗敢犯也。法立而弗敢废也。能自引以绳，然后见知天下，而不惑矣。"驭车之法是基于起伏不平的道路而生，因而制法者即发明车的人首先的自觉守法，否则，就会把自己置于险境之中。这就是从自然法与法自然的道理。轩辕时，之所以实现了"耕者不侵畔，种渔者不争岸"的"定分止争"的法秩序，道理也同样在此。

2. 流刑施陇——"窜三苗于三危"：流刑在甘肃敦煌地区实施的最早记录

从《尚书·尧典》《史记·五帝本纪》《大戴礼记·五帝德》等先秦典籍资料记载看，由尧、舜、禹与三苗组成当时中国黄河中原与长江中游江汉之区两大民族集团的矛盾双方。唐尧、虞舜、大禹为中原地区华夏部落联盟领袖时期，中国正处于夏族建立国家和华夏族形成的前夕。尧、舜、禹三代一直没有停止征伐"九黎"后裔"三苗"的行动。经历了"尧与三苗战于丹江之浦""窜三苗于三危"；"舜征三苗""分北三苗"事件后；最后大禹"杀三苗于三危，以变西戎"。三危地望，一般认为在今甘肃敦煌一带。所谓"窜三苗"是指一部分三苗（很可能是上层人物）而言。根据传说，"三苗"在江西省的鄱阳湖与湖南省的洞庭湖之间，三苗集团后来被舜和大禹所消灭。舜死于苍梧，禹死于会稽，他们可能都死于对三苗的战争。此外，《后汉书·西羌传》载："西羌之本，出自三苗，姜姓之别也。其国近南岳，及舜流四凶，徙之三危。"这一段叙述明示迁三危的三苗融入当地土著，成为西羌。不过传说时代距今久远，而有关的记载又太过简略。特别容易令人滋生疑窦的是，敦煌一带与三苗的居住地——长江中游，远隔千里，中间且有不少山河阻隔。在交通落后的原始时代，要实现这种大迁徙，在今人看来实在是匪夷所思。

"窜三苗于三危"，可以说是历史中国关于"旧新"五刑——先秦时期的"墨、劓、刖、宫、大辟"，和汉代以后的"笞、杖、徒、流、死"——实施以前关于流刑的最早记录。当然是以战争的形式来实施，不同于后来的以国家司法的形式来实施。从将三苗从东南地区的三苗之地流放至千里之外的西北敦煌地区，是为了通过异地流放对三苗集团进行分而治之。这可以说是最早的中原农业区域形成之初对东西两端的隙地中的自然游耕、游猎经济进行挤压的结果。如果考虑到当时东南"海侵"等气候因素，所谓"人满东南，地广西北"的人地矛盾是可信的，因此，将东部拥挤的三苗集团则迁移至西部，一方面可以实施分而治之，另一方面也是解决人地矛盾的必然选择。"南人北迁，北人南迁"的人口双向流动，是大中国的一个历史规律。这也同时可以证明大中国自然生长的一个历史规律："向内充实，向外扩展"。周边精英人群不断进入中原地区，中原边缘人群被不断挤压于四周外围，这个过程反复发生，于是，就造成了历史中国的自然生长。

（四）以"人人关系"为主线的"人在法"时期

1. 从祁连山岩画中发现"羴"文化

羊书即岩画，有分清部落双方草场界线的功能，正所谓"见岩刻而知草权"，当然，先民烙在牲畜身上的烙印也是"羊书"，以在混牧情形下区分畜群。武威磨嘴子汉墓出土的木雕獬豸可以说是"灋"（〖图〗）文化最典型的体现，但是，"灋"文化的原型仍然可追溯至"羊书"。"灋"文化是在"羊书"及"仝"文化的基础上出现的，并叠加于其上的法文化类型，是秩序扩展的结果，这在甘肃尤其是河西走廊等历史上的游牧地区保留着深厚的历史遗存。东汉许慎的《说文解字》说明了"灋"字的出处及其权威释义："灋，刑也。平之如水，从水。廌，所以触不直者，去之，从去。法，今文省。仝，古文。"其中的"廌，所以触不直者，去之，从去"，最原初的含义应该是指一种"先占正义"或"禀赋效应"。先占土地，然后经营土地并孕育出"恋地情结"，这样就对入侵者造成一种巨大的威慑力：坚决驱逐入侵者，誓死捍卫领地。其中的灋（〖图〗）字，尤其是廌字，指涉着先占者正义，是中华法文化在仝文化基础之上的次生法文化，可以说，"廌"文化即"灋"文化是在仝文化基础上对法文化的扩展和叠加。这也意味着，灋文化的主要使命是处理社群间关系或族群间关系，是人口与土地资源紧张时代的产物。秩序也开始由第一方控制向第二方控制过渡。这方面的法文化及其相应的历史印记，在甘肃的积淀也极为丰厚，并且同样代表和体现着中华法（廌）文化的历史源头，正可谓灋意昭昭。以下进行列举性陈述和释读。

武威磨嘴子汉墓出土的木雕獬豸

武威磨嘴子汉墓出土的木雕獬豸是"灋"文化最典型的体现（见上图）。木雕獬豸的造型展示出诸多法文化意象，其中最为关键的是"先占的正义"，是为了实现对秩序的第二方控制，即对先占领地的正当性守卫。独角向前冲锋，是为了向入侵者示威，以使其望而却步，尊重先占者的产权，正所谓"灋意昭昭"。事实上，"闻獒吠而知草权"，也是同样的含义。这样看来，历史上的"灋丘"与"犬丘"或"西犬丘"，其含义很有可能是通约的，或许正是今天"法域"概念的历史源型。"犬守之域"很有可能是失去"汭位"——形胜之地——之后的先占领地，意味着牧业区域与农耕区域的正式分化，或所谓的"冠带之室"与"引弓之区"的正式分化。当然，更有可能是半农半牧人群在黄土高原上历经了漫长的扩张时期后，才出现农牧之间的分化。分化后，单纯的农耕社群也很可能以"伏兵屯田"的方式来学习和利用这样的"灋"文化。

河西地区游牧民族之"岩刻标界""射程划界"或"射箭封疆"（先占）等习俗。与此相关的"灋"文化，还体现在先秦时期西北牧猎民族，以及后来的游牧民族之"射程划界"或"射箭封疆"（先占）等习俗方面。① 这一习俗与金文中的"𦀙"（灋）字的源起及其含义界定应有关

---

① 周思成：《〈元史·镇海传〉中的"四射封赐"新论——蒙元法制史研究札记》，《北方文物》2014 年第 4 期。

联。"射程划界"或"射箭封疆"（先占）与"跑马圈地"的发生背景大致是相同的。在甘肃金昌双湾镇，仍流传着这样一个故事：

"双湾人的祖先是从民勤县移民过来的，所以双湾人的口音和民勤县一样。在移民之初，双湾地区还都是未开发的荒地，其中不乏戈壁滩和沙丘，为了划分这些无边无界的荒地，移民的头人们（可能是类似村长地位的人，双湾人称之为头人）相互约定了荒地划界的办法。在约定的一日，其他头人以及移民的监督下，首先划地的头人要在太阳升起时骑马出发，并且在太阳落山前回到出发点，在这一天的时间里，这个头人用马蹄印圈起来的地方就是他和他带领的移民拥有的地盘。相传双湾镇陈家沟先人的头人在圈地的那一天前夜喂了一夜马，太阳升起之时策马奔腾全速前进，太阳落山之前勉强回来，之后过了几天马就死了，3个月之后，头人也过世了，以至于今，陈家沟村的地盘还是双湾镇最大的。"①

由此看来，"𤲟""𢘅"这些古金文中的字，与河陇地区上古岩画中的"射猎图像"有着密切的联系。岩画或"羊书"，应该是比甲骨文更早的文字。"𠫊"（去）与"明夷解纷"或"弓矢相符"的关联亦不可忽视。《易·系辞》称，黄帝"弦木为弧，剡木为矢，弧矢之利，以威天下"，这个史实与"𤞞"（灋）意象的应有密切关联。中国历史上早期刻石文化均源自西秦陇上之地，这间接地说明，这里应是领土先占之刻石标识的源起之地。特别是毗邻黄土地带的草原地区，先占以及对其进行产权标识的竞争将更为激烈。

从"先占正义"的视角去解释"灋"的原始含义，并不意味着"灋"与"刑"或"金"之间不存在密切关联。事实上，许慎《说文·廌部》中对"灋"字进行解释的全文是："灋，刑也。平之如水，从水。廌，所以触不直者，去之，从去。法，今文省。金，古文"。今天许多学人在引用许慎的这个解释时，常常把其中最后的句子即"法，今文省。金，古文"省去。许慎之所以把"金"看作为是"法"的古文而专门记录，肯定不是可有可无的。这是一个重要的提示和启发。如果将"刑"与"金"联系起来，并以张中一先生对"灋"的解释——"伏兵屯

---

① 这个"跑马圈地"的故事，由西北师范大学法学院 2013 级本科毕业生仲鑫同学提供。

田"——为其历史语境，那么，"瀍""刑""佥"3个字的共通的含义就呈现出来了——"平田整地，形（型）塑井田，使其平之如水；鹰士以守，箭（剑）意昭昭，威慑或驱逐图谋侵夺庄稼者，以正曲为直。"

"刑"与"佥"的最初的功能都是对事物进行取"平"与取"直"，通过对事物进行能动地加工和塑造，使其能够更好地为人所用，而这个功能很可能缘起于对田土的改造与利用。田土或农田的平与直，直接关涉着农业生产中两个基本价值目标，即效率与公平及其兼顾问题。田面"平整"，方可均匀受水（降雨或灌溉）以实现农作生长的高效率；田界"笔直"，方可产权清晰以最大限度调动合作各方的积极性。在上古时期，既能提高效率，又能实现公平的田制，非"井田制"莫属。钱穆先生认为，西周建国的过程是一种军事屯田的过程，这就是"封疆"，这与井田制的建立是一回事。尤其是军事屯田，直接的目标就是为了实现生产能力与防御能力之间的最优均衡或最优匹配；而且，这一组合中的规模效应很重要，[①] 屯田组织的规模不能太大，也不能太小，太小没有自卫能力，太大没有效率。井田制就是屯田制，就是伏兵屯田，就是军屯，就是农政，是税与赋的最优合约结构，故被称为古代"圣制"。正是这个圣制，孕育了中国法文化的3个可完全通约的观念，即"瀍""刑""佥"。或者说，"瀍""刑""佥"其实就是对同一个圣制的不同视角的表述和记录。事实上，甘肃河西走廊及西域源远流长的军屯文化，亦是经典的瀍文化意象。

研究发现，绝大部分生活世界中的空间，都由具有禀赋效应的个体所占据；产权尊重是常态，战争和掠夺的概率微乎其微。这一切源于：在自然选择压力下，个体对物品或资源在拥有时主观评价过高，而在不拥有时主观评价趋近客观真实价值，这种具有禀赋效应的偏好有利于遏制其他个体对其拥有物的抢夺，因而这种看似"错误"的偏好反而改善了主体的处境，使得禀赋效应得以成功演化。有生态学家用"鹰—鸽—中间派"（Hawk-Dove-Bourgeois）演化博弈模型，来解释为什么动物世界

---

① 陕北有这样的一首民谚："宁让皇帝的天下乱，不让咱俩的关系断"，或"宁让皇帝的天下乱，不让兄弟的感情断"。最优的制度安排通常在小社群中才能长久维持，社群规模决定信任，信任是最优制度安排中的核心要素。

的地盘竞争通常是先占的一方获胜。[①] 禀赋效应使得人们更愿意为拥有之物而战，从而导致他人对先占权的自发尊重；当社会中具有重度禀赋效应的个体达到较高比例，对先占权的尊重就会普遍存在，形成无须依赖第三方实施的自然产权秩序。并且，有利于尊重先占权的重度禀赋效应的这一心理倾向，看似非理性，但在时刻面临侵略威胁的社会中有益于个体生存竞争，所以它们最终得以穿透演化的筛子，为自发社会秩序的形成铺平了道路。拥有先占权的动物为了自己的"地盘"愿意付出更多的努力来驱逐入侵者，而除了极少数例外，入侵者往往也会知难而退。[②]

濂意昭昭或先占正义的这个道理，可以从以下这个真实的故事中体现出来：

有位名字叫阿桑的藏族牧民去找村长，说他的 3 头牛被贼偷走了，牧场留下了清晰的脚印。村长立刻组织村民集合，要求每人带上五六天的干粮去找牛。两个小时之后，村子就召集了 40 多个人，大家都知道偷牛贼专挑山林和偏僻山谷赶牛，路难行，大家都做好了徒步追赶的准备。村长将年轻人分成一组，去堵住偷牛贼可能路过的关口，岁数大的人则一路跟着脚印慢慢找。

接下来的 3 天里，找牛的队伍越来越大，最后增加到了近 80 人。因为村子里早就有规定，牛羊被盗要全村出动去找，每家都要出一个 60 岁以下 16 岁以上的男子参加，如果人不在家，必须在 3 天内赶回来。如果哪一家没人参加，缺勤一天罚 50 元钱。这支 80 人的队伍，沿着草原，山坡，树林，小溪，追着若隐若现的脚印，足足找了十几天，他们困了就地露营，饿了吃自己带来的干粮。后来，干粮都吃完了，人也都累得筋疲力尽，终于在一个村口发现了偷牛贼留下的脚印。但是，这个村子里的村民听说他们来找牛，坚决不许他们走进村子，双方差点打起来。于是，村长决定让大家分开进村去，把熟人和朋友叫出来问，要是能问出来，找到一头牛奖励现金 1 万元。后来，因为很难打听出偷

---

① 董志强、李伟成：《禀赋效应和自然产权的演化：一个主体基模型》，《经济研究》2019 年第 1 期。

② 郭文敏、杨思佳、罗俊、叶航：《作为异质性偏好的禀赋效应：来自神经经济学的证据》，《南方经济》2017 年第 2 期。

牛贼的名字，村长甚至决定把奖励金额增加到 3 万块钱……最终，村长终于带着大家找到了丢失的牛。在这十多天里，对于这些人来说，其实找牛早已经降为其次，捉贼成了目的。因为一头牛才值 800 元钱，并不值得这样兴师动众。而且就算抓住了偷牛的人，按照当地的风俗，一头牛要赔 5 倍到 7 倍的价钱，这也已经不重要了，因为就算赔 10 倍的价钱，也抵不了这 80 个人这么多天的工钱。这些藏民风餐露宿地找寻丢失的牛，真正的目的是显示他们打击偷牛贼的决心和威慑力，对于他们来说，牛算是很值钱的私有财产，但维持正义显然比金钱更重要。因为种种复杂的原因，他们虽最终找到了牛，却没能抓回偷牛贼，但他们没有人后悔为这次寻找花费的精力和时间。因为，从此之后，他们的村子再也没有丢过一头牛。①

当然，"譱"不仅意味着先占正义，也是裁判正义的历史源头。甘肃是西戎"羊"文化的源起之地，義（义）、善、美文化皆源于西北。"譱"文化是在"瀍"文化基础上出现的，叠加于其上并对"瀍"文化进行规训的法文化类型，亦是秩序进一步扩展的结果，这在甘肃尤其是河西走廊等历史上的游牧地区具有深厚的历史遗存。"譱"文化的核心关切是实现人人关系下的第三方治理，即"善治"。"譱"是"善"的大篆的写法，从羊、詰。"詰"字《说文》训"竞言也"，而"竞"字《说文》训"强语也"，段注："强语谓相争"。由是可知"詰"之义为相互争论，因而"譱"之造字意义当为两人口争言斗而羊介于其中。

2. 《大盂鼎》中"瀍保先王""勿瀍朕令"的含义

《大盂鼎》中有"瀍保先王"和"勿瀍朕令"的句子，其中的"瀍"有"伏兵屯田"或"伏兵屯田令"，或"边境开发种田"的含义，这就是说，"瀍"的原初含义正是今天的"屯田"或"军屯"的意思。在中国法学界，《大盂鼎》中的"𤰝"字被普遍认为是"瀍"字的最早出处之一，如何联系其中的两个关键句子即"瀍保先王"和"勿瀍朕令"，对

---

① 这则"藏民治偷牛"的故事，其主旨是"维持正义显然比金钱更重要"，参见杨显惠《甘南纪事》，花城出版社 2011 年版。

"灋"字进行准确释读，事关对中国"灋"观念源起之谜的揭示。事实上，中国法史学界对此已有很多解释，本文不打算进行综述性比较研究，而是引入一些全新资料，借助一些全新视角，以期对中国"灋"观念源起之谜，提出一些全新的观点。

岳阳市博物馆研究员张中一先生认为，古金文和甲骨文是"一文一字一义"，尚未字组化或词汇化，不能像解释后来的词组那样去看待，据此，他对《大盂鼎》进行了全新的释读，认为"大盂鼎铭文内容记述的是西周早期军队成就王业伏兵屯田边境开发边境种田的事迹，文中没有周康王册命盂的史实，只有士卒伏兵屯田建设国家的事迹。"在这一解读思路的指引之下，张中一先生对《大盂鼎》中的"灋保先王"和"勿灋朕令"提出了自己独特的解释。"灋保先王"中的 4 个字的意思分别是：灋，古代"法"字，《说文》："灋，刑也。平之如水，从水。廌，所以触不宜直者去之，从去"；保，保护；先，先导，前导；王，成就王业。这 4 个字串联起来的意思就是："开发田土法令保护民众生产前导成就王业。""勿灋朕令"中 4 个字的意思分别是：勿，勤勉，《礼·礼器》："洞洞乎其敬也，属属乎其忠也，勿勿乎其欲其飨之也"；灋，古文"法"字，《说文》："灋，刑也。平之如水，從水。廌，所以触不宜直者去之，從去"；朕，皮甲缝合之处，也泛指缝隙、边境，《周礼·考工记·函人》："眡其朕，欲其直也"；令，即法令。这 4 个字串联起来的意思就是："勤勉士卒生产按法令耕种边境屯田伏兵是法令。"①

可以看出，张中一先生是将《大盂鼎》中"灋"的本意概括为"伏兵屯田"或"伏兵屯田令"，或"边境开发种田"，这就是说，"灋"的原初含义正是今天我们所讲的"屯田"或"军屯"的意思。这里似乎可以发现，张中一先生所理解的"灋"的含义与《说文》中的"灋"的含义应该是统一的。这显然是一个重要的提示或启发。也就是说，我们可以对《说文》"灋，刑也。平之如水，從水。廌，所以觸不宜直者去之，從去"这段话作这样一种全新的、完整的、情境化的解释——"灋，平田整地，形（型）塑井田，使其平之如水；廌士以守，箭（剑）意昭昭，

---

① 张中一：《大盂鼎解读（西周早期）》内部资料（2019）。

威慑或驱逐图谋侵夺庄稼者，以正曲为直"。对于这个解读，换一个通俗而形象的说法，就是："我的水草田土我先占，我的牛羊我先占，风能进，雨能进，贼寇不能进。警告三次还闯入，张弓搭箭射杀你。"" **𧻜** "中的" **𧺸** "（去）是由弓和矢两个符号组成，有张弓搭箭或张弓发箭之意；麚，应该就是" 瀍 "中的主人公，是主权所有人，具有麚王（鹿王）和人主（首领）的两重含义。

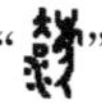

3. 甘肃出土的诅楚文、放马滩秦简中透露出的历史中国法文化变迁信息

从"瀍"到"法"的演变中，甘肃出土的诅楚文、放马滩秦简是一个关键的节点。此外，从"瀍"到"法"的演变中，甘肃出土的诅楚文、放马滩秦简是一个关键节点，值得特别关注。

	诅楚文		战国后期
	放马滩秦简	《日书》乙种	战国末期~秦始皇30年
	放马滩秦简	《日书》乙种	战国末期~秦始皇30年

《诅楚文》和《放马滩秦简》中的"瀍"字

朝那湫诅楚文中，有这样的句子："求蔑瀍皇天上帝及丕显大神巫咸之恤"，其中就有" **𧻜** "字（见上图）。相关出土"法"字的材料按时间顺序为：《诅楚文》《放马滩秦简》《睡虎地秦简》《秦量器铭文》《秦始皇刻石》《龙岗秦简》《张家山汉简》《马王堆汉墓简帛》《阜阳汉简》《银雀山汉简》。从"瀍"到"法"的演变中，诅楚文、放马滩秦简是一个关键的节点。① 这个变化非同寻常。从"瀍"到"法"的演变，含义也从冲突为代价的"均势"向"统一"（律）为代价的和平转变。《大盂

---

① 李任：《从"瀍"到"法"——战国至西汉中期"法"字的形体演变及其原因》，《河北法学》2010 年第 10 期。

鼎》之"𮕵"字中的原始弓矢，变成了《诅楚文》中的弩弓。并进一步在《放马滩秦简》中变成去掉了动物（神兽）行为学的含义，成了人定法（律），从裁判向立法的含义转变。从"灋"到"法"，最显著的字形变化就是字素之一的"廌"在字中消失。第三方权威突出了。这一阶段文字由正体"篆体"到俗体"隶书"的变化过程，被称为"隶变"，也即从石刻文字向竹简上的手写墨迹文字转变。从作为产权标识的"灋"向作为成文立"法"（律）转变。作为战（占）术的法，主要体现在"𮕵"（"射程划界""伏兵屯田"或"射箭封疆"）字及其发生背景之中；作为治术的法，其文化信息主要体现在商鞅改"法"为"律"上。这需要从上述的相关背景资料和文献中进行重新发现和解读。

（五）小结

通过神话传说、三代时期与春秋战国的陇上法文化事迹与故事点滴梳理，似乎可以揭示出国史上法文化与法精神之"西北情结"的秘密所在。元代杨仲弘曾言："多少鱼龙争变化，总归西北会风云"。国史上之所以有深厚的"西北情结"，是因为西北"制天下之上游"，这里丰富的法文化资源中蕴藏着中国文化真正的"反脆弱之谜"。甘肃的法文化历史，从"金"文化，到"灋"文化，再到"蕭"文化，是一步步扩展，一层层叠加的关系，经历了从"站立"时代，到"争战"时代，再到"统一"时代这样一个历史全程。这种纵横交错的法文化遗存及其完整的发展谱系，是中国其他区域的法文化历史所不具备的。从第一方控制，到第二方控制，再到第三方控制，亦是透视法文化演进之谜的一把钥匙。因此，法韵甘肃，很可能就是法韵中华的历史雏形和微观缩影。经由"法韵甘肃"，可以发现被近代以来的西方法学故事遮蔽了的更为原初、更为精彩和更为深邃的人类法学故事，这些故事中所内涵的话语价值甚至更具有世界意义。甘肃的政法学人，要自觉地依托于甘肃的本土资源，尤其是"敦煌法学"的丰富资源来讲述法学历史主义的人类故事，对于我们校正近代以来西方法学故事中所隐含的价值偏颇，提供更为稳妥的人类命运共同体构建的法文化价值观，意义极为重大。

本章作者：

王勇，西北师范大学法学院教授，法学博士，兰州大学敦煌法学研究中心特聘研究员，甘肃省敦煌法学研究会副会长。

脱剑锋，兰州大学法学院副教授，甘肃省敦煌法学研究会副秘书长。

第 二 章

传说时代至魏晋南北朝陇上
法制与法律人物^①

甘肃历史悠久，传说时代三皇之首伏羲为华夏人文始祖，迄今历史跨度已 7000—8000 年。为华夏文明发祥、传承、转化创新基地。本章对传说时代、先秦三代、春秋战国、秦汉、南北朝时期的陇上法制与法律人物作了概略性介绍和述评。

伏羲

一 伏羲

伏羲（生卒不详），风姓，又称宓羲、庖牺、包牺、伏戏，亦称牺皇、皇羲、太昊，《史记》中称伏牺。生于陇西成纪（今甘肃天水市，一说今甘肃平凉市静宁县。范文澜《中国通史》等学者则认为伏羲部族主要活动区域在东方，系有山东西迁至甘肃），所处时代约为旧石器时代中晚期。中国《竹书纪年》等古籍记载，"华胥氏履大

① 本章与第三章参考资料：(1)（清·乾隆）许容监修，李迪等撰，刘光华等点校整理《甘肃通志》上下册，兰州大学出版社 2018 年版。

(2)（西汉）司马迁：《史记》，中华书局 1999 年版。

(3)（北宋）司马光：《资治通鉴》，中华书局 1986 年版。

(4)网络资料，版权属原作者。

人迹生伏羲"，华胥氏是华夏民族之始祖。伏羲自然也是中华民族敬仰的人文始祖，居三皇之首。他根据天地万物的变化，发明创造了八卦，"造契书以代结绳之政"。并教会了人们渔猎的方法，同时他还是中医学的创始人，在中华民族追求文明和进步的进程中，具有奠基和启蒙之功。伏羲称王一百一十一年以后去世，留下了大量关于伏羲的神话传说。

根据《史记·三皇本纪》（司马迁的《三皇本纪》已佚，此为司马贞的补记。）记载："太白皋庖羲氏，风姓，代燧人氏继天而王，母曰华胥，履大人迹于雷泽而生庖羲于成纪，蛇身人首，有圣德，仰则观象于天，俯则观德于地，傍观鸟兽之文与地之宜，近取诸身，远取诸物，始画八卦，以通神明之德，以类万物之情，造书契以代结绳崐之政，于是始创嫁娶，以俪皮为礼，结纲罟以教佃渔，故曰宓羲氏。"

二　女娲

女娲，又称娲皇、女阴，传说中的人类始祖之一，是中国上古神话中的创世女神。传说伏羲与女娲的母亲是同一个人：华胥氏。为了繁衍后代，兄妹结合为夫妻，缔造了人类。伏羲"始画八卦，造契书以代结绳之政"，"结网罟以教佃渔，养牺牲以充庖厨"。女娲有"炼石补天""抟土造人"的传说，在大地湾遗址发掘遗迹中均能找到明显的痕迹和线索。大地湾西面有一条纵贯秦安南北的葫芦河，伏羲、女娲就生长在这里。

伏羲与女娲

相传女娲造人，"一日中七十化变"，以黄泥仿照自己抟土造人，创造人类社会并建立婚姻制度；因世间天塌地陷，于是熔彩石以补苍天，斩鳌足以立四极，留下了女娲补天的神话传说。在中国神话里，女娲是创造一切生命的"万物之母"，是传说中许多女神化身的原型，也是永远活在中国文化里的原型母亲。女娲不但是补天救世的女英雄和抟土造人的女神，还是一个创造万物的自然之神，神通广大化生万物，每天至少能创造出 70 样东西。她开世造物，因此被称为大地之母，是被民间广泛而又长久崇拜的创世神和始母神。

女娲庙地处甘肃省天水市秦安县城 50 公里的陇城镇，相传为女娲出生之地。据《水经注》记载和传说，女娲生于风沟，长于风台，葬于风谷。在陇城镇东侧，至今还有娲皇、凤尾、龙泉等村名。在风沟悬崖上还有一处深不见底、洞道呈葫芦状的"女娲洞"，镇北门外有一口大井，传说是女娲抟土造人用水之泉。

三　不窋、姬刘

不窋、公刘（是对姬刘的尊称），均为古代周族部落首领。不窋系后

不窋塑像

稷之子，公刘为不窋的孙子、鞠的儿子、周文王姬昌的十代祖先，生卒年不详。鞠死后，公刘立。公刘忠诚厚道，笃爱人民，勤劳刚毅，勇于开拓，是一位有政治远见和组织才能的古代英雄。

不窋在夏朝任农官，后率部族迁居北豳，开始早期政治、经济、文化活动，重农耕、行教化、修订训典、变易风俗，修建了不窋城。立足点在今天的甘肃省庆城县周围，范围较小。传至公刘，由于社会经济发展的需要，他将周人活动地域由庆城县周围扩展到今天甘肃省庆阳市的宁县、合水、正宁、镇原的塬区和马莲河流域的川道地区。他带领族人勘察地形，开垦荒地，兴修水利，制造农具，整修农田，种植五谷，为北豳川塬地带农业区域的形成和发展作出了很大贡献。他使"行者有资，居者有蓄积，民赖其庆，百姓怀之。"

后来，为进一步扩大活动范围，使先进的农业生产经济在更大的地域推广，并由此扩大政治影响，他率领部族自北豳（今甘肃庆城县）迁至豳（今甘肃宁县），在此建公刘邑，十多年后，又同儿子庆节把首府迁至南豳（今陕西旬邑县）。这次具有战略意义的转移大大开拓了周的基业，周的势力范围扩展为原北豳所在的今庆阳市各县以及今陕西省的旬邑、邠县、长武、淳化、耀州区、宜君、黄陵等地。公刘在庆阳一

带造福甚多，后人饮水思源，为其修庙，缅怀其恩德，尊其为神灵。今宁县一带尚存有刘邑、公刘庄，庆城西南 40 公里处的高家崤有公刘庙，每年 3 月 18 日，四方男女赴庙拜谒，表达奠祀之情。中国第一部诗歌总集《诗经》中的《公刘》篇，就是古代人民歌颂公刘业绩的一篇优秀诗歌。

四　秦襄公

秦襄公（前 325—公元前 251），又称秦昭王，犬丘（今甘肃天水市南部礼县境内）人，西周末秦国君主。庄公长子世父之弟。周幽王之乱时，犬戎进攻镐，秦襄公以兵救周。周平王东迁，秦襄公出兵护送，以功封诸侯。东迁后，平王又把王室无力控制的岐山以西的土地赐予秦国，为日后秦国强大打下了基础。

秦襄公

秦人祖居东方。西周初年，赢氏一支被西迁，游牧于渭水流域。后因非子养马有功，周孝王封其为"附庸"，并准许"邑之秦"即在秦（今甘肃天水）地修城筑邑。西周晚期，秦仲诛伐西戎有功，封为西垂大夫，后传位长子庄公。秦襄公是秦庄公次子，其兄世父知其有雄心壮志，遂让太子位。公元前 778 年庄公死，襄公即位。

西陲之地甘肃陇县，戎人环伺，秦人六代先王都战死沙场。秦孝公时东定都咸阳，实行商鞅变法，国势日盛，战国时期疆域已达今甘肃东南部。秦昭襄王末年，疆域更加扩展至甘、川、两湖、陕北、山西、河南、河北，为统一中国奠定基础。

公元前 251 年，秦昭襄王病逝，在位 56 年。后 13 岁的太子赢政继位，成为中国第一位皇帝——秦始皇。

秦始皇

五 秦始皇

秦始皇（前259—前210），嬴姓，赵氏，名政，又名赵正（政）秦政，自称祖龙。秦庄襄王之子，秦襄公之后。中国历史上著名的政治家、战略家、改革家，首位完成华夏大一统的铁腕政治人物，也是古今中外第一个称皇帝的君主。公元前221年，秦王政统一六国，结束战国分裂局面，建立起中国历史上第一个统一的多民族的专制主义中央集权封建国家，立都咸阳（今陕西咸阳）。秦朝历经二世，公元前206年灭亡，仅存续15年。

秦始皇认为自己的功劳胜过之前的三皇五帝，采用三皇之"皇"与五帝之"帝"构成"皇帝"的称号，是中国历史上第一个使用"皇帝"称号的君主，所以自称"始皇帝"。同时在中央实行三公九卿制，管理国家大事。地方上废除分封制，代以郡县制，施行书同文，车同轨，统一度量衡。对外北击匈奴，南征百越，修筑万里长城，修筑灵渠，沟通水系。秦王朝通过上述一系列制度，建立起一个上自朝廷下至乡亭的庞大的封建专制国家机器。县以上主管官员均由中央任免，职务不世袭。秦王朝通过层层控制，将全国的行政、司法、军事大权全部集中到皇帝手中，有效地保证了中央王朝对广大疆域和人民的统治。"百代皆行秦政事"，秦始皇所建立的君主专制、中央集权行政制度与当时世界上最完备的官僚制度紧密结合，三位一体，奠定了此后中国两千多年专制主义中央集权封建国家政治体制的基本模式。

商鞅变法时，在魏国李悝编纂的《法经》基础上，创立了《秦律》，《秦律》六篇之外还有许多民政、行政方面的律条。此外，还通过颁"令"，因时制宜制定新的法规。秦统一后，在秦国律、令的基础上加以补充、修订，制定了适合统一王朝的法律，颁行于全国。《秦律》很早已失传。1975年，湖北省云梦县睡虎地秦墓出土一批秦简，其中包含大量秦始皇统治时期行用的法律文书，揭示了《秦律》的部分内容和形式。

秦始皇三十四年，一次朝宴上，博士淳于越批评郡县制，主张重行分封。丞相李斯认为诸生各持私学，以古非今，制造思想混乱，对专制统治不利。建议禁绝私学，除秦国史、博士官所藏和医药、卜筮、农书之外，私人所藏"诗、书、百家语"全部烧毁。敢有谈论百家之说者处死，以古非今者灭族。想学习法令者以吏为师。秦始皇采纳李斯建议，在全国范围内大行焚书，先秦以来的许多珍贵典籍遭到焚毁。

焚书坑儒是秦始皇钳制思想、统制文化、实现集权专制的两个极端举措，严重地摧残了文化，扼杀了春秋战国以来发展起来的自由思想和精神，是中华文明史上的一场浩劫。

千古一帝秦始皇，实际上以秦始皇为代表的甘肃陇西嬴姓家族，有6王2帝，即秦惠王嬴驷、秦武王嬴荡、秦昭襄王、秦孝文王嬴柱、秦庄襄王异人、秦始皇帝嬴政、秦二世皇帝嬴胡亥、秦王嬴婴。他们是秦始皇及其祖先或晚辈。

六　蒙恬

蒙恬（约前259—前210），姬姓，蒙氏，名恬，齐国蒙山（今山东省临沂市蒙阴县联城乡边家城子村）人。秦朝时期名将，上卿蒙骜之孙，内史蒙武之子。

蒙恬

他出身名将世家，自幼胸怀大志。因破齐有功被拜为内史，深得秦始皇宠信。秦统一六国后，于秦始皇三十二年派蒙恬率领30万大军北击匈奴，收复河南之地，威震匈奴，誉为"中华第一勇士"。中国西北最早的开发者，是古代开发宁夏第一人。修筑西起陇西的临洮（今甘肃岷县），东至辽东（今辽宁境内）的万里长城，把燕、赵、秦长城连为一体，克服了国内交通闭塞的困境，大大促进了北方各族人民经济、文化的交流和融合。他修筑了最早的榆中城，开创了兰州城建史。

秦始皇去世后，中车令赵高、丞相李斯、公子胡亥暗中谋划政变，导致蒙恬吞药自杀。

七 李息

李息

李息，生卒年不详，北地郡郁郅县（今甘肃庆阳）人。汉武帝即位后第8年，李息才成为材官将军。"材官"是秦汉时设置的一种军事预备兵种。李息当将军后不久，汉王朝第一次大规模反击匈奴的大战马邑之战也拉开了帷幕。

马邑之战发生在公元前133年（汉武帝元光二年）。这场战役策划人是大行王恢（大行是古代接待宾客的官吏，相当于外交官员）。

事情是这样的：当时，马邑有个大商人聂壹来找王恢，出了一个主意。他说，匈奴不断骚扰边境，防不胜防，不如趁着和亲的机会，把匈奴人引进来，消灭他们的主力。

这个方案很大胆也很冒险。汉武帝听了王恢的汇报后也很犹豫，最后，汉武帝还是决定采用王恢的建议，出动30万大军，护军将军韩安国、骁骑将军李广、轻车将军公孙贺率主力埋伏在马邑附近的山谷中。将屯将军王恢与材官将军李息率3万多人出代郡（今河北省蔚县东北），准备侧击匈奴的辎重并断其退路。

引诱计划实施后，前期比较成功。匈奴军臣单于率十多万人马来夺取马邑。快到马邑时，匈奴人攻下了一个汉军的岗亭，俘获一名军官。结果，汉军计划败露，匈奴人拨转马头撒腿而逃。最后，30万大军无功而返，王恢自杀。

这是李息参加的第一次大战。6年后，李息再次为将军，出代地；又过了3年，他跟随大将军卫青出朔方，这次他依旧是将军。这两次加上马邑伏击战，李息三次为将，都无功而返。李息的军旅生涯也就此画上了句号。后来，李息调为文职官员，其后多任大行一职。

战国末期，匈奴趁秦灭六国之机，大举南下，逼近黄河一线。匈奴人站在兰州黄河边，看到河对面的山非常高，所以取名叫皋兰。皋兰是音译。匈奴人谓天为"祁连"，而皋兰、乌兰、贺兰诸山名，都和"祁连"发音相近，有高峻之意。

汉武帝元狩二年（前121），汉武帝决定发动河西大战，同匈奴争夺河西走廊地区。这年春夏，年轻的霍去病率领骑兵，两次长途奔袭匈奴，击破多个匈奴部落，就连休屠王的"祭天金人"都被汉军缴获了。匈奴单于对此非常不满，准备把驻牧在河西走廊的浑邪王、休屠王杀掉以示惩罚，两人非常害怕，私下商量降汉。朝廷获知浑邪、休屠二王归降的消息后，派霍去病率军渡过黄河去受降。谁知这个时候休屠王却后悔了，准备临阵变卦。危急时刻，浑邪王当机立断，斩杀了休屠王，稳住近10万归降的匈奴人。霍去病过河前，派大行李息在黄河南岸修筑城堡，准备安置归降的匈奴人。《史记·骠骑列传》记载，汉武帝元狩二年（前121），霍去病征讨河西匈奴。是年秋，在返回长安途中，命麾下将军李息在黄河岸边筑城。李息修筑的城堡是西固城的前身，为汉代金城县所在地。

关于金城一名的来历，大体有3种说法：其一，掘地得金之说，据说"筑城时掘地得金"；其二，地势险要之说，有固若金汤之意；其三，金城在都城长安的西面，从五行方位来说，西方属金，故而命名金城。

在汉代，兰州的统治中心就在金城县一带。这里既控制了黄河渡口，也扼守住西北交通十字路口。

最初的金城县城非常简陋，其实就一个要塞，职责是保卫黄河渡口的安全。县政府所直接管辖的地方，也就是县城周围数十里而已，食俸禄也不过有"县尉丞命卿二人"。

后来，中央政府经营西域及河湟谷地的力度不断加强，兰州的政治军事地位日益重要。在元鼎三年（前114），从陇西郡中分设了天水郡，今天兰州的榆中县、城关区、七里河区、西固区等地方归天水郡管辖。公元前81年，汉政府设立金城郡，郡治允吾（在今天青海民和境内），管辖13县，辖区包括了兰州很大的一部分，后金城县一度成为金城郡治所。兰州的范围逐渐形成。

西汉时金城郡所辖的13县，有38000多户，149648人，这是金城人口达到的第一个高峰。大量外地移民，促使兰州的农业和手工业飞速发展，加上丝绸之路的开通，中西经济文化交往的开展，兰州的经济和社会发展也繁荣起来，长安的流行时尚也影响了金城居民。

近年来兰州出土的汉代文物，除铁犁铧、铁犁镜等农具和铁斧头、钱范外，还有陶器、铜器、玉器、石砚、砖瓦、漆器、白金瓶、钱币，以及珍贵的墨迹纸、残骨尺等。1982 年 11 月，在城关区西北民族学院（即今西北民族大学）工地上发掘清理了一座西汉墓，从中出土了一批青铜器，内有铜编钟一套计 12 件，其形制与湖北随县曾侯乙墓（墓主死于公元前 436 年）出土的编钟中的甬钟颇为相似，唯体积较小，且不发声。

李息是兰州城市建设史上的第二位重要人物，此后兰州 2000 多年间，绵绵不绝，逐渐形成今天的规模。

八 辛武贤

辛武贤，陇西郡狄道（今甘肃临洮）人，生卒年不详，汉宣帝时期名将，曾任酒泉太守，两度被任命为破羌将军，征讨诸羌部落与乌孙人。他为巩固汉王朝的统治，稳定西北边境的安宁，促进民族融合都作出了巨大贡献。

汉宣帝神爵元年（前 61），西羌反叛，汉朝遂遣赵充国、许延寿为将，平定叛乱。《汉书·宣帝纪》记载："西羌反，发三辅、中都官徒驰刑，及应募佽飞、射士、羽林孤儿，胡、越骑，三河、颍川、沛郡、淮阳、汝南材官，金城、陇西、天水、安定、北地、上郡骑士、羌骑，诣金城。夏四月，遣后将军赵充国、强弩将军许延寿击西羌。"[①]

根据以上记载反映，在西羌反叛后，汉宣帝调发三辅（今陕西中部地区）官狱的囚犯，并招募勇士、弓箭手、羽林官兵遗子，胡人骑兵、越人骑兵，河东（今山西临汾、运城等地）、河内（今河南豫北地区）、河南（今河南黄河以南部分地区）、颍川（今河南登封、禹州等地）、沛郡（今安徽萧县、淮北等地）、淮阳（今河南淮阳）、汝南（今河南上蔡县西南）等郡的勇武步卒，金城（今甘肃兰州以西及青海部分地区）、陇西（今甘肃天水、兰州部分地区）、天水（今甘肃天水）、安定（今甘肃景泰、靖远、会宁、平凉、泾川、镇原及宁夏大部）、北地（今甘肃庆阳）、上郡（今陕西榆林等地）等郡骑兵、羌骑兵到金城郡集合，于夏四月，派遣后将军赵充国、强弩将军许延寿出击西羌。

赵充国当时主张以安抚分化西羌为主，然而时任酒泉太守辛武贤针

对羌乱事件持不同意见："郡兵皆屯备南山，北边空虚，势不可久。或曰至秋冬乃进兵，此虏在竟外之册。今虏朝夕为寇，土地寒苦，汉马不能冬，屯兵在武威、张掖、酒泉万骑以上，皆多羸瘦。可益马食，以七月上旬赍三十日粮，分兵并出张掖、酒泉合击罕、䍐在鲜水上者。虏以畜产为命，今皆离散，兵即分出，虽不能尽诛，直夺其畜产，虏其妻子，复引兵还，冬复击之，大兵仍出，虏必震坏。"

可见，辛武贤认为在各郡主力都集结于南部战线的情况下，不应使北边一直处于兵力空虚状态，如等到秋冬时节再进兵则正中敌人下怀。如今敌人日夜侵扰，且当地气候寒冷，汉军马匹不能过冬，倒不如在 7 月上旬，携带足够食用 30 日的粮食，从张掖、酒泉分路出兵，合击鲜水之畔的罕、䍐两部羌人。即便不能全部剿灭，只要夺取羌人的牲畜，抓获羌人的妻子儿女，然后再率兵退还，等到冬天再次发动进攻。让大军频繁出击，必定能大为震慑羌人。

对于辛武贤的上述意见，赵充国认为："每匹马要载负一名战士三十日的粮食，即米二斛四斗，麦八斛，再加上行装、武器，难以追击敌人。敌人必然会估计出我军进退的时间，稍稍撤退，逐水草而居，甚至深入山林。我军如果随之深入，敌人就会占据前方险要，扼守后方通路，断绝我军粮道，使我军有伤亡危险的忧虑，受到夷狄之人的嘲笑，这种耻辱千年也无法报复。辛武贤认为可以掳夺羌人的牲畜、妻子儿女等，怕是一派空话，并非最好的计策。先零羌部落为叛逆祸首，其他部族只是被其胁迫。所以，我的计划是：弃置两部昏昧不明的过失，暂时隐忍不宣，先诛讨先零部，以震动羌人，他们将会悔过，反过来向善，再赦免其罪，挑选了解他们风俗的优秀官吏，前往安抚和解。这才是既能保全部队，又能获取胜利、保证边疆安定的策略。"

然而，朝廷上的公卿大多同意辛武贤武力镇压策略，汉宣帝也对此认同。即拜酒泉太守辛武贤为破羌将军，之后，汉宣帝又在辛武贤与赵充国的建议之间摇摆，最终同时采纳两人建议（两从其计），剿抚并用。汉宣帝命强弩、破羌二将军与中郎将赵卬（赵充国之子）一同出击，结果是，许延寿降敌 4000 余人，辛武贤杀敌 2000 人，赵卬杀敌 2000 余人，而主张罢兵屯田的赵充国却收降 5000 余人。赵充国得胜归来，辛武贤被罢归原职酒泉太守。

汉宣帝甘露元年（前 53），西域乌孙国发生内乱，乌孙前任昆弥（乌孙王国的名号）翁归靡（号"肥王"）与匈奴妻子所生儿子乌就屠，杀害当任昆弥泥靡（号"狂王"），自立为昆弥。

"汉遣破羌将军辛武贤将兵万五千人至敦煌，遣使者案行表，穿卑鞮侯井以西，欲通渠转谷，积居庐仓以讨之。"①

这是辛武贤第二次被封为破羌将军，率领着 15000 名士兵到敦煌，并派使者按照行军计划，穿越到卑鞮侯井以西，打算打通沟渠，用来传送粮食，积累成临时性粮仓，以便攻打乌就屠。可见，辛武贤为进行军事战斗做好了充分准备。

但是，未等辛武贤出塞进攻，公主刘解忧的侍女冯嫽（又称冯夫人）就劝说乌就屠"汉兵方出，必见灭，不如降"，使乌孙内乱问题得到和平解决。此后，乌孙分裂大、小两昆弥，其中，元贵靡（乌就屠同父异母兄弟）为大昆弥，乌就屠为小昆弥，辛武贤罢兵返回。

就讨伐诸羌而言，虽然主张武力镇压的辛武贤，最终战果反不及主张罢兵屯田的赵充国，但并不能以此认为辛武贤的主张不合时宜。诸羌当时对汉边境的进犯之频繁，达到了"朝夕为寇"的地步，可见其族之凶蛮，其势之嚣张。如果不通过武力给予其沉重打击，势必使诸羌得寸进尺，不断滋扰，甚至蚕食汉朝国土。因此辛武贤首先确定坚决回击的策略符合实际情况。其次，辛武贤提出要抓住天时，在七月上旬出兵合击，以夺取羌人的牲畜，抓获羌人的妻子儿女，这其实是从经济层面和心理层面对诸羌形成双重打击。最后，辛武贤提出，要大军频繁出击，对诸羌形成强力震慑。当然，用历史的眼光看待历史问题，征讨诸羌大获成功同样离不开赵充国的屯田政策对敌人所起到招抚作用，以及对汉军的经济支持。

班固在《汉书》中评论道："狄道辛武贤、庆忌，皆以勇武显闻。"可见，辛武贤在当时就以勇武见称，通过以上历史事件，可知其在稳定边境安宁，巩固汉王朝的统治方面，作出了卓越贡献，同时，辛武贤促使诸羌投降，乌孙分裂，客观上也促进了汉民族与西域各少数民族间的不断融合。

---

① 参见《汉书·西域传》，中华书局 1962 年版。

特别是，水利和水利制度是敦煌命脉，辛武贤在敦煌期间，大兴屯田、察看河流水势，发明了穿井凿渠的办法"通渠积谷"，作为耕作运输之便。他从卑鞮侯井凿渠，直至玉门关、阳关西面的白龙堆。此后逐渐演变成敦煌三大湖泊之一的大井泽。该湖东西长30里，南北宽20里。辛武贤屯田修渠、发展经济，应为敦煌水利和制度建设先行者，功不可没。

九　辛庆忌

辛庆忌，字子真，狄道人，酒泉太守武贤子，少以父任①为右校丞，随长罗侯常惠②屯田乌孙赤谷城，与歙侯③战，陷阵却敌。惠奏其功，拜为侍郎，迁校尉，将吏士屯焉耆国，还为谒者，尚未知名。元帝初，补金城长史，举茂才④，迁郎中、车骑将军，朝廷多重之者。迁张掖太守，徙酒泉，所在著名。成帝初，征为光禄大夫，迁左曹中郎将，至执金吾。大将军王凤荐其通于兵事，明略威重。任国柱石，乃复征为光禄大夫，执金吾。后坐小法左迁云中太守。丞相司直何武上封事，谓庆忌宜在爪牙官，以备不虞，寻拜为左将军。时朱云欲请上方斩马剑，斩佞臣张禹头，上怒，下云，将戮之，庆忌叩头流血争之，得免。庆忌居处恭俭，食饮被服尤节约。为国虎臣，遭世承平，西域亲附，敬其威信，年老卒官。长子通为护羌校尉，中子遵函谷关都尉，少子茂水衡都尉，出为郡守，皆有将帅之风，宗族支属至二千石者十余人（《甘肃通志》）。

据以上记载，辛庆忌，西汉名将。字子真，狄道（今甘肃临洮南）人。破羌将军辛武贤之子。初因父亲的关系，担任右校丞。后随常惠率军前往赤谷城（今吉尔吉斯斯坦伊塞克湖东南）筑兵守边，开垦屯田。甘露二年（前52），乌孙大、小昆弥王内争，辛庆忌与歙侯作战，陷陈却敌有功，升任侍郎，后又升任校尉。汉元帝初年，补任金城长史，荐为茂才，又调任郎中车骑将，后来徙任酒泉太守。汉成帝初年，被征召任命为光禄大夫，执金吾。后拜左将军，为国虎臣，匈奴西域，敬其威信。

①　父任：汉代高官有荫子的特权，因父亲为官，儿子可荫授官职。

②　常惠：西汉著名外交家。

③　歙侯：官名，也写作翕侯。西汉时西域乌孙国置，犹汉之将军，掌征伐。

④　茂才：汉代的察举科目，属于特举，不设常科。东汉光武帝改为岁举。

陇西辛氏作为地域性较强的地方大族，它的初次崛起得益于西汉向河西一带开拓时期。西汉初年，汉王朝沿用秦王朝的政策，迁徙豪强，充实边疆。辛家也被迁移到陇西狄道。从此，辛氏在洮河边扎根，数百年间文臣武将辈出，逐渐成为西汉时期的豪门之一。后来，陇西成为辛氏的郡望，许多辛氏家族的堂号大都取名陇西堂。在两汉时期，辛氏中最出名的人之一就是辛庆忌。

汉成帝初年，辛庆忌被任命为光禄大夫，又迁任左曹中郎将、执金吾。因儿子杀了姓赵的人，辛庆忌被贬为酒泉太守。一年多后，大将军王凤推荐辛庆忌道："他先前在两郡任官时功迹卓著，被征召到朝廷后，历任各种官职，品质行为正直，仁爱勇敢深得大家喜爱。而且还通晓兵事，懂得谋略，威望很大，可以担任国家的柱石。"于是辛庆忌又重新被征召任命为光禄大夫，执金吾。几年后，辛庆忌因犯小罪，被贬为云中太守，后重新被征召为光禄勋。

汉成帝时，朱云上书，请求赐尚方宝剑斩佞臣张禹，成帝震怒，立即下令要将朱云拖下去问斩，朱云紧攀栏槛力净乃至槛折，辛庆忌与朱云并无交情，只是见朱云如此英烈，深为感动。他卸下自己的衣袍、冠冕等，在地上连连叩头，恳求皇上收回成命，他还说道："朱云性情狂直，早已天下皆知，但他为官清廉，严以律己，绝无私念，进谏完全是为了国家社稷着想，您不该杀他，请皇上宽恕啊！"后成帝省悟，赦免朱云，并保留折槛以旌表忠臣。辛庆忌平日的仪容举止恭敬谦逊，饮食穿戴尤为节俭，但性喜车马，标识很醒目，这算是他唯一的奢侈。为国家勇武之臣，适逢天下太平，匈奴、西域亲近归附，敬重他的威信。辛庆忌年老死于任上。长子辛通任护羌校尉，次子辛遵任函谷关都尉，幼子辛茂任水衡都尉，又出任郡守，他们都有将帅的风范。辛武贤父子子孙数代皆以勇武显闻，宗族旁支亲属官至二千石的有十多人。

辛庆忌是辛氏家族重要成员，精于武功，治军有方，善于谋略，屯田守边，威震西域；品德高尚，伸张正义，为忠良请命，有路见不平拔刀相助的侠士作风；又擅长吏治，为官正直清廉，爱民如子，在保卫西北边防安宁的同时，励精图治，鼓励农耕畜牧，所治境内人民得以安居乐业，功绩卓著，为当时所称颂。

十 李广

李广（？—前119），汉族，陇西成纪人，中国西汉时期名将。参与平定七国之乱，汉文帝十四年（前166）从军击匈奴，因功为中郎。景帝时，先后任北部边域七郡太守。武帝即位，召为未央宫卫尉。元光六年（前129），任骁骑将军，领万余骑出雁门（今山西右玉南）击匈奴，因众寡悬殊负伤被俘。匈奴兵将其置卧于两马间，李广佯死，于途中趁隙跃起，奔马返回。后任右北平郡（治平刚县，今内蒙古宁城西南）太守。匈奴畏服，称之为飞将军，数年不敢来犯。元狩四年（前119），漠北之战中，李广任前将军，因迷失道路，未能参战，愤愧自杀。太史公司马迁评价"桃李不信，下自成蹊"。

李广为文帝、景帝、武帝三朝重臣，北部边域七郡太守，抵御匈奴，维护国家安全统一，人称飞将军；又治国安邦，平定内乱，为汉武帝经略西部立下首功。

十一 霍去病

霍去病

霍去病（前140—前117年），大将军青姊子也。善骑射，再从大将军出塞，斩首虏二千余级，得相国、当户，斩单于大父行籍若侯产，生捕季父罗姑比，封冠军侯。元狩三年，以骠骑将军将万骑出陇西①，逾乌盭，涉狐奴。转战六日，过焉支山千余里，合短兵，鏖皋兰下，杀折兰王，斩卢侯王，执浑邪王子及相国、都尉，首虏八千九百六十级，收休屠祭天金人，益封二千二百户。其夏，与合骑侯敖②俱出北地，异道，去病深入，过居延，攻祁连山，捕斩甚多，益封五千四百户。日亲

---

① 陇西：郡名，治所在狄道县（今甘肃临洮县南），辖境相当今甘肃陇西以西、黄河以东、西汉水和白龙江上游以北、祖厉河和六盘山以南之地。

② 敖：公孙敖，西汉将军。

贵，比大将军。其秋，浑邪王与休屠王谋降汉，去病将兵迎之，浑邪王裨将有贰志，欲遁去。去病驰人，与浑邪王相见，斩其欲亡者八千人，遂独遣浑邪王乘传先诣行在所，尽将其众渡河，降者数万。天子嘉之，益封千七百户。减陇西、北地、上郡戍卒之半，以宽天下徭役。元狩四年，上令青、去病各将五万骑出塞外，去病躬将所获獯鬻之士，约轻赍，绝大幕，获其大纛与主帅三人，将军、相国、当户、都尉八十三人，封狼居胥山，登临瀚海，益封五千八百户。卒，谥景桓。（《甘肃通志》）

简释：

霍去病（前 140—前 117 年），西汉名将、杰出的军事家，官至大司马骠骑将军，封冠军侯，河东平阳人（今山西临汾）。名将卫青的外甥，善于骑马射箭，两次跟随大将军卫青出征匈奴，杀敌 2000 多人，活捉相国、当户，杀死单于祖父辈的籍若侯产①，生擒单于叔父罗姑比，军功显赫，被封为冠军侯。元狩三年（前 120），被任命为骠骑将军，率领 1 万骑兵从陇西出发进击匈奴，越过乌鞶（hì，音戾）山，渡过狐奴。转战 6 天后，经过焉支山 1000 里，与短兵会合，鏖战皋兰下，杀折兰王，斩卢侯王，挟浑邪王的王子及相国、都尉，俘虏 8960 人，收匈奴祭天金人，直取祁连山，后来增封二千二百户。这年夏天，与合骑侯公孙敖都从北地出发，兵分两路，霍去病深入匈奴地区，过了居延，攻打祁连山，杀敌无数，后又被加封五千四百户。他用兵灵活，注重方略，不拘古法，勇猛果断，麾下部队在杀敌途中也没遭遇过较大的危险，每战皆胜。从此，霍去病日益受到武帝的宠爱而显贵，地位与大将军卫青不相上下。这年秋天，浑邪王与休屠王密谋投降汉朝，派人先约汉方代表在边境上商谈，武帝担心他们是用诈降的手段乘机偷袭边境，就命令霍去病率兵前去迎接，霍去病的部队渡过黄河，与浑邪王的军队遥遥相望，浑邪王的下属、副将看见汉军部队纷纷逃跑。此时霍去病冲入军营，与浑邪王直面，将企图逃跑的 8000 人斩杀，让浑邪王单独乘驿车先到皇帝的巡行住处，又率领军队渡过黄河，当时投降的匈奴有数万人之多。皇帝嘉奖他，增封一千七百户。霍去病还实行屯田戍边政策，减少了陇西、北地、

---

① 大受行籍若侯产：受与叔通，行，辈分。籍若，匈奴侯号，产，单于叔祖之名。参见（清）许容监修，李迪等撰，刘光华等点校整理《甘肃通志》下册，兰州大学出版社 2018 年版，第 922 页。

上郡戍卒的一半，以减轻百姓徭役。元狩四年（前119），朝廷命令卫青、霍去病各率5万骑兵出塞外，霍去病带领身将所获獯鬻部族的人，携带少量粮食，横渡沙漠，并夺得大纛并俘获主帅3人，将军、相国、当户、都尉83人等，封狼居胥山，登临瀚海，增封五千八百户。与卫青同被称为帝国双壁，并留下了"匈奴未灭，何以家为"的千古名句。

汉武帝即位后，发动了反击匈奴之战，始于武帝元光六年（前129），共对匈奴进行了3次战争。霍去病两次率军击溃匈奴，夺取河西走廊，为汉武帝经略西域，开拓丝绸之路起了重大作用，也为建设河西四郡，维护多民族国家统一，以及屯田戍边、维护国家安全、减轻百姓徭役立下丰功伟绩；既是军事家、战略家，也是开疆、安邦、护国的政治法律人物。

十二　赵充国

以六郡良家子善骑射补羽林。为人沉勇有大略，少好将帅之节，而学兵法，通知四夷事。武帝时，以假司马①从贰师将军击匈奴，为虏所围，充国乃与壮士百余人溃围陷陈，贰师引兵随之，遂得解身，被二十余创，武帝嗟叹，拜为中郎。昭帝时，武都氐人反，充国以护军都尉将兵击定之，迁中郎将，为水衡都尉②，擢后将军。定册尊立宣帝，封营平侯。义渠安国使行诸羌，先零豪言愿时渡湟水北畜牧。元康三年，先零遂与诸羌种豪解仇交质盟诅。上问充国，对曰："羌人所以易制者，以其种自有豪，数相攻击，执不一也。"匈奴使人告诸羌："张掖、酒泉本我地，地肥美，可共击居之。欲与羌合。宜豫为备，敕视诸羌，毋令解仇。"义渠安国备羌，至浩亹③，为虏所击，失亡甚众。时充国年七十余，帝使御史大夫丙吉④问谁可将者，充国对曰："亡逾于老臣者矣。兵难遥度，愿驰至金城，图上方略。"充国至金城，夜遣三校衔枚先渡，渡辄营阵。虏来，令军勿击。充国常以远斥候，持重爱士卒，先计后战。虏数

---

① 假司马：官名。为司马之副，在正式任命为司马前代理试用期称假司马。
② 水衡都尉：官名。初主盐铁收入，后主上林，凡上林诸机构、库藏，离宫禁苑农田水池禽兽及供祖宗用牲，均归其职掌。
③ 浩亹：县名。治在今甘肃永登县西南河桥镇。
④ 丙吉：字少卿，西汉鲁国人，初为鲁狱史，积功迁廷尉右监。

挑战，充国坚守。遣罕、开豪雕库告种豪："大兵诛有罪，犯法者能相捕斩，除罪，赐钱。"欲以威信招降罕、开，解散虏谋，乃击之。酒泉太守辛武贤奏：七月分兵并出，合击罕、开。充国欲捐罕、开之过，先行先零之诛。公卿议，上以书敕让之，充国乃上书谢罪，因陈兵利害，谓先诛先零，则罕、开不烦兵而服矣。上从充国计。充国引兵至先零，斩虏甚众，罕、羌自归，竟不烦兵而下。遂上屯田奏，愿罢骑兵留田，条屯田十二便，帝从其计。充国振旅而还，赐安车驷马黄金，罢就第。朝廷每有大议，常与参兵谋，问筹策焉。年八十六薨，谥曰壮侯。（《甘肃通志》）

赵充国（前137—前52），西汉大将，字翁孙，原为陇西上邽①人，后来迁居到金城②令居县，起初只是一名普通骑士，后因善骑射补为羽林卫士。年少有志，为人沉稳，精谋略，好兵法，仰慕将帅气节，对四方夷情多有了解，为他日后成为杰出的将军打下了基础。汉武帝时，赵充国在征战匈奴中被包围，他率百余名将士冒死冲出一条血路，使李广利得以率军突围，此次战役赵充国身受20余创伤，侥幸保命。战后李广利奏报武帝，武帝十分感动，召见赵充国前来大殿之上亲自掀衣察伤，赞不绝口，遂授中郎，升任车骑将军长史。元平元年（前74），赵充国因与大将军霍光决策拥刘询为皇帝有功，被封为营平侯。本始元年（前73），以蒲类将军之职率3万多骑兵出酒泉征讨匈奴，返朝后封为将军、少府。元康三年（前63），先零部落与各羌族部首领两百多人"解仇交质"，订立盟约，准备联合侵扰汉朝边疆。宣帝知，问计于赵充国，赵充国审时度势，提议"及未然为之备"。月余，部落王侯果然向其借兵，打算攻击鄯善、敦煌，切断汉朝与西域的通道。赵充国建议朝廷从长计议，加强防守，离间各部落，汉宣帝采纳赵充国建议，丞相、御史两府荐义渠安国出使诸部落，了解动向。义渠安国前去，召集先零部落头领30余人，以谋反罪将其全部斩首，并调兵镇压杀死千余人。羌族各部及归义羌侯杨玉等大为震怒，犯边地，攻城邑，义渠安国所率3000骑兵遭羌人攻击，

---

① 上邽：县名。治所在今甘肃天水市秦州区。
② 金城：郡名，辖境约当今甘肃省兰州市以西，青海省青海湖以东的河、湟二水流域和大通河下游地区。

损失惨重，狼狈退至令居。情急之中，宣帝想到赵充国，时赵充国年逾70 岁，宣帝派御史大夫丙吉问计赵充国谁可为将，赵充国慨然答道："没有比老臣更恰当的人选了！"宣帝感动，派人询问："将军能否预测羌人目前的势力，打算带多少兵去？赵充国说："百闻不如一见。打仗的事很难凭空设想，老臣想先到金城，再定方略。"宣帝笑而应允。赵到金城后，万人过恐怕被人截击，夜间将部队分为 3 支小分队，由骑兵队伍先上岸后安营置阵，进而依次渡河。时骑现于汉军，告诫将士们我军才刚刚渡河，立足未稳，切不可追杀。可见赵充国作战之所以每战必胜，就在于他行军时做好战斗准备，驻扎时坚固营垒，凡事计划在先，从不贸然行事。对待羌人，赵充国一贯的政策是凭威信怀柔招降，瓦解联合反汉阴谋，待时机成熟各个击破。

当年酒泉太守辛武贤上奏宣帝，从张掖、酒泉分兵出击羌，宣帝将奏书交于赵充国，命他与校尉以下知羌事者讨论。赵充国到达前线西部都尉府后却不出战。因为他在了解情况后想以最小的代价平定叛乱。而方法就是离间计，西羌部落 200 多个，被先零部落裹挟，不可能铁板一块，赵充国认为只要打散先零部落，其他部落则会很快臣服。于是赵充国制订了冬季攻打先零部落的计划，认为夏季正是羌人马壮的时候，不适合骑兵作战，同时罕部落是被先零部落裹挟的，应该擒贼先擒王。他再次上书陈述利害，汉宣帝才认同赵充国的作战计划，从而避免了一次大的危机。这是一般人所难做到的，一方面显示了皇帝对他的信任，另一方面显示了他的高明之处。他不是从战术上考虑问题，而是从战略上考虑战争对于国家的利弊得失。之后，赵充国屯田守卫边境等待冬季到来，在这期间偶尔派军攻击先零部落，西羌进攻则坚守不出。赵充国领兵到先零羌所在地，先零羌因长期驻扎一地，思想松懈，见汉军突然而至，慌不择路，抛弃车辆辎重，欲渡湟水而逃。赴水溺死者数百，投降及斩首 500 余级，获马牛羊 10 万余头，车 4000 多辆。汉军到羌地后，赵充国命令不得烧毁住所，损害农牧。之后正如赵充国计划，先零部落被打散，西羌诸部落归顺汉朝廷，以 77 岁高龄平定叛乱的赵充国凯旋回家。86 岁辞世，封谥号壮侯。

赵充国在军事方面主要以"慎战"和"贵谋而贱战"为主。他的民族法制思想一是以夷治夷，二是分散瓦解诸羌同盟，三是威德兼施。一生折冲沙场，北击匈奴，西平氐、羌，为保卫西汉西北部边陲作出了突出贡献，是西汉著名的军事将领和谋略家。他的"以全取胜""贵谋贱战"等谋略思想，分化瓦解与打击相结合、屯田备边等谋略手段，在当时的边防斗争和维护国家安全中起过重要作用，对后世也有一定影响。

王符

十三 王符

《后汉书》记载，"王符字节信，安定临泾人也。少好学，有志操，与马融、窦章、张衡、崔瑗等友善。安定俗鄙庶孽，而符无外家，为乡人所贱。自和、安之后，世务游宦，当涂者更相荐引，而符独耿介不同于俗，以此遂不得升进。志意蕴愤，乃隐居著书三十余篇，以讥当时失得，不欲章显其名，故号曰《潜夫论》。其指讦时短，讨谪物情，足以观见当时风政，著其五篇云尔。"

王符（约85—约163年），字节信，安定郡临泾人（今甘肃镇原县）。年少时即爱好学习，有志向、理想和操守，并与当时名士马融、窦章、张衡、崔瑗等友好。当时安定郡有风俗瞧不起妾室所生之子，而王符娘舅家再无亲戚，被同乡之人歧视，瞧不起。自东汉和帝、安帝以后，社会上盛行流动做官，有权势的人相互引荐，而王符却性格耿直，不愿与世俗同流合污，因此没有机会做官、升迁。因此郁郁不得志，愤而著书30余篇，以针砭时弊，议论风俗人情，不让自己的真实姓名被别人知道，所以书名叫《潜伏论》。书中指责当时政治、官场等存在问题，议论当时社会风土人情，所以根据该书可知道当时政治、风化。而《后汉书》摘取其中5篇。

《浮侈篇》部分内容："……夫贪生于富，弱生于强，乱生于化，危生于安。是故明王之养民，忧之劳之，教之诲之，慎微防萌，以断其邪。故《易》美节以制度，不伤财，不害民。《七月》之诗，大小教之，终而复始。由此观之，人固不可恣也。

今人奢衣服，侈饮食，事口舌而习调欺。或以谋奸合任为业，或以游博持掩为事。丁夫不扶犁锄，而怀丸挟弹，携手上山遨游，或好取土作丸卖之，外不足御寇盗，内不足禁鼠雀。或作泥车瓦狗诸戏弄之具，以巧诈小儿，此皆无益也。"

此段是说，贫困是由于富足时不节约，懦弱是由于强大时不谦虚，祸乱是由于太平时不修德，危险是由于平安时不谨慎。所以贤明之君对待百姓，常常担心他们的疾苦，慰劳他们的艰辛，并且加强教育，小心谨慎，防患未然，断绝邪恶的根源。因此，《易经》赞美以制度规定节约，不耗费人民的财产，不侵害人民的利益。

《诗经》的《七月》篇，大至耕田种桑，小至冬天绞麻绳，一一进行教育，自春到冬，周而复始。由此看来，人本来就不可放恣哩。现在人们穿衣讲求奢华，饮食讲求高贵，为了满足口腹的享受而讲究烹饪。有人合谋干坏事；有的从事游戏与赌博；壮年人不扶犁耕田，而挟着弹丸打鸟，携手上山游玩；有的取土作丸卖假药，这些人对外不能抵御敌寇，对内不能停止鼠窃雀偷。有的人作泥车瓦狗等玩具，欺骗小孩，这都是毫无益处的事。

《浮侈篇》之论述，可以看出王符之思想有以下几点：

其一，字字句句，皆为天下苍生。

王符其人，一生布衣，并未做过一官半职，然其文章皆关注贤明之君应当关心天下百姓之疾苦，维护百姓的财产，保护百姓的利益。这一思想，几千年来皆以生民为念，然清明、安康之时代鲜有矣。但王符之对苍生之关怀，对恶行之憎恶，跃然纸上，也永存于历史。

其二，逻辑清晰，思想深刻。

文章中"贪生于富，弱生于强，乱生于化，危生于安。是故明王之养民，忧之劳之，教之诲之，慎微防萌，以断其邪。故《易》美节以制度，不伤财，不害民。《七月》之诗，大小教之，终而复始。由此观之，人固不可恣也"之论述，蕴含典型的辩证、矛盾思维，一方面有远见者要从富中见贪，强中见弱，化中见乱，安中见危；另一方面，富与贪、强与若、乱与化、危与安也是矛盾的两个方面，既相互对立又相互统一。另外，从该论述中也与《易经》里"一阴一阳之谓道"的思想对应。

除以上逻辑思维外，文章中指出"忧之劳之，教之诲之，慎微防萌，以断其邪"，即通过有计划的教育、引导以防范可能的危险后果，不仅提出解决问题的办法，也可以当作处理一般问题之方法论使用。

其三，文章反映众多社会风情，与当代大同小异。

文章中"或以谋奸合任为业，或以游博持掩为事。丁夫不扶犁锄，而怀丸挟弹，携手上山遨游，或好取土作丸卖之，外不足御寇盗，内不足禁鼠雀。或作泥车瓦狗诸戏弄之具，以巧诈小儿，此皆无益也。"之叙述，无论是游博、怀丸挟弹还是作泥车瓦狗诸戏弄之具等行为与当下诸多风气雷同，粗看平平，细思则恐。几千年来，人们之欲望如此，行为如此，担忧亦如此，然呼吁之声音、解决之方案也是如此吗，可能当今的见解不见得比古代高明，这就更可怕。

其四，节以制度，不伤财，不害民。

文章说到，《易经》赞美节以制度，不伤财，不害民。由此可见，王符非常赞成以制度或立法的形式规定节约，为老百姓树立良好的品德，但其又强调"不伤财，不害民"。由此，也可理解为，一方面通过确立制度引导教化，另一方面订立制度的原则、底线或者说目的在于不侵害人民的私产，不损害人民的利益。虽简短精悍，然而深刻、周全。现代法治之根本便在于节以制度，不伤财，不害民，法治之目标也在于此，几千年之夙愿，在于一贯坚持与践行。

时人评价王符："徒见二千石（皇甫规），不如一缝掖。"说是"二千石的府尹，抵不上一介布衣之士"，此话是真话，众人羡慕王符之多才、深思、洒脱以及名望，但不甚了解"潜夫"之无奈；茫茫历史几千年，王符之思想、之文章仍焕发光芒，并将持续下去，如此来看就真是"徒见二千石，不如一缝掖"了。

王符主张"务本"："凡为治之大体，莫善于抑末而务本，莫不善于离本而饰末。"但是，他并不认为农为本，工商为末，而是认为农工商各业内部都有本末之分，他说："夫富民者，以农桑为本，以游业为末，百工者，以致用为本，以巧饰为末；商贾者，以通货为本，以鬻奇为末。三者守本离末则民富，离本守末则民贫。"王符的本末论突破了传统重农抑商崇本抑末的思想，是一个很大的进步。在王符看来，商业也有本有术，本为国计民生所需，末则有损于国计民生。他说："商贾者，所以通物也，物以任用为要，以坚牢为资。今商竞鬻无用之货，淫侈之币，以惑民取产，虽于淫商有得，然国计愈失矣。"为此，他提醒为政者，"明督工商，勿使淫伪"，如此，"则民富国平矣"。

王符的商业思想虽然突破了传统的重农抑商思想，但是面对东汉弃农经商越来越多的现象，他仍持批评态度。他在《潜夫论·浮侈篇》中指出："今举俗舍本农，趋商贾，牛马车舆，填寒道路，游手为巧，充盈都邑。务本者少，浮食者众。……今察洛阳，清末业者什于农夫，虚伪游手什于农夫末业。是则一夫耕，百人食之，一妇桑，百人衣之，以一奉百，孰能供之！天下百郡千县，市邑万数，类皆如此。"他认为，"举世舍农桑，趋商贾"，必将导致"愁怨者多"，"则国危矣"。

十四　赵娥①

在中国古代法律制度的发展史中，留有姓名的大多是王侯将相，普通民众鲜有记载。东汉时期一个甘肃的民间女子却在中国古代法律制度发展中留有浓墨重彩的一笔，这个人便是为父复仇的酒泉郡禄福县（即肃州）人赵娥。赵娥案奠定了中国古代复仇案件处理的基本模式，对于后世影响深远。据《后汉书·卷八十四·列女传第七十四》载：

　　酒泉庞淯母者，赵氏之女也，字娥。父为同县人所杀，而娥兄弟三人，时俱病物故，雠乃喜而自贺，以为莫己报也。娥阴怀感愤，乃潜备刀兵，常帷车以候雠家。十余年不能得。后遇于都亭，刺杀

---

① 图片来自（清）魏息园《绣像古今贤女传》。

之。因诣县自首。曰："父仇已报，请就刑戮。"（福）禄［福］长尹嘉义之，解印绶欲与俱亡。娥不肯去。曰："怨塞身死，妾之明分；结罪理狱，君之常理。何敢苟生，以枉公法！"后遇赦得免。州郡表其闾。太常张奂嘉叹，以束帛礼之。①

自从汉武帝"罢黜百家，独尊儒术"后，占据意识形态优势地位的儒家试图从司法领域切入改造法家的法律，春秋决狱就是一个最明显的例子。但总体上的"汉承秦制"，从立法的角度而言，法律仍然是法家的法律，儒家在此方面缺乏必要的积淀。儒家以"孝"治国，因此对于为父母报仇，一直采取一种支持态度，《礼记·曲礼上》言："父之仇，弗于共戴天；兄弟之仇，不反兵；交游之仇，不同国。"《大戴礼记》言："父母之雠不与共生，兄弟之雠不与聚国，朋友之雠不与聚乡，族人之雠不与聚邻。"但是法家的法律为了社会秩序，并不支持通过复仇来"私力救济"。这种立法与社会观念的冲突如何解决？肃州赵娥案提供了一种解决思维。

从记载来看，李寿杀赵娥之父而未偿命，或事出有因，或遇到赦免。不管何种原因，丝毫不会影响卑幼的复仇之意。李寿也是非常担心赵家复仇，但后来赵娥的三个兄弟相继死后，李寿松了一口气，其原因是女子并没有为父母报仇的必然义务。但赵娥与众不同，一直思虑报仇，经过十数年的准备与尝试，终于找到了合适的机会，手刃仇人。事后到官府自首，当地的官员面临情理与法律之间相互冲突的两难。为了顾及情理，官员居然选择罢官不做，可见虽然在道德上支持赵娥，但是法律的实施还是很严格的。赵娥对于县尹深明大义，认为报仇是自己的义务，而依律判决是官员的职责，"公法"与"私理"之间并不能走中间道路。最后，通过皇帝的赦免，解决了此案的冲突，可谓皆大欢喜。但这所谓的"法外开恩"只能是皇帝的权力，而官员只能严格按照法律裁判，官员依律裁判，皇帝法外开恩，彰显官员严格执法，皇帝悲天悯人成为后世处理"复仇"案件的基本模式，直到明清时期，才通过在法律中对于复仇直接规定轻刑得以改变。

---

① （南朝·宋）范晔等：《后汉书》，中华书局1965年版，第2796—2797页。

赵娥的案件表明汉代通多年对于河西的有效统治，肃州地区儒家文化的浓厚，同时也为魏晋时期河西儒家文化的隆盛起到了奠基的作用。

西晋政治家傅玄为其作《秦女休行》诗，加以赞美。

秦女休行

（西晋）傅玄

庞氏有烈妇，义声驰雍凉。

父母家有重怨，仇人暴且强。

虽有男兄弟，志弱不能当。

烈女念此痛，丹心为寸伤。

外若无意者，内潜思无方。

白日入都市，怨家如平常。

匿剑藏白刃，一奋寻身僵。

身首为之异处，伏尸列肆旁。

肉与土合成泥，洒血溅飞梁。

猛气上干云霓，仇党失守为披攘。

一市称烈义，观者收泪并慨慷：

"百男何当益，不如一女良！"

烈女直造县门，云："父不幸遭祸殃。

今仇身以分裂，虽死情益扬。

杀人当伏法，义不苟活隳旧章。"

县令解印绶："令我伤心不忍听！"

刑部垂头塞耳："令我吏举不能成！"

烈著希代之绩，义立无穷之名。

夫家同受其祚，子子孙孙咸享其荣。

今我作歌咏高风，激扬壮发悲且清。①

此事反映出时人对于复仇的赞扬之情，为亲人复仇，不仅仅是一项

---

① （西晋）傅玄：《辞赋辑·上卷》。

权利，更是一项义务。①

十五 沮渠蒙逊

沮渠蒙逊（368—433），张掖临松（今甘肃省张掖市）人，匈奴族（卢水胡）。十六国时期北凉国君（401—433 年在位）。

沮渠蒙逊是一位高度汉化的少数民族君主，《十六国春秋辑补·北凉录》载：

> 起游林堂于内苑，图列古圣贤之像。九月，堂成，遂宴群臣，谈论经传，顾谓郎中刘昞曰："仲尼何如人也？"昞曰："圣人也。"逊曰："圣人者，不疑滞于物，而能与世推移，畏于匡，辱于陈，伐树消迹，圣人固若是乎？"昞不能对。蒙逊曰："卿知其外，未知其内。昔鲁人有浮海而失津者，至于亶州，仲尼及七十二子游于海中，与鲁人一木杖，令闭目乘之，使归告鲁侯，筑城以备寇。鲁人出海，投杖水中，乃龙也。具以状告，鲁侯不信。俄而有群燕数万，衔土培城。鲁侯信之，大城曲阜讫而齐寇至，攻鲁不克而还。此其所以称圣也。"②

通过沮渠蒙逊对于孔子何为圣人的解说，说明其具有相当的儒学知识，并对儒学推崇备至。他建立北凉后，统一了河西，给河西各族人民带来了安定的生产局面，结束了战乱频繁的状况，发展了农业、贸易、文化。沮渠蒙逊推行汉文化、推崇儒学，中原的风俗习惯也被北凉所移植、传承。此外，他崇佛、弘法活动却大大促进了北凉佛教的发展，北凉的佛教兴盛表现在开窟、造寺、译经、写经、造塔等多个方面，对佛教和佛教艺术在凉州、高昌的传播和发展产生了重要影响。

政权的稳固离不开统治者通过法律来规制社会和自己的行为，《晋书》中记载了北凉群臣上书要求对官吏进行整顿事件，在史书记载的五凉中仅此一例。《晋书·沮渠蒙逊载记》载，其群下上书曰：

---

① 此文由康建胜（兰州大学法学院副教授、法律系史学博士）供稿。

② （北魏）崔鸿撰，（清）汤球辑补：《十六国春秋辑补》，中华书局 1985 年版，第 666 页。

设官分职，所以经国济时；恪勤官次，所以缉熙庶政。当官者以匡躬为务，受任者以忘身为效。自皇纲初震，戎马生郊，公私草创，未遑旧式。而朝士多违宪制，不遵典章；或公文御案，在家卧署；或事无可否，望空而过。至今黜陟绝于皇朝，驳议寝于圣世，清浊共流，能否相杂，人无劝竞之心，苟为度日之事。岂忧公忘私，奉上之道也！今皇化日隆，遐迩宁泰，宜肃振纲维，申修旧则。①

沮渠蒙逊采纳这一建议，并任命征南将军姚艾和尚书左丞房晷负责制定朝堂之制。北凉此朝堂之制，运行十日，就使百官政风改进。蒙逊下令撰定朝堂之制，申修官吏考绩和黜陟制度，一方面反映出北凉政治的封建化程度高于其余诸凉政权，另一方面又推动北凉政治进一步发展，变得更加昌明，更加有力。② 沮渠蒙逊对于侵害百姓、作威作福的官员，即使是自己的亲属也严惩不贷。《晋书·沮渠蒙逊载记》载：蒙逊伯父中田护军亲信、临松太守孔笃并骄奢侵害，百姓苦之。蒙逊曰："乱吾国者，二伯父也，何以纲纪百姓乎！"皆令自杀。③ 这样，从内部根源上杜绝了违法乱纪行为。即使在北凉攻破西凉都城酒泉后，沮渠蒙逊率领大军进入酒泉，更是"禁侵掠，士民安堵"。可见，北凉的军队是纪律严明的。④

北凉的这些政策和措施得到河西百姓的拥护，保障安定团结的社会局面，有利于发展生产，有利于巩固沮渠蒙逊在河西的统治，更有利于北凉统一河西。

十六　任延

任延，字长孙，南阳宛⑤人。拜武威太守，光武亲见，戒之曰："善事上官，无失名誉。"延对曰："履正奉公，臣子之节。善事上官，臣不

---

① （唐）房玄龄等：《晋书》，中华书局1974年版，第3198页。
② 赵向群：《五凉史探》，甘肃人民出版社2007年版，第173页。
③ （唐）房玄龄等：《晋书》，中华书局1974年版，第3193页。
④ 杨荣春：《北凉五王探研》，博士学位论文，陕西师范大学，2015年。
⑤ 宛：县名。治所在今河南南阳市。

敢奉诏。"帝叹息曰:"卿言是也。"既之武威,时将兵长史田绀,郡之大姓,其子弟宾客为人暴害,延收绀系之,父子宾客伏法者五六人,自是威行境内,吏民累息①。郡北当边塞,南接种羌,民畏寇抄,多废田业。延选集武略之士千人,明其赏罚,屯据要害,有警追讨,敌遂不敢出。河西旧少雨泽,乃置督水官吏,修理沟渠,人蒙其利。又立校官,自掾吏子孙,皆令诣学受业,郡遂有儒雅之士(《甘肃通志》第1038页)。

任延(?—68),南阳宛(今河南南阳)人,东汉官员。为武威太守。武威地处北对匈奴,南接羌人,老百姓害怕匈奴和羌人的入侵和抄掠,许多人荒废了耕种。任延到任后,挑选了一些懂得用兵的人,申明赏罚,要他们率领种族庞杂的胡人休屠黄石的骑兵占据要害地方,一旦有紧急情况,就可以迎战和追击敌人。每战敌人伤亡必多,自此,敌军不敢再来。河西过去缺雨,于是任延设立主管水利的官员,负责修建水沟渠道,百姓都得到益处。他又兴建学校,派官员管理。自掾吏②以下官员的子孙都让他们到学校接受教育,免去他们的徭役。通晓经义的一概任用,使其荣显。武威自此有了博学多才的人。

"奉法循理"的任延,不但自己以身作则,自觉遵守法律,而且多能严格依法办事,并力图使百姓心悦诚服地接受法律。皇帝亲自召见他,告诫他说:"好好侍奉上级,不要坏了名声。"任延回答说:"臣听说忠臣无私,有私则不忠。一心为国,这是臣子的本分。上下级官员如果秉持一样的行为和做法,不是陛下的福气。陛下所说的好好侍奉上级官员,臣不敢接受您的指示。"皇帝叹息,说:"你说得对。"(《后汉书·循吏列传》)这就是所谓的"善事上官"之典故。

对于严重破坏社会安定、危害百姓正常生产生活的违法行为,任延能够坚决依法惩处,绝不姑息。到了武威以后,当时统率军队的长史田绀是郡内望族,他的子侄及宾客为害百姓,任延将田绀拘捕,他父子和宾客有五六人被处死。田绀的小儿子田尚召集了流氓几百人,自称为将军,在夜间攻打郡府。任延随即发兵打败了田尚。自此,他的威信大震,官吏和百姓都小心翼翼。打击违法官吏,选用遵纪守法的官吏,任延在

---

① 累息:因恐惧而屏气。

② 掾吏:汉朝官府属吏的通称。此处指任延郡守府的僚属吏员。

吏治上扶正祛邪，激浊扬清，表现出了开明官吏的政治远见。

任延，武威太守，治军赏罚分明，为臣正直无私，直言敢谏，在光武帝面前申明"善事上官"的弊端；为官不畏强暴，坚持法纪，严惩违法官吏，让百姓安居乐业；创办学校，注重培养和任用人才；任地方官时重视发展生产，兴修水利，不善农耕的九真之民、百姓在他的带领下制造农具，开垦荒地，减免徭役，逐渐由贫穷变富足。

十七　孔奋

字君鱼，茂陵人。建武五年为姑臧长。时天下扰乱，唯河西独安，而姑臧称为富邑。每居县者，不盈数月辄致丰积。奋在郡四年，财产无所增，力行清洁。或以为身处脂膏，不能自润，徒益苦辛耳。被征日，单车就路，姑臧吏民及羌人相谓曰："孔君清廉仁贤，举县蒙恩，如何今去不共报德？"遂相赋敛牛马器物，追送数百里，奋一无所受。既至京师，除武都郡丞，旋拜太守。为政明断，甄善疾非，郡中称为清平（《甘肃通志》第 1038 页）。

孔奋（生卒不详），字君鱼，扶风茂陵（今陕西西安西北）人。东汉初年官员，孔奋年轻时跟随儒学大师刘歆学习，是研究《春秋左氏传》最权威最年轻的专家。王莽末年，天下纷乱，战火烧到孔奋的家乡扶风，孔奋带着老母亲和弟弟避乱到河西。被河西大将军窦融聘为手下的曹掾，负责守卫姑臧（今武威）。姑臧是当时河西经济最发达的地区，孔奋主政之后，实行了一系列助推经济发展的新策略，首开羌胡互市，引进胡商资金，减免税费，短短的 4 年，就把姑臧发展成东汉经济强市。但是，孔奋在武威郡任职四年，为政清廉，财产没有增加。

陇右、蜀中平定后，光武帝征召了原属窦融的河西地方官员进京议事。河西官员多富翁，"财货连谷，弥竟川泽"，但孔奋例外，就在河西的大小官员们拉着满车财物上路时，孔奋一人一车，行李简单。百姓们看到孔奋这样离去，于心不忍，议论说，孔君清廉贤明，全县蒙受恩泽，怎能不报答呢？于是，捐款捐物，追着孔奋的车子相送，孔奋坚决辞谢。

孔奋在任府丞时，已深受官民敬重，他担任太守后，全郡的人都以他为榜样，修行操守。史称："奋自为府丞，已见敬重，及拜太守，举郡莫不改操。为政明断，甄善疾非，见有美德，爱之如亲，其无行者，忿之若仇，郡中称为清平。"

孔奋为官清正廉洁，清明决断，嫉恶扬善，是又一位武威清官，在主政期间，倡导开互市，引进胡商资金，减免税费，将姑臧（今甘肃武威）打造成河西地区经济实力最强的城市。

十八　盖勋

盖勋，字元固，敦煌广至①人。举孝廉，为汉阳②长史。时武威太守恣行贪横，从事苏正和案致其罪。凉州刺史梁鹄欲杀正和，访之于勋，勋素与正和有隙，或劝因此报隙，勋曰："不可。谋事杀良，非忠也。乘人之危，非仁也。"乃谏鹄从其言，正和见免，诣勋谢，勋不见，曰："吾为梁使君谋，不为苏正和谋也。"怨之如初。叛羌围护羌校尉夏育，勋与州郡合兵救育，为羌所破，士卒多死，被三创，坚不动。种羌滇吾素为勋所厚，乃以兵扞众曰："盖长史贤人，汝曹杀之为负天。"骂曰："促来杀我。"滇吾下马与勋，勋不肯上，为贼所执。羌人服其义勇，不敢加害，送还汉阳。后刺史杨雍表勋，领汉阳太守。时大饥，人相食，勋调谷廪之，先出家粮率众，活者千余人。征拜讨虏校尉。勋与宗正刘虞、佐军校袁绍同典禁兵，勋曰："上甚聪明，但壅蔽于左右耳，若诛嬖幸，拔英俊，以兴汉室，岂不快乎？"未及发，而司隶校尉举勋为京兆尹。时，长安令杨党，父为中常侍，勋案得其赃千余万，并连党父，威震京师。勋虽在外，每军国密事，帝常手诏问之。及董卓擅权，公卿莫不卑下，惟勋长揖争礼。勋虽强直不屈，而内厌于卓，不得意，卒。遗令勿受卓赙赠（《甘肃通志》第1269—1270页）。

简释：

盖勋（140—191），东汉末期名将，敦煌郡广至县（今甘肃瓜州县西南）人。盖勋曾任凉州汉阳郡长史，迁任汉阳太守，后入朝为讨虏校尉，颇受汉灵帝刘宏信任，出为京兆尹③。盖勋时任凉州汉阳郡长史时，武威

---

①　县名。治在今甘肃瓜州县东南破城子。

②　汉阳：郡名。东汉改为天水郡置，治冀县（今甘肃甘谷县东），辖境相当于甘肃定西、陇西、礼县以东，静宁、庄浪以西，黄河以南，嶓冢山以北地。

③　京兆尹：官名，西汉京畿地区行政长官之一。

郡太守仗着自己在朝中有权势撑腰，在当地横行霸道，从事苏正和准备上书弹劾其罪状，而凉州刺史梁鹄因怕得罪权贵，又欲将苏正和治罪杀害。因盖勋与苏正和有仇，梁鹄便向盖勋询问此事。当时有人劝盖勋趁机报仇，而盖勋却以"因公事杀害良臣，是不忠；乘人之危，是不仁"为由拒绝了他人的提议。而后又为苏正和解围，终未借刀杀人，此事也就作罢了。后苏正和得知此事，特意跑去拜谢盖勋，盖勋却闭门未见，怨之如初。

后来刺史杨雍上奏章推荐盖勋兼任汉阳太守。当时社会动荡，凉州发生饥荒，百姓饥饿，相互侵夺财物，盖勋调运粮食供给给饥民，他先拿出自家粮食来救济，救活了一千多人。

后他被任命为京兆尹。当时，长安县令杨党，父亲是中常侍，杨党仗恃权势贪财放纵，盖勋审查到他的公款贪污有上千万。贵戚们全都为杨党求情免除他的罪，盖勋不听从，把事情全部奏报朝廷，牵扯到杨党的父亲，皇帝下令彻查，此事威震京师。当时小黄门高望做尚药监，被皇太子宠，太子通过蹇硕嘱托盖勋，要盖勋推举高望的儿子高进为孝廉，盖勋不答应。有人说："皇太子是一国的副主，高望是皇太子所宠爱的人，蹇硕又是先帝的宠臣，你却违背他们的意愿，这就是所谓的'三怨成府'啊。"盖勋说："选举贤能的人为孝廉是报效国家，不是贤能的人，就不能举荐，死了也是不后悔的！"盖勋虽在地方上做官，但有军国密事，灵帝常常下手诏问他，很受亲近信任。等到灵帝驾崩，董卓废除少帝，杀了何太后，自公卿以下的百官，对董卓没有不卑躬屈膝的，只有盖勋行长揖礼，与之抗辩，在场的人都因此吓得脸色变白了。盖勋正直刚强，不屈服于董卓，被董卓厌恶，在朝堂上不得志。后来他脊背发毒疮而死，时年51岁。

盖勋出生于敦煌官宦世家，在凉州多次平定羌族首领的叛乱，立下战功。在凉州发生饥荒时，主动将自家的粮食拿出来救济百姓。在苏正和案、杨党案、高进举孝廉案件处理中表现出为人刚正不阿，无私无畏，痛恨贪污腐败，不以私废公，不徇私误国，是一个大义凛然、正直无私、公私泾渭分明的政法人物。

十九 贾诩

贾诩（147—223），字文和，凉州姑臧（今甘肃武威市凉州）人。东汉末年至三国初年著名谋士、军事战略家，曹魏开国功臣。原为董卓部将，董卓死后，献计李傕、郭汜反攻长安。李傕等人失败后，辗转成为张绣的谋士。张绣曾用他的计策两次打败曹操，官渡之战前他劝张绣归降曹操。官渡之战时，贾诩力主与袁绍决战。赤壁之战前，认为应安抚百姓而不应劳师动众讨江东，曹操不听，结果受到严重的挫败。曹操与关中联军相持渭南时，贾诩献离间计瓦解马超、韩遂，使得曹操一举平定关中。在曹操继承人的确定上，贾诩以袁绍、刘表为例，暗示曹操不可废长立幼，从而暗助了曹丕成为世子。黄初元年（220），曹丕称帝，拜其为太尉，封魏寿乡侯。曹丕曾问贾诩应先灭蜀还是吴，贾诩建议应先治理好国家再动武，曹丕不听，果然征吴无功而返。黄初四年（223），贾诩去世，谥曰肃侯。《唐会要》尊其为魏晋八君子之首。

二十 徐邈

徐邈，字景山，燕国蓟人。明帝时为凉州刺史，护羌校尉。河右少雨，常苦乏谷，邈上修武威、酒泉盐池以收虏谷，又广开水田，募贫民佃之，家家丰足，仓廪盈溢，乃支度州界军用之余，以市金帛犬马通供中国之费。立学明训，禁厚葬，断淫祀，进善黜恶，风化大行。西域流通，荒戎①入贡，赏赐散与将士。与西羌从事不问小过，若犯大罪，先告部帅，乃斩以徇，由是州界清肃。

徐邈（171—249），燕国蓟县（今北京市附近）人。三国时期曹魏重臣。徐邈一生著作颇多，曾为《周易》《诗经》《三礼》《春秋三传》《尚书》和《史记》作过注。所注《谷梁传》，在当时颇受推崇。这些著作大都亡佚，今人已无法一览原貌。其政治才能也很突出。魏明帝任命徐邈为凉州刺史，使持节领护羌校尉。到任后，蜀汉丞相诸葛亮出祁山来攻，陇右的3个郡都反叛了。徐邈立即派参军及金城太守等，平息了三郡的叛乱，使凉州境内出现了相对稳定的局面。黄河西部地区少雨，农

---

① 荒戎：对边远民族的称呼。

作物产量小，因此老百姓经常被缺少谷物所困扰。徐邈在武威和酒泉修建盐池以收购少数部族的谷物，又广泛开辟水田，招募贫民租佃，从而使这一地区家家丰衣足食，官府的仓库也装得满满的。又在供给本州界内的军事费用之外，用其余的钱来购买金帛和大马，以供应中原地区。他还逐渐收缴了民间的私人兵器，保存在官府之中，然后以仁义劝导百姓，建立学校，申明教化和法令，禁止厚葬，拆毁滥设的祠堂，进用善良的人，贬黜邪恶之辈，良好的社会风气逐渐树立起来，百姓都归心于官府。西域地区同中原发展了关系，蛮荒地区的部族也前来进贡，这些都是徐邈的功劳。

因为征讨羌人柯吾有功，被封为都亭侯，食邑三百户，加官为建威将军。徐邈对待羌人和胡人采取的方法是：如果是犯了小的过错，则不予过问；若罪行严重，他便先通知其所属部族的首领，让他们知道，然后再将犯死罪者斩首示众，其他罪行按律令处罚，所以少数部族的人都信任和畏惧他的威严。他所得到的赏赐都分发给部下将士，从不拿回自己家中，他的妻子、儿女经常衣食不足，皇帝听说后，予以嘉奖，并按时供给他的家用。他在任职期间镇压邪恶，为有冤屈的人洗刷冤屈，使凉州界内清静安宁。

徐邈为儒学人物，著述丰厚。又能治国安邦，为官清廉高洁，轻财好施，重视农耕，申明教化和法令，非常善于处理边疆民族问题，在与西域各地的交往中，使边远戎羌诸族自愿向魏国进贡，这些都是徐邈出镇凉州后取得的卓越功绩。在凉州惩治邪恶，纠正冤假错案，很快便使得一州之境秩序井然。

二十一　姜维

姜维，字伯约，天水冀人，仕郡上计掾，州辟为从事。建兴六年，丞相诸葛亮军祁山，维诣亮、辟为仓曹掾，封当阳亭候，时年二十七。亮与蒋琬书曰："姜伯约忠勤时事，思虑精密，心存汉室，凉州上士也。"后迁征西将军。亮卒，维还成都，为辅汉将军，进封平襄侯。十年，与大将军费祎共录尚书事。是岁，讨定汶山，平康夷，与魏夏侯霸等战于洮西，胡王治无戴等举部落降。维自以练西方风俗，兼负其才武，欲诱诸羌胡以为羽翼，谓自陇以西可断而有也。每欲大举，费祎常裁制之。

及祎卒，维率数万人出陇西、斩首破敌，多所降下，迁大将军。景耀六年，维表："闻钟会治兵，欲规进取。宜遣张翼、廖化督军，分护阳安关口、阴平桥头。"后主信宦官黄皓言，寝其事。后钟会进兵，维保剑阁拒之，而邓艾自阴平入，破诸葛瞻于绵竹，后主降于艾，敕令维诣钟会降。会厚待维，还其印节，谓长史杜预曰："以伯约比中土名士，公休、太初不能胜也。"情好欢甚，因将维等诣成都。维知会有异图，教会诛北来诸将，已杀会，坑魏兵，复蜀祚，魏将士愤发杀会及维（《甘肃通志》）。

姜维（202—264），字伯约，天水冀县（今甘肃甘谷东南）人。三国时蜀汉名将，官至大将军，喜欢儒家大师郑玄的学说。诸葛亮辟姜维做仓曹掾，加官奉义将军，封当阳亭侯，那年姜维才27岁。诸葛亮写信给留府长史张裔、参军蒋琬说："姜伯约对时事尽心尽力，思虑精密，我看他的长处，连永南（李邵）、季常（马良）等人都比不上这个人，是凉州第一等人才啊！这人心存汉室，而才气比常人高出一倍，等到军事训练完毕，我会派他到宫里觐见主上的。"后来姜维被改任为中监军征西将军。建兴十二年（234），诸葛亮死了，姜维回到成都，任职右监军辅汉将军，统领各军，进封平襄侯。（后主）延熙元年（238）跟随大将军蒋琬留驻汉中。蒋琬升任大司马以后任用姜维做司马，好几次率领偏军向西攻入敌境。六年（243），升任镇西大将军，领凉州刺史。十年（247），改任卫将军，与大将军费祎共录尚书事。姜维自以为对西边凉州的风俗很熟悉，而且自负很有才气武力，打算引导各羌、胡来做蜀军的羽翼，认为自陇以西可以切断攻占的。每每想要大举兴兵，费祎时常抑制他，不依从他的计划，拨给姜维统领的兵力不超过一万人。十六年（253）春季，费祎死了，夏季的时候，姜维率领几万人出兵石营（今甘肃省西和县西北），经过董亭（今甘肃省宁远县西南），包围了南安（今甘肃省陇西县东北，渭水北），魏雍州刺史陈泰冲破包围网到了洛门，姜维粮食用完了，退回蜀国。第二年，加官督中外军事。又出兵陇西，郡守狄道长李简领着全城投降。姜维进兵围攻襄武（故城在今甘肃省陇西县西南），和魏将徐质交战，杀伤了许多敌人，魏军败退。后来，又和车骑将军夏侯霸等一起出兵狄道，在洮西大破魏雍州刺史王经，王经手下的兵战死的至少有几万人。过了一个多月，姜维被邓艾所败，退守阴平。后主向邓艾请降，邓艾进兵占据了成都。姜维等人接到后主的敕令，就放下武器，解除甲胄，走到钟会在涪县的军营里投降，蜀国的将士都大为愤怒，拔出刀子猛砍着石头。钟会对待姜维等人很优厚，钟会和姜维出外就同乘一辆车，入坐就同坐一张席，他对长史杜预说："拿伯约和中原名士相比，公休（诸葛诞）、太初（夏侯玄）未必胜得过他。"后来钟会陷害邓艾，邓艾被朝廷下诏关在槛车里递解回去，最忌惮的人除去了，钟会因此带着姜维等人到了成都，自称益州牧，背叛魏朝。但最终钟会反叛失败，姜维与钟会一同被魏军所杀[①]。

姜维是三国时期蜀汉的军事将领，智勇兼备、胆识过人，在恩师诸葛亮去世后，身为羁旅托国之臣的姜维"累年攻战，功绩不立"，使得宦官黄皓弄权于内，他不得不避祸沓中，并且刘禅听信黄皓之言想以他人代之。即使在这样的政治环境中，姜维意志仍然坚定，维护蜀汉正统，九伐中原就是有力证明。姜维的顽强奋战，并没有得到后主和蜀国大臣们的支持，充满了士为知己者死的忠贞之气节。

二十二　苻坚

苻坚（338—385），字永固，氐族，略阳临渭（今甘肃秦安）人，十六国时期前秦的君主，公元357—385年在位。苻坚在位前期励精图治，采用"治乱世以法"的策略和加强中央集权、抑制贵族势力的方针，恢复魏晋士籍制度，广设学校，传播儒学，重用品学兼优人才和清正廉洁、有政绩的官员，鼓励勤政爱民，惩处违法害民贪官。使前秦社会"典章法物靡不悉备"（《晋书·苻坚载记》）。又推行一系列政策与民休息，加强生产，兴修水利，使农业丰收，百姓安居乐业，一派繁荣景象。为发展商业贸易，苻坚实行了"通关市，来远商"政策，发展商贸经济，终令国家强盛。接着以军事力量消灭北方多个独立政权，成功统一北方，并攻占了东晋领有的蜀地，与东晋南北对峙。苻坚于383年发兵南下，意图消灭东晋，史称"淝水之战"。但最终前秦大败于东晋谢安、谢玄领导的北府兵，国家亦陷入混乱，各民族纷纷叛变独立，苻坚最终亦遭羌人姚苌杀害，谥号宣昭帝，庙号世祖。

---

① 《三国志·姜维传》。

二十三　张轨

张轨，字士彦、安定乌氏人。少明敏好学，有器望，与同郡皇甫谧善，隐于宜阳汝几山①。张华与轨论经义及政事损益，甚器之。除太子舍人，累迁散骑常侍，公卿举轨才堪御远。永宁初，轨以时方多难，阴有保据河西之志，求为凉州刺史。时鲜卑入寇，轨讨破之，威著西州，化行河右，立学校，行乡射之礼。及河间、成都二王之难，兵三千东赴京师。永兴中，鲜卑若罗拔能为寇，轨击斩之，俘十余万口，威名大震，惠帝遣加安西将军，大城姑臧②。永嘉初，东羌校尉韩稚杀秦州刺史张辅，轨讨之稚降。王弥寇洛阳，轨击破之，又败刘聪于河东。帝嘉其忠，进封西平郡公，不受。遣使贡献，岁时不绝，朝廷嘉之。京师饥匮，轨即遣参军杜勋献马五百匹，毯布三万匹。帝遣使拜镇西将军，都督陇右诸军事。刘聪逼洛阳，轨遣兵入卫，及京都陷，轨驰檄关中，翼戴帝室。秦王为皇太子，遣使拜为骠骑大将军，仪同三司，固辞。在州十三年，寝疾，遗令将佐尽忠报国，务安百姓，谥武。子寔（《甘肃通志》）。

简释：

张轨（255—314），西晋安定郡乌氏县（今宁夏固原东南）人，永康二年（301）任凉州刺史。扩建姑臧（今甘肃武威）城，立学校，定币制。死后子孙割据凉州70余年。曾孙张祚称帝，追谥他为"武王"。③ 西汉赵景王张耳之后，前凉开国君主（301—314）。张轨出身凉州士族安定张氏，自幼聪明好学，文雅端庄，深通儒术，深得中书监张华赏识。初授太子舍人，迁散骑常侍、征西军司。趁着"八王之乱"，割据凉州，平定张镇内乱，收容各地流民，拥戴晋愍帝司马邺，抵抗汉赵军队，翼护西晋皇室，封西平郡公。

张轨到了凉州之后，重整凉州政治。"拔贤才"，是他的政治举措首务。张轨将"拔贤才"的立足点牢牢放在河西著姓一边，他"以宋配、阴充、氾瑗、阴澹为股肱谋主"。"宋配，字仲业，敦煌人。慷

---

① 汝几山：《元和郡县志》作"女几山"，在今河南宜阳县。

② 姑臧：今甘肃武威市凉州区。

③ 参见《辞海》1999年彩图版，"张轨"条释义。

慨有大志，清素敦朴，不好华竞。"自宋配起，宋氏一门在前凉政府中累世为官，如宋纤、宋矩、宋混、宋澄等名声都很显赫。氾瑗、阴充、阴澹也都是敦煌籍的河西大族，氾瑗任中督护，阴澹后来为敦煌太守。此外，自汉以来，"累世官族"的令狐家族和羌族酋豪北宫也受到张轨的隆遇。前凉政权的敦煌官僚视张氏为晋室的象征，对张氏家族也是竭尽忠诚。

张轨依靠河西著姓势力，也不拒绝流徙河西的中原冠带。自永熙到永嘉，中州兵乱，秦陇倒悬，饱经忧患的西晋显贵和黎民百姓都将河西看作躲避战乱的好地方。为逃避战乱，许多官僚携家至陇，投靠张轨。"中州避乱来者，日月相继"。张轨妥善安置他们，举其贤者，委以重任。如杜骥，"京兆杜陵人也。高祖预，晋征南将军；曾祖耽，避地河西，因任张氏。"西州官僚势力与中州官僚势力结合起来，前凉的政治基础也因此更加坚实。像杜氏这样的家族投靠张轨，使前凉政权更有代表性和号召力，也壮大了河西的士林队伍。

张轨时期的选举沿袭了魏晋旧制，即实行察举、征辟和九品中正制。张轨"以儒学显"，深受儒家思想教育，在讲求名教治国上与西晋如出一辙。当西晋乱亡时，他强调忠、义、节，并贯穿于选举，能召唤更多亡官失职的官僚团结在西晋的旗帜下共赴国难；遵循传统也符合河西"世笃忠厚"的民风民俗，有助于争取民心。因此"拔贤才"使"州中父老莫不相庆"。

举措之二是弭平河西鲜卑的反晋军事活动，并选择姑臧为政治、军事中心。弭平河西乱事后，张轨吸取以往教训，收编鲜卑余部，组织成驰名天下的凉州"胡骑"，用于勤王护驾和南征北讨。为了利用河西走廊的地理优势和实现控摄长远的战略意图，在驱逐了占据姑臧的鲜卑势力后，张轨立即进驻姑臧。河西四郡设置后，姑臧成为河西走廊东部咽喉。它北临大漠（腾格里沙漠），南接南山（祁连山），东有洪池岭（乌鞘岭），地势险要，易守难攻。加之物产丰富，人文繁殷，在凉州刺史部设置后，这里一直是河西走廊的政治和经济中心。张轨进驻姑臧，不仅掌握了河西走廊锁钥，而且尽用凉州地利人文条件，为后来前凉保据战略的实现奠定了基础。

张轨的政治举措之三是平定分裂割据活动和抑制地方豪强。永兴二年张轨受晋惠帝晋封为安西将军后，已成为名副其实的西州藩镇，他有权力为西晋"戡乱伐叛"和对"图谋不轨"者兴师问罪，平定了一次次在陇右和河西发生的分裂割据活动。

首先是平定秦州之乱，发生在任安西将军的当年。这年五月，西晋以张辅为秦州刺史。张辅到秦州后，"杀天水太守封尚，欲以立威，又召陇西太守韩稚。稚子朴勒兵击辅，辅军败，死"。由张辅擅杀而引起的韩稚造反，使陇右政局动荡，并将演成分裂割据。在此形势下，少府司马杨胤建议张轨兴兵讨韩。杨胤指出："今稚逆命，擅杀张辅。明公仗钺一方，宜惩不恪，此春秋之义。"张轨按照杨胤建议，"遣中督护氾瑗率众二万讨之"。出兵之前，先作书对韩稚晓以大义，韩稚见书后归降，使陇右避免了分裂和兵刃。

其次是平定发生在永嘉四年（310）的湟中之乱。

张轨还平定了胡瑁、裴苞、麹儒等的分裂割据势力。张轨对分裂割据活动所采取的镇压措施，有的是为维护西晋统治的"一统性"，有的是为了强化自己家族在凉州的政治地位和威望，但客观效果是积极的，因为它有助于实现政治稳定和区域的安宁，也有助于防微杜渐，使整个河西在后来数十年中保持完整统一。

张轨的政治举措之四是振兴文教和倡导教化。从一开始起，张轨便视振兴教育与倡导教化为其治理凉州的根本。他"始置崇文祭酒，位视别驾。征九郡胄子500人，立学校以教之，春秋行乡射之礼"。崇文祭酒相当于文学祭酒、儒林祭酒等，是州级学官。在国学则称国子祭酒或博士祭酒。当晋末大乱，学校制度已陷废弛之际，张轨在凉州设立学馆，延师明训，又立制崇文祭酒，"位视别驾"，享受"从刺史行部，别乘传车"的殊荣，这表示了他文教兴邦的壮志和移风易俗的决心。他深知古之建国君民者，必教学为先，将以节其邪情，而禁其流欲，故能化民裁俗，习与性成也。是以忠孝笃焉，信义成焉，礼让行焉。尊教宗学，其致一也。

虽然张轨将教育和培养士族子弟列为学馆的主要任务，但由于征聘名士入馆执教，无疑也会对弘扬学术文化起到促进作用，有助于中原文化在河西地域的传播，有助于保存中原文化和提高河西区域文明程度。张轨振兴教育和倡导教化的举措，为其后世及其余诸凉的兴文理学树立了典范。由于张轨将儒学作为学校教育的基本内容，将"文治兴邦"和"教化齐俗"作为学校教育的基本目的，加上察举和征辟以忠、节、义为选格，从而将文教与前凉初期的政治紧密结合起来，既培养了大批封建人才，也使河西一步步走向安定，河西文化也繁荣起来。

张轨政治举措之五是设置侨郡县，接纳和安置中原流民。自晋惠帝永宁元年（301）中原陷于战乱，到晋怀帝永嘉中匈奴和羯人起兵，黄河中下游成为军阀军队和民族酋豪的骑兵纵横驰骋的疆场，广大汉族和内徙民族的平民百姓横遭屠杀，惨遭蹂躏。锋镝之下，大量百姓辗转流离，过着国非国和家非家的生活。在中原人口纷纷为躲避战乱向淮南、江南、巴汉、辽东等区域迁徙时，张轨坐镇的凉州也成为中原流民希望寄身之地。特别是官僚和士人。因为河西远离乱源，再加上张轨倡名教与社会治理活动，中原人对河西更加向往。中原流民大量迁徙到河西，对河西经济的开发，对前凉政治和文化的发展，都带来了积极的影响。他治理凉州13年，是前凉封建割据政治的奠基人，也是五凉政权的始作俑者，他的活动卓有成效，使前凉成为南北朝混乱动荡时期的"治世"。

张轨是十六国时期河西重要人物，政治、军事、法制、经济、文化、教育集于一身，很有作为。他主政凉州时，正是乱世之时，但他能够顺应民心思安的潮流，复兴中原礼乐教化，选拔任用贤才，爱护知识分子，恢复生产发展经济，建立新郡县，安置流民等，在他的整治下凉州变成中州士民避难的乐土，将人烟稀少的荒凉之地变为人烟阜盛之地，使得民心大悦。在获得朝廷支持的同时"不忘民心"，并且积极笼络地方士族势力，为控制割据凉州打下了坚实的基础。《晋书》中评价他为"三象构氛，九土瓜分。鼎迁江介，地绝河潢。归诚晋室，美矣张君。内抚遗黎，外攘逋寇。世既绵远，国亦完富。杖顺为基，盖天所佑。"

李暠

二十四　李暠

李暠，字玄盛，狄道人。性沉毅宽和，美器度，通涉经史，习知孙吴兵法。后为敦煌太守，及段业僭称王，六郡推暠为大都督、大将军、凉公，领秦、凉二州牧。遣使间行，奉表诣阙，国人谥曰武昭王。①

隆安四年，晋昌太守唐瑶移檄六郡，推玄盛为大都督、大将军、凉公、领秦凉二州牧、护羌校尉。玄盛乃赦其境内，建年为庚子，追尊祖弇曰凉景公，父昶凉简公。以唐瑶为征东将军，郭谦为军咨祭酒，索仙为左长史，张邈为右长史，尹建兴为左司马，张体顺为右司马，张条为牧府左长史，令狐溢为右长史，张林为太府主簿，宋繇、张谡为从事中郎，繇加折冲将军，谡加扬武将军，索承明为牧府右司马，令狐迁为武卫将军、晋兴太守，氾德瑜为宁远将军、西郡太守，张靖为折冲将军、河湟太守，索训为威远将军，西平太守，赵开为骁骑护军、大夏太守，索慈为广武太守，阴亮为西安太守，令狐赫为武威太守，索术为武兴太守，以招怀东夏。又遣宋繇东伐凉兴，并击玉门已西诸城，皆下之，遂屯玉门、阳关，广田积谷，为东伐之资②。

李暠（351—417），字玄盛，西凉开国国君，狄道（今甘肃临洮县）人。李暠少而好学，性敏宽和，为人宽宏大量。他精通《孙子兵法》，自幼便练就了一身好武艺。后凉末年，李暠被任命为代理效谷县（今敦煌东北）令。在任职期间，办事公平认真，"温毅有惠政"，受到敦煌仕人及百姓的拥戴。后被州人推为宁朔将军、敦煌太守。

安帝隆安三年（399），段业称北凉王，他的右卫将军敦煌索嗣依仗自己得宠，妄图取代李暠的敦煌太守，带领500名骑兵向西出击李暠。李暠遣兵反击索嗣的背叛，迫使索嗣退回张掖。段业从此识破了索嗣的阴谋，便杀了他，并遣使者向李暠道歉。段业还分敦煌的凉兴、乌泽和晋

---

① 引自《甘肃通志之卷三十四·人物一》，兰州大学出版社2018年版。
② 引自《晋书·卷八十七·列传第五十七》。

昌（今瓜州县境）的宜禾三县为凉兴郡，晋升李暠为都督凉州以西诸军事、镇西将军、领护西夷校尉。

晋安帝隆安四年（400），晋昌太守唐瑶将六郡檄交给李暠，并推他为大都督、大将军、凉公、领秦凉二州牧、护羌校尉。于是李暠在敦煌建立了西凉政权，在境内大赦，建年号为"庚子"，追尊祖父李弇为凉景公，父亲李昶为凉简公。任命唐瑶为征东将军，郭谦为军咨祭酒，宋繇、张谡为从事中郎，宋繇加号折冲将军，张谡加号扬武将军。建立政权后，李暠以"诸事草创，仓帑未盈，故息兵按甲，务农养士"为指导思想；在政治上努力做到知人善任，积极纳谏，执法宽简，赏罚有信。他赦其境内，号召因战乱而背井离乡的百姓返回家园，重视农桑，并给这些重返家乡的百姓以优惠待遇和资助，很快就有逃民2.3万多户迁回敦煌。为了统一河西，他还派遣重臣宋繇东征凉州，西击玉门，都取得了成功。随后，他又实施了"寓兵于农"的措施，将大批军队开到玉门关、阳关等地屯田，广积粮谷作为东伐的资本。又重视水利通驿，发展生产，因此，敦煌因战乱而遭到破坏的经济很快得以恢复和发展。

文化方面，李暠执政后，广开言路，重视儒学，珍惜人才，知人善任，积极振兴文化教育。在他统治的西凉境内，四方许多有为之士纷纷前去投奔，当时好多文人名流，都投靠于他。著名的地理学家阚骃、经济学家宋繇、教育学家刘昞等，他们都得到李暠的重用，一时间群英齐集敦煌，在学术上做出了突出的成就，形成了以敦煌为中心的"五凉文化"的兴盛时期。在教育方面，李暠曾在敦煌南门外水边修建起一座殿堂，取名为"靖恭堂"，作为他同朝臣商议朝政、检阅武备的处所。李暠为振兴文教，培养儒士，修建设立泮宫（学校），增收富贵人家学生500人。李暠一生"通涉经史""玩礼敦经"，尤善于文学，是五凉时期著名的文学家。著有《靖恭堂颂》《述志赋》《槐树赋》《大酒容赋》等，以《述志赋》最为有名。

晋安帝义熙元年（405），李暠改元为建初。他派人向东晋奉表。义熙二年（406），北凉沮渠蒙逊侵略西凉国，发兵进攻建康郡（今甘肃高台县骆驼城），掠走了3000余户人家。李暠得知后非常气愤，立即亲自率兵追至弥安（今酒泉市东），打败了他们，截回了被掠的全部人家。此后，他促劝耕作，百姓乐业，国内安福，出现了一派升平盛世的景象。

晋安帝义熙十三年（417），李暠因病去世，谥封为武昭王，唐玄宗追尊其为"兴圣皇帝"。

李暠在敦煌建立的西凉政权虽然弱小，时间也不长，但在政治、法制、经济、文化各方面得到了空前的发展，成为政治开明、社会治理有方、经济文化繁荣的历史时期。在政治法制上努力做到知人善任，积极纳谏，执法宽简，赏罚有信。实施"寓兵于农"的措施，发展了当地的经济。文化上"通涉经史""玩礼敦经"，形成了当时以敦煌为中心的"五凉文化新气象。"广开言路，重视儒学，珍惜人才，知人善任，积极振兴文化教育。其《述志赋》中希望通过自己的努力为百姓伸张正义，给百姓创造一个安定祥和的社会，有着朴素的公平和正义的价值观。《诫子书》中告诫自己的儿子"刑法所应，和颜任理，慎勿以情轻加声色"，意思是要用法来处理事务，判断事务有理有据，不可根据自己情绪和喜好来断定。充分说明李暠对刑法的正确认识和遵守。因此，李暠不仅是一个贤明的君主，也是法律制度的创制者和忠实的遵守者。还应看到，李暠是李广之后，李渊、李世民之祖，是李氏家族的重要人物，其历史地位和血脉传承对后世具有重要影响。

二十五 李冲

李冲，字思顺，陇西人，敦煌公宝少子也。少孤，为长兄荥阳太守承所携训。承常言："此儿器量非恒，方为门户所寄。"冲沉雅有大量，随兄至官。是时牧守子弟多侵乱民庶，轻有乞夺，冲与承长子韶独清简皎然，无所求取，时人美焉。显祖末，为中书学生。冲善交游，不妄戏杂，流辈重之。高祖初，以例迁秘书中散，典禁中文事，以修整敏惠，渐见宠待。迁内秘书令、南部给事中。①

旧无三长，惟立宗主督护②，所以民多隐冒，五十、三十家方为一

① 《魏书·卷五十三·列传第四十一》。
② 北魏前期地方基层组织的一种形式。宗主在政治上都是一些大大小小的割据势力，宗主控制下的包荫户多数没有户籍，他们只为宗主的私家人口，任凭宗主剥削和奴役，国家不得征调亦不能干预。《魏书·食货志》称："魏初不立三长，故民多荫附。荫附者皆无官役，豪强征敛，倍于公赋。"

户。冲以三正治民，所由来远，于是创三长之制而上之。文明太后览而称善，引见公卿议之。中书令郑羲、秘书令高祐等曰："冲求立三长者，乃欲混天下一法。言似可用，事实难行。"羲又曰："不信臣言，但试行之。事败之后，当知愚言之不谬。"太尉元丕曰："臣谓此法若行，于公私有益。"咸称方今有事之月，校比民户，新旧未分，民必劳怨。请过今秋，至冬闲月，徐乃遣使，于事为宜。冲曰："民者，冥也，可使由之，不可使知之。若不因调时，百姓徒知立长校户之勤，未见均徭省赋之益，心必生怨。宜及课调之月，令知赋税之均。既识其事，又得其利，因民之欲，为之易行。"著作郎傅思益进曰："民俗既异，险易不同，九品差调，为日已久，一旦改法，恐成扰乱。"太后曰："立三长，则课有常准，赋有恒分，苞荫之户可出，侥幸之人可止。何为而不可？"群议虽有乖异，然惟以变法为难，更无异义。遂立三长，公私便之。①

是时循旧，王公重臣皆呼其名，高祖常谓冲为中书而不名之。文明太后崩后，高祖居丧引见，待接有加。及议礼仪律令，润饰辞旨，刊定轻重，高祖虽自下笔，无不访决焉。冲竭忠奉上，知无不尽，出入忧勤，形于颜色；虽旧臣戚辅，莫能逮之，无不服其明断慎密而归心焉。于是天下翕然，及殊方听望，咸宗奇之。高祖亦深相仗信，亲敬弥甚，君臣之间，情义莫二。及改置百司，开建五等，以冲参定典式，封荥阳郡开国侯，食邑八百户，拜廷尉卿。寻迁侍中、吏部尚书、咸阳王师。东宫既建，拜太子少傅。高祖初依《周礼》，置夫、嫔之列，以冲女为夫人。②

后尚书疑元拔、穆泰罪事，冲奏曰："前彭城镇将元拔与穆泰同逆，养子降寿宜从拔罪。而太尉、咸阳王禧等，以为律文养子而为罪，父及兄弟不知情者不坐。谨审律意，以养子于父非天性，于兄弟非同气，敦薄既差，故刑典有降；是以养子虽为罪，而父兄不预。然父兄为罪，养子不知谋，易地均情，岂独从戮乎？理固不然。臣以为：依据律文，不追戮于所生，则从坐于所养，明矣。又律惟言父不从子，不称子不从父，当是优尊厉卑之义。臣禧等以为：'律虽不正见，互文起制，于乞也举父之罪，于养也见子坐，是为互起。互起两明，无罪必矣。若以嫡继，养

① 《魏书·卷五十三·列传第四十一》。
② 《魏书·卷五十三·列传第四十一》。

与生同，则父子宜均，只明不坐。且继养之注云：若有别制，不同此律。又令文云：诸有封爵，若无亲子，及其身卒，虽有养继，国除不袭。是为有福不及己，有罪便预坐。均事等情，律令之意，便相矛盾。伏度律旨，必不然也。'臣冲以为：指例条寻，罪在无疑，准令语情，颇亦同式。"诏曰："仆射之议，据律明矣；太尉等论，于典矫也。养所以从戮者，缘其已免所生，故不得复甄于所养。此独何福，长处吞舟？于国所以不袭者，重列爵，特立制，因天之所绝，推而除之耳，岂复报对刑赏？于斯则应死，可特原之。"①

李冲（450—498），字思顺。陇西狄道（今甘肃省临洮县）人。北魏外戚大臣，孝庄帝元子攸的外祖父，镇北将军李宝的儿子。

设立三长制。以前没有三长，只设立宗主都护，因此百姓多隐瞒户口，50 家或 30 家才立一户。李冲鉴于以三正治理百姓，由来久远，于是为创制"三长"制而上奏。文明太后看后说好，引见公卿大臣讨论。中书令郑羲、秘书令高佑等说："李冲请求设立三长，这是想统一天下的法令。说起来似乎可以采用，实际上难以推行。"太尉元丕说："我认为此法如果试行，对公私都有好处。"人们都说当今是农忙之月，核查民户，新旧未分，百姓必定劳苦怨恨，请求过了秋天到冬季农闲月份，慢慢派使者去推行，办起事来更便利。李冲说："如果不在征收赋税之时推行，百姓只知设三长查户口的劳苦，不见平均徭役减省租赋的好处，心中必然产生怨恨。应趁着征收赋税的月份进行，让他们知道赋税的均平。既明白了这个措施，又得到了他的好处，顺着百姓的利欲就容易推行。"太后说："设立三长，则百姓课税有固定的标准，租赋有固定的数量，包庇的户口也可以查出来，侥幸逃避的人可以被制止，为什么行不通呢？"于是设立三长，公私都以此为便。

北魏建立后，遵循旧俗，对王公大臣都直呼其名，北魏高祖元宏常称李冲为中书而不称其名。文明太后去世后，高祖守丧，对李冲的引见接待更胜于前。直到讨论礼仪律令，润色辞藻，改定语言轻重，高祖虽然亲自下笔，但无不征求李冲的意见来决定。李冲尽忠侍奉皇上，知无不言，言无不尽，出朝入朝都勤劳忧国，表现于面容上；即使是朝中旧

① 《魏书·卷五十三·列传第四十一》。

臣、皇亲国戚，也没有人比得上他，无不佩服他明白果断，审慎周密，而从内心里信服他。于是天下归心，境外的人耳闻目睹，把他看成天下的奇才。高祖也深深地信赖他，更加亲近敬重他，君臣之间情义不二。到改设备官署，制定五等爵制，让李冲参与制定典礼，封为荥阳郡开国侯，食邑八百户，任命为廷尉卿。不久升侍中、吏部尚书、咸阳王师。设立太子后，拜为太子少傅。高祖开始依《周礼》，设置夫人、九嫔之类，以李冲的女儿为夫人。

后来尚书在元拔、穆泰定罪问题上发生疑问，李冲上奏说：

前彭城镇将元拔和穆泰一并谋反，养子元降寿应当随元拔治罪。而太尉、咸阳王元禧等认为法律条文规定养子犯罪，养父及兄弟不知内情的不受牵连。谨按法律条文的本意是说养子与养父之间没有天性联系，与兄弟之间无血缘关系，亲属既然不同，所以处罚相应减轻，因此养子虽犯罪而与父兄无关。但父兄犯罪，养子不了解阴谋，交换位置衡量情理，岂能单方跟随被杀呢？道理本来不应该这样。我认为依据法律条文，如果养子犯罪，生父不受牵连，那么养父就要受到连坐，这是很明白的。而且法律只说养父不随养子连坐，不说养子不随养父连坐，应该是对尊者宽，卑者严的意思。元禧等认为法律上虽然不见明文规定，但这是条例互见的原则，在有关收继的条目下列举养父犯罪的处罚办法，在有关养育的条目下又列举养子犯罪的处罚办法，这叫做互起。互起两项都规定得清楚，养子肯定无罪。如果以近亲寄养，与亲生子相同，那么父子应当互相牵连，只表明不与连坐。并且寄养律令下的注文说如果有其他规定，可以不按照律令办理。令文又说各有封爵的人，如果没有亲生儿子，到他去世后，即使有寄养的儿子，封爵也撤销不继承。这就叫有福自己得不到，有罪便被株连。衡量事理与律令的意思便互相矛盾。我们推测法律的本意必定不是这样的。我认为无论根据案例还是法律条文，处罪是无疑的，按照法令和依据情理也应如此。

评价：

李冲是中国历史上重要法律人物和太和改制①的推动者。在太和改制①时期，当时北魏的户籍制度保留了游牧部落的习俗，即三五十家为一户，立宗主督护，宗主督护制对维护基层治安有一定作用，但由于豪强地主趁机隐瞒其控制的人口，逃避赋税徭役，严重影响了国家的赋税收入和徭役征发。李冲上书建议设立"三长"制，实行一家一户的管理。健全了从中央到地方（"三长"制是北魏基层行政组织）的行政体制，保证了国家对人民有效的控制；有利于推行均田制②。因此，在《赫逊河畔谈中国历史》一书中黄仁宇评价："李冲则将拓跋政权的民政'周礼化'，并将其财政的处理赋予'李悝式'的体制，因之给中国以后几百年的政治制度留下了长远的后果。"③ 在立法方面，李冲参与国家法律的制定、修改，将《周礼》等儒家化的法律制度融入其中；在司法实践层面，面对定罪问题上，公正严明，按照法律的明文规定进行判断，不徇私情。李冲不愧是北魏时期著名的政治家、改革家和法律家。

二十六　辛雄

辛雄，字世宾，陇西狄道人。雄有孝性，颇涉书史，好刑名，廉谨雅素，不妄交友，喜怒不形于色。释褐奉朝请。父于郡遇患，雄自免归，晨夜扶抱。及父丧居忧，殆不可识，为世所称。清河王怿为司空，辟户曹参军，摄田曹事。怿迁司徒，仍随授户曹参军。并当烦剧，诤讼填委。雄用心平直，加以闲明，政事经其断割，莫不悦服。

右仆射元钦曰："至如辛郎中才用，省中诸人莫出其右。"孝昌元年，徐州刺史元法僧以城南叛。时遣大都督延明督临淮王彧讨之，盘桓不进。乃诏雄辅太常少卿元诲为使，持节④，乘驿催军，有违即令斩决。寻转吏

---

① 太和改制：北魏孝文帝太和（477—499）年间，由孝文帝和文明太后推行的鲜卑封建化措施。

② 均田制：按一定的标准将国家控制的土地平均分给农民耕种，土地不得买卖。不种则由政府收回。同时，鼓励开垦荒地，发展生产。

③ 黄仁宇：《赫逊河畔谈中国历史》，生活·读书·新知三联书店1997年版。

④ 节，即符节，中国古代朝廷传达命令、征调兵将以及用于各项事务的一种凭证。用金、铜、玉、角、竹、木、铅等不同原料制成。用时双方各执一半，合之以验真假。

部郎中，迁平东将军，郎中如故。上疏曰："帝王之道，莫尚于安民，安民之本，莫加于礼律。礼律既设，择贤而行之，天下雍熙，无非任贤之功也。"书奏，会肃宗崩。未几，诏雄以本官兼侍中、关西慰劳大使。将发，请事五条：一言逋悬租调，宜悉不征；二言简罢非时徭役，以纾民命；三言课调之际，使丰俭有殊，令州郡量检，不得均一；四言兵起历年，死亡者众，见存者老，请假板职，悦生者之意，慰死者之魂；五言丧乱既久，礼仪罕习，如有闺门和穆、孝悌卓然者，宜表其门闾。帝从之。

初，廷尉少卿袁翻以犯罪之人，经恩竞诉，枉直难明，遂奏曾染风闻者，不问曲直，推为狱成，悉不断理。诏令门下、尚书、廷尉议之。雄议曰："《春秋》之义：不幸而失，宁僭不滥。僭则失罪人，滥乃害善人。今议者不忍罪奸吏，使出入纵情，令君子小人薰莸不别，岂所谓赏善罚恶，殷勤隐恤者也！仰寻周公不减流言之愆，俯惟释之不加惊马之辟，所以小大用情，贵在得所。失之千里，差在毫厘。雄久执案牍，数见疑讼，职掌三千，愿言者六。"

军上疏曰："凡人所以临坚阵而忘身，触白刃而不惮者，一则求荣名，二则贪重赏，三则畏刑罚，四则避祸难。非此数事，虽圣王不能劝其臣，慈父不能厉其子。明主深知其情，故赏必行，罚必信；使亲疏、贵贱、勇怯、贤愚，闻钟鼓之声，见旌旗之列，莫不奋激，竞赴敌场，岂厌久生而乐早死也？利害悬于前，欲罢不能耳。自秦陇逆节，将历数年；蛮左乱常，稍已多载。凡在戎役，数十万人，三方师众，败多胜少，迹其所由，不明赏罚故也。陛下欲天下之早平，愍征夫之勤悴，乃降明诏，赏不移时。然兵将之勋，历稔不决；亡军之卒，晏然在家。致令节士无所劝慕，庸人无所畏慑。进而击贼，死交而赏赊；退而逃散，身全而无罪。此其所以望敌奔沮，不肯进力者矣。若重发明诏，更量赏罚，则军威必张，贼难可弭。"[①]

辛雄（485—534），字世宾，陇西狄道（今甘肃临洮县）人，北魏孝武帝朝大臣。辛雄秉性孝顺，读了不少书，喜好刑名之学，廉洁谨慎，雅静朴素，喜怒不形于色。父亲在郡任上得了疾病，辛雄辞官回家，早

---

① 选自《魏书·辛雄传》。

晚侍候父亲。到父亲去世守丧期间，他的模样都变得几乎认不出来，被世人所称道。清河人王怿任司空，征聘辛雄为户曹参军，代理田曹事务。王怿升任司徒，辛雄仍然跟随担任户曹参军。负责处理那些繁重的事务和堆积的诉讼案子。辛雄平心正直地处理，加上他熟悉政务，很多事情经过他的公断处理，莫不使人心悦诚服。

孝昌元年（525），徐州刺史元法僧举城叛降南方，当时朝廷派遣大都督元延明督导临淮王元彧前往征讨，部队徘徊不前。皇帝就下诏让辛雄辅助太常少卿元海为特使，拿着符节，乘驿马催促军队，有违抗者可下令斩决。不久，辛雄转为吏部郎中，又升迁为平东将军，郎中的职务不变。辛雄上疏道："帝王的根本原则，莫过于安民；安民的根本，关键在于礼制与法律。礼制和法律设置好了，就可选择贤能的人来施行，天下安定和谐，无不是任用贤能的功劳。"这疏议上奏时，正遇上北魏肃宗去世。不久，皇帝下诏让辛雄以原官兼任侍中和关西慰劳大使。准备出发之前，请求皇帝考虑五件事：一是过去所欠的租调，应全部免征；二是省简和废除不合时节的徭役，以舒缓百姓的生计；三是征收调绢的时候，要让丰收和歉收的地方有所区别，让各州郡量力而行，不得强求一样；四是历年兵连祸结，死亡无数，有的失去父亲，有的失去儿子，辛酸伤悲，至今犹存，活着的老人，请求授予官职，让幸存的人感到高兴，死去的人灵魂得到安慰；五是社会动乱已久，礼仪荒废，如果阖门和睦，孝顺父母，团结兄弟，事迹突出的，应在他们的家门口悬挂匾额，予以表彰。孝庄帝同意他的建议，因而下诏，命给 70 岁的老人授县级官职，80 岁的老人授郡级官职，90 岁的加封为四品将军，百岁老人封为从三品将军。

袁翻上奏，认为所有有风闻的案件，都按照有罪来论处。① 这样的结果是所有的案件不论冤枉与否，涉及案件的人都进了监狱，然而又不去审理。所以皇帝下诏书令门下省、尚书、廷尉商议这件事。辛雄说："《春秋》中的大义，现在不幸失去了，处理狱案，宁宽勿严。宽则会让犯罪的人逃脱惩罚；严则会使好人受害。现在，人们不忍心加罪于奸恶贪婪的官吏，使他们为所欲为，使得道德高尚的君子，与行为卑劣的小

---

① 即如果你住的地方发生案件，你附近的人都认为你有罪，你就有罪。

人，香臭不分，怎么能说是赏善罚恶、殷勤地替那些受冤屈的人着想呢？古人常担心处理案件不精细，没有听说知道冤枉而不处理的。"

　　当时正值盗贼群起，南方的外寇侵入国境，而且山蛮作乱的时期，孝明帝想亲自去征讨。下诏令辛雄为行台左丞，和临淮王元彧向东赶赴叶城；别将裴衍向西打通鸦路。裴衍稽留原地没有跟进，元彧的大军已经到达汝滨，恰逢北沟那边发来求救信。元彧认为那个地方不属他管，不想去救。辛雄对他说："大王您指挥大军在外，看见有利于我军就应该顺从，看见可以进攻的就应该进攻，怎么可以以不属于自己管辖为借口不去管呢？"辛雄在军中上疏给皇帝，说道：

　　　　凡是人面临对方坚固阵势还能够勇猛精进，忘掉自身安危，用自己的身体去抵挡白刃不害怕的，第一是想得到荣耀的名誉；第二是想得到重赏；第三是因为畏惧军队严格的纪律处罚；第四是避祸难①。如果不是这几个原因，即使是圣王在位，也不能够劝他的臣下去死，慈祥的父亲不能严厉命他的儿子去死。圣明的皇帝深深地知道这个道理。所以凡是有战功的，必然加以赏赐，凡是有过错的，必然加以惩罚。这样做就使得不论是亲疏或者贵贱，胆小者或是勇士，贤明者或是愚笨者，听到钟鼓的声音，看旌旗的队列。都激动奋勇，竞相奔赴敌方。自从秦陇叛乱，到今天已经几年了。蛮夷在东边扰乱人民日常生活，也有多年了。凡是战事一起，在役的人多达数十万，但是这三个方面的军队，却是败多胜少。我深深思考他们失败的原因，是不能严明执行赏罚这两个原则啊！陛下您想要天下早日太平，怜悯征夫的勤劳憔悴，于是降下圣明的诏令，赏赐②经常可以得到。但是兵将的勋劳，却历久得不到承认。庸笨的人没有什么畏惧。进攻出击山贼，英勇战死了，得到的却是赊欠的赏赐；溃败逃散的，却身躯完好无甚罪过。这就是为什么军队看见敌人会逃跑，不肯拼死进攻啊！希望陛下能够重新思考，再发出圣明的诏

---

　　① 古代打仗，经常招募死因为敢死队，如果立功则赦免其罪，而且记功赏赐。第四种即指犯大罪的人或者可以解释为另一种看法，即保家卫国，希望保护自己的家园。
　　② 赏赐是立战功得到物质的奖励，但是对个人来说无持续性。

书，重新考量赏罚，这样军威必然重振，盗贼的祸难可以消弭。

辛雄为官，体察民情，深知安民为第一要务，能够礼法并用，选贤任能。辛雄在审理案件中采用"春秋决狱"，解决纠纷和处理案件；同时在司法程序方面，规定及时有效地纠正错判和处理上诉案件的"覆治之律"，"律文，狱已成及决竟，经所绾，而疑有奸欺，不直于法，及诉冤枉者，得摄讯覆治之"①。也即是说，当具备以下两个条件之一，即应予以复审：其一是对于"已成之案"，即已发生法律效力或已经执行的判决，若发觉其认定事实有误或适用法律失当，或有枉法徇情，出入人罪之嫌的；二是判决完毕，被判刑之人及其亲属向有关部门申诉冤枉的，均应复审。从而使"成案"复审有了确定的标准，给予犯罪人及其家属上诉权，有利于减少冤狱的产生，是中国诉讼观念的一大进步。从此，可以看出辛雄在北魏时期不仅是一个德才兼备的文臣，也是法律学家。他精通法律，正直处理案件，注重治军严明，其法律思想与实践经验均属上乘。

二十七 独孤信

独孤信，云中人，大统中除陇右大都督、秦州刺史。先是，守宰暗弱，政令乖方，人有冤讼，历年不能断决。及信在州，事无壅滞，示以礼教，劝以耕桑，数年中公私富实，流人愿附者数万家。周文以其信著遐迩，赐名为信。岷州刺史梁仚定反，及凉州刺史宇文仲和据州，不受代②，信皆破平之，以功增封③。

信风度弘雅，有奇谋大略。太祖初启霸业，唯有关中之地，以陇右形胜，故委信镇之。既为百姓所怀，声振邻国。东魏将侯景之南奔梁也，魏收为檄梁文，矫称信据陇右不从宇文氏，仍云无关西之忧，欲以威梁人也。又信在秦州，尝因猎日暮，驰马入城，其帽微侧。诘旦，而吏民

---

① 《魏书·卷一百一十一·志第十六》。

② 不受代：抗拒朝廷的任免安排。

③ 选自《甘肃通志之卷三十二·名宦三》，兰州大学出版社 2018 年版。

有戴帽者，咸慕信而侧帽焉。其为邻境及士庶所重如此。①

独孤信（503—557），原名独孤如愿，字期弥头，云中郡盛乐城（今内蒙古和林格尔县）人，后被西魏大臣宇文泰赐名为信。独孤如愿生于好勇善战的鲜卑族，精于骑射，在部落中也是首屈一指的神射手。西魏、北周时期名将，八柱国之一。

北魏永安三年（528），尔朱荣被孝庄帝所杀，尔朱家族的势力也被新一代权臣高欢所取代。独孤如愿没有投靠高欢，而是投靠了和高欢并立的宇文泰。在独孤如愿等人的帮助下，宇文泰于大统元年（535）另立魏文帝，定都长安，史称西魏，和高欢把持的东魏政权对峙而立。为了奖励独孤如愿等人的拥立之功，宇文泰任命其为陇右十一州大都督、秦州刺史。原先的守土长官昏弱无能，政令互相乖违。人们有了冤案，提出诉讼，也长年不能决断。他上任后，事情没有积压滞留的。对百姓用礼仪教育，以农桑劝导，数年之间，无论公私都富裕充实，无家可归的流人愿意归附的有数万家。宇文泰因为他的信誉远近驰名，所以赐名他叫信。大统七年（541），岷州刺史、赤水蕃王梁人山定举兵反叛，朝廷命他率兵讨伐。梁人山定不久被他的部下杀死，而梁人山定的子弟仍然收集余部抗拒官兵。独孤信率军追赶，直接来到岷州（今甘肃岷县）城下，叛兵全都出城投降。朝廷加封他为太子太保。

独孤信风度弘雅，有奇谋大略。北魏太祖刚开创基业时，只有关中一带的地方，因为陇右地势险要，所以派独孤信去镇守那里。他受到了百姓的敬慕，声威震动邻国。独孤信在秦州，曾因为打猎到了傍晚，骑马疾奔进城，他的帽子稍稍倾斜。到了第二天早晨，戴帽子的官吏百姓，都仰慕独孤信而将帽子斜戴着。他就是像这样受到了邻国和士民的敬重。

独孤信为鲜卑族人，风度高旷，明张大义。《北史》记载，北魏孝武帝不甘权臣高欢操纵，想借宇文泰的势力对付高欢。独孤信不顾一家老小全在高欢领地，"寻征入朝"，为国尽忠。

独孤信官至宰辅，声名威震长城内外；兼通文武，长于治理地方，运用法律治理国家。他所具备的忠义、英勇、坚忍、刚强，让他在战火

---

① 选自《周书·卷十六·列传第八》。

纷飞的南北朝闯下了自己的一片天，成为威震四方的一代名将和政法人物。

本章作者：

本章作者为甘肃省民族法制文化研究所所长、甘肃省法学会敦煌法学研究会副会长、法学博士何子君（藏族）。主要撰稿人：张锡娟、王悦，均为甘肃省民族法制文化研究所研究人员。

第三章

隋唐至宋、元、明、清
法制与法律人物

　　隋朝始于581年，618年灭亡，存38年，唐存290年（618—907）。隋唐是我国封建社会与封建法治鼎盛期，也是甘肃、河西人士，陇西李氏主政中原时期。政治昌明，法制发达，经济繁荣，文化灿烂，人物辈出。宋朝（960—1279）以降，政治、经济、文化南移，海上贸易发展，西北、甘肃地位衰弱，但仍有发展和亮点。本章所记述的，即这一历史时代陇上法制与法律人物的大致情况，与第二章是连接的。

二十八　牛弘

　　牛弘（545—610），本姓寮，字里仁，安定鹑觚（今甘肃省灵台）人。袭封临泾公。少好学，博览群书。北周时，专掌文书，修起居注。隋文帝即位后，授散骑常侍、秘书监。晋爵奇章郡公。隋文帝开皇三年（583），拜礼部尚书，请修明堂，定礼乐制度。又奉敕修撰《五礼》百卷，从此儒家文化复兴。后牛弘又任吏部尚书，掌选举用人，倡先德行而后人才，众咸服之，史称"大雅君子"。牛弘生活俭朴，侍奉皇帝尽礼，对待下属以仁厚，不善言谈而恪尽职守。政务繁杂，仍手不释书。大业六年（610），死于江都。有文集传世。

　　牛弘尚在襁褓之中时，有相士见了他，对他父亲说："这个小孩日后当会富贵，好好养他。"他长大后，长满胡须，容貌魁伟，生性宽容，好学博闻。在北周时，开始任中外府记室、内史上士。不久转任纳言上士，专管文牍，很有美名。迁为威烈将军、员外散骑侍郎，修《起居注》。

　　隋朝开皇初年，升任散骑常侍、秘书监。牛弘因文献典籍散失，上表朝廷，请求开民间献书之路。隋文帝采纳了他的意见，于是下诏，献书一卷，赏缣一匹，一两年间，文献稍稍齐备。牛弘晋爵为奇章郡公，食邑一千五百户。开皇三年（583），授礼部尚书，奉命修撰《五礼》，写成百卷，通行于当代。牛弘请求按古代规矩修建明堂。隋文帝因国家刚刚草创，无暇制作，最后没接受他的建议。开皇六年（586），牛弘任太常卿。开皇九年（589），隋文帝下诏改定雅乐，又作乐府歌词，撰定圜丘五帝凯乐，并议音乐之事。牛弘提出建议，请求十一月以黄钟为宫，十三月以太簇为宫，隋文帝说："不必作旋相为宫。暂且作黄钟一均。"牛弘又呈上建议，请求正定新乐。隋文帝认为他的建议很好，下诏牛弘，让他与姚察、许善心、何妥、虞世基等人一起，正定新乐，这事记载在《音律志》中。这以后议论修建明堂事，皇上诏令牛弘一条一条地呈上历史故事，议论明堂兴废的得失。隋文帝非常敬重他。

　　当时杨素凭着才气和富贵看不起人，轻侮大臣，只有看见牛弘，没有哪回不肃然起敬的。杨素将要进攻突厥，到太常与牛弘话别。牛弘送杨素到中门，就停下了。杨素对牛弘说："大将出征，所以来话别，为什么相送如此近呢？"牛弘拱拱手，就退回去了。杨素笑笑说："奇章公（指牛弘）可说是其智可及，其愚不可及。"也不把这事放在心上。不久隋文帝授牛弘大将军、吏部尚书。当时隋文帝又令牛弘和杨素、苏威、薛道衡、许善心、虞世基、崔子发等人一起，召集各位儒生，讨论新法中杀人刑法的轻重。牛弘所提出的见解，众人都很佩服。

　　仁寿二年（602），独孤皇后去世，自三公以下的大臣都不能决定安葬皇后的仪礼。

　　杨素对牛弘说："您是老学者，时人都很仰慕，今天的事，就要请您决定了。"牛弘一点都不推让，一会儿，仪礼都安排好了，而且都有根有据。

　　杨素感叹道："士族的礼乐制度都在牛公这里了，这不是我们所能赶得上的呀！"牛弘因为三年的守丧期，大祥、小祥祭礼的举行在时间和规格上都有所缩减，服丧十一个月便举行小祥之祭，无前例可循，把这告诉隋高祖，高祖采纳了他的意见。下诏确定服丧之礼，是从牛弘开始的。

　　牛弘在吏部，选举人才时，先看德行，后看文才，务在审慎。虽然选人稍缓，但他所进用的人，大多称职。吏部侍郎高孝基，善鉴赏，很机敏，清廉、谨慎无与伦比，但他爽俊有余，形迹似嫌轻薄，当时执政多因此而怀疑他。只有牛弘深知其真才，推心委任。隋代的选举到这时才最公允。当时人们更加佩服牛弘见识的远大。

杨广为东宫太子时，几次给牛弘赠送诗书，牛弘也有诗书回答。到杨广继位后，曾赐牛弘诗道："晋家山吏部，魏世卢尚书。莫言先哲异，奇才并佐余。学行敦时俗，道素乃冲虚。纳言云阁上，礼仪皇运初。彝伦欣有叙，垂拱事端居。"一起被赐诗的，至于文辞的赞扬，没有赐牛弘的诗这么美的。

大业二年（606），升任上大将军。

大业三年（607），改任右光禄大夫。随同杨广拜谒恒岳，坛场珪币、埋瘗牲牢，都由牛弘决定。后下太行山，杨广曾把牛弘引到内帐里，赐他与萧皇后一起同桌饮食。他所受到的礼遇亲重就到了如此地步。牛弘对他的儿子们说："我受到了非常的待遇，承受大恩。你们这些子孙，应以诚实、敬职自立，以报答朝廷的大恩。"

大业六年（610），牛弘随同隋炀帝巡幸江都，这年十一月，在江都郡去世，时年66岁。杨广伤悼痛惜不已，赠予甚多。归葬安定，追赠他为开府仪同三司、光禄大夫、文安侯，谥号"宪"。

牛弘荣宠当世，但车子、服饰都很一般，对上尽礼，对下尽仁，讷于言而敏于行。隋文帝曾让他宣布圣旨，牛弘到阶下，不能说话，退回拜见皇上，道歉说："我都忘了。"隋文帝说："传几句话，这只是点小才，你都不行，看来你不是当宰相的料子。"更加称赞他的质朴正直。大业年间，隋炀帝对他更加亲重。

牛弘生性宽厚，笃志于学，虽然公务繁杂，但是手不释卷。隋代旧臣，能始终得到信任的，只有牛弘一人而已。

牛弘有个弟弟叫牛弼，好喝酒，一喝就醉，曾因醉酒，射死了牛弘牛车上的牛。牛弘回家，他妻子对他说："小叔射死了牛。"牛弘坐定后，他妻子又说："小叔忽然射死了牛，真是怪事！"牛弘说："我已知道了。"他脸色不变，仍旧读书。他就是这样待人宽和。

牛弘是开创藏书史研究第一人，对隋代以前书籍亡佚进行了历史研究和总结，提出了著名的藏书"五厄论"，对后世的藏书文化的研究产生深远影响。又着手整理皇室藏书，平陈以后，经籍渐备，然而检其所藏，多纸墨不精，书写亦拙劣，于是总集编次，存古本。召天下工书之士，如京兆韦霈、南阳杜頵等人，于秘书省内补续残缺，为正副三本，藏于宫中，其余存放秘书内三阁，共3万余卷。他与学者王劭等编撰有《开皇四年四部目录》《开皇八年四部目录》《开皇二十年四部目录》，对隋一代图书整理事业有贡献。擅长文学，通律令，授命主撰《大业律》18篇500条。

二十九 裴矩

裴矩，字弘大，闻喜人，高祖时为吏部侍郎。炀帝大业三年（607），西域诸藩多至张掖交市，帝使矩掌其事。诸商胡至者，矩诱令言其国山川、风俗、人物、仪形、服饰，撰《西域图记》三卷，合四十四国，奏之。仍别造《地里图》，穷其要害。从西倾以去，至西海将二万里，为三道，北道从伊吾，中道从高昌，南道从鄯善，总凑敦煌。帝欲收西域，以矩为黄门侍郎，令往张掖引至诸蕃，自是西城往来相继。大业五年，帝西巡至焉支山（也称燕支山），伊吾献西域数千里之地，置西海、河源等郡，大开屯田以通西域之路。以矩有绥怀之略，进位银青光禄大夫。[1]

太宗初即位，务止奸吏，或闻诸曹案典，多有受赂者，乃遣人以财物试之。有司门令史受馈绢一匹，太宗怒，将杀之，矩进谏曰："此人受赂，诚合重诛。但陛下以物试之，即行极法，所谓陷人以罪，恐非导德齐礼之义。"太宗纳其言，因召百僚谓曰："裴矩遂能廷折，不肯面从，每事如此，天下何忧不治！"[2]

裴矩（547—627），隋末唐初名臣，本名裴世矩，字弘大，河东闻喜（今山西闻喜）人。隋唐时期政治家、外交家、战略家、地理学家，北魏荆州刺史裴佗之孙，北齐太子舍人裴讷之子。

裴矩出身于河东裴氏西眷房，勤奋好学，文章华美。北齐时期，起家司州兵曹。进入北周，投靠隋国公杨坚。隋朝建立后，授内史舍人。参加隋灭陈之战，平定岭南叛乱，安抚突厥启民可汗，历任民部侍郎、

---

① 选自《甘肃通志之卷三十二·名宦三》，兰州大学出版社 2018 年版。

② 参见《旧唐书·裴矩传》。

内史侍郎、尚书左丞、吏部侍郎，册封闻喜县公。隋炀帝时期，仍受重用，联合苏威、宇文述、裴蕴、虞世基等人同掌朝政。用心经营西域，打击吐谷浑，设计分裂突厥。

大业初年，西域各番到张掖和中原互通贸易，隋炀帝派遣裴矩监管这件事。裴矩就访问西域的风俗、险要、酋长、姓氏、家族、物产、典章制度等，入朝上奏。另外还制作了西域地图，上面包括了西域所有重要的地点，从西倾山开始，纵横连亘将近 2 万里。从敦煌出发，到达西海，共分为 3 路：北路从伊吾起，中路从高昌起，南路从鄯善起，总汇到敦煌。他知道隋炀帝有吞并西域的打算，便查访西域的风俗、山川等情况，撰写《西域图记》3 卷，记载西域 44 国的地理资料。回朝奏明朝廷。隋炀帝大喜，每日都向他询问西域情况。裴矩盛赞西域珍宝，又提议吞并吐谷浑。隋炀帝遂命裴矩经略西域，又拜他为民部尚书。不久，裴矩升任黄门侍郎、参与朝政，并前往张掖，引导西域藩邦入京朝贡。隋炀帝祭祀恒山时，西域有十几个国家遣使助祭。大业五年（609），隋炀帝打算西巡河右。裴矩遣使游说高昌王麹伯雅与伊吾吐屯设等人，许以厚利，让他们派使者入朝。三月，炀帝西巡，到达燕支山。高昌王、伊吾设等人与西域二十七国国主亲自相迎，并佩金玉，披锦缎，焚香奏乐，歌舞喧哗，还让武威、张掖等郡百姓穿着盛装跟随观看，车马堵塞，绵延十余里，以显示中原的强盛。隋炀帝非常高兴，进封裴矩为银青光禄大夫。

隋炀帝时期，裴矩在丝绸之路上的活动，主要是主持张掖"互市"。隋王朝统一南北后，立即采取了一系列措施巩固其统治，其中之一就是阻止强大的北方游牧民族的侵扰，保证丝绸之路的畅通，史称"交通中西，功比张骞"。

唐太宗时期，上吏多受赇，密使左右试赂之。有司门令史受绢一匹。上欲杀之。民部尚书裴矩谏曰："为吏受赂，罪诚当死。但陛下使人遗之而受，乃陷人于法也，恐非所谓'道之以德，齐之以礼。'"上悦，召文武五品以上，告之曰："裴矩当官力争，不为面从。倘每事皆然，何忧不治！"

意思就是说，唐太宗患官吏受贿，秘密派左右向官吏行贿，以试验其是否受贿。有一个刑部司门令史接受一匹绢的贿赂，唐太宗要杀他。

民部尚书裴矩提出："这个人接受贿赂，确实应该严惩，但陛下您用财物试探他们，接着施以极刑，这就是用罪来陷害别人，恐怕不合礼仪！"唐太宗很高兴，召集五品以上官员，说："裴矩当官力争，不看我脸色行事，都这样，何愁国家不治！"① 太宗试贿的故事记载了裴矩希望唐太宗李世民用道德来教导人民，使人民的思想行动，都合乎规矩，让人懂得犯罪可耻的道理。

裴矩逝世于贞观元年（627），赐封为绛州刺史，谥号"敬"，享年80 岁。魏徵评价裴矩："裴矩学涉经史，颇有干局，至于恪勤匪懈，夙夜在公，求诸古人，殆未之有。与闻政事，多历岁年，虽处危乱之中，未亏廉谨之节，美矣。然承望风旨，与时消息，使高昌入朝，伊吾献地，聚粮且末，师出玉门，关右骚然，颇亦矩之由也。"裴矩是隋朝著名外交家、战略家，曾用离间计分裂突厥，借内耗削弱其实力，从而减轻对中原的威胁，为日后唐朝战胜突厥埋下伏笔；经略西域，致力于中西商贸和文化交流，使西域40 国臣服朝贡于隋朝，拓疆数千里。此外，裴矩还是著名的地理学家，曾编写《西域图记》3 卷，记载西域44 国的地理资料以及隋朝经营西北边疆的方针。根据《新唐书·艺文志》记载，裴矩著有《开业平陈记》12 卷、《邺都故事》10 卷、《高丽风俗》1 卷、《西域图记》3 卷，并与虞世南合撰《大唐书仪》10 卷，还与牛弘依据《齐礼》制定相关礼仪。

司马光在《资治通鉴》中评论："古人有言：君明臣直。裴矩佞于隋而忠于唐，非其性之有变也，君恶闻其过，则忠化为佞；君乐闻直言，则佞化为诤。是知：君者，表也，臣者，影也，表动则影随矣。"意思就是：裴矩在隋炀帝面前是个佞臣，在唐太宗面前忠于职守，不是裴矩性格有改变，而是君主不愿臣下提缺点，则忠臣化为佞臣；君主喜欢臣下提批评意见，则佞臣变化为直言忠臣。可见，君主是表率，好像华表，臣下是影随，根子还在君主身上。习近平在中央党校2012 年春季学期学员开学典礼上的讲话，引用了裴矩的例子，强调说真话的"指挥棒"掌握在领导者的手中。领导者只有敢于听真话、鼓励下属讲真话，有接受批评的雅量和胸怀之诚恳态度，方能让真话诤言蔚然成风。

---

① 见《资治通鉴·卷一百九十二·唐纪八》。

裴矩（隋朝经营河西　发展经贸）①

甘肃的河西走廊是丝绸之路必经之地，中西交通的咽喉要道。河西的安定与繁荣，关系到隋朝经营西域，进而与外族进行商品贸易的成败。同时，河西是少数民族聚居区，自南北朝以来，突厥和吐谷浑趁乱崛起，不断侵扰中原，他们除了从事畜牧业生产以外，主要依靠战争掠夺和丝路贸易聚敛财富，控制过往商人。这种行径对丝路贸易造成危害，成为隋朝西北边陲长期不安定的根源。

为此，雄心壮志的隋炀帝开始着手处理河西事务，并将这一重担交给了时任吏部侍郎的裴矩。裴矩（547—627），字弘大，河东闻喜（今山西省闻喜县）人。裴矩的祖先因避世乱曾迁居凉州，因此，裴矩对西北的认识有家学渊源。隋朝经营丝绸之路、开拓西北疆土的国策即出自裴矩之手。

裴矩在其《西域图记》中曾明确指出，丝绸之路自敦煌出发直至西海，可以分为三条道路，而这三条通道"总凑敦煌，是其咽喉之地"。将河西地区形象地比喻为丝绸之路的"咽喉"，是隋王朝对河西地区战略地位认识的一次飞跃。② 裴矩认为：河西地区各游牧部落之间的关系是极不稳定的。东汉以后，中原势力退出西域，使这一地域失去了制衡，结果西域各国兼并诛讨，局势混乱。势力强大的突厥、吐谷浑分领羌胡诸国，在政治、经济各方面加以控制。这些民族可能成为沟通丝路的力量，也可能危害丝路，关键在于隋朝经营的方略是否得当。

大业元年（605）隋炀帝派裴矩前往西北路贸易的门户张掖，命他"监知关市"，主要任务是"引致西番"，进行招商活动。裴矩采取一系列的政策法规，积极保障促进河西的经济贸易。在此之前，河西走廊地区的商贸活动，几乎是民间自发的交易。当地政府始终没有一套完善的机制，来促进和管理贸易活动。在河西走廊的商路上，自汉代留下的各个驿站，都已年久失修，不能再为过路的商人提供食宿等服务了。各国商

---

　　①　此文作者为康建胜。

　　②　《西域图记》原书共有三卷，合四十四国，今已散佚。《隋书·裴矩传》收录的《西域图记》序言描述了三条丝绸之路。参见（唐）魏徵等编著《隋书》，中华书局1973年版，第1578—1580页。

人因此裹足不前，原本应该繁华如织的丝路贸易也变得阻塞不通。裴矩采取了两条相应的策略：一是给予与中国贸易的胡商尽可能多的商业利益，扩大中国的影响，鼓励更多的西方商人与中国贸易的热情；二是向西域各国来华的使节展示中国的富有，介绍丝路贸易的前景，推动西方诸国统治者以国家形式发展国际贸易。①

裴矩采取的具体措施有三方面：首先，设置驿站。裴矩开始频繁奔波于河西走廊的张掖、武威、敦煌等地，在商路上设置新的驿站，方便商旅的来往。其次，裴矩下令降低关税，甚至免除税款，给予前来与中国交易的西域商人尽可能多的商业利益。最后，还鼓励西域商人与政府直接开展贸易，令交易活动的范围和内容大大增加。这一系列鼓励西域商人与隋朝通商的政策法规，使得越来越多的商人来到河西走廊。自此，通行在河西走廊上的西域商队可以得到沿途的官府提供的食宿和保护，而所有费用，均由政府负担。这些措施，极大促进了河西的经贸活动。

大业五年（609），裴矩促成隋炀帝巡幸河左，于燕支山（今甘肃山丹县焉支山）下会见西域各国国王及使节。在裴矩的努力下，隋与西域、中亚27国正式建立了政治经济关系。隋炀帝亲自西巡向外界显示了隋政府发展丝路贸易的强烈愿望，随后就有更多的外国使者和商人，不远万里来到张掖，甚至远及东都洛阳。据史书记载，在张掖、洛阳盛会期间，西域、中亚、西亚来华的国家多达44个，这是自丝路开通以后未曾有过的盛况。②

可以看出，在发展区域经济时，不仅需要地方政府因地制宜，灵活多变，还需要国家的政策扶持和倾斜，这在我们当代创造良好的营商环境需要特别的注意。

---

① 王冰、柳刚：《隋朝裴矩在河西走廊的招商活动》，《发展》1998年第5期，第37页。
② （北宋）司马光：《资治通鉴》，中华书局1986年版，第1439页。

三十　李渊

唐高祖李渊（566—635），字叔德，陇西成纪人，祖籍邢州尧山，唐朝开国皇帝。李渊出身于北周的贵族家庭，7 岁袭封唐国公。开皇中，历任谯、陇、岐三州刺史。隋炀帝即位后，李渊又历任荥阳（今河南郑州）、楼烦（今山西静乐）二郡太守。后被召为殿内少监，又升卫尉少卿。大业十一年（615），李渊拜山西河东慰抚大使；大业十三年（617），又拜太原留守。

隋末天下大乱时，李渊乘势从太原起兵，攻占长安。义宁二年（618）农历五月，李渊接受其所立的隋恭帝的禅让称帝，建立唐朝，定都长安，并逐步消灭各地割据势力，统一全国。武德九年（626），玄武门之变后，李渊退位称太上皇，禅位于儿子李世民。贞观九年（635），李渊病逝。谥号太武皇帝，庙号高祖，葬在献陵。

三十一　李世民

唐太宗李世民（598[①]—649），祖籍陇西成纪，是唐高祖李渊和窦皇后的次子，唐朝第二位皇帝，杰出的政治家、战略家、军事家、诗人。

李世民少年从军，曾去雁门关营救隋炀帝。唐朝建立后，李世民官居尚书令、右武侯大将军，受封为秦国公，后晋封为秦王，先后率部平定了薛仁杲、刘武周、窦建德、王世充等军阀，在唐朝的建立与统一过程中立下赫赫战功。

公元 626 年 7 月 2 日（武德九年六月初四），李世民发动玄武门之

---

① 一说是 599 年。

变，杀死自己的兄长太子李建成、四弟齐王李元吉及二人诸子，被立为太子，唐高祖李渊不久退位，李世民即位，改元贞观。

李世民为帝之后，积极听取群臣的意见，对内以文治天下，虚心纳谏，厉行节约，劝课农桑，使百姓能够休养生息，国泰民安，开创了中国历史上著名的"贞观之治"。对外开疆拓土，攻灭东突厥与薛延陀，征服高昌、龟兹、吐谷浑，重创高句丽，设立"安西四镇"，各民族融洽相处，被各族人民尊称为天可汗，为后来唐朝一百多年的盛世奠定重要基础。

公元 649 年 7 月 10 日（贞观二十三年五月己巳日），李世民因病驾崩于含风殿，享年 52 岁，在位 23 年，庙号太宗，葬于昭陵。李世民爱好文学与书法，有墨宝传世。

开创盛唐"贞观之治"的明君法律思想家李世民①

李世民（598—649），李唐王朝第二个皇帝，高祖李渊次子，庙号太宗。出身关陇贵族，祖籍陇西狄道（今甘肃临洮），一说陇西成纪（今甘肃秦安）。李世民在位主政仅 22 年，在其"安人宁国"之治国总方针和礼法结合、简禁恤刑法律思想的综合治理下，开创了"贞观之治"，国道中兴的繁荣局面。使盛唐中国成为封建社会历史上经济繁荣、社会进步、国力强大、国际地位很高的时代。

李世民的法制主张和法律思想，摘其要者列述如下：

（一）提出"安人宁国"的治国总方针

从贞观初年开始，李世民除了在求谏纳谏、选贤任能、杜谗去佞、谨言慎行等标志"贞观之治"特点的诸方面身体力行外，他和大臣们讨论如何治理国家问题时，总是紧紧抓住"安人宁国"这个总的指导方针。贞观二年（628），李世民对诤臣、谏议大夫王珪等人说："凡事皆须务本，国以人为本，人以食为本。凡营衣食，以不失时为本。夫不失时者，在人君简静乃可致身。君兵戈屡功，土木不息，而欲不夺农时，其何得乎?"② 王珪闻言，极表认同太宗所言，并点出其要害就在于"安人"，

---

① 本文作者刘延寿，原甘肃人民出版社著名编审。
② 张国华、饶鑫贤主编：《中国法律思想史纲》上卷，甘肃人民出版社 1984 年版，第 463 页。

希望他善始善终，以尽其美。李世民欣然接受王珪意见，加以总结说："公言是也，夫安人宁国，惟在于君，君无为则人乐，君多欲则人苦。朕所以抑情捐欲，剋己自励耳。"① 李世民大体上也这样做了。

李世民特别关注并接受隋朝速亡的教训，在回顾前一段"治绩"时说："夙夜孜孜，惟欲清静，使天下无事。遂得徭役不兴，年谷丰稔，百姓安乐。夫治国犹如栽树，本根不摇，则枝叶茂荣。君能清静，百姓何得不安乐呼？"②

（二）基于"安人宁国"治国总方针的法律指导思想——礼法结合、"德主刑捕"

唐王朝政权建立后，即重视法制建设。在高祖李渊在位时，就曾组织裴寂、萧瑀等一批主要大臣，以隋代的《开皇律》为蓝本，制定《武德律》，于武德七年（624）颁行天下。李世民即位后，复命宰相长孙无忌和房玄龄对《武德律》重加修订，于贞观十一年（637）颁行共包括十二卷五百条的《贞观律》，并编制和删定大量以令、格、式为形式的法律规范，以补律之不足和辅助律的施行。③《贞观律》是被称为集我国封建法典之大成的《唐律》的基础，包括了从国家的政治经济生活到民间户籍婚丧等的全部基本的行为规范。④

《贞观律》作为《唐律》定本，此后没有发生过大的变动。及至唐高宗即位后，除对律文作过一些个别调整外，主要能解决律文在执行过程中产生的解释无凭、"触涂瞑误"问题。于是命长孙无忌等19人撰《律疏》（即今本《唐律疏议》）成三十卷，十二篇，502条，次年即颁行天下。《唐律疏议》除增加两条外，篇名和《贞观律》完全一样，即：1.《名例》；2.《卫禁》；3.《职制》；4.《户婚》；5.《厩库》；6.《擅兴》；7.《贼盗》；8.《斗讼》；9.《诈伪》；10.《杂律》；11.《捕亡》；12.《断狱》。

---

① 张国华、饶鑫贤主编：《中国法律思想史纲》上卷，甘肃人民出版社1984年版，第463页。

② 张国华、饶鑫贤主编：《中国法律思想史纲》上卷，甘肃人民出版社1984年版，第463页。

③ 参见张国华、饶鑫贤主编《中国法律思想史纲》上卷，甘肃人民出版社1984年版，第465—466页。

④ 参见张国华、饶鑫贤主编《中国法律思想史纲》上卷，甘肃人民出版社1984年版，第465—466页。

唐高宗李治主持制定的《唐律疏议》502 条，可以说完全是对太宗李世民主持制定的《贞观律》500 条代表朝廷所作的权威疏解。它们是中国封建法律制度建设史上具有里程碑意义的最高成果，也是我国封建时代保存下来的最完备的一部法典；同时也是亚洲和世界最早的一部以刑法和刑事诉讼为主题，兼具行政法、婚姻家庭法、民法等的综合性法典，不但对中国唐以后各代，也对日本、朝鲜、越南等亚洲国家封建法制的建立和完善产生过广泛影响。①

（三）李世民"安人宁国"治国总方针和法律思想在实际的立法和司法方面的具体运作

1. 删削繁苛，"用法务在宽简"

野蛮、残酷，是封建法律的常态。但是，李世民主政时期的唐王朝则是例外。李世民君臣是主张立法简约宽平的，认为法律不但应当由繁而简，而且应当去重从轻。特别是在死刑与肉刑的运用上，更持审慎态度。贞观元年（627），李世民就指出："死者不可复生，用法务在宽简。"他多次指示臣下，"国家法令惟须简约"，格、式多了反而易生弊病。② 在复命长孙无忌和房玄龄修订《武德律》时，作了重大修改，"凡削烦去蠹，变重为轻者，不可胜纪。"开元初曾"议绞刑之属五十条，免死罪，断其右趾，应死者多蒙全活"，后来连断趾法也改为了流刑。③

2. "恤刑慎杀"，严格死刑复核程序

李世民及其统治集团基于"安人宁国"治国总方针的具体落实，在刑罚的运用上，特别是死刑的运用上，确实采取了若干从严控制的措施。除在立法方面删去许多死刑之外，在司法方面，从死刑的判决到推勘、复核，都规定了严格的程序，采取严肃慎重的态度。贞观元年（627），李世民就亲自规定："自今以后，大辟罪皆令中书门下四品已上及尚书九

---

① （唐）长孙无忌等著，袁文兴等注释：《唐律疏议》，甘肃人民出版社 2017 年版，封面文字提示。

② 参见张国华、饶鑫贤主编《中国法律思想史纲》上卷，甘肃人民出版社 1984 年版，第 467 页。

③ 参见张国华、饶鑫贤主编《中国法律思想史纲》上卷，甘肃人民出版社 1984 年版，第 467—468 页。

卿议之。"① 首创封建法律史上"九卿议刑"的制度，目的是"庶免冤滥"。但事实上，在皇帝一言可以"为天下法"的封建中央集权专制时代，是根本不可能做到没有"冤滥"案例发生。就连李世民自己也未能庶免，他先后怒杀了大理丞张蕴古和交州都督卢祖尚以后，又再三追悔，自责思虑"不审"，甚至斥责臣僚们不该不加谏阻，以致错杀了人。因此当时虽然已有"三复奏"，即死刑执行前应向皇帝请示三次的规定，但李世民认为用处不大，说："比来决囚，虽三复奏，须臾之间，三奏便讫，都未待思，三奏何益？"于是从此又规定了"五复奏"，即决前一日、二日复奏，执行之日又三复奏的死刑复核制度。并且规定："自今门下复理，有据法合死而情可宥者，宜录状奏。"②

3. 明正赏罚，不避亲疏贵贱，"一断以律"

李世民及其统治集团在法制建设方面，特别重视和正确运用赏罚，统一赏罚标准，不避亲疏贵贱，一切依法办事。贞观六年（632），李世民在和魏徵讨论"为官择人"问题时，就特别强调正确运用赏罚的重要性。他认为："赏当其劳，无功者自退；罚当其罪，为恶者戒惧。故知赏罚不可轻行。"③ 然而，问题的关键并不在于是否"轻行"，而在于统一标准，"一断以律"。对此，在贞观九年（635）魏徵的一个奏疏中说得很到位：

> 夫刑赏之本，在乎劝善而惩恶。帝王之所以与天下为画一，不以贵贱亲疏而轻重者也。今之刑赏未必尽然。或屈伸在乎好恶，或轻重由于喜怒。遇喜则矜其情于法中，逢怒则求其罪于事外。所好则钻皮出其毛羽，所恶则洗垢求其瘢痕。瘢痕可求，则刑斯滥矣；毛羽可出，则赏因谬矣。刑滥，则小人道长；赏谬，则君子道消。

---

① 参见张国华、饶鑫贤主编《中国法律思想史纲》上卷，甘肃人民出版社 1984 年版，第 468 页。

② 张国华、饶鑫贤主编：《中国法律思想史纲》上卷，甘肃人民出版社 1984 年版，第 468—469 页。

③ 张国华、饶鑫贤主编：《中国法律思想史纲》上卷，甘肃人民出版社 1984 年版，第 469 页。

小人之恶不惩，君子之善不劝，而望治安刑措，非所闻也。①

李世民是很认同魏徵这一说法的，也在以后的实践中付诸实行了。例如当地处理岷州都督高甑生诬告李靖一案时，有人因甑生是秦府功臣，请予宽宥。他曾说了下面一番话：

> 虽是藩邸旧臣，诚不可忘。然理国守法，事须画一；今若赦之，使开侥幸之路。且国家建义太原，元从及征战有功者甚众，若甑生获免，谁不觊觎，有功之人，皆须犯法。我所以必不赦者，正为此也。②

4. 严惩贪浊，防止枉纵

李世民为盛唐王朝一代明君，他十分关注吏治的整饬。他不仅重视中央官僚机构中各级官吏的选拔和任用，也很重视地方官吏的任用和考核。他曾亲自掌握刺史官的选择和任命，并把各州都督、刺史的名字写在屏风上，"在官如有善事，亦具列于名下"。若有恶迹，即予惩办。他曾对吏部尚书杜如晦说："比见吏部择人，惟取其言词刀笔，不悉其景行。数年之后，恶迹始彰，虽加刑戮，而百姓已受其弊。"③ 编纂《贞观政要》一书的史官吴兢说李世民"深恶官吏贪浊，有枉法受财者，必无赦免。在京流外有犯赃者，皆遣执奏，随其所犯，置以重法"。④

5. "惩革弊风"，加强治安

李世民君臣主持修订的《唐律》中，关于禁止斗殴的条文，不仅规定了"诸斗殴杀人者绞，以刃及故杀人者斩。虽因斗而兵刃杀者与故杀同"的严厉惩罚，而且规定了一般因斗殴伤人者也要分别处以笞、杖，

---

① 参见张国华、饶鑫贤主编《中国法律思想史纲》上卷，甘肃人民出版社1984年版，第469页。

② 张国华、饶鑫贤主编：《中国法律思想史纲》上卷，甘肃人民出版社1984年版，第470页。

③ 张国华、饶鑫贤主编：《中国法律思想史纲》上卷，甘肃人民出版社1984年版，第470页。

④ 张国华、饶鑫贤主编：《中国法律思想史纲》上卷，甘肃人民出版社1984年版，第470页。

直至"徒"一年到一年半的刑罚。① 关于禁止赌博的条文,规定"请博戏赌财物者,各杖一百;赃重者各依已分准盗论。"② 甚至像"于城内街巷及人众中走牛马""在市及人众中故相惊动令扰乱"③ 的,都规定要负刑事责任。可见,盛唐中国城市的治安状况和文明程度已达到相当高的水平。这不能不说与李世民主政下的封建法制完备是分不开的。

《唐律》特别关于诬告、伪证的条文,规定了"诸诬告人者各反坐,即纠弹之官挟私弹事不实。亦如之"。"诬告谋反及大逆者",还要判处斩首,从犯也要判处绞刑。④ 并规定:"诸证不言情及译人诈伪,致罪有出入者,证人减二等,非密而妄言有密者加一等。"⑤ 对此类犯罪的处罚相当严厉。这对于加强社会治安,保证社会秩序的稳定,安定人民的生产与生活等,无疑是很有意义的。

(四) 李世民的修为及其治国理政能力

唐王朝可以说是中国封建史上"繁荣强大的朝代,自兴盛以至衰亡,经历 290 年。……大体上可分为三个阶段。唐前期自唐高祖武德元年(618)至唐玄宗开元二十九年(741)凡 124 年……唐中朝自唐玄宗天宝元年(742)至唐宪宗元和十五年(820)凡 79 年……唐后期自唐穆宗长庆元年(821)至唐昭宣帝天祐四年(907)凡 87 年……"⑥

以上三个阶段,是著名历史学家范文澜先生对唐王朝历史发展过程的分期论说。唐前期的 124 年间,可以说是盛唐中国国力中兴的时期。而这个时期国道所以能够中兴,实事求是地讲,与李世民主政开创的"贞观之治"是分不开的。它为盛唐中国的历史发展奠定了扎实的基础。这其中,与李世民个人的修为及其治国理政能力关系极大。这个逻辑关系不但是历史形成的,而且为历史经验证明了的。这里不妨引述对太宗李世民有甚深了解的玄奘法师在与李世民对话中对李世民所作的一番评价:

---

① 张国华、饶鑫贤主编:《中国法律思想史纲》上卷,甘肃人民出版社 1984 年版,第 471 页。
② 张国华、饶鑫贤主编:《中国法律思想史纲》上卷,甘肃人民出版社 1984 年版,第 471 页。
③ 张国华、饶鑫贤主编:《中国法律思想史纲》上卷,甘肃人民出版社 1984 年版,第 471 页。
④ 张国华、饶鑫贤主编:《中国法律思想史纲》上卷,甘肃人民出版社 1984 年版,第 471 页。
⑤ 张国华、饶鑫贤主编:《中国法律思想史纲》上卷,甘肃人民出版社 1984 年版,第 471 页。
⑥ 范文澜:《中国通史简编》修订本第三编第一册,人民出版社 1965 年版,第 91 页。

仰惟陛下上智之君，一人纪纲，万事自得其绪，况抚运已来，天地休平，中外宁晏，皆是陛下不荒、不淫、不丽、不侈，兢兢业业，虽休勿休，居安思危……陛下经纬八纮之略，驱驾英豪之才，剋定祸乱之功……赋尊溥制，刑用轻典，九州四海禀识怀生，俱沐恩波，咸遂安乐……①

出家人不打诳语，更何况是出自世界知名学者高僧之口。我们没理由质疑其对李世民评价的真实性。

三十二 郭元振

郭元振，魏州贵乡人。嗣圣十八年，突厥、吐蕃联兵寇凉州，拜元振为凉州都督。初，州境轮广才四百里，寇来必至城下。元振始于南峡口置和戎城，北碛置白亭军，控制要路，遂拓境千五百里，于是州无寇患。又令甘州刺史李汉通辟屯田，尽水陆之利。元振治凉五岁，善抚御，夷夏畏慕，令行禁止，道不拾遗。河西诸郡置生祠，竖碑颂德。神龙中迁安西大都护，突厥部落款塞愿和。睿宗立，召为太仆卿，将行，安西蕃长有哭送者，旌节下玉门关，去凉州犹八百里，城中争具壶浆欢迎。先天元年，为朔方军大总管，筑丰安、定远城。②

简释：

郭元振（656—713），魏州贵乡人（今河北邯郸境内），18岁中进士，授通泉县尉，后得到武则天的赞赏，被任命为右武卫铠曹参军，又进献离间计，使得吐蕃发生内乱。长安元年（701），郭元振升任凉州都督、陇右诸军州大使。当时，州南北不过400多里，突厥、吐蕃常来侵扰，凉州军民深以为苦。郭元振到任后，在南部边境的峡口修筑和戎城③，在北部边境的沙漠中设置白亭军④，控制了凉州的交通要道，将凉

---

① （唐）慧立、彦悰著，孙毓棠、谢方点校：《大慈恩寺三藏法师传》卷六，中华书局2000年版。

② 选自《甘肃通志之卷三十·名宦一》，兰州大学出版社2018年版。

③ 戎城，今甘肃古浪。

④ 白亭军，今甘肃民勤东北。

州边境拓展了 1500 里。从此，突厥、吐蕃的兵马再也无法到州城侵扰。郭元振又让甘州刺史李汉通实行屯田政策，充分利用当地的河流土地从事农业生产。此前，凉州地区的谷子每斛高达数千钱，而屯田后，一匹细绢就可以换到数十斛粮，积存的军粮可供数十年之用。郭元振擅长安抚、统治百姓，在凉州任职的 5 年中，深受当地各族百姓敬仰，并且法令严正，军纪严明，使得治理区域牛羊遍野，路不拾遗。河西诸郡建立生祠，立碑歌颂功德。神龙二年（706）任安西大都护，唐睿宗继位后，郭元振入朝，任太仆卿。郭元振要离任时，安西各部落的酋长有的甚至划破脸面、痛哭相送。刚刚行到玉门关，离凉州还有 800 里时，凉州百姓就已经准备好壶浆欢迎。先天元年（712），郭元振出任朔方军大总管，修筑丰安①、定远城②。

孙子曰："善战者，无赫赫之名。"③ 郭元振守边多年，无显赫武功，以建设、安抚见长，故能"克致隆平"，"安远定边"。郭元振到任凉州后，在南部边境的峡口修筑和戎城，在北部边境的沙漠中设置白亭军肃民勤，控制了凉州的交通要道，将凉州边境拓展了一千五百里。从此，突厥、吐蕃的兵马再也无法到州城侵扰。又让甘州刺史李汉通实行屯田政策，充分利用当地的河流土地从事农业生产。他"武纬文经"，以诚信对待边疆少数民族，因而深得他们的爱戴，能化干戈为玉帛，不战而屈突厥、吐蕃之兵，这就是所谓的"善战者之胜也，无智名，无勇功"了。他在动乱的西北地区为官 10 年，而他所任的凉州都督、安西大都护等职务又集当地军政大权于一身，这就使得他能在有限的权力之内，为维护国家的统一，发展生产，治理社会，促进西北地区各民族的团结，维护社会和谐作出一定的贡献。郭元振是一位有谋略、有能力、有治理手段的军事家、政治家和法律家。

三十三　张说

张说，字道济，洛阳人。开元中，阿布思既诛，张说持节抚九姓同

---

① 丰安，今宁夏中卫西。
② 定远城，今宁夏平罗南。
③ 见《孙子兵法·形篇》。

罗、拔野固等。说从轻骑二十，直诣其部，宿帐下，召见酋豪慰谕之，于是九姓遂安。王晙讨康待宾，诏说相闻经略。时党项羌亦连兵攻银城，说将步骑万人出合河关掩击，破之。仍招纳党项，使复故处，奏置麟州以安羌众。十年，诏为朔方节度大使，亲行五城，督士马。八月，康待宾余党康愿子反，掠牧马，西涉河出塞。说追讨，至六盘山擒之，其党悉平。乃议徙河曲六州残寇于唐、邓、仙、豫间，空河南朔方地。先是，缘边戍兵常六十余万，说以时平无事，奏罢二十余万还农。上以为疑，说曰："臣久在疆场，具知其情。将帅苟以自卫及役使营私而已，若御敌制胜，不必在多。臣请以阖门百口保之。"上乃从之。①

张说（667—731），字道济，河南洛阳人。开元八年（720），朔方大使王晙诛杀突厥降户阿布思等千余人，引起并州的同罗、拔野固等部族的恐惧。为了平息事端，安抚各部落，张说仅率20人，晚上还住在他们帐中。召见首领酋长抚慰，于是诸部落深受感动，得以安心。开元九年（721），突厥降将康待宾反叛，攻陷兰、池六州。唐玄宗命王晙率兵讨伐，又命张说参与军机。当时，康待宾暗中勾结党项，攻破银城、连谷，还占据粮仓。张说率一万人出合河关（今山西兴县）袭击，大破康待宾，并乘胜追击，叛军溃散。张说招抚党项流散人员，使他们复归原地。奏请设置麟州，安顿党项。同年，张说被召拜为兵部尚书、同中书门下平章事。开元十年（722），张说担任朔方节度大使，并巡视边防五城。八月，康待宾的余党康愿子举兵造反……"对付敌人，在于精兵不在于人数众多。您不用担心裁军会招来敌人侵略，我愿意以我全家上百口人的性命做担保。"皇帝于是就同意了他的提议。②

评价：

张说历经边镇数年，熟知边防事宜。采用精减边兵、改革府兵的政策，减轻人民的负担的同时，也增强了军队的战斗力。当时沿边镇兵多达60余万，他以时无强敌，奏请精减兵员，裁军20余万。也着手对府兵进行了改造，当时诸卫府兵，成丁入伍，60岁免役，又不免除各种苛捐杂税，导致逐渐贫弱，府兵大都受不了，选择逃亡。先天二年改革后，

① 选自《甘肃通志之卷三十·名宦一》，兰州大学出版社2018年版。
② 参见百度百科人物"张说"条。

规定为 25 岁入伍，50 岁放或免役，屡次征镇者，则 10 年免役。政治制度上是奏改政事堂为中书门下。将政事堂改为"中书门下"，并"列五……使政事堂从宰相议政之所变为朝廷最高权力机构。

张说三任宰辅，称赞他"发明典章，开元文物彬彬，说居力多"[①]，在任期间，精减边兵、改革府兵，改革政事堂等措施，是推动唐代"开元之治"的一位重要政法人物，是为开元盛世的出现做出贡献的一代名臣。

三十四 李晟

李晟，字良器，洮州临潭人。年十八，从王忠嗣击吐蕃，号"万人敌"。凤翔节度使高升召署列将，击叠州叛羌于高当川，又击连狂羌于罕山，破之，迁左羽林大将军。广德初，击党项有功，授特进，试太常卿。建中二年，魏博田悦反，晟为神策先锋，斩杨朝光，乘冰渡洺水，破悦。又战洹水，悦大败，加检校左散骑常侍。帝出奉天，召晟，诏迎拜神策行营节度使。朔方帅李怀光迁延有异志，阴通朱泚，晟虑为所并。适有诏使到晟军，乃令曰："有诏徙屯。"即结阵趋东渭桥。诏进晟尚书左仆射，同中书门下平章事。时晟家皆为贼质，有言者，晟泣曰："陛下安在？而欲恤家乎！"泚使人款壁门曰："公等家无悉。"晟怒此，斩之。晟能与下同甘苦，以忠义感发士心、终无携怨，大破贼众，乘胜入光泰门，再战，贼奔溃，余党悉降。晟引军屯含元外廷，令军中曰："五日内不得通家问坊。"人之远者宿昔巧和王师之入也，露布至梁，曰："臣已肃清宫禁，祗谒寝园，锺簴不移，庙貌如故。"德宗览之感泣，曰："天生李晟，以为社稷，非为朕也。"拜晟司徒，兼中书令。帝纪其功，自文于碑，封西平郡主。薨，赠太师，谥曰忠武。有十五子，知名者愿、宪、愬、听。[②]

李晟（727—793），字良器，洮州临潭县（今甘肃省临潭县）人，唐朝中期名将，太尉、宰相、西平郡王，世称李西平。18 岁时，投奔河西节度使王忠嗣，跟随他进攻吐蕃。当时一个凶悍的吐蕃军队头目登上城

① 中国通史：第六卷隋唐时期·丁编传记·张说，中华文化网。
② 选自《甘肃通志之卷三十四·人物一》，兰州大学出版社 2018 年版。

墙，杀伤了很多唐朝士兵。王忠嗣发怒，招募擅长射箭的士兵。李晟一箭射死了那吐蕃军头目，三军都欢呼振奋。王忠嗣抚摸着他的背说："真是力敌万人的勇将啊！"凤翔节度使高升征召他，安排他任列将。在叠州（今甘肃迭部县）高当川攻击反叛的羌人，后又在罕山打败了连狂羌。积累军功升为左羽林大将军。广德初年，进攻党项，立了功，封特进，试太常卿。建中二年（781），魏博节度使田悦起兵叛乱，兵围临洺（治今河北永年）。李晟被任命为神策军先锋都知兵马使，在双冈（今河北邯郸西北）大败魏军杨朝光部，并乘胜追击，与田悦战于临洺。李晟率部冲锋，踏着坚冰渡过洺水，横击魏军，使得唐军重新振作，合力击破田悦。建中三年（782），又在洹水击破田悦，乘胜进军魏州（今河北大名东北），因功被授为左散骑常侍。

德宗逃出奉天，下诏征发李晟出兵勤王，拜神策河北行营节度使。当时朔方节度使李怀光有异心，暗中勾结朱泚，反叛迹象逐渐暴露。李晟害怕自己的部队被李怀光吞并。李晟以有诏令为名，移军东渭桥。在长期征战中，李晟与部下一起同甘共苦，以忠义和情谊激发军心，全军始终没有怨言。大破敌军，乘胜进入光泰门。叛军逃奔白华，其余叛军相继投降。李晟驻军在含元殿前，住在右金吾卫驻所，并命长安、万年县令，分头慰问居民，军队秋毫无犯。住在远处街坊的居民，过了一夜才知道朝廷的军队已经进城。捷报传到梁州，德宗流泪不止。群臣前来祝贺，道："李晟荡平凶恶的叛贼，但市场摊铺没有移散，宗庙没有惊动，长安居民未受惊扰，即使是三代时用兵，也不能超过他。"皇帝说："上天生下李晟，是国家和百姓的福分，哪里是我一人的福气呢？封李晟为司徒，兼中书令。德宗还在东渭桥为李晟立纪功碑，亲自撰写碑文。贞元九年（793），李晟去世，享年六十七岁。追封他为太师，赠谥号忠武。李晟共有 15 个儿子，其中出名的有李愿、李宪、李愬、李听。①

李晟在西北治军严整、军纪森严。用兵秋毫无犯，以自己为表率，与士兵同苦。不骚扰百姓，树立了军队忠君爱国爱民的作风，善于协调与友军关系，维护了唐朝统治。聪明果敢，善于分析具体情况，运用军

---

① 参见（清）许容监修，李迪等撰，刘光华等点校整理《甘肃通志》，兰州大学出版社2018 年版，第 955 页；百度百科人物李晟。

事战术，善出奇兵，于是在史书记载中没有任何一次战斗失败的记录，"器伟雄才""长于应变"。① 是唐中期著名的军事思想家、名将，也是治军有方的军事法律人物。

三十五　张议潮

张议潮（799—872），汉族，沙州敦煌（今属甘肃）人。唐朝节度使，民族英雄。张氏世为州将，父张谦逸官至工部尚书。安史之乱后，吐蕃乘乱攻占河西、陇右。建中二年沙州陷于吐蕃。大中二年（848），张议潮率众组成归义

军驱逐吐蕃收复瓜州、沙州等地；并遣使者高进达等表函前往长安。大中四年（850），张议潮率众收复西州。大中五年（851），先后收复沙州（敦煌）、瓜州（安西）、伊州（哈密）、西州（吐鲁番）、河州（临夏）、甘州（张掖）、肃州（酒泉）、兰州、鄯州（青海乐都）、廓州（青海化隆）、岷州（甘肃岷县），共 11 州，派遣兄长张议潭携版图户籍入朝，唐宣宗遂赐诏任张议潮为沙州防御使。咸通二年（861），张议潮收复凉州。

在攻取凉州到张议潮前往长安的近十年时间内，张议潮的另一个主要活动就是经营河西地区。内政方面主要是全面恢复唐制，废吐蕃部落制，重建唐前期在这里实行过的"州—县—乡—里"制。与唐前期不同的是，归义军在乡一级还设置了知乡官，负责全乡的政务。乡下虽仍设里，但因里正的许多职权被收到知乡官手里，这使里正在基层政权中的作用比以前下降了。在沙州城内，归义军还恢复了唐前期实行过的城坊制度和坊巷的称谓。与此同时，张议潮还仿照内地的军政体制，设置了与中原藩镇一样的文武官吏，恢复了相应的一套文书、行政制度。此外，废除吐蕃时期的户籍、土地、赋税制度。按照唐制编制新的户籍，制定新的赋税制度；归义军时期的户籍，除注明人口情况外，还注明了各户

---

① 张永山等：《中国军事通史：第十卷唐代军事史》，军事科学出版社 2005 年版，第897—898 页。

土地亩数与分布情况。针对当时沙州荒田闲地较多的特点，张议潮还实行了请田制度，即允许百姓向归义军衙门申请耕种荒田闲地。对于百姓之间自愿对换土地，调整土地位置，官府一般也予以批准。

在重新登记人口和土地的基础上，张议潮还制定了新的赋税制度。根据敦煌出土的文书记载，归义军实行的是据地出税的制度，其地税主要包括地子、官布和柴草3项。地子完全按亩交纳，纳的是粮食。官布、柴草也是按亩交纳的。为什么地税中既有地子，又有官布和柴草呢？这与晚唐五代归义军时期河西地区还没有实行货币经济有关。在吐蕃统治敦煌时期，实行的是部落—将制和突田制，唐王朝的通用货币被废除，主要实行的是原始的物物交换，交换的媒介是实物。归义军政权建立后，由于货币极度缺乏，人们在买卖、雇工、典当、借贷时仍以麦粟、绢帛、布匹等实物计价。从已知的出土敦煌文书看，在交换领域除以麦粟计价者外，以布匹计价者也很多。正是由于这一特殊时期货币反而不是普遍的交换媒介，在这种情况下，张议潮的归义军政权才将唐朝赋税制度中应交现钱的那部分税收改为征布或者其他实物，因此在今天出土的敦煌文书中保存了许多征收官布和柴草的记载。

张议潮还清理整顿了寺户经济，把寺户人口"给状放出"，恢复自由。积极推行汉文化教育，使敦煌"人物区华，一同内地"。张议潮不愧为维护国家统一，保护中华文化的政法人物、民族英雄。

咸通八年（867），张议潮入朝，敕封河西十一州节度、管内观察处置等使，加金紫光禄大夫、检校吏部尚书兼御史大夫，进封河西万户侯。咸通十三年（872），张议潮在长安逝世。

三十六 范仲淹

范仲淹，字希文，吴县人。元昊反，召为天章阁待制，知永兴军，改陕西都转运使，副夏竦为陕西经略。先是，诏分领边兵，自万人至三千人，以官崇卑为差，敌至则官卑者先出战。仲淹曰："将不择人，以官为先后，取败之道。"于是大阅州兵，得万八千人，分为六，各将三千，分部教之，量敌众寡，使更出御敌，由是声震关辅。敌闻之，相戒曰："无以延州为意，今小范老子胸中有数万甲兵，不比大范老子。"时谣曰：

"军中有一范，西人闻之惊破胆。"又城清涧①，大兴营田，听民得互市。又请鄜城为军，以河中同、华户税租就输之。春夏徙兵就食，省籴十之三。诏诸路进讨，仲淹曰："宜俟春深，敌马瘦人饥，势易制。鄜、延密迩灵州，西羌所必由，第按兵不动，以观其衅。稍以恩信招徕之，若臣策不效，当举兵先取绥、宥，据要害，屯兵营田，为持久计，则茶山、横山之民，必挈族来归矣。"帝皆用其议。仲淹又议修承平、永平等砦②，稍招还流亡，定堡障，通斥堠，城十二砦。于是沿边之民相踵归业。迁环庆路经略安抚、缘边招讨使。初，元昊阴诱属羌为助，环庆酋长六百余人，约为乡道，事寻露。仲淹知其反复，奏请行边，以诏书犒赏诸羌，阅其人马，为立条约，诸羌皆受命，自是始为用。庆③西北马铺砦当后桥川口，在敌腹中。仲淹欲城之，度贼必争，密遣子纯祐与藩将赵明先据其地，引兵随之，诸将不知所向，行至柔远，始号令之，版筑皆具，旬日而城成，即大顺城。自此白豹、金汤皆不敢犯环庆，寇遂益少。明珠、灭臧劲兵数万，仲淹闻泾原欲袭讨之，上言："二族道险，不可攻。平时且怀反侧，今讨之，必与贼表里，边患未艾也。若北取细腰、葫芦为堡障，以断敌路，则二族安，而环、镇道通，可无忧矣。"其后，遂筑细腰、葫芦诸砦。帝以葛怀敏④之败，泾原伤夷，欲徙仲淹，遣王怀德喻之，仲淹谢曰："泾原地重，恐臣不足当。与韩琦同经略，并驻泾州，琦兼秦凤，臣兼环庆。泾原有警，臣与韩琦合秦凤、环庆之兵，犄角而进。若秦凤、环庆有警，亦可率泾原之师为援。臣当与琦练兵选将，渐复横山，以断敌臂。"帝从之。仲淹号令明白，爱抚士卒，诸羌来者，推心接之，故敌亦不辄犯其境。元昊请和，召拜枢密副使。邠、庆二州之民与属羌皆画像立生祠事之。及其卒也，羌酋数百人，哭之如父。⑤

简释：

范仲淹（989—1052），字希文，苏州吴县人。康定元年（1040）三

---

① 清涧：地名。北宋元符二年（1099）筑清涧城，在今陕西清涧县。

② 砦，守卫用的栅栏、营垒。

③ 庆：庆州，今甘肃庆阳市。

④ 葛怀敏：（？—1042），北宋将领，泾原路安抚副使。1042年元昊入侵，葛怀敏出战阵亡。

⑤ 选自《甘肃通志之卷三十·名宦一》，兰州大学出版社2018年版。

月，元昊反，范冲淹被召回担任天章阁待制、出知永兴军。七月，与韩琦并为陕西经略安抚副使，担任安抚使夏竦的副手。以前，朝廷诏令规定将领分别统辖边境驻军：总管统辖万人，钤辖统辖 5000 人，都监统辖3000 人。遇到敌人侵略而要抵御时，官品低的将领需首先出击。范仲淹说："对战将不加以适当选择，而只以官品的高低来作为出阵的先后，这是自取失败的办法。"于是他普遍检阅本州军队，得到 18000 人，并分为六部，每位将领各自统领 3000 人，分部训练士兵，根据敌军的多少，派遣他们轮流出战抵御敌军。又筑清涧城，大兴营田，允许民间互市贸易。他上奏请求将鄜城建成军事基地，让河中府同州、华州的中下户就近送缴税租。每年春夏两季调集军队就地取得给养，可以节省买粮开支十分之三，这还不包括其他开支节省的费用。第二年正月，宋仁宗皇帝诏命陕西各路讨伐西夏，范说："正月塞外天气十分寒冷，我军露宿挨冻，不如等到春天深入敌境，敌军马瘦人饥，凭我军的势力容易制服敌军。况且我军边防守备逐渐加强，出师纪律严明，敌军虽然猖獗，必然会被我军的气势所镇服。鄜州、延州与灵州、夏州十分接近，而这是西羌的必经之地。我军只要按兵不动，观察他们的破绽，请皇上允许我用恩惠和诚信来招纳他们归附。否则的话，情义断绝，我担心要罢兵休战就会遥遥无期。如果我的这个计策不能达到目的，也应当发兵先夺取绥州、宥州，占据险要之地，屯兵营田，做长久作战的打算，那么茶山、横山的老百姓必然会带领全族前来归顺。要开拓疆界抵御侵略，这是上等的策略。"仁宗皇帝全部采纳了他的建议。范仲淹又上奏请求朝廷修筑承平、永平等要塞，逐渐招回流亡在外的百姓，加固堡寨的屏障，使敌情侦察畅通，把 12 座旧要塞改建为城，于是羌族和汉族流亡在外的百姓，都一个接一个地回来。

当初，元昊叛乱时，暗中诱使归附宋朝的羌人帮助自己，而环庆路酋长 600 多人，相约做元昊的向导，不久，事情就败露了。范仲淹因为羌人反复无常，一到达辖区就奏请到边境巡视，他以皇帝诏命的名义犒赏羌族各部，检阅他们的人马，与他们订立条约。羌族各部都接受了这些条约，自此以后他们开始为宋朝效力。

庆州西北的马铺砦，正处在后桥川口，位于西夏腹地。范仲淹想在此筑城，料想西夏军队一定会前来争夺，就暗中派遣他的儿子范纯佑和藩将赵明首先占据这一地区，自己率领军队紧随其后。众将领不知道到底要到达什么地方，走到柔远，范仲淹才开始发布筑城的号令，各种筑城工具都已准备好，10天就将城筑完毕，这就是大顺城。敌军发现之后，派3万骑兵来攻打，并假装被宋军打败，范仲淹告诫将士们不要追击，后来知道敌军果然有埋伏。大顺城建成后，白豹城、全汤城一带的敌军都不敢再度进犯，环庆路从此更少被敌人所侵犯了。

明珠、灭臧两部族拥有雄兵数万人，范仲淹听说泾原路宋军将要袭击讨伐他们，便给朝廷上奏说："明珠、灭臧两部族居住的地方道路险要，不能够进攻他们，前不久高继嵩的进攻已经失败。这两个部族平时尚怀有二心，现在讨伐他们，一定会和西夏军队联合起来，向南入侵原州，向西骚扰镇戎，向东入侵环州，这样边患将永远不会停止。如果能够北取细腰、胡芦泉等地筑起堡垒屏障，来切断敌军的通路，那么这两族就会安心归附，而环州、镇戎之间的小路近道也会畅通无阻，这样边患就不用担心了。"此后，便修筑起细腰、胡芦等军塞。

葛怀敏在定川被敌军打败，敌军大肆抢掠至潘原，关中地区震动惊恐，老百姓大多躲藏到山谷中。仁宗皇帝派遣王怀德，欲任命范仲淹为枢密直学士、右谏议大夫。范仲淹辞谢了皇帝的任命，说："泾原路地位重要，恐怕我不能胜任。请让我与韩琦共同治理泾原路，并且一起驻扎在泾州，韩琦兼管秦凤路，我兼管环庆路。泾原路遇有敌情，我与韩琦联合秦凤、环庆两路的兵力，互成掎角之势进攻敌军；如果秦凤、环庆路遇到敌人侵袭，我也可以率领泾原路的军队作为援军。我应当和韩琦一起训练士兵，选拔将才，逐渐收复横山，来截断敌人的臂膀。"仁宗皇帝采纳了他的建议。

范仲淹作为将领，号令清楚，爱护士兵，对于前来归附的各部羌人，诚恳接纳，信任不疑，因此西夏军队也不敢轻易侵犯他所统辖的地区。元昊请求议和，范仲淹被朝廷召回，授予枢密副使之官。邠州、庆州的老百姓和众多的羌部族，都画了他的画像，在他生前就建立祠堂祭祀他。等到他去世时，羌部族的首领数百人，像失去父亲一样痛哭。[①]

范仲淹是我国传统文化儒家代表人物，主张"修至仁之德"，行省刑

---

① 参见百度百科人物"范仲淹"条。

轻罚之制,丰富了德教为本、刑罚为用的思想内容。又从"德可凭而力不可恃"① 的观念出发,提出"谨省刑法",② 即强调刑法的存废,要依"德治"的精神为原则。保民、惠民、养民是范仲淹法律思想的又一个出发点,民本思想与良法善治思想相结合,强调"爱民则因其根本,为体则厚其养育"。③ 在范仲淹看来,只有实现百姓衣食足,百姓才会爱其肤体,"爱肤体则畏刑罚,畏刑罚则寇盗自息,祸乱不兴",④ 才能从根本上解决犯罪问题。

范仲淹晚年奉调西北前线,担任边防主帅,文武兼备,智谋过人,特别是在甘肃的平凉、庆阳地区留下了显赫的军事胜绩。又兴营田、开互市、修营垒,加强边防守备。范仲淹亦特别强调在司法中要慎刑名、重情理,他曾多次提出不可"情理不圆,刑名未审"而决断。⑤ 从其法律思想来看,范仲淹不仅仅是北宋改革家、文学家,亦不愧是一位"以天下为己任"⑥ 的政治家、军事家、法律人物。⑦ 他在《宁州狄公庙祀》一文中,赞扬唐代名臣、杰出法律人物狄仁杰主持公道,不畏权势,"正天下之本""刚正之令,出乎",这也是他的自我写照。

三十七　王尧臣

王尧臣,字伯庸,应天虞城人。陕西用兵,为体量安抚使,将行,请曰:"连年以来,关中之民凋敝甚,请以诏劳来,仍谕以贼平蠲租赋二年。"仁宗从之。使还,上言:"陕西兵二十万,分屯四路,然可使战者止十万。敌众入寇,常数倍官军,此所以败。泾原近敌,最当要害,请益团土兵,以二万屯渭州,为镇戎山外之援。万人屯泾州,为原、渭声势。二万屯环庆,万人屯秦州,以制其冲突。"又论:"延州、镇戎军、渭州山外三败之由,是为敌先据胜地,诱我,将帅不能据险击归,多倍

---

① 范仲淹:《范仲淹全集》,四川大学出版社 2007 年版,第 204 页。
② 范仲淹:《范仲淹全集》,四川大学出版社 2007 年版,第 547 页。
③ 范仲淹:《范仲淹全集》,四川大学出版社 2007 年版,第 478 页。
④ 范仲淹:《范仲淹全集》,四川大学出版社 2007 年版,第 533 页。
⑤ 范仲淹:《范仲淹全集》,四川大学出版社 2007 年版,第 633 页。
⑥ 脱脱等撰:《宋史》,中华书局 1990 年版,第 10275 页。
⑦ 郭东旭、郭瑞童:《范仲淹的法律思想与法制变革》,《衡水学院学报》2013 年第 6 期,第 90—93 页。

道趋利，遂致掩覆。愿敕边吏，度远近营砦，量敌奋击，毋轻出。"时韩琦徙秦州，范仲淹降耀州，尧臣言："二人皆忠义智勇，不当置之散地。"又荐种世衡、狄青右将帅才，上皆纳用，并以其言戒边吏。明年，敌自镇戎军、原州入寇，上思其言，乃复以琦、仲淹为招讨使，而使尧臣再安抚泾原。又言："鄜延、环庆皆险固，惟泾原，自镇戎军至渭州，沿泾河大川直抵泾、邠，略无险阻。朝廷置帅府于泾州，控扼关陕，诚合事机。然频经败覆，空虚不振，愿择将佐，严斥堠，一路兵力完实，敌不敢长驱而入矣。"①

简释：

王尧臣（1003—1058），字伯庸。应天虞城②人，北宋大臣，文学家、书法家。当年宋朝与西夏交战，王尧臣为体量安抚使③，出发前，向皇帝请求说："按旧例，使者每到一处，都宣读皇帝的诏书，慰问官吏将校，但不惠及普通百姓。自西夏元昊反叛，至今三年，关中的人民困苦凋敝到了极点，请求让我带诏前往慰劳、安抚他们，并宣布平定叛贼之后蠲免租赋2年。"仁宗听从了他的请求。他出使回来，又对皇上说："陕西兵力20万，分别屯守四路，但实际可用来应战的只有10万。敌军入侵，常数倍于官军。他们以十战一，我方以一敌十，所以他们3次来犯3次胜，是由于敌我双方兵力众寡太悬殊。泾原靠近叛军巢穴，最首当其冲，应先作防备。如今防备敌人秋季入侵已经很迫切，请增派士兵，以2万人屯守渭州，作为镇戎山外的援助；以1万人屯守泾州，作为泾原、渭州的声势；以2万兵力屯守环庆，1万人屯守秦州，以牵制敌军的进攻。"王尧臣又论述道："延州、镇戎军、渭州山外3次战斗失败的原因，都是因为敌人先占据了险要阵地，引诱我军，我军将帅不能据险阻击敌军的撤退，而大多都加速追击想立战功。结果部队正疲惫不堪时，便与敌军作战；敌人开始放出铁骑冲击我军，接着用奚人步兵拉强弩猛射，势不可当，终于导致我军覆败，这是主帅们不考虑怎样应变以吸取以前的失

①　选自《甘肃通志之卷三十·名宦一》，兰州大学出版社2018年版。
②　虞城，县名，治所在今河南商丘市。
③　体量安抚使，差遣官名。州郡发生战争、水旱灾害后，朝廷临时派遣使者调查灾情，主持赈恤，体量百姓疾苦，故以"体量"为名，并有察看官吏能否之责。

败教训的过失。希望朝廷严训边疆守将，经常远派侦察，遇到敌寇来袭，便根据远近设立营寨，然后再估量敌人兵力大小决定派人奋力阻击，不能轻易出战。"于是皇帝下诏用他的话敕诫守边官吏。

当时韩琦因在好水川兵败，被降职调任秦州知府，范仲淹也因犯擅自给元昊复信被降职为耀州知府。王尧臣说："这两个人，都忠义智勇，不应该将他们安置在闲散不重要的地方。"他又推荐种世衡、狄青，说他们有将帅之才。皇帝皆采纳，并下诏用其言告诫守边官吏。王尧臣又说："鄜延、环庆两路，地方都险固易守；只有泾原（今甘肃平凉市）一地，自汉、唐以来，都是争夺的要地。从镇戎军到渭州，沿泾河大川直抵泾、邠一带，基本上已无险阻。虽有城堡栅寨据守平地，但与敌方交界，难以防守，朝廷在泾州（今甘肃平凉市泾川以北）设置统帅府，作为控扼关中、陕西的总指挥部，诚然符合事机。但多次经历失败后，边疆地区空虚，士气不振。希望深刻地认识到我方最近的这一弱势，精选将佐；那些新招集的士兵，未经过训练，应用有经验的老兵更换。倘若一路兵力强实完备，敌寇也就不敢长驱直入了。"①

王尧臣是与范仲淹同时代的北宋名臣，范讲"救民疾于一方，分国忧于千里"②。王尧臣始终坚持"民本"思想，提出"推见财利，出入盈缩"的主张，量入为出，化解财政危机。与三司官员推行盐法改革，不仅稳定了政府榷盐收入，也便利了北方食盐区百姓的生活。

军事方面，王尧臣到达陕西后，认真巡察西北要塞及宋军驻军状况，又仔细分析西夏军的特点，总结出西夏军和宋军的优劣态势，结合边境的地理状况，创立了"诱敌深入、以逸待劳"的作战技术。王尧臣也很重视发掘、荐举将帅人才，他推荐的多位边将，都在戍边中建功立业。此外，提出军队立足之本的问题，即要注意改善军民关系，就地解决军需民食。

王尧臣以文学闻名，精于目录学，宋仁宗景祐元年（1034），昭文馆、史馆、集贤院及秘阁藏书谬乱不全，由他和史馆检讨王洙、馆阁勘校欧阳修等校正编订三馆秘阁藏书，仿唐《开元四部录》体例，名为

---

① 参见百度百科人物"王尧臣"条。
② 范仲淹：《邓州谢上表》。

《崇文总目》，目录66卷。按四部分类，收书30669卷，为北宋重要的官修目录，对后世的官私目录影响甚大。

由此可以看出，王尧臣不仅仅是北宋时期著名的文学家、书法家、政治家，在法律方面，坚持民本思想，实施盐法改革、结合实际情况制定军事作战技术，改善军民关系，维护了北宋王朝的统治。

三十八 吴玠

吴玠，字晋卿，德顺军陇干人。少沉毅，知兵善骑射，读书能通大义，以良家子隶泾原军。政和中，为队将，从讨方腊，破之。夏人攻怀德军，玠追击斩级多，擢第二副将。南宋高宗建炎初，金人略秦、雍，玠逆击，大破之，追奔三十里。金人攻延安府，玠攻华州，拔之。张浚巡关陕，授玠统制，升泾原路副总管，寻为秦凤副总管。时兵火之余，玠劳来安集，民赖以生。转忠州防御使。张浚合五路兵，欲与金人决战，玠言宜守要害，须其敝而乘之。不听，遂大溃。玠收散卒，保和尚原①，积粟缮兵为死守计。凤翔民感其惠，相与夜输刍粟助之，玠偿以银帛，民益喜。金人怒邀杀之，民输如故。败金将乌鲁折合，拜明州观察使，兼陕西都统制。兀术会诸道兵十万余，攻和尚原，玠命分番迭射，号"驻队"。矢连发如雨注，大败之，兀术中流矢走。以玠为镇西军节度使。撒离喝②长驱趋洋、汉，玠自河池日夜驰三百里，以黄柑遗敌。撒离喝一大惊，大战饶风岭③六昼夜，死者山积。未几，金人北归，玠令邀击之，死者以千计，尽弃辎重去。进玠少保，阶成凤州制置使。敌复攻仙人关④，与弟璘合击，败之。金人宵遁，复秦、凤、陇三州。拜少师保定军节度使。玠与敌对垒十年，常苦远饷劳民，益治屯田，岁收至十万斛。治废堰，民知灌溉可恃，愿归业者数万家。进四川宣抚使，卒于仙人关，谥武安。玠善读史，用兵本孙、吴，务远略不求小近利，故能必胜。御下严而有恩，故士乐为之死，用将佐视劳能为高下先后。方金人一意睨

---

① 和尚原，今陕西宝鸡西南。
② 撒离喝，即完颜撒离喝，金军将领，安帝跋海六世孙，胡鲁补山之子。
③ 饶风岭：今陕西石泉西。
④ 仙人关，今甘肃徽县东南。

蜀，微玠身当其冲，无蜀久矣，故西人至今思之，立庙于仙人关，号忠烈。淳熙中，追封涪王。子拱亦握兵。①

简释：

吴玠（1093—1139），字晋卿，南宋抗金名将。德顺军陇干（今甘肃省静宁县）人。善骑射，曾读经史，凡往事可师者，皆录于座右，墙牖皆格言。吴玠"以良家子"入伍从军，隶属于泾原②军。政和元年（1111），成为队将。参与镇压方腊起义军及河北起义军，屡立战功，任权泾原第十正将。靖康元年（1126），西夏犯边，侵扰怀德军（今宁夏固原北），吴玠率百余人打败西夏军，斩获颇多，因其武勇晋升为泾原路第二副将。

建炎二年（1128），金兵进犯陕西，直趋泾原。吴玠率军迎击，追击30里。一鼓击退金兵。金人攻打延安府，吴玠收复华州（今陕西华县）。张浚受命管制川陕，提拔吴玠为统制，升为泾原路马步军副总管，后为秦凤副总管。当时正是战乱之后，吴玠慰问前来归附的兵士和安抚聚集的民众，民众依赖他得到安宁，转任忠州防御使。张浚会合五路大军，准备同金军决战，吴玠建议应该把守各个要害地区，等到敌军困敝时乘机出击。张浚没有采纳其建议，结果军队大溃而散。吴玠收集散兵、保卫大散关东面的和尚原，积聚粮饷修缮兵器，排列栅栏做死守的打算。凤翔民众感激他过去的恩惠，在夜晚运送粮草帮助他。吴玠赏给他们银帛，百姓更加高兴，偷偷为他运输粮草的人更多。金军恼怒，在渭河设伏兵邀击斩杀，并下令实行保伍连坐之法；民众违背禁令依然像过去那样运送粮草，数年之后才停止。打败金将乌鲁折合，拜吴玠为明州观察使，兼陕西都统制。兀术会合各路兵十余万人，建造浮桥跨越渭河，从宝鸡结为连珠营，用石头堆垒成城，夹着涧谷同宋军对峙。十月，进攻和尚原。吴玠命令诸将选择劲弓强弩，轮番射击，号称"驻队矢"，连发不断，密如雨下。敌人稍稍后退，吴玠就用奇兵从侧翼进袭，断绝敌人粮道。预测敌人困疲将要退走，设了埋伏等待敌人。金兵一到，埋伏突起，敌众大乱。吴玠指挥军队趁夜出击，大败金军。兀术身中流矢，仅

---

① 选自《甘肃通志之卷三十五·人物二》，兰州大学出版社2018年版。

② 方镇名，治所在今甘肃省平凉。

以身免。遂任命吴玠为镇西军节度使。建炎四年（1130），金军攻仙人关，吴玠与其弟吴璘，一起击败金兵。金军连夜逃走，吴玠收复秦、凤、陇 3 州，拜为少师保定军节度使。

吴玠同敌人对峙将近 10 年，常常苦于远道转运粮饷劳民伤财，屡次裁汰冗员，节省不必要的开支，开垦屯田，每年收成至 10 万斛。治理褒城废弃的堤坝，民众知道灌溉可以依赖，愿意归业者达到数万家，升任四川宣抚使。在仙人关病逝，谥号为"武安"。

吴玠善于阅读史书，用兵作战遵从孙武、吴起之法，注重远大的谋略，不追求眼前的小利，因此能保证每战必胜。统御部下严格而有恩惠，虚心询问和接受意见，虽然身为大将，最下层的士卒也能将下情上传，因此士卒乐意为他拼死效命。金军一意一心睨视四川，东南地区的形势也很危急，没有吴玠挺身而出抵挡金军的冲击，那么早就没有四川了。因此西部的民众至今仍在思念他，建吴玠庙在仙人关，称为忠烈庙。淳熙年中，朝廷追封他为涪王，其子吴拱亦手握兵权。①

吴玠作为将领，有着非凡的军事才能。他率领的军队在和尚原之战、饶凤关之战、仙人关之战中都取得了胜利，意义重大。尤其是仙人关之战，以 3 万之军破金兵 10 万，已成为"纵深配备，以少胜多"的光辉战例，使得金军不能进入四川地区，所设想的南北夹击计划无法实施，减少了南宋王朝的后顾之忧。

作为治理者，面对据守之地险要偏僻，交通堵塞的严峻问题，吴玠对此"三管齐下"，其一实行屯田制，兴修水利，发展农业生产。开发了 60 多所农庄，耕田 850 多顷，每年收获粮食 20 万石，尽量做到自给自足。其二裁撤冗员，把很多从军家属搬迁到江南，减少了供给负担。其三是实施粮草水陆转运新法，发行银会子，"绍兴七年（1137）二月，初置银会子于河池"②。代表银的纸币大大方便了蜀陇贸易，解决了银铁钱币不易携带的困难，促进了商业贸易，缓解了军队经费匮乏的困难。

---

① 参见（清）许容监修，李迪等撰，刘光华等点校整理《甘肃通志》，兰州大学出版社 2018 年版，第 944 页，百度百科人物吴玠。

② 《宋史全文·卷二十上》：（绍兴七年二月）丙午，川陕宣抚副使吴玠初置银会子于河池，迄今不改。

吴玠在行军作战中谋略深远，不追求眼前的小胜利，因此能每战必胜。他常常虚心询问部下的意见，听取最下层的士卒的想法，因此士卒们都乐意为他拼死效命。吴玠选用将领时，根据他们的能力，不会因为是亲朋故旧或权贵而徇私情。

在作战生涯中，仍旧坚持读书学习，研究兵法，有着远大的理想。管理起部队非常严格，从保卫自己的小家庭到捍卫国土，史称"微玠身当其冲，无蜀久矣"。为人"深毅有志节，知兵善射骑，读书能通大义"。吴玠不仅仅是一名将军，他的战术思想与治理军队的法律思想也深深影响着战争的胜败与军队人员的管理和组织。

三十九　徐达

徐达，字天德，濠人。洪武元年，以征虏大将军、右丞相将二十五万人北伐，平山东、河南，定燕京，克凤翔。会诸将议所向，诸将咸欲先取庆阳，后攻临洮。达曰："不然，庆阳城险而兵精，猝未易拔。临洮北界河湟，西控羌、戎，得之，其人民足以备战斗，地产足以佐军储。今以大军蹙之，思齐不走，即束手缚矣。临洮克，旁郡自下。"遂进克秦州，入巩昌，遣右副将军冯胜逼临洮，李思齐果降。张良臣惧，亦以庆阳降，陕西悉平。进太傅、右丞相，封魏国公。卒，封中山王，谥武宁，配享庙庭。①

简释：

徐达（1332—1385），字天德，濠州钟离人（今安徽凤阳人），出身农家，元末至正十三年（1353）投至农民起义军郭子兴的部将朱元璋麾下。洪武元年（1368），朱元璋任命徐达为征虏大将军，率领 25 万大军，向北进攻中原。平山东、河南，定燕京，克凤翔，挥军陇上。徐达会集诸将商议军队的进攻方向，诸将都说："张思道的才能不如李思齐，而庆阳又比临洮易攻，请求先攻庆阳。"而徐达则说："你们说得不对，庆阳城险而兵精，如果突然进攻，不容易攻取。而临洮北接河、湟，西控羌、戎，获得此城，其人便可利用来增强战斗力，物产也足以提供军队的物资粮饷。如果以大军进逼，李思齐不是弃城逃走，就是束手待擒。临洮

---

①　选自《甘肃通志之卷三十·名宦一》，兰州大学出版社 2018 年版。

攻克后，邻郡还能存在么?"于是率军渡陇，攻克秦州，攻下伏羌、宁远，进入巩昌，派右副将军冯胜进逼临洮，李思齐果然不战而降。然后分兵攻克兰州，击走豫王，全部缴获其部队辎重行李。回军出萧关，攻下平凉，张思道逃往宁夏，被扩廓所捉，其弟张良臣以庆阳投降，徐达派薛显受降。张良臣重新反叛，趁夜出兵袭击，打伤薛显。徐达督军包围张良臣叛军，扩廓遣将前来援救，徐达率军迎击，将其打败逃走，于是攻取庆阳，张良臣父子投入井中，便将其拉出斩首，陕西之地全部平定。徐达官至太傅、中书右丞相、参军国事兼太子少傅，封魏国公。洪武十八年（1385），徐达去世。追封中山王，谥号"武宁"，又配享太庙，肖像功臣庙。①

徐达是明朝开国元勋，也在征战西北、甘肃中功劳卓著。他一生骁勇有谋，战功及筑边皆功劳显赫，被朱元璋誉为"万里长城"，人品方面称赞他"受命而出，成功而旋，不矜不伐，妇女无所爱，财宝无所取，中正无疵，昭明乎日月，大将军一人而已"。②

徐达治军严明，不仅要求部下听从号令指挥，"令出不二"，而且严禁他们骚扰百姓，"有违令扰民，必戮以徇"③。徐达重视战前的组织工作，比如将领和地方官的派遣与任命、粮草等物资的征集。洪武二年（1369）四月，在与李思齐决战前，徐达檄令都督耿炳文、指挥金兴旺各运军饷5000万赴巩昌（今甘肃陇西县），命令肥卫千户王宏率兵500人驻守陇州（今陕西陇县），张规鲁率兵1000人驻守秦州（今甘肃天水）。④徐达也注重战后对方军队的统筹和对方城池的管理，每下一城，都对其进行妥善的管理。洪武元年（1368），攻占元大都后，徐达命令宫中太监仍负责看护故元官人，妃嫔等，"给饩廪无缺"⑤下令封闭故宫殿门，并派指挥张焕率兵1000人负责守卫。

为了加强对大都的管理、稳定大都的秩序，徐达令镇抚吴勉代理大都路知府，知印谢秘代理大都路同知之职，与该路元朝旧官权行发公事。

---

① 参见百度百科人物徐达。
② 《明史·徐达传》。
③ 《明太祖实录》，卷171。
④ 《明太祖实录》，卷41，第816页。
⑤ 《明太祖实录》，卷34，第600页。

尔后，徐达设置"燕山六卫"，驻守于此作为拱卫，充分展示了他的军事领导能力和指挥、治理能力，以及运用法律和制度治理军队。徐达戎马一生，为明朝建立了不朽的功勋。

四十　王竑

王竑，字公度，号戅庵，河州卫人。正统四年进士，授户科给事中。豪迈负气节，正色敢言。英宗北狩，郕王摄朝，群臣劾王振误国，王未有旨，百官皆哭，伏地不起，请族振。锦衣指挥马顺，振党也，叱百官令退。竑怒，奋臂起，捽顺发倒地，与众共击之，立毙。王起入宫，竑率群臣随之，王令中官金英问所欲言，曰："内官毛贵、王长随皆振党，请置于法。"遂出二人，众又捶杀之。是时，竑名震天下。会也先入犯，命竑为佥都御史，督兵守御。寇退，镇守居庸关，简士马，缮陒塞，劾将帅不职者，壁垒一新。景泰初，总督漕运兼巡抚江北徐淮诸郡。大水，道殣相望，山东、河南流移民载道。竑不待奏，大发广运仓粮赈济，前后全活无算，因自劾专擅罪，帝得疏，喜曰："真贤都御史也。"进左副都御史。竑因言："谨天戒，当以进君子退小人为先。"又陈致治保邦二十事，其言多指斥权贵。天顺初，左迁浙江参政，寻除名，编管江夏。后英宗于宫中见竑疏有正伦理、笃恩义语，因感悟，命送还河州。后以副都御史起理漕运，至徐淮，淮人迎拜数百里不绝。会旱，漕河涸，竑祷祀，大雨，舟楫通行。宪宗即位，召为兵部尚书。竑奏敕边将，各除战守方略，简练京兵，劝屯政，复武学。时两广寇未平，陕西寇在河套，四川赵铎作乱，江西湖广猺獞入境，竑居中调度，悉合事机。荐都御史韩雍为总督，有成功。既而竑又请复京营军士旧额，革除诸将私役宿弊，及荐修撰岳正都、给事中张宁，上不报，竑遂上章乞休以归，日惟课畊读，不问他事，改号其庵曰休。弘治初卒，年七十五。遣官谕祭，葬。正德中，赠太子少保，谥庄毅。淮人立祠祀之。①

简释：

王竑（1413—1488），字公度，号休庵、戅庵。河州人（今甘肃临夏）。正统四年（1439）进士，后授户科给事中。刚直不阿，在朝堂上以

① 选自《甘肃通志之卷三十四·人物一》，兰州大学出版社2018年版，第1118—1119页。

正色敢言著称。

正统十四年（1449），瓦剌军和明军大战于土木堡，明军大败，明英宗被俘，郕王监国。朝臣上疏弹劾王振及其党羽误国，朝廷未予理睬。百官跪在午门痛哭，请求速速处置王振，以谢国人。这时王振私党、锦衣卫指挥马顺，厉声斥责，群臣即退。王竑见状，怒不可遏，揪住马顺头发，痛斥其罪，咬啮其面，群臣怒打，马顺当场毙命。郕王见群情难平，走避入宫，王竑又率众索要奸党，郕王令太监金英问群臣还有何要求，说："要求惩办王振死党毛贵、王长随。"于是宦官毛贵、王长随二人被从宫门门缝中推出，又被众臣打死，王竑名震朝野。

瓦剌军挟持英宗再次逼近京师，明代宗任命王竑为金都御史，督兵守城，把瓦剌军赶出居庸关外。王竑受命镇守居庸关，整修边关，精兵振武，对外修好。景泰二年（1451），朝廷授任王竑总督通州至徐州漕运，兼淮（淮安）、扬（扬州）、庐（安徽）三府巡抚，兼理两淮盐课。时值江北徐淮各地连遭水灾，死者无数，山东、河南等地灾民流离失所。未及奏批，即发仓粮赈济灾民，近者施粥，远者散粮，病者施药，死者棺葬，前后救活灾民无数。王竑上书自劾专擅之罪，皇帝看见其奏折，高兴地说道："都御史真是志节坚贞而有贤德的人啊！"朝廷嘉其功，晋升王竑为左副都御史，王竑常上条陈，直谏，他劝皇上"应以近君子退小人为先"，又陈述致治保本 20 条，所言多指斥权贵。明英宗天顺初年，王竑被降为浙江参政，后又削官为民，送江夏管制。后英宗偶阅王竑奏折，通篇忠言良策，略有感悟，遂恩准王竑回籍。王竑历经朝廷风波回到河州。后授副都御史，仍督漕运，再抚江淮时，当地群众"欢呼迎拜，数百里不绝"。会大旱，漕河干涸，王竑祭祀祈雨，结果下了大雨，缓解了干旱，舟船能在漕河上通行。明宪宗继位，升王竑为兵部尚书。王竑到任后要求边防守将各陈战守方略，简练京兵，劝屯垦，复武学，革除积弊。当时两广地区的边寇未平定，陕西寇在河套地区，四川地区有赵铎作乱，江西湖广地区有猺獞入境，王竑居中调度，都有作战的计谋。王竑调度民族冲突，举荐韩雍为总督，又请恢复京营部队原有的数量，简练京兵，劝屯垦，复武学，革除积弊。荐修撰岳正都、给事中张宁，均遭到了反对。王竑于是五上奏章，称病辞官归乡。批准以后，每日在家读书、教书、劳动，不再过问国事，改号为"休庵"。孝宗弘治元年

（1488）王竑病故于河州家中，年七十五。皇帝派进士到河州谕祭营葬，正德年间，赐太子少保，谥"庄毅"。淮人建立祠祀纪念他。①

王竑刚直不阿，正色敢言，是明朝一代名臣。土木之变后奋臂率众击毙王振党羽、锦衣指挥马顺，名震天下。蒙古瓦剌也先部入犯，受命守御京城。也先兵退，出守居庸关，整饬边备。寻督漕运，治通州至徐州运河。一心为民，遇到灾年，先发仓米赈济灾民，并上书谏言。陈述致治保本 20 条。为护国安邦、百姓安居乐业作出重大贡献，既是政治家，也是军事家，是安邦护民的政治法律人物。

四十一 段坚

段坚（1419—1484），字可久，号柏轩，又号容思，明代兰州段家滩人。"早岁受书，即有志圣贤"。明景泰五年（1454）进士，授山东福山县知县，莱州知府，河南南阳知府。段坚一生信奉儒家的"爱民""仁政""洁身"等正统思想。在任福山知县时，从发展教育入手，以德化民，建社学，育童士，教以《小学》"四书"，"政教大行"，"吏不敢欺"，"士民仰戴"。在莱州知府任上，"教化大行"。在南阳创立了志学书院，召集"府学"及属诸生，亲自讲解五经要义，倡宋代理学。对官吏中的不法分子，"案问不贷"。经过几年治理，"民风翕改观"。他说"天下无不可化之人，无不可变之俗"。并题诗"天下有材皆可用，世间无草不从风"。

段坚在南阳为官九载，郡人敬之。后引病归里，以"奉先、事兄、教子、睦族、善俗"为旨，并"授徒讲业"，仍关心着国家的兴亡。段坚一生清廉，离任时"行李萧然"，"仅有祭器、书卷十数箧"。士民遮道欢送，号泣挽留。卒后，死讯传到南阳，士民"敬做木主"，建立段氏专祠，"塑像为祖"。

段坚在兰州东关段家台创建书院，桃李盈门，好多名士，如彭泽等都出于他的门下，后人称为容思书院。段坚著有《柏轩语录》《容思集》等书。②

在兰州原东稍门外，移立有牌坊，前额书"段容思先生德教坊"，背

---

①　参见临夏市明代人物专题——王竑，博雅人物网。

②　选自《甘肃通志之卷三十四·人物一》，兰州大学出版社 2018 年版，第 1120 页。

书"理学名臣",以作纪念。

四十二 杨继盛

杨继盛,字仲芳,容城人。嘉靖中以兵部员外谏马市,贬狄道县典史。地居临洮山中,民不畏法,比至禽然,称神明。间司有难狱,辄问杨典史。少暇,则进诸生讲说文艺,因买东山,立书院,居诸生,即羌人子弟咸引领受教。诸生日众、无所取食,乃鬻乘马及夫人服装,买民地二百亩,资诸生,给笔札。又引洮水灌地,地益饶。邑有煤山,番人制之不开,仰薪二百里外,乃单骑召番人谕之,咸服曰:"杨公即须我穿帐亦舍之,况煤山也。"居三年,吏民呼杨父,诸生称"关西夫子"。①

简释:

杨继盛(1516—1555),字仲芳,直隶容城(今河北容城县北河照村)人。嘉靖中以兵部员外谏马市,贬狄道县典史。狄道地区居临洮山中,当地的百姓都不畏惧法律,信仰神明。有疑难复杂的案件,总去问杨典史。闲暇时间,则对府县生员诸生讲说文艺,于东山盖书院一区,让府县生员有居住的地方,羌人子弟都可以在书院受教。府县生员与日俱增,无法解决生活问题,所得俸银并"鬻所乘马,出妇服装"的收入,买民地200亩,资助府县生员,给予纸和笔。又引洮河水灌溉土地,田地变得肥沃起来。狄道县有煤山,200里外烧柴的供应主要靠藏民贩运。于是主动请命前往疏通,都诚服曰:"杨公即使需要我的穿帐,我也能舍之,何况一座煤山也。"居三年,深受当地各族人民的拥戴,称他为"杨父"。诸生称其为"关西夫子"。

嘉靖三十二年(1553),上疏力劾严嵩"五奸十大罪",遭诬陷下狱。在狱中备经拷打,终于嘉靖三十四年(1555)遇害,终年40岁。明穆宗即位后,以杨继盛为直谏诸臣之首,追赠太常少卿,谥号"忠愍",世称"杨忠愍"。后人以其故宅改庙以奉,尊为城隍。有《杨忠愍文集》。

杨继盛为官期间,勇于上疏谏言,力劾严嵩"五奸十大罪",不畏强权,虽死无惧,是明朝中期著名谏臣。并且杨继盛在狄道(今甘肃临洮)期间采取的购置学田、兴办学校、疏浚河道、开发煤矿、整肃褐市、疏

---

① 选自《甘肃通志之卷三十一·明宦二》,兰州大学出版社2018年版,第993—994页。

通园圃、核查户籍等系列举措，开拓了狄道吏治和教育事业的新局面，深受当地各族人民的拥戴。因此，杨继盛是一位忠肝义胆、勤政爱民的政治法律人物。

四十三 胡执礼

胡执礼，字汝立，嘉靖三十八年进士。初授保宁府推官，发奸摘伏，知府罗绅叹为老吏不如。升刑部主事，改吏部，拔淹滞，起遗佚，历太常卿。巡抚应天，饬江防，广储饷，更置守令，蠲恤茕黎，纠债率，肃军伍，纲目悉举。张居正私憾余懋学、江文辉，因丝绸鼓噪事移书执礼，欲将二人名入疏内，执礼不可，止擒首恶。又生员吴仕期撰欲上居正书，谳者罗织其词，坐余、江以罪，会稿于执礼，执礼曰："杀人媚人，吾不为也。"又特疏王锡爵之孝以刺居正。三年升户部侍郎，督仓场，以居正忌，抗疏归。后起户部左侍郎，卒。①

简释：

胡执礼（1539—1589），字汝立，兰州人。明嘉靖三十八年（1559）中进士，初任四川保宁府推官，主管司法工作。知府罗绅自叹不如。升刑部主事，改革吏部，选拔有才德而久沦下位和弃置不用者，升太常卿。万历四年（1576），从应天府巡抚都御史出就南巡，加强长江防御，扩大储备供应，重新设置守令，免除抚恤孤独黎，纠债率，整肃军队，纲目并举。获得明神宗皇帝的信任。万历初年，张居正主持朝政，权倾一时。言官余懋学、汪文辉得罪张居正。张居正暗示胡执礼诬陷他俩，以报私仇，胡公不为所动。不久，生员吴仕期欲弹劾张居正，奏本未及呈上，事情败露。张居正授意炮制的株连诬陷余、汪二人的文稿送达都察院，邀胡执礼在文稿上签字，胡执礼拒不签字，义正词言地说："杀人媚人，吾不为也。"又特上奏以王锡爵之孝以讽刺张居正。三年升户部侍郎，督仓库。张居正对胡执礼猜忌日甚。万历九年（1581），胡公不得已，称病告老返乡。后，万历十七年（1589），任户部左侍郎，殁于任上，以劳致疾，卒于就邸。②

---

① 选自《甘肃通志之卷三十四·人物一》，兰州大学出版社 2018 年版，第 1128 页。

② 参见百度百科人物胡执礼。

胡执礼为官 30 年，曾任刑部主事，主管司法，清廉正直，勤政望重。与张居正、海瑞同朝为官，一生刚直不阿，颇有政绩，是河西地区负有盛名的历史人物之一。他仗义执言，始终抱定"俯仰无愧天地，褒贬自有春秋"的人生信念，先后两次申奏上书，为廉吏海瑞鸣不平。在主管司法工作时，做了许多体恤民情、惩治贪官的业绩。纠正多起冤假错案，他亲自重审剑州赵廷强抢民女、逼死人命一案，终赵廷被依法问斩，为民雪冤。他秉公执法，反贪治奸，除暴安良，打黑除恶，颇受民众欢迎，是一位刚正不阿、为民请命的政治法律人物。

四十四　雍焯

雍焯，字闇中，狄道人。举嘉靖十六年乡试，幼颖敏有大志，任武乡谕，勤考校，奖德行，赒贫乏。擢交城令，复除河津令，兴利宽征，捐俸新学，建大禹庙，葺子夏祠。邑俗婚礼重财，亟力正之，民歌曰："高如山，明如镜，清如水，平如秤。"擢御史，条陈马政，世宗可其奏，令刊行。清军河南清影射，祥符尹被落王诬系狱，力白其冤，得复官，劾严氏贵客。巡按山东，祀段知府之贤，论梅提学之奸，忤权贵，引疾归。所著有《中州使余集》《麓原文集》《内台奏稿》，刊《周礼》《尔雅》《孝经》《书》，修城作义冢，置学田，缮祠宇，官迹乡评皆称为"名御史"云。①

简释：

雍焯（生卒年不详），字闇中，临洮府狄道县（今临洮县）雍家巷人。明世宗嘉靖丁酉十六年（1537）陕西乡试考中举人。幼年聪明好学，有远大志向。初担任山西武乡县教谕，勤考核，重品德，扶持贫困学生，后辈奋然兴起。后升为山西交城县令，为百姓兴利除弊，放宽税赋，捐俸禄修缮当地学校，修建大禹庙、子夏祠堂。当地结婚有重彩礼的习俗，尽力革除该陋习。民众歌颂他："高如山，明如镜，清如水，平如秤。"

雍焯调任贵州道监察御史后，条陈②马政③，被朝廷采纳，公布施行。

---

① 选自《甘肃通志之卷三十四·人物一》，兰州大学出版社 2018 年版，第 1129 页。

② 条陈，是逐条陈说的一种报告文体。

③ 马政，指政府中对马匹的牧御、选择、调教及市易等行政事务。

他奉命到河南整饬军队纪律时，纠正了互相影射攻讦的案件多起。河南祥符（今开封市）的地方官被藩王诬陷入狱，他尽力申冤平反，使其官复原职。他还弹劾了权相严嵩的同党权贵。后来巡按山东时，因为提倡尊崇廉能循吏段知府的祀享，论究梅提学①的奸伪，向朝廷书奏衍圣公（孔子后代的封号）的恶迹，因而忤犯了权贵，便称病告归故里。著有《中州使余集》《麓原文集》《内台奏稿》等，刊行《周礼注》《尔雅注》《孝经注》等书。从事地方公益事业，捐款修缮城墙，设立义冢，增置学田，整修祠宇。人们都称他"名御史"。

雍焯在山西、河南、贵州、山东等地为官期间，为百姓减赋税，办学校、建祠庙、革陋习，卸任后仍著书立说，致力学术，从事地方公益事业，是一位为百姓谋福祉的好官，被人们誉为"陇上名御史"。并且，他在任期间，条陈马政，整饬军纪，纠察案件，平反冤案，弹劾权贵，为严明法纪、伸张正义作出巨大贡献，是一位敢于直谏、洁身为民的政治法律人物。

四十五 邹应龙

邹应龙，号兰谷，兰州人。嘉靖三十五年进士。为人刚正敢为，授行人，选监察御史。时严嵩窃权乱政，言者被伤，应龙论劾世蕃，谪戍南海。嵩罢政，世宗嘉其尽忠言事，升通政参议、大理少卿、太常卿。会大祀，太监冯宝预祀事，应龙谓刑腐之人不可供祀事。寻升都察院左副都御史，巡抚云南，劾黔国公沐朝弼横肆无状，安置南京。未几，边寇窃发，劫掠远近，应龙兴师平之。延议夺官，万历癸未复职。卒，赐祭葬。②

邹应龙（1525—约1585），号兰谷，兰州皋兰人，明朝官员。嘉靖三十五年（1556）进士。为人刚正不阿，敢做敢当。授行人，选监察御史。当时严嵩通过不合法的手段谋取权位，滥用职权。邹应龙弹劾权奸严嵩及其子严世蕃贪赃枉法、吞没军饷、卖官鬻爵等重重罪恶行径，并义正词严道："如臣有一语不实，请即斩臣首以谢（严）嵩父子！"被谪戍南海。严嵩政党倒台之后，世宗嘉奖其进献忠言，升通政参议、大理少卿、太常卿。在大祭的时候，太监冯宝参与祭祀事务，应龙说宦官之类的人不

---

① 提学，是当时主管省、州、县的学校士习文风的政令官。
② 选自《甘肃通志之卷三十四·人物一》，兰州大学出版社2018年版。

可供祭祀的事。以兵部侍郎兼右佥都御史巡抚云南，揭发黔国公沐朝弼的罪状，邹应龙将其绳之以法。没过多久，边寇暗中发动，掠夺远近。应龙统兵平定叛乱。万历初年被削去官籍，卒于家中。赐予祭葬。

邹应龙为官清廉，去世后"遗田不及数亩，遗址不过数楹"。他不畏强权，弹劾严嵩、严世藩父子的罪恶行径，将贻害地方的黔国公沐朝弼绳之以法，统兵平定边疆叛乱，是一位刚正不阿、敢于直谏、不畏强暴、秉公执法的律法和国家制度的守护者和执行者，在明朝历史上占有一席之地。

四十六　慕天颜

慕天颜，字拱极，静宁州人。顺治十二年（1655）进士，初任浙江钱塘县令，升福建兴化知府。审理军需案，费关百万，事连府州县官数百人，屡年不决，天颜得其要领，库帑以清。寻摄太常卿，招抚台湾。授兴泉道，升江苏布政使，入觐条奏八事：其一黄淮全局情形，其二淮扬涸田宽征，其三请除荒坍田粮，其四请减浮粮额数，其五永行均田均役，其六选用守令能员，其七恤给罪囚口粮，其八闽海寨游设防。而治河、闽防二事，荒坍、浮粮之弊尤为确切。康熙十五年，升江苏巡抚。十六年，捐造鸟船四十只，火药二十万斤，炮手一千二百名，解送岳州军前，加兵部尚书。江南屡荒，皆由水道不治，复奏大兴水利，请浚常熟白茆港、武进孟渎河诸处，盖吴淞、刘河、白茆、孟渎为苏、松、常、镇之四大干河，不可不急治也。疏入报可。又苏、松、常、太、长等十州县有历久版荒之田，有江湖冲塌之坍江，有地入公家、粮存编户，谓之公占，三者历年里甲包赔，官司那垫至是。因地震，陈言请豁，勘实坍荒田地共二千三百六顷，历年缺额银二百三万零，而版荒、坍江、公占，诸虚租遂得永豁。以核京口驻防事去官。二十三年，起复湖北巡抚，旋调贵州，升总督漕运。因条列漕政、复岁造船只之例，创渡江先后之法，请江北红白兼收以便土宜，又严斛卒盘验之法，于过淮倡合帮互挽之条于上闸。所著有《抚吴封事》《楚黔封事》《督漕封事》《辑瑞陈言》刻行。后卒于苏州，葬于吴。[①]

---

① 选自《甘肃通志之卷三十五·人物二》，兰州大学出版社 2018 年版，第 1193 页。

简释：

慕天颜（1624—1696），字拱极，甘肃静宁人。清代官吏。顺治十二年进士。授浙江钱塘知县，升福建兴化知府。到任后，审理了牵连全省数百人的百万军需这一多年都没有解决的重大积案，天颜找到解决的要领，弄清了官库所藏的钱财，名声大振。不久奉诏以兼理太常卿的身份，招抚台湾郑经。授福建兴泉道，升江苏布政使。入觐条奏八事：其一是掌握黄淮河全局情形，其二是淮扬地区干旱需减轻税负，其三是请废除荒坍田粮，其四是请减轻定额之外的钱粮税款，其五是施行均田均役，其六是选用有能力的官员，其七是发给罪囚口粮，其八是在闽海寨游设立巡防。而其中，治理河流和在福建设立海防两件事，荒坍、定额之外的钱粮税款造成的弊端最为确切。康熙十五年（1676），升江苏巡抚。康熙十六年（1677），造战舰40艘，火药20万斤，募炮手1200名，交付岳州（今湖南岳阳）前线使用，因功加官兵部尚书。江南水乡经常闹荒灾，原因在于水道没有治理好，于是奏请大力兴修水利工程，疏通了常熟白茆港、武进孟渎河诸水道。因为吴淞、刘河、白茅、孟渎为苏州、松江、常州、镇江四府之四大主要河流，务须及时治理，又苏、松、常、太、长等州县有历久不毛之石田，江湖冲塌与庐舍漂溺之田，向因滨海修桥筑堡圈占、地入公家、粮存编户之田，这三种田地历年来都是缴纳不了赋税，导致官司甚多。因发生地震，上书请求豁免虚租。经过普查核实，共清理出坍灾田地和已经无法耕种的田地共2306顷。历年缺额税银203万两，以及版荒、坍江、公占诸虚租，均得以永远豁免。康熙二十三年（1684），他被起任湖北巡抚，随即调任贵州巡抚，升总督漕运。制定了漕运政务条例，并奏请载入令典；恢复"岁造船只"条例，杜绝了官府对渔民的苛扰；首创"渡江先后"之法，避免了因争渡而引发的碰撞沉船事故；奏请长江以北岁赋可以"红白（铜、银）兼收"，因地制宜，方便了地方百姓；又严查淮河渡口的"斛卒（漕运税官）盘验之弊"，在上闸（需拉纤行船之处）提倡"合帮互挽"的船家互助条规，清朝时一直遵行不易。所著有《抚吴封事》《楚黔封事》《督漕封事》《辑瑞陈言》，刻行于世。康熙三十五年（1696），卒于苏州吴县。①

---

① 参见百度百科人物慕天颜。

慕天颜原籍甘肃，自幼便胸怀大志，国家栋梁，儒家正宗。他心系百姓，兴利除弊，整顿赋税。担任漕运总督，建造官船，守航护航，制定《漕运政务条例》等多项立法和法律措施。在江苏期间建立"征收截票"制度。任官多年，颇多建树，百姓交口称赞，是一位爱民护民的好官。他严词规劝台湾郑经回归祖国，对途经岛屿，扼塞险易都详细观察并绘制成地图，并对其兵力部署和进兵方略提出详细建议，对当时统一台湾起了重要作用。在办理案件时，亲自调查，解决疑难案件，审理百万军需的重大积案，声震朝野，他不畏强权，直言进谏，弹劾贪腐官员，是名副其实的法律捍卫者和执行者。

四十七 孙思克

孙思克，字复斋，镶白旗人。康熙元年，任甘肃总兵。四年，移驻凉州，剔蠹蚀，汰冗卒，简将才，核储饷，励精振制，将士精强，尝戒诸将以戢兵安民。驻凉二十年，民不知有兵。吴逆叛，陇右诸郡皆陷。思克提兵征讨，收复靖远、平凉，削平南安、天水，师行之处，秋毫无犯，民皆安堵。二十三年，升提督甘肃军务。后征噶尔丹，领兵出塞，讨平贼众，全军奏凯，晋振武将军。镇守河西四十年，恩威所被，兵民感颂。卒，赠太子太保，谥忠襄。①

孙思克（1628—1700），号复斋，汉军镶白旗人，清朝名将，河西四汉将之一。康熙元年（1662），任甘肃总兵。康熙四年（1665），派遣镇守凉州，剔蠹蚀，裁撤冗卒、核实粮饷，约束军纪、选拔将才，振奋精神，治理凉州，将士精壮强悍，经常告诫诸将以收起武器来安抚百姓。在凉州驻扎的20年，百姓不知道有士兵的存在。康熙十三年（1674），吴三桂反叛，陇西诸郡皆被攻陷。孙思克带兵征讨，收复靖远、平凉，平定南安、天水，军队所到之处，军纪严明，丝毫没有侵犯百姓的利益，百姓皆能安稳地生活。康熙二十三年（1684），升提督甘肃军务。后来，征讨噶尔丹，孙思克率绿旗兵与各路清军并力奋战，大败噶尔丹。康熙三十一年（1692），孙思克加封为振武将军。镇守河西40多年，恩威所被，士兵和百姓皆感激颂扬。康熙三十九年（1700），孙思克病逝，追赠

---

① 选自《甘肃通志之卷三十·名宦一》，兰州大学出版社2018年版，第971页。

太子太保，赐谥"襄武"。①

孙思克是清朝名将，甘肃总兵，他驻守凉州 20 年，巡视险隘，分兵固守，约束军纪，选拔将才，裁撤冗卒，核发粮饷，治军有道。后平定三藩叛乱，击溃叛军，收复多处失地，又三征噶尔丹，为护国安邦立下汗马功劳。孙思克镇守河西 40 年，深得军民之心。他既是军事家、战略家，也是安邦护民的政治法律人物。

四十八 潘育龙

潘育龙，字飞天，靖远人。从军督标②，屡立战功。康熙十四年，值吴逆叛，临、巩、秦、兰俱陷。育龙随征，复泾州，战庆阳、宁州，功多。固原失利，宁夏道不通，贝勒命由红河川等处，与敌连战七昼夜，卒达宁夏，见提督陈福，面达机事。从抚远大将军图海讨叛逆王辅臣，恢复平凉一带，复兴安城邑。从征克川、滇。二十七年，升肃州副将。三十年，升总兵。在镇八年，出师败敌于半个山、黑山儿湖、察黑包、月儿湾、三家板等处，凡五捷。捐俸修筑边墙，自野麻湾至下古城，袤延一百七十里，商旅安行，番夷敛迹。优恤军士，捐赏修复嘉峪关七层城楼，内安外攘，夷人畏服。三十五年征噶尔丹，并粮减卒，倍道抵昭磨多，遇敌力战，以寡敌众，飞炮中右颐，战益力，敌大败。凯旋，调总天津兵。四十年，升固原提督。捐赏修学，设义塾。因米价腾贵，令乡庄米止听民买，兵不得购，发银买粮食以赡兵，米多价平，兵民俱裕。秦陇连山旷野，俗悍，便弓矢，多盗，凡壮勇之徒，悉致幕下，饬汛防，定缉捕赏格，盗息民安，固原士马队伍器械俱甲天下。四十八年，晋镇绥将军。卒，赠太子少保，谥襄勇。③

简释：

潘育龙（？—1719），清代甘肃名将。字飞天，甘肃靖远人。初以行伍从军，多次打胜仗，战功显赫。康熙十四年（1675），吴三桂起兵反

---

① 参见百度百科人物孙思克。

② 清代军制，督抚所管辖的绿营兵称标。

③ 选自《甘肃通志之卷三十·名宦一》，兰州大学出版社 2018 年版，第 971—972 页、第 1151—1152 页。

叛，临、巩、天水、兰州俱陷。育龙跟随扬威将军阿密达，收复泾州，战庆阳、宁州等地，屡立战功。固原被叛军占领，宁夏道路阻塞，育龙奉令北上，途经红河川等要隘，奉差侦探。与敌人连战七天七夜，抵达宁夏，与宁夏总兵陈福的军队会合。又抚远大将军图海讨伐逆臣王辅臣，进攻平凉一带，收复兴安城。跟随进剿四川、云南。康熙二十七年（1688），升肃州副将。康熙三十年（1691），升肃州总兵。在肃八年，出征打败敌人于半个山、黑山儿湖、察黑包、月儿湾、三家板等处。拿出自己的俸禄修筑边墙，自野麻湾至下古城，伸展延续170里，过路的商人和旅客都能安全通行，看不到番夷的踪迹。优待和体恤军士，捐助资财修复嘉峪关七层城楼，安定内部，抵御外来的敌人，夷人都十分惧怕而服从。康熙三十五年（1696）征噶尔丹，在军队的人数较少和缺少粮草的情况下，在昭磨多①与噶尔丹军遭遇，遇敌力战，以寡敌众，被飞弹击中右颊并贯穿耳部，受伤后犹殊死拼杀，终于败敌获胜。胜利回京之后，升调天津总兵。康熙四十年（1701），擢升潘育龙为固原提督，捐助资财修建学堂，设立不收学费的私塾。因米价飞涨，下令乡村、庄村所卖之米只能百姓买，士兵不得购买，发放饷银购买粮食以供养士兵，米的价格就降下来了，士兵和百姓皆有富余。陕西、甘肃连山旷野，民风彪悍，会使用弓箭的人多，多盗贼，只要是壮勇之徒，都招揽到自己军队中，整顿以后进行巡逻防守，制定了缉捕悬赏的数额，之后盗息民安，在当时固原的士兵、马匹、队伍、器械都是天下第一的。康熙四十八年（1709），升为晋镇绥将军。康熙五十八年（1719），病逝，赠太子少保，谥"襄勇"。②

潘育龙是清朝名将，初以行伍从军，屡立战功。清康熙年间，陕西王辅臣叛应吴三桂，潘育龙剿王有功，收复失地，后又随康熙帝征讨噶尔丹，取得胜利。与其同时代的靖远卫人奋威将军王进宝，以及雍正年间的昭勇将军宋可进，并称"靖远三大将军"。

他屯田戍边，修筑边墙，训练有方，恤军爱民，为维护国家安全和多民族国家统一立下丰功伟绩。他修学堂，建义塾，平米价，整饬汛防，

---

① 今蒙古国乌兰巴托南宗英德。

② 参见百度百科人物潘育龙。

确定缉捕赏格，令盗息民安，是一位安邦护民的好将军。捐俸千金，修缮文庙殿宇，重视方志纂修，修成现存最早的靖远地方志书《靖远志》一套六卷。可见，潘育龙不仅是一位军事家、战略家，也是一位不谋私利、爱民护民的政治法律人物。

四十九 朱贵

在甘肃省临夏回族自治州档案馆特藏室里保存着一件珍贵档案，是清道光皇帝授封中国近代鸦片战争史中功垂千古的民族英雄——朱贵将军之祖父的诰命。有关这件珍档的入馆还有一段佳话，要述及这段往事，不能不讲讲朱贵将军。

朱贵（1778—1842），字黼堂，号君山，汉族，祖籍金陵（今南京市）。清顺治年间，其曾祖父朱志成驻防河州，遂迁居河州（今甘肃省临夏市）。朱贵出身行伍世家，14岁由祖父朱仲（官至把总，驻防循化）带至循化读书习武，17岁中武庠茂才，18岁从军，曾转战川、甘、宁、新诸省，屡立战功，累官至守备、游击、参将、副将。

道光二十年（1840）鸦片战争爆发。次年二月，英国侵略军由舟山群岛进犯，接连攻陷浙江定海、镇海、宁波，并谋攻奉化、慈溪诸城，道光帝钦点朱贵为浙江金华协副将，率所部陕甘军900余人参战。道光二十二年（1842）正月二十七日，朱贵率军驻营慈溪要冲大宝山，同年二月初四，英军200余人乘军舰登陆，朱贵亲手挥大旗，率部迎敌，"兵士无不以一当百，自辰至申，饥不得食，殊死格斗"，激战中英军又增兵数百，并从山后炮射朱贵军营帐，因众寡悬殊，朱贵三次向长溪岭大营求援，但参赞文蔚按兵不动，城中张应云部、大宝山左刘天保军怯战不出。朱贵军腹背受敌，孤军奋战，伤亡惨重。朱贵纵马冲锋陷阵，连杀数十名英军，身中三弹，仍夺敌之矛，拼杀不止，终因敌军密集枪射以身殉国，时年64岁。其二子昭南、四子玮南亦在冲杀中战死，幼子共南身负数伤，脱衣掩盖父兄尸体后杀出重围。此役重创英军，打死军官及士兵共400余人，连英军都不得不承认"自入中国以来，此创最重"，"中国官兵尽似此君，吾辈难以生还"。大宝山之战沉重打击了英国侵略军的气焰，不久便退出镇海，慈溪人民才免遭涂炭。之后，将军忠骨由幼子共南、妹夫张怀富等护送回河州，葬于城东慈王村桃尖山（今临夏市折桥乡慈王村）。道光帝诏嘉其忠勇，以总兵例赐恤，诰封武功将军，晋封武显将军，并赐金在其故居建祠修坊（今临夏市抬头巷内），亲书"忠勇双全"匾额致祭。道光二十三年（1843）三月，其子孙在将军墓地敬立由河州镇台站柱填讳的"朱贵神道碑"（现存临夏州博物馆）以示纪念。同年，慈溪人民也为纪念这位勇抵外辱、以身殉国的民族英雄和将军，募资在大宝山西麓修建了"高节祠"，又名"慈郭庙"，民间俗称"朱贵祠"（现为浙江省重点文物保护单位，爱国主义教育基地）。

五十 安维峻

安维峻（1854—1925），字晓峰，号盘阿道人，甘肃秦安县人，清代著名的谏官。光绪六年（1880）中进士，选翰林院庶吉士，1893年任福建道监察御史。安维峻性情耿直，不阿权贵，中日甲午之战前夕，支持光绪皇帝为首的主战派，连续上疏六十五道，最著名的是《请诛李鸿章疏》，1894年《请明诏讨倭法》。安维峻之上书声震京都，却因言获罪，被革职发派张家口军台。京城时人以"陇上铁汉"四字相赠，大刀王五及京城应考文人为之送行。1899年后，安维峻主讲陇西南安书院，在家乡办学，辛亥革命中任京师大学堂总教习。总纂《甘肃新通志》（100卷），著《谏垣存稿》《望云山房诗集》等5部。

安维峻22岁中举人，光绪六年（1880）27岁中庚辰科进士，任翰林院庶吉士，后授编修。他一生气质清廉，品性耿直，不阿权贵，不结朋党，仕途不畅。直到光绪十九年（1893）十月，才调任都察院福建道监察御史（六品京官）。时正值中日甲午战争前夕，对日本入侵，清王朝内部发生了严重的分歧。光绪皇帝主战，慈禧太后主和，斗争很激烈。当时掌管军政外交大权的直隶总督李鸿章是慈禧太后的主要支持者，主和派的中心人物。安维峻面对国家民族危亡，不顾个人安危，与投降派展开了坚决的斗争。他以都察院福建道御史谏官的合法地位，在14个月的任职内接连给清政府上呈奏疏65道，直接呈奏光绪皇帝的有63道。其中最著名的就是《请诛李鸿章疏》："李鸿章平日挟外洋以自重，固不欲战，有言战者，动遭呵斥，闻败则喜，闻胜则怒。中外臣民，无不切齿痛恨，欲食他鸿章之肉。而又谓和议出自皇太后，太监李莲英实左右之。臣未敢信。何者？皇太后既归政，若仍遇事牵制，将何以上对祖宗，下对天下臣民？"最后，义正词严地提出要将"倒行逆施，接济倭贼"的李鸿章明正典刑，"以尊主权而平众怒"。如此直陈国情、代言民意的奏疏一俟入宫，其结果可想而知。恼羞成怒的慈禧一道令下将安维峻交由刑部严惩，后经光绪皇帝曲意回护，方得幸免一死。安维峻因此遭革职，被发往张家口补过赎罪。但由此愤书一呼，安维峻"声震中外，人多荣之，访问者萃于门，饯送者塞于道，或赠以言，或资以赆，车马饮食，众皆为供应。抵戍所，都统以下皆敬以客礼，聘主讲抡才书院"。

光绪二十五年（1899），也就是遭流放5年后，安维峻被释回乡，先在陇西南安书院主讲，后于家乡办学修道。光绪三十四年（1908），应聘总纂《甘肃新通志》共100卷81册。辛亥革命前夕，任京师大学堂总教习，撰写《四书讲义》四卷。宣统三年（1911），复归故里，在此期间，也就是他的余年里，整理刊印了《谏垣存稿》4卷、《望云山房诗集》3卷、《望云山房文集》3卷等诗文集。

民国十四年（1925），他作为清朝著名谏官，刚直不阿，忧国忧民，是中国古代谏官优秀传统的弘扬者。安维峻终老于家乡柏堂山庄，享年72岁。《清史稿》载："维峻崇朴实，尚践履，不喜为博辨，尤严义利之分。归后退隐柏崖，杜门著书，隐然以名教纲常为己任。每谈及世变，辄忧形于色，卒抑郁以终。"一个刚正耿直一生的人，抛却身家性命而不顾、勇赴于国难的人，一个热血的人，面对满目疮痍、战伐四起的山河城垣，怎会安然阖目？

五十一　冯庸

冯庸，字定之，兰州人。敦德尚行，通《春秋》，博子史，喜真草。明代典章，一一手录成帙。言谈必根道义，行检必循礼度。恬静自守，不求闻达，人称为博古君子云。①

冯庸（生卒年不详），字定之，甘肃兰州人。追求美德，推崇行动与实践，精通《春秋》，对诸子百家及释道宗教著作、各种体裁历史著作十

---

① 选自《甘肃通志之卷三十九·隐逸》，兰州大学出版社2018年版。

分清楚和了解，喜欢楷书和草书。明代的典制、法令制度，一个个亲手抄录成册。言谈举止一定要根据道德礼义，在道德节操问题中必须遵循礼节法度。淡泊自守，不追求名誉和地位，因此他被人们称为"博古君子"。

冯庸精通《春秋》以及明代的典制、法令制度等，言谈举止遵循礼节法度，是一位自我约束力很强的人，是遵法守法的典型人物。

本章作者：

刘延寿，读者出版集团／甘肃人民出版社编审。

康建胜，兰州大学法学院副教授，博士，兰州大学敦煌法学研究中心副主任。

董武斌，诚域律师事务所主任、律师、法学硕士。

谢丹，兰州财经大学法学院教师，法学硕士。

下　编

近现代陇上法制与法律人物

第 四 章

民国至中华人民共和国成立前的
陇上法制与法律人物[①]

一　甘肃近现代法制发展

（一）民国时期陇上法制发展演变

1. 秦州军政府时期

1912 年 1 月 6 日，甘肃陆军新军一部在陕甘总督衙门军事参议、骁骑军统领黄钺（同盟会会员）领导下宣布独立，拥护共和。3 月 11 日，义军占领秦州，成立甘肃临时军政府（通称秦州军政府），黄钺出任军政府都督，军政府以原秦州衙门为都署。军

五泉山中山像

政府成立之日，颁布《甘肃临时军政府法约》。宣布赦免 3 月 10 日以前的各种罪犯，一切法制均照清制施行，在各州、县应对民、刑事诉讼事务进行改良，人民狱讼暂由地方官员办理。对于聚众抢劫者，一经捕获即由地方官员从严惩办。各地方自治局官员如有敲诈勒索、私自浮收等弊害者，准许人民控诉地方官员呈请军政府惩办。3 月 24 日军政府公布《甘肃临时军政府行事章程》，规定暂设军政、财政、民政、司法、教育、交通等六司及总司令部和镇司令部，军政府司法司管辖秦州民刑事诉讼

①　本章主要参考资料：(1)甘肃省档案馆编：《甘肃档案史论》，甘肃文化出版社 2011 年版。

(2)甘肃省地方志编纂委员会编：《甘肃省志》，甘肃文化出版社 1995 年版。

(3)陆润林主编：《兰州大学校史》，兰州大学出版社 1990 年版。

审理及监狱事务，监督各县地方及初级审判厅、检察厅行使职务权力。司法司设民刑科，管理民刑诉讼事务及户籍登记等非诉事务；典狱科，管理监狱囚犯的改良事宜；会计科，管理司内经费及财产器物。司法司长为周昆，副司长为阮绍琛，承政厅长为章德焜。军政府总司令部设军法总执法官，镇司令部设军法官，负责审理军法案件。军法总执法官未及任命，镇军法执行官为张兴勃。清末秦州有地方自治会。军政府保留旧有自治会议和自治局。自治局下属区、社、村、甲设有息讼会，由同级自治会官员领导，调解处理婚姻等民事案件。

1912 年 3 月下旬，北京政府以甘肃代理布政使赵惟熙先于黄钺反对帝制，拥护共和为由，任命赵惟熙为甘肃军政府都督，治所皋兰。6 月 7 日甘肃军政府与秦州军政府签订《秦州独立和平解决条约》，秦州军政府即行解散。

2. 甘肃军政府时期

1912 年 3 月 15 日，由甘肃布政使赵惟熙，与甘肃省谘议局议长张林焱、昭武军马福祥、士绅王之佐、慕寿祺等联名致电袁世凯，明确表示"近得他电，知各省一律认允，甘肃官绅会议亦愿承认共和，特此电闻，伏乞鉴督（同'察'）。"最终以官方电文的形式表明了他们拥护共和的态度，袁世凯以赵惟熙名列首位，即任命他为甘肃临时都督，赵即于 3 月 24 日就职，宣布甘肃独立，成立甘肃军政府，自此甘肃正式纳入共和政体。

甘肃军政府成立之初，诉讼案件由军政府都督管辖，各道、州、县行政长官兼理辖区案件，重大刑事案件报军政府都督审理，判决呈报北京政府大总统核准。1913 年至 1926 年，军政府按照北洋政府通令陆续恢复、建立各级审判厅和司法公署。1913 年 1 月恢复甘肃高等审判厅，设刑事和民事审判庭。高等审判厅厅长由北京政府大总统任免。甘肃高等审判厅于 1914 年 2 月在泾原、渭川、安肃、甘凉等道设立高等审判分厅及附设地方审判庭。分厅推事、地方审判庭庭长、推事由北京政府国务总理代大总统任免。1922 年 4 月至 1927 年 12 月，定西、庆阳、武威等 29 县建立司法公署，未建者 42 县。审判官由省都督（后称督理、督军、督办）任免。未设司法公署的县由县知事兼行审判权，县司法公署或县知事管辖本县初审案件。

这一时期，刑事审判实行四级三审制。无期徒刑以下案件由县知事、县司法公署或高等审判分厅附设的地方审判庭为初审，高等审判分厅及地方审判厅为第一审。案件当事人经两级审理不服判决，有权上诉甘肃高等审判厅，三审终审。刑事审判适用法律有《暂行新刑律》《暂行新刑律施行细则》《戒严法》《惩治盗匪法》《暂行新刑律补充条例》《惩治盗匪法施行法》等。民事案件的审判程序及方式均沿清末旧制。县知事或司法公署为初审，高等审判分厅为二审，甘肃高等审判厅为三审，三审即为终审。民事审判参照法规有《公司条例》《矿藏条例》《商人条例》《证券交易法》《森林法》《出版法》《著作权法》《狩猎法》等。

　　北京政府统治时期，甘肃地方为大小军阀割据，政出多门，司法亦各行其是。1912年3月至1927年3月，甘肃省都督（后称巡按使、督军）先后有赵惟熙、张广建、陆洪涛等，名为甘肃省最高军政长官，其令则不出兰山一道。驻平凉的陇东镇守使张兆钾，控制泾原道所属各县军政司法事务。驻天水的陇南镇守使孔繁锦，控制渭川道所属各县的军政司法事务。驻武威的凉州镇守使马廷勷，控制甘凉道所属各县的军政司法事务。西南部为藏族土司及拉卜楞寺势力范围，河州为甘州提督马安良的势力范围。各级审判机关及官吏唯地方军阀的意志是从，审判断案以军阀利害为准。军阀胡作非为、影响审判最典型的莫过于民初李镜清一案。1912年4月，甘肃临时参议会成立，临洮人李镜清任议长。李在省议会多次指控军阀马安良辛亥革命后保皇勤王，跟随陕甘总督长庚残害百姓，纵容部下横行皋兰，要求甘肃军政府及北京政府严加查办，为马安良所忌恨。甘肃军政府都督赵惟熙主张对黄钺的秦州军政府使用武力，遭李镜清反对。李以保护甘省人民免遭兵祸为由，力主和平解决秦州问题。经李镜清与秦州张世英协商，斡旋调停，达成和平解决秦州独立和平解决条约。甘肃省临时参议会为此通电北京政府，保举李镜清任甘肃军政府都督。此项议案使赵惟熙、马安良等视李镜清为强敌，即密谋由马安良部将马麟出面，寻衅滋事，扬言杀李。李镜清在友人劝护下回籍避风。是年7月，马安良派一营长率兵弁10人潜至狄道，于夜晚凿墙入院，将李镜清刺杀于卧室。案发后，省城皋兰舆论哗然，但无人敢于公开指控凶犯。其时回籍长沙的原秦州军政府司法司长周昆闻讯后，通过湘省的《长沙日报》《天民报》将案情公诸全国，传闻京师。北京政府迫于舆论压力，电令甘肃军政府查办此案。赵惟熙令甘肃高等审判厅发出一纸通缉令后，即不了了之。

3. 南京国民政府时期

邓宝珊（1894—1968），名瑜，字宝珊，甘肃天水人，是民国时期纵横西北几十年的智囊人物，早年参加中国同盟会，是国民党的陆军上将，西北军的重要将领。辛亥革命时，曾参加新疆伊犁起义。1924年任国民二军师长，后代理甘肃省主席。1932年起，任西安绥靖公署驻甘行署主任、新一军军长等职。抗日战争期间，任第二十一军团军团长、晋陕绥边区总司令，多次到延安与共产党领导人会晤，赞同抗日民族统一战线政策，联合阻击日军渡过黄河。1948年8月，任华北"剿总"副总司令，年底代表傅作义同人民解放军代表谈判，达成和平解放北平（今北京）的协议。

毛泽东致邓宝珊信

中华人民共和国成立后，加入民革，曾任国防委员会委员，西北军政委员会委员，甘肃省人民政府主席，甘肃省省长；全国政协第一届委员，第一、二、三届全国人大代表，第三、四届民革中央副主席和全国政协常委。1968年11月27日在北京病逝，终年74岁。

邓宝珊将军档案征集始末

邓宝珊将军是我国近代史上著名的爱国主义将领、民革中央副主席、新中国成立后第一任甘肃省人民政府主席。他少年从军，远走边陲，参加同盟会、伊犁起义和孙中山领导的讨袁护法运动，投身靖国军，并任副总司令。抗战期间，联合抗日、支撑北线、保护陕甘宁边区；解放战争中反对内战，1949年1月起义，9月受毛泽东、周恩来委托，和傅作义一起促成北平、绥远和平解放；新中国成立后主政甘肃，勤政爱民，成绩卓著。他与毛泽东、周恩来、朱德、邓小平等人有半个多世纪的交往和情谊。

2003年，甘肃省档案馆建立名人档案库，首先想到这位从大西北……

邓宝珊将军档案征集始末

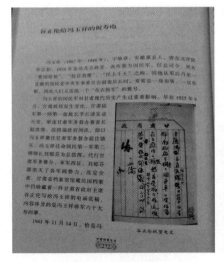

谷正祥致冯玉伦贺寿电

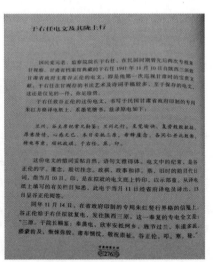

于右任电文及其陇上行

民国时期裕固族草原所有权执照

　　1927 年 4 月，国民党在南京建立国民政府。6 月，国民党中央执行委员会开封政治分会制定《豫陕甘三省行政计划大纲》。甘肃省政府按照《大纲》规定，将北京政府时期设置甘肃高等审判厅及所属各分厅改称甘肃高级法院及分院。9 月，依照国民党政府司法行政部电令，甘肃高级法院改称甘肃高等法院，所属各分院附设地方审判庭。甘肃高等法院设 6 所分院及附设地方审判庭，皋兰地方审判厅改称皋兰地方法院，行使甘肃高等法院分院审判职权，各县司法事务由县司法公署或县长行使。1932年10月，南京政府公布《中华民国法院组织法》，甘肃各级法院根据该法作了相应调整。此外国民党政府还在甘肃设立特种刑事法庭、军法机关、"军统"和"中统"特务机关，审理有关共产党人、爱国进步人士和革命青年等政治案件和其他案件，维护其反动统治。

南京政府统治时期，甘肃省各级法院实行推事办案独任制。各县司法处审判官职责与推事相同。推事任职资格，根据南京政府公布的《法院组织法》规定：经司法官考试及格并经实习期满；在大专院校教授法律课程二年以上；执行律师职务三年以上；毕业于大专院校，有法学专著等，并经审查合格。司法处审判官须经过考试选用。甘肃高等法院于1944年11月举行过一次全省审判官考试，拟招40人，实招11人。通过审判官考试及格人员由甘肃高等法院院长分发各地方法院学习审判、检察及司法行政事务，实习期为8个月。学习期满后由甘肃高等法院将名单报司法行政部备核。甘肃省各级司法机关的推事、审判官、书记官均由南京政府司法行政部任命。其来源：一是原北京政府时期从事司法的官吏；二是国民党军队中的退役军官；三是国立或私立高等院校学习法律、政治、社会等学科的毕业生；四是国民党政府官吏安插的亲朋；五是从社会上招募人员。甘肃司法人员中绝大多数为国民党党员或三民主义青年团团员，有少数以司法官吏为公开职业，实际系中统特务或封建帮会成员。

南京政府统治时期，法院审判实行四级三审终审制。第一审级为县地方法院或县司法处；第二审级为省高等法院分院、省会地方法院；第三审级为省高等法院。其上为最高法院。特种刑事案件一审终审，被告人无上诉权。一审判决报经上一级审判机军法机关实行一审终审复核制。特务机关审理案件无审级制度。甘肃高等法院及所属各级法院适用的刑事法规有：《中华民国刑法》（1928年3月颁行）、《中华民国刑事诉讼法》（1928年3月颁行）、《危害民国紧急治罪办法》（1931年1月颁行）、《禁烟禁毒暂行条例》（1941年颁行）、《妨害国家总动员惩罚暂行条例》（1942年6月颁行）、《惩治贪污条例》（1943年6月颁行）、《特种刑事案件诉讼条例》（1944年1月颁行）、《惩治盗匪条例》（1944年4月颁行）等。甘肃高等法院及所属各级法院适用的民事法规有：《中华民国民法》（1929—1930 年颁行）、《中华民国民事诉讼法》（1934 年 12 月颁行）、《强制执行法》（1940 年 1 月颁行）等。

南京政府统治时期，其司法审判活动对维护社会秩序、保障抗战胜利有一定作用，但它压迫人民、残害共产党人和进步人士，具有明显的反动性。这里各举一个案例。（1）日本间谍案。1936 年春季，日本帝国主义者准备大规模侵略中国，派遣间谍在额济纳旗等地设立机关部，其间谍活动于酒泉、武威、银川、定远营、百灵庙一带。是年夏季，上海《大公报》记者范长江赴额旗采访发现日本间谍，旋历经风险将消息转报国民党政府。后"西安事变"爆发，当局未及时取缔日本间谍。次年，宁夏省政府奉令派员途经兰州、酒泉转赴额旗查办日本间谍案。办案军政人员于 1937 年 7 月 7 日到达额旗，捕获江崎寿夫陆军少将等 10 名日本间谍和 5 名汉奸，搜获汽车、骆驼、电台及枪支弹药等军用物资。同时，酒泉驻军在安西的古鲁地区捕获横田陆军中将等 3 名日本间谍。是年 8 月，西北行辕宪兵队赴酒泉将捕获的日本间谍和汉奸全数押解兰州，交行辕军法处审办。日本间谍供认其任务一是在额旗建立军用机场，以轰炸我国西北腹地的主要城市；二是在安西建立与纳粹德国之间航空联络点，切断中苏两国间的交通线，进而向东进攻中国腹地，向北进攻苏联和蒙古人民共和国。其时，抗日战争全面爆发。在举国抗日浪潮推动下，西北行辕军法处于是年 9 月判处江崎寿夫等 13 名日本间谍和 5 名汉奸死刑。（2）沙沟惨案。1949 年 5 月下旬，兰州国民党军警特务联合搜捕，中共兰州西区地下组织遭到破坏，中共党员杨国智、柴学侃、满鸿遇、陈万里、张凤锦、王善卿、陈仙洲等多人被捕，囚禁于沙沟监狱。8 月下旬，国民党反动派制造"沙沟惨案"，杀害狱中共产党人及爱国人士 70 余人。

（二）清末甘肃近现代法律教育的开启

清末变法修律，各地法政学堂兴起，并对外派遣留学生学习政法，中国近现代法律教育于斯时开启。甘肃虽地处祖国西北内陆，经济、政治、文化相对落后，但也紧跟时代步伐，开始接触近现代法律教育。

1909 年 9 月 17 日（宣统元年中秋节）

甘肃法政学堂正式成立，此照片为当时甘肃教育报的报道

（1）这一时期，甘肃籍人士有赴京城或外省学习法政者，譬如甘肃名士水梓。水梓（1884—1973）甘肃兰州人，原籍浙江，字楚琴，清末附生，保送甘肃文科高等学堂，1908 年毕业。1909 年考入京师法政学堂（后改北京法政专门学堂）。1917 年任甘肃省立一中校长。次年，赴欧美考察教育，著有《欧美教育考察笔记》。并兼甘肃法政专门学校教师，编有《比较宪法讲义》。后任省政府代理秘书长、临洮县代理县长等职。1927 年任兰州中山大学筹备委员会委员。1931 年任甘肃省教育厅厅长。1940 年出任考试院甘宁青检叙处处长。1946 年为国立兰州大学特约法学教授。中华人民共和国成立后，以社会贤达身份担任西北军政委员会委员，参加了甘肃省各界人民代表会议协商委员会的筹建。曾任甘肃省政协常务委员会委员、民革中央团结委员会委员、民革甘肃省第一届委员会副主任委员等职。"反右"及"文化大革命"中，遭受不公正对待和迫害。1973 年病逝于兰州。1986 年 7 月 26 日中共甘肃省委统战部为其主持补开了追悼会，时任中共中央政治局委员的习仲勋同志特地从北京打来电话表示哀悼。

　　清末，甘肃开始派遣留学生，多学习政法。甘肃派遣国外官费留学生始于 1906 年。是年，清政府从甘肃派 5 人赴日留学，杨思、阎士璘、范振绪、万宝成赴日本法政大学学习，包述先入日本士官学校学习。这些人学成归来后，对甘肃后来的文化教育、政治法律多有贡献。譬如杨思、阎士璘、范振绪 3 位。杨思（1882—1956）字慎之，会宁县人。1903 年癸卯科三甲第 45 名进士。殿试后任翰林院庶吉士，后升翰林院检讨。1906 年，以甘肃首批 5 名留学生之一，东渡日本，就读于东京法政大学，未毕业即回国，参加同盟会，投身辛亥革命。1912 年任会宁县议会议长。1913 年任甘肃省第一届议会副议长。1918 年任安肃道尹（甘肃河西行政长官）。1921 年当选甘肃省第三届议会议长。1922 年任兰山道尹（兰州市行政长官）。1925 年护理（代理）甘肃省长。1931 年任甘肃民政厅长。1932 年任甘肃省通志馆馆长。1934 年任甘肃造币厂总办。1947 年当选"国大"代表，翌年 3 月出席民国政府在南京召开的"行宪国民大会"。中华人民共和国成立后，任西北军政委员会委员、西北区检查委员会副主任等。1956 年 10 月 27 日病逝。阎士璘（1879—1934）字简斋，一字玉彬，陇西县人。1904 年进士，点翰林院编修，兼任国史馆协修。1906 年赴日本法政大学学习。1912 年选为陇西议事会议长，第二年甘肃省议会成立，选为议长。1916 年甘肃创设公立图书馆，任馆长。1917 年任甘肃教育厅厅长。1921—1922 年任安肃道尹、径原道尹。1925 年甘肃政局混乱，便归里家居，75 岁卒。范振绪（1872—1960）字禹勤，号南皋，晚年号东雪老人、太和山民，祖籍甘肃省靖远县，生于北京。1901 年中举人。1903 年中进士，初任工部主事。1906 年赴日本留学，在日本法政大学攻读法律，是年加入孙中山领导的同盟会。1909 年从日本回国，任河南省济源县知县，主修《济源县志》。1913 年当选为国民政府第一届国会参议院议员。1915 年袁世凯称帝，他拒绝参与复辟活动，赴南京。1916 年出任河南省孟县知事，3 年任期届满后回北京，深居荣宝斋从事书画创作，维持生计。1921 年被绥远督统马福祥聘为记室，出任萨拉齐县知事。1934 年返回兰州，被聘为甘肃省政府顾问，兼禁烟委员会委员。1940 年被选为甘肃省临时参议会副议长。1941 年与张大千同往敦煌，研究壁画，抢救国宝。中华人民共和国成立后，任西北军政委员会委员，后当选为甘肃省政治协商会议副主席，并当选甘肃省第一、二、三届人大代表。1960 年 8 月 21 日病逝于兰州。一生著有《东雪草堂笔记》《东雪杂文》《兰州事变记略》《燕子笺秦剧本》《靖远新志稿》《济原县志》等。

（2）1909 年，甘肃法政学堂（兰州大学前身）设立。1889 年，兰州府发审局附设了学吏局，用于专门培训地方候补官吏。1900 年 8 月，陕甘总督魏广焘将学吏局改为学律馆，别称法官养成所。学律馆专门培养法律行政人员，和当时进行普通教育的书院有所不同，分科开设课程，采纳一些西学的方法，具有现代课程的某些特点。1903 年学律馆改为课吏馆，1907 年课吏馆又改为法政馆，别称法政讲习所。1906 年 5 月 16 日，清政府命令各省开办通省法政学堂，并规定各省法政学堂由各省提学使司主管。1908 年 11 月 8 日，甘肃法政馆呈清甘肃省当局将法政馆改为甘肃法政学堂，奏咨立案，呈请颁发关防，制定学堂章程，呈报清政府学部备案。1909 年 2 月 5 日，清政府学部同意将甘肃法政馆改为"甘肃官立法政学堂"，由提学使司主管，颁发"甘肃法政学堂关防"，性质为高等学堂。是年 7 月，公布招收学生名单，学生开始入学。1909 年 9 月 17 日（农历八月十五日）甘肃法政学堂正式成立。兰州大学的校庆日定为这一天，就是根据它的前身甘肃法政学堂是在这一天正式成立的史实确定的。甘肃法政学堂的成立，揭开了陇原大地上近现代高等教育和法律专门教育新的一页，是甘肃法学发展史上值得浓墨重彩的一笔。

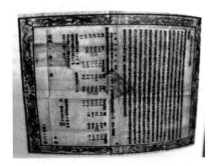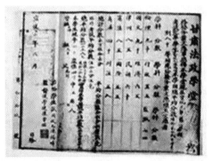

甘肃公立法政学堂毕业文凭

甘肃法政学堂前后共招收 3 届学生 209 人，分别为讲习科与别科。每科又分官班、客班、绅班，另有部分自费生，还有原法政馆所招一班学生，由法政学堂继续培养。法政学堂，初期开设 11 门课程，有律例、宪法、民法、行政法、民事诉讼法、经济法、法学、政治学、国际法、刑法、监狱法；后陆续增设伦理、国文、法学通论、财政、地方自治，户籍等课程。任课教师有王家彦、程宗伊、王国柱、赵敏岳、李拱宸，郭世选等，他们中有二人是日本法政大学毕业，一人是日本警官学校毕业，他们的官衔有的是知县，有的是县丞。法政学堂对学生的教学管理虽极为松懈，但还是培养了一批优秀人才。如法政学堂第一届学生钟彤沄，对甘肃工作有贡献，1921 年代理兰山道尹，同班学生聂守仁积极投身于辛亥革命，任国民党甘肃支部的机关报《大河日报》的主笔，后该报因参加讨伐袁世凯的斗争，于 1913 年 11 月被查封。

（三）民国初期甘肃法学教育的重镇——甘肃公立法政专门学校

甘肃公立法政学校前身即 1909 年清政府设立的甘肃官立法政学堂。民国成立后，王新祯任甘肃提学使时，甘肃官立法政学堂曾一度短期停办。1912 年蔡元培担任教育部长后，是年 7 月在北京召开了中央临时教育会议，讨论了许多重要的教育政策和各级各类学校的法令，并陆续公布了《大学令》《专门学校令》《师范教育令》《法政专门学校令》等，对各类学校的培养宗旨、系科设置、入学条件、修业年限、课程名称等都作了明确规定。原甘肃提学使司于 1913 年 3 月奉令改为甘肃教育司，仍由马邻冀任司长。根据教育部颁发的法令，由甘肃法政学堂校长兼教务主任蔡大愚筹办将甘肃法政学堂改组成为甘肃公立法政专门学校的事宜。

蔡大愚

蔡大愚（1874—1946），字冰吾，又字冰若，回族，四川省成都人，祖籍湖南。我国近代著名的教育家、革命家和思想家。早年留学日本法政大学，回国后在四川、上海、北京、兰州等地从事思教育工作。1913 年至 1917 年任甘肃官立法政学堂、甘肃公立法政专门学校校长。蔡大愚上任之初，面对生源不足、师资极缺、校舍和设备太差等困难，他不为困难屈服，积极奔走，勇于任事，充分发挥他的卓越领导才能，满腔热情地为甘肃高等教育的建设作出了突出贡献。1913 年10 月 17 日甘肃教育司批准筹建的法专迁入西关原贡院（即兰州大学原萃英门校址，现为兰州大学第二附属医院），他亲自督促维修，把科举时代的至公堂、观成堂改修成教室。他还多方延聘教师，一开始就聘用日本早稻田大学、日本法政大学毕业的王道昌、林钟蕃、黄芝瑞、周秉钧等人；从北京、四川、湖南、湖北、甘肃等省法政学堂毕业生中聘来彭立本、胡镜清、万宗周、钟彤坛、王鑫润、谢邦樟、赵学普、杨希光、陈大郎等人，此外，还聘到质量较高的中、外语文课的教师。这些工作，为甘肃公立法政专门学校的建立奠定了基础。

1913 年 6 月 18 日，甘肃公立法政专门学校贴出招生广告，公布招收法律别科、政治经济预科各一班，名额各 100 人。应考者千余人，录取别科生 98 人，预科生 104 人。于 1913 年 9 月 10 日正式上课。1913 年 9 月法专建校初期，学校拟定《甘肃公立法政专门学校学则》（又称《章程》），并报上级同意后执行。这是一个学校的基本文件，是学校教学管理的依据。《学则》共分 11 章 34 条，对办校宗旨、招生条件、课程开设、修业年限、假期、休学退学、考试奖惩、学费、教职员职责等都作出详细规定。办学宗旨是"养成法政专门人才"。法专的《学则》是根据当时教育部颁布的有关文件制定的，而教育部制定规章则是模仿英、美、日、俄等国家模式，更加接近日本高等学校的情况，这是由于当时两国国情相近，加之清末政府派遣留日学生较多所致。

法专时期的 14 年（1913—1927），办了 7 种科别的 13 个班。其中 3 科是大学预科性质，即法政别科、法政讲习班、法律别科。前两个班是原法政学堂移交下来的，法专接办后，对他们进行了全面的补课，经过考试，达到要求者发给毕业证书。属于高等专门教育性质的有 4 科即政治经济科（4 个班）、法律科（3 个班）、经济科（2 个班）、政治科（1 个班）、这 4 科都是第一年预科，后三年本科（有几个班本科达三年半），学制共四年（个别达四年半），符合教育部的规定。这四个科的预科，开设的课程大致相同，一般开设国文、英文、心理学、法学通论、经济原论、论理学、伦理学、西洋历史共 8 门课。个别班级为了补中学基础还开设算学、物理、化学、地理、中国历史等课程中的某几门，最多的班开过 11 门。法律科第二班，在预科之前还有一年的法律预科补习班，这样学制就长达 5 年。日语作为第二外语开设的情况，较为普遍，因法专有不少留日教师。各科本科都开设二三十门课程，其中法律科开设的课程有：宪法、民法总则、民事诉讼法、民法物权、民法债权、民法亲属、民法继承、刑法总则、刑法分则、刑事诉讼法、监狱学、强制执行律、刑法政策、商法、海商法、商行法、破产法、公司条例、国际私法、平时国际法、战时国际法、罗马法、行政法、法院编制法、心理学。

法专时期学生除正常学习外，课外活动还创造了不少好的形式。如谈话会、辩论会、假设议会、假设审判等。其中，假设审判专为法律本科毕业班而设，相当于模拟法庭。假定教室为法庭，每月举行一次，制定审判简章，依法院开庭形式，实行民事、刑事三审的制度，将诉讼情况、审判案件，记录于簿，作为副本，经教职员审定后，批以分数，以资鼓励。当地法院开审时，派学生轮流前往旁听，将对质、审问情况，随时作笔记，以便熟悉审判手续，增长判案能力。

法专的教学质量是相当高的，在全国同类学校举行的一次统一考试中，甘肃法专的成绩列为乙等，可见当时法专达到了全国中等水平。法专的教师人数不多，最多时约 30 余人，但质量较高。先后任教的有 110 人，均为聘任制。多数为法专的专任教师，少数是兼任教师。

1914 年甘肃公立法政专门学校法律别科毕业摄影留念

法专是民国初期甘肃乃至西北高等教育、法学教育的重镇，为当地培养了大批政法、经管人才，蔡大愚校长还组织法专师生参加了甘肃的护法运动，它的重要性和影响力是毋庸置疑的。法专时期也为学校后来的发展奠定下了坚实基础。在兰州中山大学至甘肃学院时期（1928—1946），法律系被认为是学校创办的第一个本科系，就是因为学校成立于甘肃公立法政专门学校的基础上。这一时期法律系学制四年。法律系系主任冯济，曾留学美国西北大学获法学博士学位。开始不是每年招生，从 1928 年 2 月至 1935 年 12 月的八年中，只办了两届，于第二班毕业后停办，至 1940 年恢复招生，后每年招生。法律系是学校这一时期教学力量最强的一个系。1946 年国立兰州大学成立后，设有法学院，法学院下设法律系、司法组、政治系、经济系、政治经济系、银行会计系、法院书记官专修科。法学院院长兼法律系系主任先后为李镜湖、陈慨勤教授。法律系教师除陈慨勤教授外，另有吴文翰副教授（30 年代毕业于北京朝阳大学）、李明忠副教授，他们担任法律系与司法组的法律方面的课程。在中华人民共和国成立初期，兰州大学设有文、理、法、医四个学院，法学院院长陈溉勤，下设有法律系，系主任由陈溉勤兼。1952 年院系调整时，兰州大学法律系被取消，直至 1984 年恢复重建。

国立兰州大学校长辛树帜　　　　兰州大学校长曲正
（1946—1949）　　　　　　　（1951—1952）

兰州大学校长林迪生　兰州大学党委书记刘海声　兰州大学校长江隆基
（1953—1958）　　　（1957—1960）　　　　（1959—1966）

兰州大学不同时期的几位校长、书记

兰州大学校长辛树帜（左）与著名史学家顾颉刚（右）

二 百年史陇上回族法律人物

甘肃法治人物简介（民国至 1949 年）

从鸦片战争到中华人民共和国成立的 100 余年，是中华民族饱受封建专制暴政的奴役压迫和西方列强侵略蹂躏的历史时期。经历了抵御外侮、变法图强，推翻帝制、建立共和，抵抗西方列强和日本帝国主义的武装侵略，面对民族危亡、生灵涂炭的悲惨境遇，包括回族在内的中华儿女为救亡图存上下求索，进行了反压迫、反奴役、反侵略的英勇斗争，写下中华民族不屈不挠、顽强抗争的一页。

在中国共产党成立一百周年之际，铭记历史，不忘初心。抗战时期留在兰州回坊的那段红色记忆，弥足珍贵。自 20 世纪 30 年代以来，日本军国主义先后发动了侵略中国的"九一八事变"，相继占领了全东北并威胁到华北地区，亡国灭种的危机迫在眉睫。"七七事变"爆发后，中国共产党号召全中国人民积极投入抗日救亡运动，发表了中国人民抗日爱国统一战线纲领，以民族大义为本，积极协助促成了"西安事变"的和平解决，实现了国共两党再度合作。中国人民经过艰苦卓绝的浴血奋战，在中国共产党的领导下，终于打败了日本侵略者取得了抗日战争的最后胜利。

1. 马福禄喋血正阳门，谥号"忠烈"传英名

马福禄（1853—1900）中国近代回族穆斯林爱国将领。字寿三。甘肃河州（今临夏）韩家集人，清代同治年间著名回族世家马千龄之子。马福禄幼年入私塾就读，读书过目成诵。后弃文习武，专习弓箭刀石之术。清光绪二年（1876）中武举，光绪六年（1880）中武进士，充皇宫侍卫，曾任清安宁营管带、简练军记名总兵。光绪二十三年（1897），董福祥所部甘军调往京师，马福禄随甘军驻河北正定，后率由回民军队马步七营旗整编的简练军，驻防山海关等地。

马福禄是名震西北的"三马"之一的晚清民族爱国名将。光绪二十六年（1900）6 月中旬八国联军入侵中国，马福禄率其弟马福祥及马海晏等甘军回族将士抗击侵略军。英海军司令西摩尔率 2000 余侵略军从天津向北京进犯，马福禄被派"往阻西兵进京"，率所部 3000 余人与义和团共同猛攻聚集在廊坊车站的侵略军。马福禄带骑兵从左诱击，又以步兵自右伏击，奋勇当先，"挥短兵入阵，喋血相持"，激战两小时，毙伤敌

军 44 名，迫使侵略军退往杨村车站一带，继而返回天津租界。《清史稿》称此战役"为庚子之役第一恶战"。

6 月下旬，义和团在北京攻打各国使馆。8 月马福禄奉命率部回防京城，据守正阳门城楼。当时侵略军在城前设立 10 座木栅，逼攻正阳门。12 日，马福禄率敢死队与攻城英军激战，接连攻取敌人 9 个栅卡。13 日，晚大雨滂沱，马福禄的左臂中弹负伤，他裹起受伤的左臂，冒着大雨率领敢死队闯入侵略军阵地，向敌人最后一栅卡发动进攻，在即将冲入使馆时，敌军疯狂反扑，马福禄不幸中弹，为国捐躯，时年 48 岁。其族弟马福贵、马福全、族侄马耀图、

马福禄喋血正阳门

马兆图及部下战士百余人同时阵亡。为表彰马福禄，清朝廷追封马福禄为振威将军，谥"忠烈"。马福禄牺牲后就安葬在三里河清真寺界内的三里河回民墓地。

1955 年冬，在周总理的关怀下，国务院批准，由马福禄长子马鸿宾（时任甘肃省副省长）将其遗骨迁葬到甘肃省临夏县韩集阳洼山祖坟中。时任甘肃省政协常委的马廷秀老人题写了"马福禄将军之墓"碑。其墓地现被临夏回族自治州人民政府命名为州爱国主义教育基地。

2. 马麒沥血发"艳电"，捍卫西藏保主权

马麒（1869—1931），字阁臣，回族，甘肃河州人。八国联军进攻北京时，马麒随父马海晏（甘军回族将领）入京抗击八国联军，血战廊坊。慈禧挟光绪皇帝西逃时马麒随驾护卫任旗官。1906 年升任花翎副将衔循化营参将。辛亥革命后，马麒拥护共和，受任西宁镇总兵兼青海蒙番宣慰使。1914 年率部进驻今青海玉树、果洛、黄南等地区，为青海建省创造了条件。1915 年，马麒在青海组建宁海军。同年，北洋政府改镇守西宁等处总兵官为"甘边宁海镇守使"，改青海办事长官为"青海蒙番宣慰使"，马麒身兼镇守使和宣慰使二职，主持青海军政。

19 世纪末 20 世纪初，英国图谋蚕食西藏，用各种卑鄙手段侵占中国

领土。1913 年 10 月至 1914 年 7 月，在北洋政府、西藏、英国三方代表参加的"西姆拉会议"上，英国代表唆使西藏代表首次公然提出"西藏独立"，并强调西藏疆域应包括青海南部、四川西部等大片西藏之外的区域。丧权辱国的《西姆拉条约》随即出笼，但遭到北洋政府代表陈贻范的拒绝。英国代表经过观察，认为直接提出"西藏独立"时机还不成熟，借口两方议案悬殊，要求集中讨论所谓"中国与西藏的边界问题"。1914 年 2 月，英国代表公开提出划分内藏与外藏的条约草案，"外藏为金沙江以西地区，外藏完全脱离中国，境内一切权力由西藏政府管理，中国政府不得干预，实为西藏独立；内藏为金沙江以东地区，归汉藏共管。"陈贻范迫于北洋政府对外妥协的压力，在草约和交换文书及所附地图上签字。但在草签前，陈贻范郑重声明，草签与正式签字截然不同，正式签字必须要有中央政府的命令，如中国政府不认同，草签作废。1917 年 9 月，英国煽动挑起藏军与川军之间的冲突，并占领川属金沙江一带德格等 12 县大片土地。英国政府乘机与北京政府交涉，提出重开中英谈判。北洋政府将英方所提出的划分"内、外藏"方案和关于在"内藏"所有地区不让中国驻兵等条款主要内容，于 1919 年 9 月 5 日以"歌电"通电西藏毗邻各省地方当局征询意见。

马麒"艳电"保西藏

甘边宁海镇守使兼任青海蒙番宣慰使马麒所管辖范围基本上包括今日青海省全境。当他得悉"歌电"内容后，在事关西藏和藏区前途及国家主权的问题上，态度坚决，对北洋政府妥协退让进行了针锋相对的批判。马麟发出了震撼人心的"艳电"，以甘边宁海镇守使兼任青海蒙番宣慰使名义提出：奉钧署（按甘肃督军署）密令，对"与英使磋商藏界始中有将昆仑南当拉岭北之地作为内藏，中国不设官，不驻兵，德格归外藏等语。捧读至此，不胜骇异"。歌电"所谓昆仑，是否即此？如果即此而尽为内藏，不驻兵不设官，是举青海大半部，玉树二十五族，纵横数千里之地，一朝而弃其主权，始虽废为瓯脱，终必被人占领，较之前清时代抛弃黑龙江以北与乌苏里江以东者，其损失之巨，大有过之而无不及。西藏本中国属土……吾国苟有一息生气，所有划界会议，应从根本否定。此约一签，终古难复，大好河山，一笔断送，凡属五族，谁不解体？……事关国家存亡，此而不言，将使他族谓中国无人，麒实耻之！麒实愤之！是以披肝露胆，沥血以告"。

"艳电"发出后，马麒派弟弟马麟率领军队集结青海玉树，严阵以待，表明立场，防范英帝以及亲英分子分裂祖国的图谋。同时，马麒上书北洋政府表明捍卫对西藏领土主权的立场，得到北京政府的认可并授命马麒实施与西藏和谈方案，经甘肃总督张广建同意，马麒派员去西藏与达赖喇嘛联系。1919 年 12 月代表团进藏谒见十三世达赖，并广泛接触西藏上层人士，劝导拥护中央，维护统一，息兵言和。经过 4 个多月的政治会谈，使十三世达赖和西藏上层首脑人物的态度有了明显的转变。代表团等一行离开拉萨时，达赖设宴饯行，并诚恳表示："亲英非出本心，只因钦差（暗指前清驻藏大臣）逼迫过甚，不得已而为之。此次贵代表来藏，余甚感激，惟望大总统从速派全权代表解决悬案。余誓倾心内向，同谋五族幸福。"并回赠马麒等人以哈达、金佛、藏香、红花等礼物，亲手转交关于这次和谈取得一致的汉、藏合璧正式公文一函。九世班禅闻讯也从日喀则派人专程赴拉萨致送信函礼物，以表诚意。此后，中央政府派员赴藏慰问，西藏地方政府亦派代表驻京，加强了一度疏远的西藏与中央的关系，藏、川、青边界的局势也逐步安定。马麒以"艳电"披肝沥胆，沥血以告：任何分裂行径绝对不能得逞！遂派重兵驻守边疆，粉碎了国内外分裂势力分裂中国的图谋。

3. 马福祥爱国敬教劝学，情系边陲保疆土

马福祥（1876—1932），字云亭。回族。中国近现代回族爱国将领，民国时期著名政治活动家。甘肃河州（今临夏）韩家集人，甘肃回民起义首领马千龄之子，马福禄之弟。八国联军进攻北京时，马福祥随其兄马福禄等甘军回族将领入京抗击八国联军，血战廊坊。北京沦陷后，马福祥承担慈禧太后、光绪帝等退向西北护驾任务。八国联军退出北京后，马福祥被赏记名提督、实授靖远协副将至总兵大员。1910 年任甘肃新军第二标标统。辛亥革命爆发后，马福祥通电赞成共和。辛亥革命爆发不久，马福祥联名

通电赞成共和。1912 年 8 月，北洋政府任命马福祥为宁夏护军使。

心系边疆的马福祥

1924 年马福祥赴京参加了段祺瑞主持召开的北京政府"善后会议"。在京期间谒马福祥见了孙中山先生，聆听中山先生的亲切教诲，这是他政治生涯中的一大转折，也是他成为国民党元老之一的原因。马福祥力主开发蒙藏地区，加强西北国防建设，维护国家统一，坚决抵制日本帝国主义的侵略，揭露日寇在中国西北地区策划建立"回回国"的阴谋活动。他大声疾呼："蒙、藏之存亡，即中国之存亡，中国绝不可使蒙、藏脱离中国之版图，蒙、藏亦不能脱离中国而独立。"英国人几十年来染指中国西藏，马福祥每每提来心情沉重，不轻易发火的他言谈间动辄就会勃然大怒。"中华民国成立以来，内耗不停，从未西顾。若西藏失去，川滇青也会相继之。"马福祥爱国之情溢于言表，由此国人开始关注西部边防，民国政府也实施了一系列举措，使西藏与祖国关系日渐密切，西藏与祖国人民同心同德，英国人试图分裂西藏的图谋再次失败。马福祥主张，从长远考虑，必须修筑高原铁路，"然就国防方面言之，则此铁路必须提前兴筑"，"况国防重要又不可纯以经济眼光测之耶。"

1928 年以来，马福祥任南京国民政府委员、国民党中央候补委员、蒙藏委员会副委员长等职务。当时蒙藏地区面临被外国分裂的危险，1930 年 9 月，在南京召集蒙、藏各部王公会议，提出消除各民族间的隔阂，加强民族团结，发展民族教育，开发蒙藏地区，加强西北国防建设，维护国家统一的主张，得到

马福祥著《朔方道志》书影

蒙藏世俗界和宗教界上层人士竭诚拥护，达赖喇嘛和班禅派人参加了会议。

马福祥关注开发西部边陲。提出治理边疆民族地区，应当把发展文化教育与和发展经济同步进行。为此他在西北捐资创办百所学校及北平成达师范、西北公学等。马福祥主持编写《朔方道志》《蒙疆纪要》及30 余种汉文译著，创办《月华》杂志，编印《天方性理》《天方典礼》。他编著的《蒙藏状况》成为后来国家制定并处理边疆事务的重要历史文献，书中处处闪烁着马福祥对边疆安全的忧思，字里行间流淌着反对分裂、国人应当同心戮力的呐喊。他计划在 1931 年的夏天召开西藏会议，实施把"昔日边疆之纠纷一并解决"，不料兰州"雷马事件"发生，接着"九一八事件"爆发。1932 年 8 月，马福祥在北京病故，葬于北平三里河穆斯林墓地，时年仅 57 岁。1955 年冬，经国务院批准，时任甘肃省副省长马鸿宾出面将其父马福禄、叔父马福祥的遗骨从北京三里河回民墓地迁葬到甘肃省临夏县韩集阳洼山祖坟。

4. 纵横捭阖甘肃军政的马安良

马安良（1855—1920），字翰如，又名马七五，回族，甘肃河州（今临夏回族自治州）西乡莫尼沟大河家人，甘肃回民起义首领马占鳌之子。清同治十一年（1872），马占鳌在新路坡采用"黑虎掏心"战术击败左宗棠所率清军后，派马七五等人赴安定（今定西）的左宗棠大营请降。左宗棠接受其投降，并改马七五名为"安良"，取安顺为良民的意思。此后，左宗棠将河州回军编为马旗三队，以马占鳌为督带。该军后成为董福祥甘军的主力之一。

1886 年，马占鳌病故于河州家中，马安良遂以长子接替父职，以游击衔任军队指挥官，遂加入董福祥所部甘军进驻京畿。1894 年，甲午战争爆发，清廷命董福祥甘军入京护卫，增编马安良马队十营。光绪二十一年（1895），马安良隶属董福祥部下，协其镇压河湟事变，清廷授花翎副将总兵衔，穿黄马褂，升任巴里坤镇总兵。光绪二十六年（1900）8月，八国联军入侵京津，慈禧太后逃至西安，马安良奉命率众护驾至西安。1911 年 10 月，辛亥革命席卷全国，陕甘总督长庚命马安良"援陕勤王"，马安良率"精锐西军"，攻陷长武，围攻乾州。民国元年（1912），马安良转而支持革命党，后又转身依附袁世凯北洋军阀，北洋政府任命其为甘肃精锐军统领兼甘肃提督。民国四年（1915）8月袁世凯称帝后，授马安良"一等大绥嘉禾章、一等宝光嘉禾章、二等文虎章、陆军上将、勋四位"。民国六年（1917）孙中山领导护法运动，在兰州的革命党人、甘肃法政专门学校校长蔡大愚等积极响应，并争取马安良及其子马廷勷，配合蔡大愚并与临洮新建右军中的青年军官焦桐琴、胡登云等人策划的起义，驱逐张广建，宣布甘肃独立。但事机提前泄露，起义遭镇压而失败，赵学普等人被杀。马安良派营长韩有录护送蔡大愚等人出境。张广建知道马安良、马廷勷父子参与起义但未追究，并呈准任命马廷勷为凉州镇守使。民国七年（1918）10月，北洋政府裁撤甘肃提督，改设布政使，马安良继任。民国九年（1920）在"甘人治甘"呼声中，甘督张广建离甘，邀马安良去代理职务。马安良接电赴兰，行至东乡锁南坝，旧病复发，急返河州家中后去世。

5. 蔡大愚甘肃护法，虽败犹荣；创法政、立清华蜚声华夏

蔡大愚，字冰吾，四川成都人氏，祖籍湖南。1874年，蔡大愚出生于四川成都皇城坝回族家庭，从小受到回族传统教育暨清末兴起的新学高潮影响。青年时代满怀着爱国和求知的激情，负笈东渡，留学于日本法政大学。留学日本期间，蔡大愚与熊克武等参加了同盟会，与革命党人黄兴、蔡锷多有交往。1905年回国，以教育救国为己任，在嘉定府中学堂任教，并担任教务长。1906年4月，中国公学在上海创办，两江总督端方每月拨银支持，革命党人于右任、马君武、陈伯平等任教员，在当时国内教育界已有一定知名度的蔡大愚也应邀赴该校任教。后来，蔡大愚从上海辗转到北京，任北京花市清真第五学堂教员，备受学生称颂。

1912年10月，马邻翼先生赴任甘肃教育司长。马邻翼邀请蔡大愚、达浦生等贤达共赴甘肃兴办回民教育。经与甘肃提都马安良及马璘等会商回民教育，南关清真大寺征得孝友街马福德乡老同意，将马家捐赠清真寺建大学堂的两院"卧阁夫"（义产）改作办新式教育用地。1913年5月12日，南关礼拜寺"初设回教促进会，附设高等小学"。"兰州回教劝学所"即"清华小学"宣告成立，马璘、达浦生、蔡大愚先后任劝学所所长。清华小学为清真高等学校，随后另设五所初等学校，分别为清华（孝友街）、明德（新关）、尚德（金城关）、敬德（定西路）、崇德（柏树巷）。

1913 年，蔡大愚还接受马邻翼委任改组原法政学堂，新建甘肃公立法政专门学校的具体事宜。面对师资缺乏，设备简陋，经费不足的艰难环境，蔡大愚全力以赴，从教学和管理两方面抓起。经蔡大愚多方奔走呼吁，甘肃公立政法政专门学校从原址城内西大街迁入萃英门旧贡院已停办的原农场，巡警两学堂旧址，比原校址扩大了数倍。1913 年 9 月新生入校，开学上课。1913 年 12 月，蔡大愚被教育部任命为甘肃公立法政专门学校（兰州大学前身）校长。他"严功课，除积弊"，还亲自担任一些重要课程的讲授，以自己丰富的知识和活跃的思想，赢得了师生们的欢迎和敬重。

蔡大愚先生不仅是一位教育家，也是一位民主革命家。1912 年，清帝逊位，共和告成，中国同盟会联合统一共和党等党派团体组织国民党，设总部于北京，孙中山先生为理事长，代理事务长为宋教仁。宋教仁推荐蔡大愚为甘省特派员，筹备支部事宜。蔡大愚来到兰州后，在致力于整顿、改组法政学堂的同时，积极创办了国民党甘肃支部，并在甘肃 30 余县也

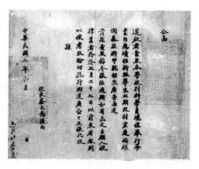

甘肃法政专门学校校长蔡大愚签发的"公函"（兰州大学档案馆）图片

相继成立分部，国民党在甘肃的影响迅速扩大。1913 年，宋教仁遇刺身亡，反袁"二次革命"被镇压。1915 年冬袁世凯颁布洪宪年号，甘肃总督张广建受封为一等子爵，帝制复辟声喧嚣于兰州，蔡大愚顿足大骂袁世凯断送了民国。1917 年春，蔡大愚派学生秘密赴广州与孙中山联系，发动了旨在推翻甘肃专制统治的"甘肃护法运动"，但因事前机密泄露，起义失败。蔡大愚离开兰州辗转回到成都，在熊克武将军处任职。自此，他离开了教育界，成为职业革命家。

1921 年 10 月，时为中华民国非常大总统的孙中山先生，决定大举北伐，武力统一全国。蔡大愚先生闻讯后立即来到广州，投身北伐革命运动。北伐胜利后，蔡大愚先生在南京政府担任一般官员。抗战开始前后，蔡大愚先生离开了南京国民政府，返回成都。抗战后期，蔡大愚先生常在成都皇城坝一带的茶馆中饮茶食饼度日，大约于 1945 年前后去世，墓

地在成都南门外土桥乡。

6. 我国近现代杰出的教育家马邻翼

马邻翼（1865—1938），字振五，湖南邵阳人。我国近现代杰出的回族教育家、社会活动家、伊斯兰教学者、伟大的爱国主义者。马邻翼出身回族世家，其先祖系陕西"扶风马"，其父马彦希是邵阳远近知名的伊斯兰教阿訇。他自幼研读伊斯兰经典和儒家典籍，功底扎实，应试科举补博士弟子员。甲午海战以中国战败、北洋水师全军覆没告终，清廷被迫与日本签署了丧权辱国的《马关条约》：承认朝鲜独立，赔偿日本两亿两白银，割让台湾及澎湖列岛。消息传来，朝野震惊。马邻翼目睹国运衰落，民不聊生的时局，深感忧虑，认为改革旧式教育是寻求救国的途径之一。1902 年，为寻求救国真理，放弃功名，经湖南巡抚赵尔巽选派，负笈东渡留学，入日本东京"弘文学院"学习师范教育，受任留学日本领队长。1905 年 9 月，孙中山在东京创建"同盟会"，他旋即加入，成为孙中山革命运动的积极参加者。马邻翼研习本专业的同时，博览群书，并习读其他学科，涉猎及哲学、政治、经济、法律、社会乃至国际关系等学科部门。他废寝忘食，勤奋苦读，志在匡扶国内教育、振兴中华而储备知识。马邻翼一生主张改革教育，振兴中华，推动"回汉偕进"，消除民族畛域，重视回族女子教育，毕生为"开人智，兴教育"、振兴民族和祖国而不懈奋斗。

马邻翼先生照片

1905 年，马邻翼学成回国后，任湖南省视学兼全省师范传习所监督，创办妙高峰简易师范及邵阳驻省中学。1906 年冬奉调清学部任总务司主稿兼侧例馆帮办。在北京与王浩然阿訇等在牛街清真寺创办清真小学。时与侍郎严修、咨议危静生被教育界称为"学部三杰"。还担任了宪政筹备处筹备委员，参与宪政活动。1908 年任补学部普通教育司主事，搜选公牍刊为《学部奏咨辑要》一书，又编制《全国教育统计图表》，为中国教育有统计之始。1912 年中华民国成立后，被委任为教育部首席参事，历任甘肃提学使、教育司司长、实业司司长、甘凉道尹、教育厅厅长等职。创办师范、法政学校和中小学277所，选送出国留学生100余人，为开发西北培养了一批人才。1918年调任安徽省教育厅厅长，因未到职，即调任直隶省任教育厅厅长兼北京国民政府国务院咨议，负责厘定学校规程，为西北回族教育奠定了基础。1921年5月调任教育部次长、教育部代理总长，国民政府行政院顾问，国民政府宪法起草委员会委员等职。

马邻翼先生历任北京国民政府蒙藏委员会委员，北平蒙藏学校校长、北平中国大学董事长、北平民国大学常务董事、国医学院董事长，及西北公学、成建师范、湖湘学校等正副董事长职务。曾兼任公民大学校长、华北学院院长等职务。1930年由国民政府划拨华新纺织公司官股30万元作为回民教育基金。1932年将邵阳偕进小学改为中学，扩建校舍，添置图书仪器，回汉学生兼收。

抗日战争全面爆发后，北平、天津等地相继沦陷。时马邻翼旅居北平，每日五番礼拜不辍，忧国忧民，闭门谢客，待病不出就医。日军登门敦请就任维持会的重要职位，并加以威胁利诱，始终宁死不屈，他严词拒绝，并书写对联"苟全性命于乱世，坚持志节以终生"悬于门口，表现出高尚的民族气节。

1938年9月，马邻翼在北平逝世，葬于三里河回民公墓。他逝世后，国民政府曾发表褒奖令表彰他为"中华民族爱国志士"。马邻翼著有《伊斯兰教概论》《新教育学》《舆地形胜略》等。其中《伊斯兰教概论》曾3次由商务印书馆出版发行，被列入《万有文库》。

马邻翼是反清组织同盟会最早的成员，是孙中山领导的辛亥革命的积极参加者。辛亥革命前夕，回族留日学生运动，从爱国、爱族、爱教的愿望出发，企望通过普及教育和改良宗教，以改变回族经济、文化的贫穷落后面貌，振兴回族，这在中国回族史上有一定的进步意义。光绪三十一年（1905）八月，孙中山在日本成立同盟会，留日回族学生马邻翼、杨光灿、龚选廉、刘庆恩、赵钟奇、保廷梁、孙永安、王廷治等追随孙中山先生，积极参加旨在推翻腐朽的清朝专制统治的民主革命，他们"从孙总理游，吸收革命思想，遂加入同盟会为会员"。1907年11月，留日回族学生成立了以"联络回教情谊，提倡教育普及、宗教改良"为宗旨的"留东清真教育会"。1908年12月，出版了该会刊物《醒回篇》。《醒回篇》论文围绕教育、经济、民族等主题。其中有保廷梁的《劝同人复兴教育之责任说》、王廷治的《回教与武士道》、黄镇磐的《回教之文明》，或是提倡民族团结和爱国主义的主张，或是认为发展新式教育、提高国民素质的观点，对孙中山的"民族主义"思想的发展产生了一定的影响。《醒回篇》是回族穆斯林所办的最早刊物，虽仅出一期，但无论在中国回族史和文化史，还是推动中国革命进程上占有一席之地。《醒回篇》所提出的民族宗教新观点以及普及文化教育的基本思想，仍具有重要意义。这批回族留日志士回国后，都投入到反清起义活动之中，为推翻帝制，建立民国，不怕流血牺牲，浩气长存，名垂史册。

马邻翼是中国回族新文化运动的积极倡导者。清末民初，受民主革命思潮的影响，回族的国家意识和民族意识逐步高涨，表现出文化上的创造性和政治上的敏锐性。回族知识分子丁竹园发出的"国亡则族亡""保国即保教、爱国即爱身"的主张，鼓励回族与其他民族一道投入变革图强和抵御外辱的斗争，极大地振奋着广大回族人民。这种时代潮流被称为近代中国回族新文化运动。回族新文化运动，是回族知识分子鉴于国家的内忧外患和本民族的积弱积贫，为振兴国家、民族而掀起的一场以建立宗教学术社团、创办新式学校和学术刊物、开展伊斯兰学术研究、派遣留学生赴埃及等国深造、造就伊斯兰学者为主要内容的文化复兴运动。回族新文化运动，不仅表现在对自身文化教育的改革及办新式学校和对传统经堂教育改革，同时号召回族人民积极参与社会变革，同各族人民一道推翻帝制，为实现中华民族的独立与自由而不懈斗争，涌现出相当一批既具有伊斯兰宗教学识，又放眼世界关注国家和民族危亡的回族知识分子，如马邻翼、蔡大愚、赵钟奇、保廷梁、孙永安、王廷治、马骥云等人。著名学者顾颉刚对此赞誉说："这是近代中国回教徒第一次自觉的文化运动。"站在这场运动前列的还有王宽以及张子文、达浦生、马松亭、哈德成、王静斋、庞士谦、马坚、马天英、薛文波等一批回族伊斯兰教学者。凭着对中华民族共同利益的深刻理解，他们号召回族人民顾大局、识大体，使回族同胞"爱国爱教"的爱国主义优秀传统经受了考验，得到了进一步的深化发展，引导回族人民在中国近现代革命斗争的风云变幻中始终站在前沿，赢得了广泛的赞扬与肯定。

马邻翼是新式回民教育最执着的践行者。

受新文化运动思潮的影响，马邻翼、王宽、童琮等一批回族中的有识之士大力倡导兴办现代教育，通过回民文化教育和提倡宗教教育改革，以达到振兴本民族的目的。1905 年，马邻翼学成归国后，担任湖南省视学兼全省师范传习所监督。先后在长沙和邵阳两地创办了邵阳中学、清真偕进小学、偕进中学和清真女子学堂。担任湖南省视学兼全省师范传习所监督。1906 年，在童琮先生倡导下，回族乡绅杨正龄、杨北山、杨星奇等的支持下，在江苏镇江在老城区清真西大寺旁创办穆源学堂、穆源两等小学，这两所小学后更名为穆源小学。① 1907 年，马邻翼开始联络在甘的回族穆斯林知名人士，着手以促进和发展甘肃回族教育为宗旨的办学方案。1908 年，马邻翼被调任北平教育部总务司后，与王宽阿訇率先创办北平清真两等小学堂；接着与孙绳武、白崇禧、马松亭等创办清真中学（后改名为西北公学，迁兰州后改名为西北中学），获得了成功。辛亥革命后，清帝逊位，共和告成，马邻翼被任命为北京国民政府教育部次长、代理总长、实业部长等职。1912 年他在北平同王宽创建了以倡导"兴教育，固团体，回汉亲睦"为宗旨的"中国回教促进会"，并担任会长。

1912 年 9 月 21 日，北洋政府任命马邻翼为甘肃提学使。马邻翼到任后同甘肃提都马安良、甘州提都马璘、甘肃省印花局局长喇世俊、甘肃法政大学堂（兰州大学前身）校长蔡大愚及兰州回族乡绅贤达，共同商量筹办兰州回民新式教育事宜。蔡大愚在筹办甘肃官立法政学堂的同时，筹办兰州回民劝学所。1913 年 5 月 12 日，"兰州初设回教促进会，附设高等小学，地址在南关礼拜寺。"（《甘青宁史略正编》）校址是紧靠南关礼拜寺南捐赠给礼拜寺的两院"卧格夫"义产。马邻翼捐献白银 50 两作为劝学所开办经费，使甘肃回民新式教育有了良好的开端。蔡大愚任首任校长，达浦生任副校长。

马邻翼先后担任过北洋政府教育部提学使、甘肃提学使、总督学、甘肃省教育厅厅长等。自 1913 年以来，马邻翼、蔡大愚、达浦生等人在

---

① 附《穆源小学校歌》："大江之滨古谷阳，浩气贯朱方。书声琅琅，弦歌一堂，桃李芬芳。春风吹，钟声扬，莫负好时光。江水泱泱，山光茫茫，前途永无疆！"

兰州南关清真寺组建兰州清华小学的同时，又陆续创建了清华、尚德、崇德、明德、敬德五所回民初小，与孝友街清华完小对接的新式小学培养体系，极大地激发起回民学童的学习积极性，"崇文重教"的优秀传统在回族街区更加浓郁。据已故原甘肃省政协常委马廷先生在其《百年回忆录》的介绍：当时兰州清华小学的首届毕业生马廷秀、海明清、苏连元、马光天、马锐、法锡铭等先后考入兰州一中而后又以优异成绩进入北京著名高校，成为甘青宁历史上的第一届大学毕业生。① 足以见证马邻翼、蔡大愚、达浦生先贤开创的回民新式教育所结出的硕果。1915 年，马邻翼创办甘肃省立第一女子师范学校，1916 年改临洮"超然书院"为"狄道师范学校"，改组"甘凉师范学校"为省立第二师范学校。截至1917 年，马邻翼在甘肃增设师范学校 5 处，在西宁设立第四师范、渭川设第六师范、平凉设第七师范、宁夏设第八师范。在他的倡导和推动下，甘肃涌现大批回民中小学校，标志着回族教育由经堂教育向回民普通教育暨国民教育的转型，具有划时代的意义。

马邻翼为发展民族教育事业可以说是殚精竭虑，不惜奉献身家性命，他不仅具有高尚的道德情操和伟大的人格魅力，还具有坚如磐石的意志和视死如归的民族英雄气概。马邻翼不仅是反对清朝封建专制王朝的斗士、辛亥革命运动中冲锋陷阵的英雄，也是近代回族新文化运动先驱、近代回族新式教育的开创者和学识渊博的伊斯兰教学者，同时更是一位伟大的爱国主义者。马邻翼作为一位伟大的新文化运动先驱、近代回族新式教育开创者，他把毕生的精力奉献给国家的富强和实现中华民族伟大复兴的斗争中；他敏锐地认识到"教育治愚"和"教育为本"的重要性；他立下誓言要改变西北地区民族文化教育落后的面貌；他以"时不我待"的使命感，全身心投入到普及新式回族教育之中。

---

① 我们这几批学生在京各校陆续毕业后，起初虽自寻就业门路，最后大部分人都到马鸿逵部队谋职，并跟随其转战于直、鲁、豫三省及京汉、京浦两线，以后又随马部来到宁夏，成为马鸿逵统治宁夏17年的军政骨干：我任宁夏省政府秘书长，海涛任宁夏省民政厅长，苏连元任宁夏高等法院院长，李翰园任15路军参谋长、宁夏省建设厅长，马如龙任15路军副官长、宁夏省会警察局长，马光天任17集团军参谋长，白瑞麟任宁夏驻京办事处处长，马毓乾、马绍祖任县长职务。马阁麟则先任兰州警察局分局长、督察长，后任高振邦部的团长和马步青的副官长，陈良则去了青海，拜真良在新疆任职于马仲英部下，后遭盛世才的迫害致死（作者马廷系回族，甘肃省政协常委）。

马邻翼一生经历复杂，任职更迭频繁，始终以教育救国为己任，创办和参与创办的师范和中小学数百所，为近代教育改良和回族教育的革新发展作出了杰出贡献。作为一名回族人士，对回民教育尤为关心，是一位有着强烈爱国心的教育家。他毕生推崇、关心伊斯兰教教育事业，在湖南创办清真女学堂、穆民工厂、偕进学校、邵阳中学、妙高峰师范、宝庆励学社等。推崇及关心伊斯兰教，为兴办回民教育及社会福利、慈善事业，自捐田产三分之二作为教育办学基金，募捐 10 万银圆，还呈请国民政府指拨华新纺织公司官股红利 30 万元作为基金。他创办和参与创办的师范和中小学数百所，在北京创办南厂恤无告堂，救济贫困孤寡，在西北捐助私立回民学校。为近代教育改良和回族教育的革新发展作出了杰出贡献。作为一名回族人士，对回民教育尤为关心，是一位有着强烈爱国心的教育家。终因积劳忧愤成疾。

马邻翼书法作品

马邻翼舍弃家产资财用于发展回族教育，走遍了甘肃的山山水水，上凉州，下陇东，出兰州，入临洮，从筹办兰州法政学堂到创办兰州清华小学。我们深切缅怀马邻翼先生，缅怀以他为代表回族仁人志士为匡扶积弱积贫、饱受列强侵略蹂躏的国家和民族，为普及贫民大众教育，为使传统教育走出自我封闭、为创建回族教育新体系和创办各类学校作出贡献的丰功伟绩，旨在继承和发扬马邻翼先生等回族仁人志士所开创的新式教育思想。马邻翼先生为代表的回族志士们，站在时代的高度，忧国忧民，以"时不我待"的使命感，全身心投入到普及新式回族教育之中。他们倡导的回族教育、办学方式及课程设置脱离了经堂教育模式，坚持开门办学，他们动员社会各方面的力量集资办学，以"治贫先治愚"思维，采取"有教无类""男女同校""回汉兼收"的原则，消除了民族畛域，实现了民族和谐，同时使回族女子的教育也开始受到重视。这一系列教育教学成果经验，直到 1949 年中华人民共和国成立，近半个世纪里是回族穆斯林的现代教育从无到有，逐渐兴起并扩展至全国各地的成果。梳理和总结先贤们优秀教育思想、办学理念和实践经验，对于落实党的十八大、十九大以来以习近平同志为核心的党中央制定的一系列路线方针政策和治国理政决策，对于进一步完善新时期民族教育思想及其创新改革的新路子，尤其是探索办学模式都具有十分重要的意义。

7. 投身新文化、抗日救亡前列的达浦生

达浦生（1874—1965），名凤轩，字浦生，以字行，回族，江苏六合人。中国著名的伊斯兰教学者、著名教育家和杰出的社会活动家，是辛亥革命以来在中国回族穆斯林中享有盛誉的"四大阿訇"之一。出身经学世家，幼年随父习经，在清真寺学习阿拉伯文、波斯文。1894 年中日甲午战争后，清政府与日本签订了丧权辱国的《马关条约》，全国民情激愤。20 岁的达浦生满怀一腔报国壮志，探求救国救民的途径，奔赴北京游学考察。他率先拜望了回族新文化运动的开拓者、伊斯兰教育的革新家、北京牛街礼拜寺王宽大阿訇。达浦生称：听王阿訇一席教诲，胜读十年书。深感相见恨晚的达浦生，投师阿訇门下，在牛街礼拜寺当哈里发。经过两年的刻苦攻读，达浦生在老师王宽大阿訇的主持下，在牛街礼拜寺正式挂帐穿衣，荣膺牛街礼拜寺伊玛目之职，开始了自己的教职生涯。

回族新式教育的实践者。1899 年，返回南京家乡任伊玛目，创办了广益回民小学堂。光绪三十三年（1907），达浦生应已经加入同盟会的王宽阿訇之邀，前往北京协助恩师创办回文师范学堂和京师公立清真第一两等（初小、高小）小学并任校长。1912 年，受甘肃提学使马邻翼之聘，任甘肃省兰州回民劝学所所长兼省视学。1913 年，在马邻翼的倡导和南关回胞的支持下，南关礼拜寺"初设回教促进会，附设高等小学"。"兰州回教劝学所"即"清华小学"宣告成立。时任甘州提督的马璘、达浦生、蔡大愚先后任劝学所所长。达浦生和蔡大愚创办清华小学的同时，在兰州另设五所初等学校，分别为清华（孝友街）、明德（新关）、尚德（金城关）、敬德（定西路）、崇德（柏树巷）。他为推动甘肃回民教育呕心沥血，殚精竭虑。达浦生在清华小学率先开设中文阿拉伯文双语课程，高小阶段开历史、地理、自然等课程，始终走在回民教育的前列。

开创新式伊斯兰师范教育之先河。1921—1928 年，达浦生应邀赴南洋群岛等地开展贸易并考察伊斯兰教育。1928 年参与创建了上海中国回教学会，并应哈德诚阿訇等人的邀请投入上海伊斯兰师范学校的筹建工作，达浦生被推举为上海伊斯兰师范学校校长。该校创办的目的，不单纯是培养阿訇，而是要造就一批从事教育事业的师资和研究伊斯兰学术的高级人才。故学校课程设置上强调"四文"教育：汉文、阿文、波斯文和英文，并设数学、地理、历史、教育学、政治学、哲学、体育等课程。该校不拘于只讲宗教课的传统，十分重视阿文口语和语言写作教学，使学生能承担未来出国深造和从事国际伊斯兰文化交流的重任。该校共培养了 3 届学生，先后派出两批学生赴埃及留学，造就了一批伊斯兰学者。1932 年 9 月，在上海发生了《南华文艺》社和北新书局侮教事件。10 月 31 日，上海回教礼拜寺联合会推举达浦生等代表上海回民向南京国民政府请愿抗议。1933 年 2 月 3 日，肇事人娄子匡被杭州地方法院以妨碍名誉罪判处有期徒刑两个月，并委托律师吴凯声先生出面与租界当局磋商，对北新书局强制执行停业 3 天的处罚，依法惩罚了肇事者。

众志成城，共赴国难。1937 年"八一三"事件后，日寇占领上海，学校被迫停办。达浦生在上海穆斯林中宣传抗日救国思想。1938 年他参与创办上海"回教难民收容所"工作，积极联络回族乡绅积极筹建浙江路和太仓路回教难民所，接济受难同胞。他目睹日寇惨无人道的屠杀，决心自费出国宣传抗日。1938 年 2 月 3 日，达阿訇在埃及适遇中国"近东访问团"，就参加了在那里召开的"世界回教大会"，与会代表和群众有 15 万人。达阿訇和其他代表一起揭露日军侵华罪行。还与 3 名自称伊斯兰教徒的日本浪人舌战，使其当众出丑。他在埃及用了 3 个月的时间，撰写了一本一百多页的《告全世界回教同胞书》，历述 60 年来日本侵华的史实及近年来日寇的侵华罪行，以及中国穆斯林积极参加抗战的事迹。此书翻译成阿拉伯文刊登在埃及《金字塔》报，揭露日寇侵华罪行，号召世界穆斯林支持中国抗战。1938 年 6 月，达浦生大阿訇访问了印度，在新德里发表了 9 场演讲，前来听讲的印度穆斯林达数万人。在此期间，他还拜会了巴基斯坦国父穆罕默德·真纳。真纳表示，中国的抗日战争不但是为了中华民族的自由与独立，而且是对印度各民族获得自由幸福的援助，印度的各民族将尽力援助中国抗日战争。穆罕默德·真纳还将《告全世界回教同胞书》翻译发表，并在印度穆斯林中募集资金，购买药品，送往中国。

1938 年 8 月达浦生阿訇回到汉口后，在难民收容所见到一批失学的回族青年，感到自己有责任继续完成回民教育之重任，于是决定恢复"上海伊斯兰师范学校"。在接受蒋介石接见时，他提出"将为在大后方恢复上海伊斯兰师范学校而竭尽全力"。为褒奖他自费出国宣传抗日之功，国民政府拨给他办学经费，并批准由上海迁至甘肃平凉建校，第二年"平凉陇东师范学校"正式招生，到 1947 年时全校有普通师范班 4 个，简易师范班 5 个，阿文班 2 个，附属小学班 7 个，学生总数达 700 人。早在 1944 年面对复办后的莘莘学子，达浦生阿訇深感伊斯兰教在中国的传播，缺乏一套适合广大回民阅读的系统全面的汉语读本，故有志于此。于是，这位 69 岁的阿訇曾蜗居在陕西宝鸡一个小山村，完成了他的专著《中国伊斯兰六书》的撰写工作。几年后这部 30 万字的专著出版发行。

爱国宗教界典范。1949 年，达浦生阿訇以 75 岁高龄，迎来了中华人民共和国的成立。1952 年参与发起筹建中国伊斯兰教协会，1953 年担任中国伊斯兰教协会副主任和民族事务委员会委员等职，1954 年起，先后担任第二届全国政协委员、常委，江苏省第一、第二、第三届人大代表。1955 年任中国伊斯兰教经学院院长，同年又率中国伊斯兰教朝觐团赴麦加朝觐，顺访了埃及、巴基斯坦、印度等国，受到高规格的礼遇，并作为中国的大教长在各国清真寺中领了拜，获得极大荣誉。1955 年他以周恩来总理顾问的身份，随团抵达印度尼西亚万隆，参加了著名的万隆会议。其时他已 82 岁高龄，周总理对他关怀备至，在飞机上将自己的床位让给达老休息，老人深受感动。同年，他又作为中国—印度尼西亚友好协会代表团团长访问了印尼，受到热烈欢迎，苏加诺总统接见了他。随后又去埃及访问，纳赛尔总统接见他时，问他的第一句话是："你就是随周恩来先生参加万隆会议的那位穆斯林顾问吗？"离别时，还送给老人一部精装《古兰经》，并在扉页上亲笔签名。他还以中叙（利亚）友好协会会长身份访问了大马士革。先后担任第一、第二、第三届全国人大代表，第二、第三、第四届全国政协常委。

1957 年国庆，毛泽东主席在天安门城楼上接见了达浦生阿訇。毛泽东见他神采奕奕，就十分风趣地问道："先生有何健身妙术，如此老当益壮？"达浦生阿訇笑答："每日五次'功课'，数十年总不间断。"毛泽东听后欣然大笑。

1965 年 6 月 21 日，达浦生阿訇因病在北京逝世，享年 91 岁。根据达阿訇生前遗愿，他的遗体葬于北京西北旺回民公墓。

8. 率军讨伐"疆独"，马仲英威震新疆

马仲英（1911—1937?）又名马步英，字子才，回族，甘肃临夏人。其父马宝与青海省主席马麒是堂兄弟，在宁海军中任营长，其职实际由长子马仲英以营副名义代理。

民国十七年（1928）年春，冯玉祥率国民军来甘肃，其部将刘郁芬出任甘肃省主席，遂在甘肃横征暴敛，杀害无辜，激起民愤。同年，刘郁芬任命赵席聘为河州镇守使，到任后蓄意挑起民族矛盾，镇压河州回民。赵席聘公然纵容民团、军队先抢劫、后炮轰并焚烧河州"八坊"回民区，大火燃烧了八天八夜，十几座元、明时代修建的清真古寺及八坊民宅被全部烧毁，造成大量人员伤亡和财产损失，大批珍贵的民族文物也被化为灰烬，四五万八坊回民无家可归。马仲英的父亲在老家养病时也被国民军杀害。在青海陆军学校学习的马仲英闻讯后率 6 名好友举义，反对国民军的屠杀政策。他们先袭击了一支国民军运输队，缴获了大批武器。回到家乡后，马仲英号召民众起来反抗国民军，提出"不杀回，不杀汉，只杀国民军的办事员"，并以"反国民军、取消苛捐杂税、取消强征学兵"为号召，短时间内聚集了二三万人的武装，号称"黑虎吸冯军"，自任司令，时年 16 岁，人称"尕司令"。

马仲英起义军先后三围河州，战争一度扩大到离兰州 60 公里的牛心山，兰州为之震动。1928 年夏末，冯玉祥调集吉鸿昌、孙连仲、佟麟阁等部，对马仲英发起反攻，激战 7 昼夜，马曾大败佟麟阁、戴靖宇等部，但最终不敌吉鸿昌等部优势兵力的打击，被迫撤往岷州（今甘肃岷县）。1929 年马仲英进入宁夏，与吉鸿昌二战宁夏，后被马鸿逵收编。1930 年夏，马仲英到山东泰安任少将参议。马仲英从宁夏率部到河西，改称"甘宁青联军总司令"，自任河西省主席。1931 年初夏，遭马步芳重兵进攻而败退，马仲英率部进入新疆。他们夜袭星星峡，之后攻占了哈密汉城的新城。时任

新疆省主席兼总司令金树仁任命鲁效祖为东路剿匪总司令，盛世才为参谋长率1500人解哈密之围，被马仲英200人的骑兵击败。在进攻中，马仲英双腿被打穿，但仍率领部下连续冲破对方三道防线，大败对手后，退回甘肃养伤。马步芳视马仲英为"祸水"，唯恐他退回甘肃，无奈之下就以肃州（今酒泉）等7个县划给马仲英管辖为代价，鼓动马仲英向新疆发展，引走这股"祸患"。此时的南京国民政府为了制衡新疆的金树仁，于1932年任命马仲英为国民军第36师师长，马鸿逵又授马仲英中将衔。马仲英队伍扩充为2个旅，3000多人，蓄势待发，准备向新疆进发。

1933年4月，新疆发生政变，盛世才以临时督办独揽大权。5月，马仲英以"解除新疆人民痛苦"为号召，率领主力第二次进入新疆。他沿途张贴维、汉两种文字的安民告示，禁止民族仇杀和趁火打劫，不准部队骚扰居民，维护商业和生产，优待俘虏，对原有的机关人员不予更易。马仲英的这些办法，起了收揽人心的作用。入疆之初进展较为顺利，一路势如破竹，不久便围困了迪化（今乌鲁木齐）。苏军派遣哥萨克骑兵和机械化部队，开着飞机坦克进入新疆与马仲英拿着河州腰刀的骑兵展开战斗，哥萨克骑兵被马仲英消灭。但骑兵部队终究不敌坦克飞机，马仲英在围困迪化32天后，退往塔克拉玛干大沙漠。

马仲英讨伐"疆独"保新疆

1933年11月和1934年4月，马仲英先后击败了在新疆出现的两股分裂势力，粉碎了在帝国主义扶持下成立的伪政权。马仲英在维护祖国统一和反对民族分裂势力等大是大非问题上立场坚定，旗帜鲜明，为各民族人民树立了光辉的榜样。1933年11月12日晚，在新疆极少数民族分裂势力在喀什建立了所谓的"东突厥斯坦伊斯兰共和国"，鼓吹独立。随即公布了所谓"宪法"和"政府成员名单"。1934年4月，马仲英到达喀什外沿，派马世明、马福元、马六三、鲜福海4个旅，以马世明为前敌总指挥，进攻喀什，战斗异常激烈，马世明阵亡，但最终攻下喀什，摧毁了"东突"分裂势力。不久，在和田的曼素耳，又在英国支持下建立所谓的"王国"政权，自称帕夏（王），马仲英立刻派遣马虎山率骑兵两个旅，炮兵一营，迅速将其摧毁。短命的"东突"分裂势力在马仲英的骑兵面前，仅存在了不到 3 个月即土崩瓦解。

马仲英在南疆站稳脚跟后，做出了依靠苏联，与盛世才合作的决定，向苏联人示好，苏联人也乐见有一个与盛世才制衡的人，故不再与马仲英为敌。1934 年 7 月，马仲英在周围的共产党员的影响下带领 230 多名骨干到苏联学习。1935 年，中国工农红军西路军进入甘肃，马仲英和苏联人准备迎西路军入疆，因后来西路军兵败没有实现。同年，他派人把一盘录音带带到南疆他的新三十六师旧部。录音中说："中国目前的形势，外患日益逼近，内政日益腐败，卖国贼无耻地卖国，日本帝国主义毫无忌惮侵占中国领土，西北地区也到了危急关头。我们要准备抗战！消极就要当亡国奴！同志们，本师长不久就要领导大家向光明的大道前进！"但他没有等到这一天，在盛世才的挑拨离间和苏联红军的屠杀下，1937 年，三十六师全面瓦解。关于马仲英的死因，说法有好几种，但尚无定论。据马仲英的第一旅旅长、中华人民共和国成立后任宁夏回族自治区政协副主席的马彦良回忆，1938 年 10 月在延安，毛泽东对马彦良说："马仲英现在仍在苏联，你们以后可以见面。"但他们再没有见到传奇般的"尕司令"。

9. 平民县长、和平解放宁夏的见证人马廷秀

马廷秀（1900—1994），字紫石，回族，甘肃兰州人。先后毕业于兰州清华小学、兰州一中。1920 年考入国立北京法政大学读书，接受了孙中山的民主思想，并于 1922 年在上海邂逅张宗海。张宗海，字瀚清，回族，甘肃兰州人。湖北陆军学校毕业，孙中山领导的同盟会早期会员。1911 年 10 月 10 日晚，武昌新军工程第八营的革命党人打响了武昌起义第一枪，凌晨张宗海在武昌城楼插上了第一面起义大旗。湖北军政府成立时张宗海在武昌以甘肃代表身份参加了军政府成立典礼。张宗海追随孙中山先生革命到底的人生追求对还在北京法政大学读书求学的马廷秀留下了深刻的印象。1924 年，马廷秀大学毕业后，进绥远都统府任书记官。第二年去职回到兰州，主持甘肃回教促进会。1930 年，马福祥任国

民政府蒙藏委员会委员长，马廷秀复任马福祥先生秘书。此后，先后任甘肃省民政厅科长及古浪县、甘谷县、西和县等县县长。

1936年9月，红二方面军长征经过礼县，过境西和县。国民党中央军第三军王钧部旅长马琨带两个营的兵力驻防西和，以堵截参加成徽两康战役的红二方面军。时任西和县县长的马廷秀就和驻军马琨商议防御事宜，原来马琨与红二方面军罗炳辉是黄埔军校的同学。这次红二方面军将要过境西和，两人已通过书信联络约定"过境西和时互不动武"。马廷秀对此表示赞成，县长和旅长就此达成了默契。马廷秀私下对县政府民政科长乔芝繁等说，他已同马旅长商量好了，红军过境时，采取和平手段，他们也不打红军，红军也不会打他们；红军只是借道过境，绝对不会攻打西和县城，请大家安心工作，并向百姓宣传，不要自相惊扰。为了搪塞上司，他们就做了一些诸如在县城修筑营垒、开挖战壕等加强城防，做出堵截红军的姿态。9月15日，红军通过西和县城，当晚宿营十里乡一带。9月16日，红军通过礼县石峡并宿营。9月17日，进入成县境内，开始实施成徽两康战役。

红军过境西和后，国民党驻军马琨部在清乡时发现有十多名掉队的伤病红军战士时，被县长马廷秀和民政科长乔芝繁等收留，暂时安排在北关关帝庙内休息养病。马廷秀派人在关帝庙的地面上铺了草席和芦苇，为伤病战士解决了食宿问题，并请西和大水街天主堂西医为他们诊治，后来又把部分病愈了的红军战士转交给驻防天水的国民党中央军第三军军长王钧部。

马廷秀在任陇南诸县县长期间，地瘠民贫的西和境内土匪猖獗，地方势力趁机聚众起事，各地舵把子又纷纷效仿，自立山头，抢夺地盘，啸聚山林，占山为王，打家劫舍，侵害民户和客商等乱象，各伙土匪相互勾结，结成诸如"英雄会""大刀会""神团"等反动的会道门组织，不仅占据地势险要的山头城堡，还拥有枪支弹药，危害乡民商旅，祸害陇南一带社会治安，气焰及其嚣张。时值"七七"事变发生，国难当头，中国共产党提出建立全面抗日民族统一战线的政治纲领，全面抗战的热潮在国内掀起，马廷秀积极响应，他着眼大局，团结一切可以团结的力量，与中央军第三军王钧部旅长马琨协商后，拟定"保境安民，消灭土匪"措施，区分县境内各股土匪势力的具体情况采取不同的措施，打击遏制重点的山头恶势力，采取分化瓦解，对原先"围剿"的改为"安抚"或"联合"，扭转了因地方势力伙同土匪山贼遍布山乡，道路不通，政令不畅，猖獗一时的混乱局面。

马廷秀在任期间，顺应时代，推行现代文明。他奉行廉洁勤政，积极发展电讯事业，保障政令畅通。针对西和农业发展匮乏农田灌溉，特别是水土流失问题，提出立足兴修水利，加固堤坝。马廷秀与乡绅协商后，决定利用农闲时机，征用民工，在西和河水冲刷最严重的地方，修筑了一道长一华里的河堤，还栽上了护堤树，解决了长期困扰西和县城安全的水患问题，百姓得以安居乐业。马廷秀调任成县县长后，老百姓为他立碑纪念，称他主导修筑的那道河堤为"紫公堤"。

1939 年，马廷秀在成县任上弃笔从戎，到宁夏马鸿逵处任文职官员。从 1939 年到 1949 年 9 月，马廷秀历任宁夏省政府民政厅厅长、宁夏省政府秘书长等职务。

马廷秀（右）与薛文波（左）在政协茶话会上

1949 年 8 月，兰州解放，中国人民解放军第十九兵团向宁夏进军。为减少战争的破坏，避免人民财产遭到损失，中共中央决定用和平方式解决宁夏问题。为此，第十九兵团联络部很快联络到了以郭南浦为代表的一批上层社会力量和民主进步人士，出面做宁夏当局军政要员的思想工作，争取宁夏和平解放。9 月 19 日，马鸿宾父子率国民党 81 军在中宁起义。9 月 20 日，马部贺兰军军长马全良、128 军军长卢忠良、宁夏省保安司令部参谋长马光天分别向毛泽东、朱德、彭德怀发出和平起义的通电，并派卢忠良为全权代表、马光天和宁夏省政府秘书长马廷秀为代表与解放军和谈。9 月 23 日宁夏和谈代表团到达中宁，谒见十九兵团司令员杨得志和政委李志民。杨得志、李志民等与国民党宁夏军政界代表卢忠良、马光天、马廷秀在中宁签订《和平解决宁夏问题之协议》，宁夏和平解放。按照和平协议办理政权移交，马廷秀等把宁夏田粮、地丁、地籍、保甲、征兵、图书、文献、机密文件、密码电本等分别造册移交给解放军，为宁夏和平解放作出了重要贡献。1949 年 9 月 26 日，西北野战军在宁夏人民的欢呼声中进驻银川，并举行隆重仪式欢迎解放军入城。人民解放军即向银北地区开进。28 日，解放了平罗县和惠农县。29 日，解放了阿拉善旗和额济纳旗。至此，宁夏 17 个市、县（旗）全部解放。

10. 马彪及其率领的抗日骑兵师第一师

马彪（1885—1948），字炳臣，回族，甘肃临夏人，陆军中将。抗战开始后，马彪以中将身份出任暂编骑兵第 1 师师长，率回、汉、撒拉、东乡、保安、藏族等各族官兵开赴前线，骑兵师在马彪的统领下向东进发，转战陕、豫、皖诸省，在抗日战争中战功卓著，成为一支抗日劲旅，谱写了可歌可泣爱国主义篇章。

1937 年 9 月 19 日，西宁各界在大教场举行隆重的欢送大会，城乡父老云集会场、街头欢送骑一师东下抗日。马彪率骑一师自西宁出发，经兰州、平凉，到达陕西乾县，沿途受到人民群众热烈欢迎、欢送，官兵士气昂扬。骑一师抵陕后，即归第八战区西安行营指挥，各旅分驻西安以东、河南陕州以西的陇海铁路沿线，担负防守铁路、保卫公路安全的任务，同时又不时派出小分队，北渡黄河到晋南芮城一带以轻骑袭击运城日军，确保潼关安全。

1938 年 4 月，骑一师奉命进剿西荆公路龙驹寨一带由日本浪人操纵指挥、汉奸参加的反动武装。骑一师歼灭了这股反动武装，受到西安行营的传令嘉奖。不久，骑一师奉命调赴许昌，继而进驻黄泛区的扶沟、鄢陵、西华等县，担负这一线的河防任务，受第一战区孙桐檀集团军的指挥。

1939 年春，骑一师调至河南项城活动于周口至界首一带的黄泛区，防御淮阳一线日军。淮阳是华中战略要地之一，日军不惜调集重兵防守。是年9月，马彪奉命率骑一师渡黄泛区北袭淮阳日军，二旅旅长马秉忠（回族）率部立刻围攻淮阳城，经过激战，攻占了淮阳西关，日军退守淮阳内城，与二旅进行对抗。日军急电开封增援，一面加强防守。时日开封日军调集的一支机械化部队，乘着100多辆卡车和装甲车，载着10门大炮，突破国民党七个主力师的防线，兵临淮阳，日军里应外合，骑兵师腹背受敌，双方展开了一场残酷厮杀。顷刻间，炮火密集，硝烟弥漫，敌军多次冲锋均被击退。战斗中，二旅旅长马秉忠甩掉军装，手持大刀与日军拼杀，后中弹身亡。马彪见旅长阵亡，手持捷克式机枪，加入了战斗，骑兵与日军展开了肉搏，在淮阳城杀了三进三出，双方均伤亡惨重。这时城外日军的10门重炮连续向骑兵阵地发射，骑兵死伤很大，日军的装甲车也冲破了三旅阵地。马彪急撤出城外，重新集结队伍，让团长韩有才接任二旅旅长指挥战斗。1小时后，骑兵师三个旅从四面向增援的2000多名日军突袭，使日军措手不及，防守崩溃，狼狈逃窜。这一仗杀得天昏地暗，异常惨烈。淮阳之战，骑一师消灭日军1000多人，俘虏20多人，而其部伤亡也达2000多人。此役后在项城为阵亡将士开了追悼大会，并建立了纪念碑。国民党军事委员会派出了慰问团并给有功军官颁发了"民族至上"的奖章。

百名回族壮士投江殉国。淮阳战役后，骑一师又歼敌骑兵500余人，获战马数十匹，沉重打击了侵略者。日军恼羞成怒，又抽调重兵，配备先进武器，向骑一师宝塔一线的阵地实行强攻。马彪组织反攻，迂回冲杀，以血肉之躯与敌奋力拼搏。但因敌我力量悬殊，力战不敌，骑一师主力迅速撤退，留百余名战士阻击敌人，他们背水一战，直至弹尽粮绝，不愿被俘受辱，遂跳入河中，壮烈牺牲，显示了回族抗日壮士宁死不屈、气壮山河的英雄气概，谱写了集体殉国不朽篇章。

1940年7月，骑一师经过整编，改为中央陆军骑兵第八师，马彪仍任师长，调驻皖北涡阳、蒙城、怀远等地，牵制日军。骑八师经常突袭日伪军，破坏敌人公路、铁路等设施，给日军运输物资造成很大困难。1940年9月，骑八师在皖北涡河北岸的龙岗镇打死日军300多人，给日军以重创。因此，日军称骑一师为"马胡子军"。从此，"马胡子军"的声威传遍整个敌占区，日军闻风丧胆，不敢再轻举妄动，稳定了皖北的防务。马彪因抗日有功，受到国民党器重，遭马步芳疑忌，被解除职务。1942 年夏，马彪被免职，马步康接任骑八师师长。马彪遂回到西安，以中将参议之名闲居，后回到兰州，于 1948 年病故。

11. 马鸿宾率军绥西抗战

马鸿宾（1884—1960），字子寅，回族，甘肃省临夏县韩家集人。中国近代回族爱国将领马福禄之子。1900 年 6 月八国联军入侵中国，马福禄率其弟马福祥及马海晏等甘军回族将士抗击侵略军。马福禄在守卫北京正阳门的战役中不幸阵亡。马鸿宾在其叔马福祥的教诲和提携下，逐步形成自己的武装部队。历任甘肃新军司令陆军中将衔，以其文韬武略和沉着果敢著称于世。

1937 年，"卢沟桥事件"爆发后，中国军民奋勇抗击，抗日战争全面爆发。马鸿宾部编为 81 军，马鸿宾升任军长，所辖仍为原部队三十五师和一个独立第三十五旅，以马腾蛟为师长，马献文为旅长。1938 年 5 月，蒋介石任命马鸿宾为绥西防守司令，除第 81 军、绥西所驻各部队归马鸿宾指挥外，还从马鸿逵部队调来步兵、骑兵各一个旅，由马鸿宾统辖。这样，宁夏地方军就组成了以第 81 军为主体，还有马鸿逵部的两个旅参加的抗战部队，开往绥西河套，同绥西地方各军一起共赴抗战前线，与日寇浴血奋战，沉重打击了日本侵略者，谱写了绥西抗战史上气壮山河可歌可泣的英雄诗篇。

1939 年夏秋之交，日寇乘汽车、装甲车、坦克车从包头出发，向 81 军防地进犯。战前军参谋长马惇靖来到乌镇指挥战斗。他命令部队既要充分利用防御工事沉着应战，发挥火力杀伤日寇又要随时捕捉战机，主动出击，利用有利地形向日军侧后迂回。当日寇进入我方有效射程以内，正在下车之际，第 81 军 206 团一营官兵突然冲到日军面前，与敌展开肉搏战，日寇被打得晕头转向，有的还没来得及下车，就被击毙在车上。下了车的日军死的死，伤的伤，剩下的钻进车里狼狈逃窜。此战共缴获日军汽车两辆，炮弹百余发，子弹几十箱及部分指挥刀枪支等军火物资。清理战场后把所缴获的汽车开到五原县城，当地百姓写欢庆胜利的标语，在汽车全身贴了一层又一层。乌镇一位老盲人编了一首庆祝胜利的曲子，在街头边弹边唱："咱们的老西军，打起仗来真能行。打跑了日本兵，缴获的汽车拉到五原城，全城百姓庆祝又欢迎，依靠咱的老西军，打败了日本兵，百姓得安宁。"

纪念世界人民反法西斯战争胜利暨中国人民抗日
战争胜利 70 周年《绥西抗战》

　　2008 年 3 月，《浴血绥西》专题片制作组采访那场惨烈异常战斗的参加者、原第 81 军战士、已 86 岁高龄的周进朝时，老人家嘴角微颤，眼角湿润。在"乌不浪口"三天三夜的激战中，周进朝老人亲眼看到自己的战友被炸得身首异处，内脏涂地。战争给老人心理造成的创伤，犹如砸在老人心上的一枚钢印，已经根本无法抹去。"日本人的飞机大炮打得我们头都抬不起来，寒冬腊月，零下 30 多度，我们都在冰上爬着，很多人的骨头都被冻酥了，往起一爬脚就折了。一个人两斤炒米，要吃 10 天啊，饿都饿死了。就那样，我们还在坚持。后来死的人太多，挖一个坑里面填两个人，没人埋的狗就吃了，死下的人没人管了，老百姓家里也没人了，狗碰着死人就吃，眼睛都吃红了，骑兵骑上马还害怕呢，如果不骑马，不拿枪，根本就过不去……"时隔六七十年，依旧能从老人的回忆中深切感受战争的残酷，感受到绥西抗战的英烈们当年是何等的壮烈。

　　1940 年 2 月初，日寇 3 万多人，出动汽车、装甲车、坦克 1000 多辆，飞机多架，分两路进犯绥西第 81 军。得此情报已经傍晚，军部立即电话通知各团注意警戒。次日黎明，日寇军车已到达新民堡第 81 军第 205 团阵地前方。日军先以 30 余门大炮猛轰，之后从两面包围过来，205 团士兵仅用旧式步枪抵抗，随后向东北方向撤退，只留一小队士兵掩护，由于敌我双方力量悬殊，此战失利。近千名士兵壮烈牺牲，阵地失守。第81军从临河撤退到磴山。日寇占领了五原、临河，直到临河以西的黄杨木头才停止前进。此战役第81军共损失千余名官兵，并丢失了不少轻重武器。

马鸿宾认真吸取此战失利的沉痛教训，严肃追究查办了指挥官失职之责，提拔重用作战勇敢英勇杀敌之军官。重新整编部队，补充军事装备，重返后套，并积极协同傅作义部队，继续坚持与日寇作战。

新民堡战役重创日寇。1940年夏，第81军主力35师和两个骑兵连，驻防伊克昭盟北部，205团驻新民堡一带，206团驻新民堡以西的王乃召。此后日寇以新民堡为据点，向滩地进行扫荡战，这时第81军驻军先后撤至南面沙漠戈壁，日寇又从包头调来6个伪蒙骑兵师接替日军驻守。马鸿宾军长命令各团利用沙漠戈壁，敌人汽车不能畅行之利，以"磨盘"战术与敌周旋。遇到有利地形和机会，即进行反击，并选拔了数组每30人组成的精干突击队，深入到新民堡附近鸣枪扰敌，令敌军不得安宁。这样连续突袭八九天后，一天上午，日寇军车30多辆满载士兵，从新民堡向门坎梁开进沙漠滩地。当日军爬至半山腰时，驻在敌东翼之第81军官兵早已抢先爬到山顶，集中火力向半山腰之敌猛击，同时第81军驻守山圪达的骑兵一连也从西翼抢先登到山顶，对敌猛烈开火，火力从上压下，将爬至半山腰的日军数十名全部击毙。敌后援部队一面佯攻，一面抢拉伤亡士兵。第81军继续猛烈还击，杀敌200多人，满山坡都是日军尸体。日军炮火失去了作用。第81军轻武器虽比不上日军精锐武器，但凭借有利地形，完全有可能全歼进犯之敌。此时日寇以千辆坦克开道，随后有大批日军增援，第81军官兵随后向山后及两侧迅速撤离。这一战斗，击毙日军数百人，而第81军仅伤亡20余人。日寇恼羞成怒，放火烧了新民堡及全部民房，匆忙撤退，渡河北去。随后第81军向驻在滩上的伪蒙骑兵师发起猛攻，伪蒙骑兵师一触即溃，逃过黄河，伊克昭盟国土全部收复。

"绥西抗战"是抗日战争中甘肃、宁夏回汉健儿唯一直接参与的与侵华日军浴血奋战的著名战役。在绥西抗战中，陇上回汉健儿为保家卫国焕发出敢于斗争、敢于牺牲的伟大民族精神，将永远激励教育后代青年牢记历史、珍爱和平、开创未来和凝聚全民族力量的精神财富，永垂史册。

12. 陕甘宁省豫海县回民自治政府主席马和福

马和福（1893—1937），回族，经名尕西姆，是宁夏党史上的革命英烈、英雄典范。1936 年 12 月红军在西征途中成立了中国第一个县级少数民族自治政权——陕甘宁省豫海县回民自治政府，马和福担任主席兼县回民游击大队队长。1937 年 2 月，马和福被地方反动政府逮捕，他坚贞不屈，视死如归，于同年 4 月英勇就义，年仅 44 岁。

马和福于 1893 年出生在甘肃省河州（今临夏县）一个雇农家庭，4 岁时家乡连遭战乱和灾害，随祖父和父母亲逃荒到宁夏西吉县沙沟。他从小给地主放羊，后来又到豫旺一带打短工、扛长工，当过皮匠、石匠、泥瓦匠，受尽了苦难。由于他乐于帮助穷苦兄弟，所以在当地穷人中享有很高的威信。

1936 年 6 月，彭德怀率领西征红军攻占了豫旺堡。马和福见到红军纪律严明，对老百姓秋毫无犯，待人和善，一进村就修桥补路、照顾孤寡老人，把地主的牛羊、布匹分给穷人，废除了多如牛毛的苛捐杂税；又听到红军宣讲党的抗日主张和民族政策，对革命有了一定的认识。他把红军当作亲人看待，主动帮助红军做事，每天走东跑西、上山下洼作宣传，动员说服原来听谣言逃散的乡亲们一批批返回家园。这一年 7 月，马和福加入了中国共产党。从此他更加积极热情地做好参战支前工作，成为豫旺地区最为突出的回族优秀干部。

为适应广大回族群众要求自身解放的积极性和空前高涨的新形势，党中央决定在同心筹建豫海县回民自治政府。1936 年 10 月 20 日，在历史悠久的同心清真大寺举行了具有深远历史意义的成立大会，陕甘宁省豫海县回民自治代表大会开幕了。经过三天大会，10 月 22 日，豫海县回民自治政府成立，马和福当选为主席。马和福出任县自治政府主席之后，深入山乡到处奔波，宣传党的抗日救国主张，动员群众；还特别注意联系、团结和争取回民中有威望的宗教界人士，利用回民上清真寺的机会动员穆斯林为红军筹粮筹款。他出面组织群众成立了回民解放会和农会，还建立了一支有 40 多人的县回民游击大队并亲自担任队长。他带领游击队员同回族乡亲们一道先后为红军筹粮 6 万多斤、银圆 8 万多元、滩羊二毛皮和老羊皮大衣 4000 多件和许多布匹等支前物资。同年 11 月上旬，各路红军会聚同心城老城（又叫半个城），在西城外河滩上举行了万人军民联欢会。马和福代表豫海县回汉人民致欢迎词。他的讲话极大地鼓舞了全场军民的情绪，会场上爆发出经久不息的掌声。朱德总司令和彭德怀司令在讲话中对马和福的欢迎词和豫海县的出色工作给予了热情赞扬。

11月中旬，红军撤离后，宁夏地方民团控制了地方局势，自治政府被迫转入地下。马和福谢绝了组织上要他跟大部队一起撤走的要求，只要了四五条枪，在同心一带同敌人进行游击战。由于坏人告密，马和福不幸被捕。先是被押往韦州，后又被解到银川。面对酷刑逼供，他始终大义凛然，坚贞不屈。1937年4月3日（农历2月22日），马和福在同心城西门外河滩上被反动军阀秘密杀害。

抗战时期的吴鸿宾[①]

13. 吴鸿宾

吴鸿宾（1903—1988），曾用名吴鸿顺，回族，甘肃天水人。1926年在北平大学读书时加入中国共产党，与彭真、张友渔等同学共事。1933年12月起担任中共甘宁青特委书记，任杨虎城的秘书，组织和推动了西安回民的抗日救亡活动。"西安事变"和平解决后，国共两党达成了"停止内战，一致抗日"的合作共识。

1937年初，周恩来同志同回族人士马德涵和国民党高级将领赵守钰交谈过关于马步青、马步芳释放被俘红军问题，并先后派张文彬、刘秉琳和吴鸿宾同志到青海、武威等地了解被俘红军的情况。为发展抗日民族统一战线，营救和收容在甘、青一带失散的西路军人员。同年2月，周恩来同志在西安接见吴鸿宾同志时提出在兰州设立办事处的问题。同年初，吴鸿宾和张文彬得知青海省政府主席马麟从沙特朝觐回国途经西安的消息后，认为这是一次面见马麟，尽快营救西

---

① 八路军驻兰州纪念馆"赴甘肃营救蒙难将士"专题展览图片。

路军问题的好机会。他们经反复考察并请示周恩来同志同意，通过西安回族朋友马德涵先生，安排马麟与周恩来同志会晤面谈释放在押西路军问题。西安回族人士马德涵先生出面在西安一家回族餐馆宴请马麟主席。周恩来同志和马麟主席先后到餐厅就落座，马德涵先生首先对马麟主席朝觐归来表示祝贺。接着向马麟介绍了周恩来副主席，马麟听到来宾是周恩来即刻紧张起来，而周恩来同志则微笑着起身向马麟致意问候，气氛就缓和下来。马麟也问候周恩来，盛赞他为解决"西安事变"作出的贡献。大家边用餐边交谈，气氛十分融洽，马麟对周恩来提出的释放关押被俘红军的事满口答应，承诺回青海后安排解决。不久，张文彬根据周恩来同志的指示，委派吴鸿宾前往青海西宁了解被俘红军的处理及待遇情况。吴鸿宾带着马麟的介绍信到了青海，与对红西路军被俘人员的生命安全负责的马步芳交涉。并 用几天时间，通过明察暗访，了解了红西路军被俘人员情况，返回兰州后向八路军办事处做了详细汇报，党中央采取各种办法、通过各种关系，将失散的红西路军官兵营救并重招至革命队伍。

为落实周恩来同志在兰州设立办事处的指示，吴鸿宾联系了南稍门回族书画家马虎臣（马文炳）后裔马祥麟兄弟、回族商人刘忠，向他们讲明购买宅院的意图，深明大义的两个家族慨然应允，达成了南滩街相毗邻的庭院式宅院（统称南滩街54号）转让给地下党的协议。同年5月29日，张文彬、彭加伦率领朱良才、况步才、黄文彬、王大成、刘富秀等7人来到兰州并入驻南滩街54号，南滩街54号对外称"彭公馆"。至

吴鸿宾"赴甘青营救蒙难将士"图片①

---

① 八路军驻兰州纪念馆"赴甘青营救蒙难将士"专题展览图片。

此，在党中央和周恩来同志的关怀下，我党在甘肃建立了办事机构——红军联络处。8月，中国工农红军改编为第八路军后，这个办事机构被命名为"国民革命军第八路军驻甘办事处"，谢觉哉同志任党代表，彭加伦、伍修权先后任"八路军驻甘办事处"处长。

同年9月，改称"第十八集团军驻甘办事处"，又称"八路军驻兰办事处"。1938年2月，"八办"迁至孝友街32号（今酒泉路185号）。1937年10月，中共甘肃工委成立大会在八路军驻甘办事处召开，这标志着甘肃国民党统治区地方党组织的正式恢复，是甘肃党组织建设的重大事件。同年，谢觉哉到兰州后，广泛接触回民群众，调查研究回族问题。根据中共中央关于开展少数民族工作的指示，吴鸿宾协助谢觉哉在兰州开展回民工作，整理兰州回族历史和现状，共同研究起草《回民运动纲领》，进一步推动甘肃回族工作。吴鸿宾等发起改组伊斯兰学会和回民教育促进会，紧接在甘肃陇东等地20余县成立了回民教育促进会分会、设立回民小学。吴鸿宾介绍回族青年杨静仁、鲜维峻、马明德入党。以鲜维峻、杨静仁、马明德为领导的中共回民特别支部成立后，创办了当时有影响的进步刊物《回声》。

"红军联络站""八办处"先后设在南滩街、孝友街，凸显"围寺而居"南稍门的沧桑历史并赋予其鲜明的时代特征，抗战需要回族人民的参与和贡献！杨静仁、鲜维峻既是回坊青年，又是中共回民特别支部的核心骨干，南关清真寺成为宣传抗日爱国统一战线公开场所，也成为地下党秘密联络据点。清华小学是一所新式回民小学，是回民教育促进会所在地，吴鸿宾指示杨静仁、鲜维峻按照中共回民特别支部的要求，充分发挥学校教育的优势，激发学生们的爱国热情，使清华小学成为宣传抗日爱国思想、培养回族革命志士的人才摇篮。在党的抗日爱国统一战线旗帜下，吴鸿宾、杨静仁、鲜维峻还利用清真寺接触国民党"第八战区"军长杨德亮（少将军衔）、处长拜伟及马志超等军政人员。经谢觉哉同志介绍，推荐在兰州的回族爱国人士马凤图先生率团赴延安参观访问。

1945年，吴鸿宾在西安加入了中国民主同盟，"中国民主同盟甘肃省支部"成立后，吴鸿宾当选为主任委员，负责甘肃民盟工作。以民主同盟甘肃特派员身份再次来到兰州，利用国民党甘肃省政府视察员的身份作掩护，从事地下革命活动和组建民盟甘肃省组织的工作。

中华人民共和国成立前夕，吴鸿宾参加了第一届中国人民政治协商会议。中华人民共和国成立后，历任中央民族事务委员会委员，西北军政委员会委员，甘肃行署第二副主任，兰州市军事管制委员会副主任，甘肃省人民政府委员，中共兰州市委常委，兰州市人民政府市长，甘肃省第五届人大常委会副主任，政协甘肃省第五、六届委员会副主席、民盟甘肃省第四、五、六届委员会委员。作为中华人民共和国成立后的兰州首任市长，吴鸿宾历任中央民族事务委员会委员，西北军政委员会委员，甘肃省行署第 2 副主任，后任兰州市市长。1953 年，吴鸿宾随贺龙率团赴朝鲜慰问中国人民志愿军。1957 年，他率领中国穆斯林朝觐团前往阿拉伯国家进行友好访问。粉碎"四人帮"后，吴鸿宾历任甘肃省人大常委会副主任、省政协副主席。1988 年 2 月 3 日在兰州逝世，享年 86 岁。①

14. 马汝邻简介

马汝邻（1910—1989），字孟择，祖籍四川成都，出生在黑龙江省木兰县。其父马六舟时任木兰县令，官位不高政绩显赫，例如庚子之乱时冒着生命危险，从沙俄手中争回了金矿产权；大办实业救国；开放荒地组织农业试验；提高国民素质兴办教育，1907 年在齐齐哈尔市创办了我国第一所回民小学；为扫除匪患身先士卒为民除害，深得当地百姓拥戴。在民国时期出版的《新编黑龙江省志》《黑龙江县志》等书稿中均有记载。作为一名知县小吏获得了光绪钦赐的"急公好义"匾。其为人刚正廉洁，然而为此也得罪了土匪恶霸，被绑架杀害，那时马汝邻才 6 岁多。父亲去世后家道中落。马汝邻高中毕业成绩优异但无钱报考大学，只好报考了县公费招生的锦州交通大学。后在其五哥的资助下才去北京。

他先后考取辅仁大学（原北京辅仁大学）心理学系和北京大学教育系。在辅仁大学上学期间他在北京私立成达师范勤工俭学兼课；后又在北京西北中学、辅仁大学附中兼课。成达师范和西北中学都是回民学校，当时的校长孙绳武，教师徐晃、程千里等都是追求进步、热心民族教育的青年，与马汝邻建立了深厚的友谊。"九一八"事变后辅仁大学东北籍的学生立即成立了"辅仁大学抗日会"，马汝邻被推选为该会主席，领导组织各种抗日活动。经辅仁大学同学刘传尧介绍，他参加了共产党的外围组织"反帝大同盟"，他对校外的中国大学、女一中等校的抗日运动也

①　参见八路军驻甘办事处、甘肃省平凉市"平东工委纪念馆"。

有很大影响。在考入北京大学后，他与刘靖（中华人民共和国成立后任吉林大学校长）、郑凌峰（即林枫）、孙震奇（解放兰州军代表之一）等热血青年一起组织宣传、游行，没收汉奸赵欣伯的房产作为抗日工作会址，组织上千名大、中学生包围张学良北京行营。马汝邻作为被推选出的代表之一，去顺城王府质问张学良，使张学良被迫说出"不抵抗是奉了中央的命令"他做了很多抗日革命活动。后来根据组织要求在《工农通讯社》、接收上海发来的信息编辑成通讯以及联系工作。作为《世界日报》的通讯员，他参加了"一·二九"学生运动，撰写了报道运动的文章并以'立欧'的笔名公开发表。1935年北京大学校长蔡元培亲自送他们南下参观考察同年毕业。

北京大学毕业后马汝邻正式在北京西北中学任教，同时兼任《大美晚报》《合众社》等进步报刊通讯员，其间引美国著名友人埃德加·斯诺的邀请，为斯诺翻译英文文章，翻译费颇丰。然而此时党的地下组织，与他的单线联系突然中断。为了寻找组织和实现兴办民族教育的理想，1936年他毅然放弃了北京优越的生活来到西北，把一生都奉献给了西北民族教育事业。他先后在甘肃省平凉市国立陇东师范（伊斯兰师范）、宁夏中学、兰州西北中学等学校任校长。他知人善任、教育理念先进，他任校长期间学生普遍反映是该学校办得最好的时期，培养出了不少人才。同时任内还掩护、营救了不少革命者和进步学生例如：杨静仁、刘滋培、沙力士（原名王化国）、马寅、徐强夫妇、胡世显、陈硕（刘世芳）等。他在西北地区少数民族教育界享有盛誉。2017年兰州西北中学请甘肃省著名雕塑家何鄂为他和西北中学创始人孙绳武塑像以纪念他办学的成就。

马汝邻家学渊源、满腹经纶，在1957年的反右扩大化中，他遭到迫害，被迫离开教育工作岗位。在嗣后二十年里马汝邻克服生活、身体等种种困难继续坚持对民族学和民族教育的研究工作，笔耕不辍，他的许多研究成果至今仍然是高校相关专业培养研究生的指定读物。多次接受国内外学者的访问，其中有巴基斯坦达卡代表团，埃及、苏丹、沙特阿拉伯的来访官员和学者，美国著名学者李普曼博士、杜磊先生、博士生拉德基，加拿大、日本的学者等。会谈中他宣传了我国的民族宗教政策，其渊博的学识、出众的人格魅力令来访者尊重。他更是悉心无私地指导一些青年学者。1985年，他的论文入选第19届世界伊斯兰学术研讨会，他代表中国前往阿尔及利亚参会，并且在大会上做了题为《文化渗透和现代中国穆斯林社会》的主旨演讲。

马汝邻也是一个积极的社会活动家。1950年他任兰州西北中学校长的同时就身兼社会职务：中国教育学会常务理事，兰州区、市两级人大代表，甘肃省教育工会主席，甘肃省中苏友好协会主席等。他经常下基层，尤其贫困的少数民族地区做调研，积极在会上会下向职能部门反映情况建言献策。在党的十一届三中全会后，他获得平反后恢复了省政协专职常委的工作，并兼任甘肃省政协学委会委员、直属学习小组组长、民族宗教组组长、中国伊斯兰教协会委员、甘肃省伊斯兰教协会副主席兼秘书长等。许多学术研究会都纷纷请他兼职，例如甘肃省法学会理事、民族教育研究会理事、回族史研究会理事、诗词学会顾问、体协棋类协会副主席，他还兼任一些民族性质的学校名誉校长，这样他社会兼职就不止15个。

马汝邻先生在甘肃省法学会任理事期间，十分关注甘肃的法学研究与法制建设，他和甘肃省政府参事刘中仁先生、省法学会会长、兰州大学吴文瀚教授同为省政协常委，堪称甘肃法学界元老。在省法学会期间，他们经常探讨有关民族地区的有关法律问题，传为佳话。马汝邻在省政协任专职常委期间，经常与政协民族界代表人士，例如甘肃省主席副主席拜玉凤，全国政协委员、中国伊斯兰教副会长马进成阿訇，广河县的杨阿訇等交流，并共同提出有关民族地区经济社会发展方面提案。在省政协会议上，他总是拿出一些高质量的委员提案，他还帮助民族界委员修改完善相关提案。马汝邻省政协任职期间，积极参政议政，为党和政府建言献策，他情系民族地区经济社会发展，关注民族地区开发建设，关注民族教育事业，提议在民族地区发展基础教育的同时，应增设相关专业的高等院校，积极增大对民族教育的投入，巩固九年义务教育成果，提升民族地区文化教育水平，大力培养少数民族人才。他还就民族地区经济法制化暨完善法制建设提出了针对性的建议，获得了社会的好评。他的工作业绩在1984年获得了全国民族团结进步先进个人奖。①

---

① 撰稿人：马以念，西北师范大学教育学院退休教授、马汝邻先生女儿；马以志，原甘肃省民盟教育委员会主任，已退休。文章经马玉祥先生修改完善。

15. 刘中仁

刘中仁（1911—2012），山东诸城人。毕业于北京朝阳大学法律系。历任山东莘县、长山等县官员。1938年秋来甘肃，先后在兰州、天水、两当和徽县任职。1948年底离任，中华人民共和国成立后在甘肃省人民政府任职。1943年7月至1948年底，任徽县县长。刘中仁在徽县任职期间，不沾烟酒，不赌博，不讲究吃穿。因公事下乡时，经常自带干粮，或者在集市上吃饭。平时全家人在县政府大灶上凭票就餐。省上派驻徽县的人员冒领薪金，刘中仁对其进行了严厉处罚。当时徽县乡镇公所摊派繁杂，弊病很多，刘中仁制定了"乡镇临时管理办法"，规定全县每月的额外开支凭统一的三联单收费，一联留缴款人，一联存乡镇，一联报县政府转县参议会核销，堵塞了漏洞，减轻了农民负担。当时过境的军队多，农民差役负担沉重。刘中仁把协修宝天铁路的节余款购买了一批架子车，分发给公路沿线各乡镇，供支差需用。1944年秋，刘中仁带头把省政府奖励给他的200多石粮食捐献给县上，连同其他人捐献的共500多石粮食，在县城北增修了一座粮仓。刘中仁离任时，所用的办公用品，连剩余的信纸、墨水都一一开列清单进行移交。路费不足，就把天水专员送给他的手枪卖掉，而不接受当地同乡商人和徽县百姓的送礼、捐助。

1944年7月到1948年底，刘中仁先生在徽县任国民党县长达4年半，其间保护地下党负责人吴治国、葛维西、周冠军、山炯堂等在徽县地下党员。1947年国民党甘肃主席郭桥把经过特务训练的一批青年，派到各县担任监视地下党员汇报秘书，派到徽县的汇报秘书范求正到任不久就说："葛维西、吴冶国、山炯堂、周冠军都是共产党。"刘回答说："历史上没有共产党，到了昏君暴政的时候，还不是一样改朝换代了，如果国民党能做好事，老百姓拥护的话，共产党能把你怎样？如果不做好事，天怒人怨，即使没有共产党，还不是一样垮台！"

中华人民共和国成立后，刘中仁任甘肃省政协常委、甘肃省人民政府参事。甘肃省法学会首届理事会常务理事。2011年，甘肃省政府参事室为百岁老人举行隆重的寿辰纪念活动。2012年，刘老阖然逝世。

三　甘肃革命老区法制建设

甘肃革命老区法制发展演变

1. 苏维埃时期

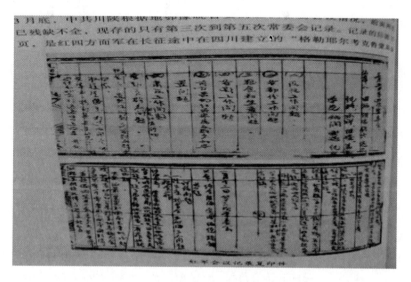

红军会议纪录复印件

1930 年初，为反对国民党反动派的白色恐怖统治，以刘志丹、谢子长、习仲勋等为代表的共产党人，在甘肃播下了革命的火种，创建革命根据地，在武装斗争的同时着手政权和法制建设。1934 年 11 月 1 日，陕甘边第一次工农兵代表大会在华池县荔园堡召开，大会选举产生陕甘边苏维埃政府，习仲勋任主席。陕甘边苏维埃政府下设肃反委员会，负责查处反革命及奸细案件。

1935 年 10 月，中央红军长征到达陕北。中华苏维埃共和国临时中央政府西北办事处成立，陕甘边苏维埃政府改为陕甘省苏维埃政府。1936 年 6 月，中国工农红军"西征"，先后解放甘肃的环县、曲子、庆阳的阜城、镇原的三岔，陕甘省改为陕甘宁省。中共陕甘宁省委及省苏维埃政府驻环县洪德区河连湾村。管辖华池、曲子、环县、固北、豫旺、豫海、安边、定边、赤安 9 县。西北办事处设立司法内政部，管理陕甘宁根据地司法行政事务。陕甘宁省苏维埃政府根据西北办事处司法内政部的决定，在省、县、区三级设立裁判部，审理刑民事案件。区裁判部审理一般刑事案件及民事案件，为第一审；县裁判部审理反革命、盗匪等重大案件，为第二审；省裁判部为终审。实行三级二审制。区下的乡、村设调解委员会，处理乡、村的轻微刑事案件及民事纠纷。苏维埃政府裁判部审理刑事案件，适用《中华苏维埃共和国惩治反革命条例》《中华苏维埃共和国违反劳动法令惩治条例》等法律。审理民事案件，依据《中华苏维埃共和国劳动法》《中华苏维埃共和国土地法》《中华苏维埃共和国婚姻法》。民事审判的原则是保护劳动群众的利益。

2. 抗日战争时期

1937 年 5 月，中华苏维埃共和国临时中央政府西北办事处及所辖陕甘宁省撤销，成立陕甘宁边区政府，下设分区。甘肃陇东成立的庆环分区，驻曲子县，下领固北、赤庆、环县、华池、曲子 5 县。陇东境内的新正、新宁二县归关中分区管辖，分区驻甘肃正宁马栏镇。8 月，陕甘宁边区政府将司法内政部改为边区高等法院。各县、区裁判部撤销，在县政府设立承审员，办理各类案件；下设书记员 1 人，负责审理案件记录及文书档案工作；看守所长 1 人，看守员 1 人，负责看押人犯。为保证审判工作正确贯彻党的方针政策，准确处理案件，各县设裁判委员会，由中共县委书记、县长、保安科长、保安大队长和承审员 5 人组成。承审员兼任县裁判委员会主席，负责召集会议。县裁判委员会任务是讨论决定承审员审理的案件。区、乡、村设立调解委员会，受理区、乡、村的轻微刑事案件及一般民事案件。1937 年 12 月，陕甘宁边区高等法院召开县承审员联席会议，讨论决定各县承审员改为裁判员。1942 年 3 月，陕甘宁边区政府批准庆阳成立地方法院。设院长兼审判庭长 1 人，推事 1 人，书记员 3 人，看守所长 1 人，看守员 2 人。石静山代理院长。庆阳地方法院受理庆阳县第一审民、刑事案件。新正县也成立地方法院，郭存新兼院长。1943 年 3 月，陕甘宁边区政府公布《陕甘宁边区高等法院分庭组织条例（草案）》和《陕甘宁边区县司法处组织条例（草案）》。4 月 4 日陇东分区成立陕甘宁边区高等法院陇东分庭。第一任庭长为陇东分区专员马锡五，石静山任推事。陕甘宁边区实行"三三制"，司法人员亦实行共产党员、其他党派人员及无党派人员各占三分之一的制度。县司法处审判员由任命制改为县参议会选举制。选用司法人员的标准改为：（1）忠于革命，忠于国家和人民，忠于抗战事业；（2）能够为人民解决问题，得到人民的信仰；（3）能看懂法律条文及工作报告。

抗日战争时期，陕甘宁边区基本实行二级二审制。县裁判员为第一审，陕甘宁边区高等法院为第二审。陇东分庭，是边区高等法院的代审机关。当事人不服陇东分庭的判决时，可向边区高等法院申请再审，此诉为第二审。其间一度规定当事人不服边区高等法院的判决，可向边区政府审判委员会投诉，为第三审，实行三级三审制。1944 年 4 月，陕甘宁边区政府审判委员会撤销，恢复二级二审制。

抗日战争时期，陇东民主政府和审判机关，根据中共中央"关于抗日根据地的政权问题"的指示，"抗日统一战线政权的施政方针，应以反对日本帝国主义，保护抗日人民，调节各抗日阶级的利益，改良工农的生活和镇压汉奸、反动派为基本点"和《陕甘宁边区施政纲领》，进行刑事和民事审判的实体法律：《陕甘宁边区政府保护人民权益的布告》《陕甘宁边区政府保护抗日团体防止汉奸托派阴谋活动的决定》《陕甘宁边区政府禁止仇货条例》《陕甘宁边区政府保障人权财权条例》《陕甘宁边区政府查获鸦片毒品处理办法》《陕甘宁边区高等法院监所人犯保外服役办法》《陕甘宁边区羁押人犯办法》《陕甘宁边区惩治贪污条例（草案）》《陕甘宁边区破坏金融法令惩罚条例》《破坏陕甘宁边区治罪条例（草案）》《陕甘宁边区抗战时期惩治盗匪条例》《陕甘宁边区关于土地、房屋、森林、农具、牲畜和债务纠纷的决定》《陕甘宁边区土地租佃条例》《陕甘宁、边区婚姻条例》《陕甘宁边区抗属离婚处理办法》《陕甘宁边区土地典当纠纷处理原则及旧债纠纷处理原则》《陕甘宁边区地权条例（草案）》。诉讼程序依据：《陕甘宁边区高等法院第一号训令》《陕甘宁边区高等法院为规定各县办理民刑案件手续的通令》《陕甘宁边区刑事诉讼条例（草案）》《陕甘宁边区民事诉讼暂行条例》《陕甘宁边区高等法院民事案件调解条例》《陕甘宁边区高等法院重新审理案件手续》等。刑事审判的精神是镇压反革命分子及盗匪破坏生产和扰乱社会的反动行为，保护革命利益及各抗日阶级的利益。对罪犯除罪大恶极死不改悔者采用必要的镇压外，一般采取教育改造的宽大政策。民事审判总原则是保护抗日人民，调节各抗日阶层的利益，私益服从公益，富有者帮助贫苦者，改良工农生活。

3. 解放战争时期

1947 年 2 月，国民党对陕甘宁边区发动重点军事进攻。陇东分区的华池、曲子、环县、庆阳、镇原、合水及关中分区的新正、新宁等县大部分地区被国民党军队占领。陇东分区司法干部全力投入保卫边区的武装斗争，多数到县大队、游击队，或直接转入解放军，各级审判机关的工作陷于停顿。1947 年下半年，华池、曲子、环县全部及合水、庆阳、镇原、新正、新宁等县的部分地区先后收复。陇东分庭及所属县司法处的审判工作逐步恢复。1947 年 10 月，中共中央颁布《中国土地法大纲》。1948 年 1 月，陇东分区按照中共中央西北局及陕甘宁边区政府指示，在环县开展土地改革运动。为配合土改运动，陇东分庭在环县分别设立县乡两级土改人民法庭。乡土改人民法庭受乡农民大会选出的审判委员会及县土改人民法庭领导。县土改人民法庭受县农民大会及县审判委员会领导，其上一级领导机关即陇东分庭。县、乡两级土改人民法庭受理有关土改运动的刑事、财产、土地案件。1949 年 2 月，陕甘宁边区高等法院改为陕甘宁边区人民法院，通令陇东分庭改为边区人民法院陇东分庭。

解放战争时期，陇东分区审判机关坚持对反革命分子、特务分子及盗匪实行"镇压与宽大相结合"的政策，对一般刑事罪犯实行"教育与改造相结合"的政策。1947 年自卫战争胜利后，审判机关重点打击刑事犯罪分子是投敌叛变分子和敌军便衣侦探。环县土改人民法庭依据《中国土地法大纲》精神，打击重点是破坏土改运动的地主恶霸分子。对国民党残余反革命力量实行"首恶者必办，胁从者不问，立功者受奖"的政策。在土地改革运动中，人民法庭为保证及时正确审理土改案件，创造出人民陪审员制度。吸引群众参加审判工作，提高人民群众主人翁责任感和政治觉悟，使审判工作置于人民群众监督之下，提高办案质量，防止错判。解放战争时期，陇东分区审判机关民事审判工作基本沿用抗日战争时期的民事审判政策。土改运动中，民事审判工作侧重保护分得土地的广大贫苦农民的利益。

本章作者：

马玉祥，西北民族大学法学院教授，原法学院院长，全国政协委员，甘肃省政府参事。

脱剑峰，兰州大学法学院副教授。

刘志峰，甘肃省法学会联络部负责人。

张鹏，兰州大学法学院科研人员。

第 五 章

陇东革命根据地法制建设与
马锡五审判方式

一 陇东地区法制建设的历史与现状

陇东地处我国西北黄土高原腹地,位于陕西、甘肃、宁夏三省交界地区,是甘肃省最东端的庆阳地区,以及其所属的华池、合水、正宁、镇原、宁县、环县等,习惯上称其为"陇东"。中国革命时期,陇东人民在边区政府的领导下,继承和发扬中央苏区法制建设的优良传统,建立了一整套适应战时需要的全新的司法制度,创造了为中华人民共和国所弘扬的"马锡五审判方式",为打击刑事犯罪、调解民间纠纷、促进边区生产、巩固民主政权作出了历史性的贡献。中华人民共和国成立后特别是改革开放以来,陇东人民坚持依法治国基本方略,结合庆阳实际,深入开展普法依法治理,制定了一大批行政规范性文件,严格推进依法行政工作,进一步深化司法体制改革,为把庆阳建设成为全省新的经济增长极和大型能源化工基地奠定了坚实的法制基础。

(一) 陇东革命根据地时期的法制建设

1930 年初,在国民党反动派白色恐怖最为严峻、我党领导的革命活动最为艰难、中国革命形势最为险恶的关键时刻,以刘志丹、谢子长、习仲勋等为代表的共产党人,坚守南梁,转战陇东,播下了革命的火种。1934 年 11 月在南梁成立了以习仲勋为主席的陕甘边苏维埃政府即南梁政府。边区政府从立法、司法等各个方面大力加强法制建设,创造了为广大边区所推广、为中华人民共和国所弘扬的"马锡五审判方式",为打击反革命和各种刑事犯罪、调解民间纠纷、促进边区生产、巩固民主政权、保证抗日战争和解放战争的胜利作出了历史性的贡献。

（1）以民主选举和"三三制"为核心的宪政法制建设。在政权形式上，实行"普遍、直接、平等、无记名的投票选举制"，由各级民众大会直接选举代表建立真正的民意机关——代表议会或参议会。再由各级代表议会或参议会选举各级政府主要负责人，并严格执行选举、罢免、创制、复决四大民权，充分体现陇东革命根据地广大民众应有的民主权利。在政权组织上，实行"三三制"民主政权制度。陇东作为陕甘宁边区的试点分区，在参议会和政府组成人员中，不仅有工农代表，还有其他阶级阶层的代表，即共产党员占三分之一，非共产党的左派进步分子占三分之一，不左不右的中间派占三分之一。使陇东各级政权有了广泛的代表性，有力地调动了社会各界团结抗战的积极性。在政权制度上，实行民主宪政，保障人民民主权利。将民主的选举制度用法律的形式确立下来，成立了各级议会政府。1941年4月9日陇东革命根据地提出《陇东分区选举宣传委员会选举运动宣传大纲》，进一步用法律形式对人民的各项具体民主自由权利进行了保障，这些民主制度的先进性和生命力，深深根植于人民群众之中。

（2）以强化立法、保障供给为核心的经济法制建设。1940年后，由于国民党的反共摩擦及日寇的进攻围困，陇东革命根据地的外援断绝，再加上严重的灾荒，陇东的经济出现了极度萧条的局面。陇东分区提出了"农业第一，提高质量，保证供给"的方针，南梁人民政府通过了《土地决议案》《财政决议案》《粮食决议案》。采取了劳动互助合作、开展劳模运动、改进农业科学技术、减租减息等政策和措施，在大凤川开展了军民大生产运动，为发展农业生产，解决根据地的困难，党和边区政府还实行了发放农贷，帮助农民解决生产资料不足等突出的民生问题。工业上，强调开发工业原料，发展公营工业，保护私有资本，鼓励民营工业、私营工业的发展；注重技术革新，培养科技人员等。总之，陇东革命根据地经济建设的巨大成就，打破了敌人的封锁，克服了严重的经济困难，使军民过上了"丰衣足食"的生活，为抗日战争的最后胜利奠定了物质基础。

（3）以司法民主、维护权益为核心的司法制度建设。1937年11月，陇东各县成立的抗日民主政府设立司法裁判处，实行县长领导司法机关的领导体制，巩固地方治安，调解民事纠纷，公平处理民刑诉讼，维护社会治安。1941 年初，陇东根据地的庆阳、新正成立了地方法院。1943 年 4 月，陇东抗日根据地各县统一建立司法处，处长由县长兼任；设立陕甘宁边区高等法院陇东分庭，分区专署专员马锡五兼任庭长。为发扬司法民主，惩治日特汉奸，解决民事纠纷，保护人民的合法权益，维护根据地的社会秩序，在司法实践中采取司法裁判委员会的形式，讨论和审判重大的民事、刑事诉讼案件。裁判委员会由司法裁判员、县长、县委书记、保安科长、保安大队长等组成，由司法裁判员负责召集会议并主持会议，根据法律提出初步处理意见，提交裁判委员会讨论并作出判决。

（4）以人民调解为核心的民事调解法制建设。1942 年以后，陇东抗日根据地在司法实践中又开始普遍实行人民调解制度，让人民群众直接参与民事纠纷或轻微刑事案件的调解和审理。1943 年 3 月，陇东分区专署专员兼边区高等法院陇东分庭庭长马锡五，在华池巡视时深入实际调查研究，坚持走群众路线，根据《陕甘宁边区婚姻条例》，公开审理"封芝琴婚姻案"支持婚姻自主的合法行为，又处罚了抢亲、买卖婚姻的违法行为，使当事人心悦诚服，赢得了当地干部群众的热烈拥护和普遍好评。从事司法工作期间，他坚持深入实际调查研究，相信群众和依靠群众，实事求是地了解案情，并亲临现场勘查，解决了一批疑难案件；他坚持实事求是的原则，克服司法工作中脱离实际、脱离群众、缺乏调查研究的倾向，实行简便利民的诉讼手续，处理和纠正了不少错判的案件；他坚持群众路线，注重以调解方式处理民间纠纷，实行审判与调解相结合的工作方法，深受广大群众欢迎，人们亲切地称颂他为"马青天"。陕甘宁边区政府把马锡五在审判工作中贯彻群众路线、审判与调解相结合的办案方法，总结为"马锡五审判方式"。马锡五审判方式的实质就是群众路线，马锡五审判方式的产生，为抗日根据地的司法工作树立了一面旗帜，不仅促进了新民主主义司法制度的建设和完善，而且这种追求实质真实、公正司法以及联系群众、全心全意为人民服务的精神，对于今天的司法工作也有着重要的理论意义和现实意义。

（二）中华人民共和国成立后陇东地区的法制建设

中华人民共和国成立后特别是改革开放后，陇东地区更加重视法制建设。市委市政府按照中央、省加强法制建设的精神，以法制宣传为基础，以依法行政为重点，以保障人民权益为核心，以强化司法服务为保障，法制建设取得了一定的成绩。

（1）法制宣传教育覆盖面进一步扩大。1950 年至 1954 年，先后对《婚姻法》《土地改革法》《惩治反革命条例》《宪法》进行了大规模的宣传，保障了妇女的合法权益，保证了土改工作的顺利开展。1985 年以后，按照普法要求，先后开展了 5 个"五年普及法制教育"宣传活动。

（2）规范性文件制定、审查质量进一步提高。市政府制定和完善了《规范性文件制定程序办法》，2014—2019 年，制定各类规范性文件 353件，经政府法制机构依法审查修改后发布了 316 件，做到了有件必审，有审必备，有错必究，依法有据，程序合法。保证了规范性文件的合理合法，科学规范。建立了备案审查及相应制度，加强对规范性文件的合法性审查，提高了规范性文件的质量。

（3）依法行政工作进一步加强。市政府编印了《庆阳市行政执法机关执法依据汇编》，开展了行政执法案卷评审评查工作，集中开展了行政许可项目清理工作，初步形成强化服务、高效便民的管理机制。市、县、乡三级全部推行政务公开，各县区相继设立了政务大厅，为群众办事提供了较为快捷的服务，在城市管理领域实行了相对集中的行政处罚权管理。根据出现的行政执法监督不力的问题，研究制定了《庆阳市行政机关首长问责制实施办法》《庆阳市行政机关限时办结制实施办法》《庆阳市行政执法评议考核办法》《庆阳市行政问责实施办法》，全面推行行政执法责任长效机制。

（4）司法工作效率进一步发挥。司法机关以"公正、高效、权威"为目标，扩大了刑事案件简化审、民商事案件简易审程序的适用范围，大力推进民事速裁、速调机制，解决各类案件，维护人民合法权益。以服务"保增长、保民生、保稳定"为主线，积极推进调解手段和方法创新，重点围绕企业改制破产重组引发的矛盾纠纷；婚姻家庭、邻里关系、道路林权、庄基地界等引发的民间纠纷；项目建设、城镇改造、征地补偿等引发的社会矛盾；下岗待岗、劳动争议等引发的突出问题和涉法涉诉、司法不公、判决执行引发的缠诉缠访等 8 大项 23 类人民内部矛盾纠纷进行重点排查调处，不断提高调解质量和水平，防范和化解了大量社会矛盾纠纷。

（5）执法队伍素质进一步提升。按照依法治国和建设法治政府要求，2014—2019 年，先后组织全市行政执法人员进行了 3 次行政执法资格培训，开展了《行政许可法》《全面推进依法行政纲要》和《加强市县政府依法行政的决定》培训，全市 8000 名行政执法人员接受了学习培训，执法水平得到提升。

新形势下，我们将继续秉承陇东地区重视法制建设的历史经验，全面贯彻落实依法治国方略，与时俱进，开拓创新，逐步解决法制建设中存在的问题，继续推进依法治市工程，为建设"发展庆阳""和谐庆阳""法制庆阳"提供法制保证。

二 继承和发扬陕甘宁边区司法精神，努力提高政法队伍素质和工作水平

陕甘宁边区司法精神是实践和发展中国特色社会主义法治道路的重要理论来源和精神食粮。特别是以马锡五审判方式为代表的陕甘宁边区司法实践，"不仅在形式上满足了人民群众方便诉讼的需要，而且在过程中满足了人民群众透明公开的需要，更是在结果上满足了人民群众公平正义的需要"。可以说，在新时期继承和发扬以马锡五审判方式为代表的陕甘宁边区司法精神，是弘扬我党优秀革命传统的具体实践，是坚定中国特色社会主义法治发展道路信念的生动体现，是展现立党为公、执法为民精神的全新诠释。

（一）陕甘宁边区司法精神及其精髓

（1）陕甘宁边区司法精神的产生。中国共产党诞生后，我党为追求真理，掀起了一场 20 世纪最伟大的新民主主义革命。在伟大的革命征程中，中国共产党人依照马克思经典理论，结合中国国情，创造性地开展了一系列司法实践。特别是在陕甘宁边区涌现出了以马锡五审判方式为代表的一批先进司法典型，为我国社会主义法治理念的形成和社会主义法治国家建设提供了坚实实践基础和理论渊源。

"在抗日战争的历史背景下，马锡五同志于 1943 年担任陕甘宁边区高等法院陇东分庭庭长"。在边区法院的不断实践下，逐步形成了"马锡五审判方式"。

以马锡五审判方式为代表的边区司法实践，主要内容是"简化诉讼手续、实行巡回审判和就地审判，在审判中通过依靠群众、调查研究，解决并纠正疑难与错案，使群众在审判活动中受到教育"。以马锡五审判方式为代表的陕甘宁边区司法精神的出现和推广，在当时培养了一大批优秀的司法干部，有效解决了一大批积年疑难案件，使新民主主义的司法制度落到了实处。在其后相当长的一段时间内，马锡五审判方式都影响着我国民事诉讼程序的构造，其中许多具体原则和做法被直接运用于中华人民共和国的民事诉讼制度之中。

（2）陕甘宁边区司法精神核心。其核心内容主要是以下几个方面：

①党的领导。"法律不能成为约束政治恣意的工具，法律必须是贯彻政治意图的工具。"维护司法权威就是维护党的权威。将政法工作置于党的绝对领导之下，是党在革命和建设时期始终坚持的一条重要原则，这也是当前中国特色社会主义司法制度的一项重要特征。法律就是政治，坚持党的领导是从事司法工作的最高指针。

②司法为民。全心全意为人民服务是党一切工作的根本宗旨。"司法为民是以马锡五审判方式为代表的陕甘宁边区司法精神精髓之所在，也是中国社会主义法治的根本价值目标。"马锡五审判方式主张的"亲民、爱民、为民"的司法宗旨，与社会主义法治理念所强调的"政治性、人民性、法律性"一脉相承，它们都要求司法能够真正实现"以人为本"，能够最大限度地满足人民群众日益增长的对司法公正的需求。

③实事求是。实事求是是以马锡五审判方式为代表的陕甘宁边区司法精神的价值取向和灵魂。为了发现案件的真实情况，马锡五审判方式中法官个人在案件处理过程中始终处于主导地位，积极办案，将询问、走访、座谈和征求群众意见作为获取证据和了解案情的主要手段，主动协助当事人完成诉讼。抗日战争年代，以马锡五为代表的一大批边区法院的法官，正是采取这种方法，依据实事求是的原则，克服了立法粗疏和简单的缺憾，相信群众、依靠群众，成功地审结了大量复杂、疑难的案件，为陕甘宁边区的法制建设作出了卓越的贡献。

④群众路线。群众路线是以马锡五审判方式为代表的陕甘宁边区司法精神的生命所在。法官"携卷调查""庭外理案"，深入群众，充分征求群众对案件的处理意见，将案件的最终判决建立在法官积极参与、广

泛调查研究基础之上，这是马锡五审判方式的成功之处。中国共产党是人民大众的代表，党除了代表工人阶级和最广大人民群众的利益，没有自己特殊的利益。党在任何时候都把群众利益放在第一位，与群众同甘共苦，保持最密切的联系。党没有自己特殊的利益追求，无私而无畏。只要共产党人依靠群众、一心为公、努力工作、认真负责，就没有弄不清的案情、明断不了的是非。

⑤能动司法。在革命战争时期，陕甘宁边区地处贫困落后的农村，群众居住分散，社会各阶级、阶层利益冲突激烈，群众的诉讼愿望强烈，但其法律知识淡薄、程序和证据意识不强、诉讼能力较弱。这些具体实际情况，就要求法官在司法过程中必须灵活主动，协助当事人完成相应的诉讼活动。以方便、简易为显著特征的马锡五审判方式就是顺应时代要求、满足人民需要的陕甘宁边区司法实践中的一个亮点。只要有利于案件的审理和解决，审理案件的程式、地点、时间和旁听人员均可不受限制，也无须律师参与，一切便利人民诉讼。除了考虑法律规则以外，这一审判方式还会考虑具体案件事实、法律原则、案件的社会影响、道德、伦理、政策等因素，创造性地适用法律。它不拘形式，追求结果的合理性，注重纠纷解决的社会效果。在司法实践中，党的司法工作者深入农村、调查研究，走出法庭，就地处理，以案解释政策、法令，在群众参与之下解决问题，教育了群众，减少了纠纷，促进了生产，增强了团结。

⑥调解优先。重视调解、调解优先是中国的司法传统。边区时期司法系统，乃至党和政府把这种方法作为解决纠纷的基本手段。为此，陕甘宁边区政府制定了一系列法律，如1943年的《陕甘宁边区民刑事件调解条例》等，通过立法使调解工作制度化和法律化，是当时边区司法制度的主要特点之一。

（二）陕甘宁边区司法精神对当前政法工作的现实意义

政法机关是国家政权的重要组成部分，在建设社会主义法治国家的进程中发挥着重要作用。只有继承和弘扬党的革命优秀传统和边区司法精神，坚定政法干警中国特色社会主义法治发展道路信念，打牢执法为民的思想基础，积极顺应人民群众的新要求新期待，建设一支过硬的政法队伍，才能更好地保证政法机关忠实履行党和人民赋予的神圣职责，推动政法事业全面发展进步。

1. 继承和发扬边区司法精神，是适应新时期政法工作新形势新任务的需要

当前，我国仍处于社会矛盾多发叠加、国内外斗争复杂的时期。深入推进社会矛盾化解、加强社会管理创新、促进公正廉洁执法 3 项重点工作，已成为政法工作日益迫切的重大任务，对社会管理、维护稳定、打击犯罪、对敌斗争、司法体制改革等方面都提出了新的更高要求。与此同时，随着人民群众民主法制意识的不断增强，对维护自身合法权益的意识和司法需求不断增强，对政法机关公正执法的能力和水平提出了更高的要求。应对新挑战、适应新要求，必须继承党的优秀革命传统和边区司法精神，保证政法干警的执法司法指导思想和观念始终符合马克思列宁主义、毛泽东思想的要求，并在新形势下按照邓小平理论、"三个代表"重要思想和科学发展观的根本要求，认真贯彻习近平法治思想，坚持以人民为中心进一步发扬边区司法精神，以更好地履行职责，完成使命。

2. 继承和发扬边区司法精神，是确保政法工作坚持正确政治方向的需要

随着我国改革开放的深入、国际国内政治经济形势风云变幻，政法工作的职责任务、政法队伍面临的执法环境，以及人民群众的要求都发生了深刻的变化，各种利益关系错综复杂，各种社会思潮相互激荡，政法干警的世界观、人生观、价值观以及执法能力、执法方式都面临着一系列新的考验和冲击，也出现了一些问题。比如，"极少数干警理想信念不坚定，对中国特色社会主义缺乏自觉认同和坚定信仰，在大是大非面前立场不稳，甚至出现了个别企图否定党对政法工作的领导、否定社会主义司法制度的言论和倾向；有的政法干警缺乏对我国国情的深刻认识，轻视优良传统，片面崇尚西方的法律思想和法律制度，对'三个至上，三个效果统一、四个在心中'等思想认识不全面不深入，在司法实践中不能很好地贯彻；有的政法干警权力观错位，责任心不强"等等。继承发扬党的优秀革命传统和边区司法精神，有利于从根本上抵制各种错误思想的不良影响，正本清源，澄清模糊思想认识，用正确的观念和价值取向统一全体政法干警的执法思想，牢牢掌握政法工作领域马克思主义

意识形态的主导权，坚定不移地坚持我国政法工作的社会主义政治方向。

3. 继承和发扬边区司法精神，是建设高素质政法队伍的需要

自革命战争年代以来，在经历种种曲折之后，我党以及党领导下的政法事业始终蓬勃发展，政法队伍建制齐整，人员装备日臻完善，广大政法干警在各种风险与挑战面前，不惧艰险，冲锋在前，扎实工作，经受住了严峻考验，圆满完成了党和人民赋予的重任，为维护社会稳定和促进经济发展作出了重要贡献。但是，应当看到，政法队伍的思想素质和理论水平还不适应新形势新任务的要求。执法不严格、不公正、不文明以及不作为、乱作为的问题还不同程度地存在，有的还相当突出；"有的政法干警不会做群众工作，缺乏实现'案结事了'和妥善应对突发事件的本领；有的甚至要特权，以管人者自居，在执法办案中侵害群众利益、伤害群众感情，一些政法干警创新精神不足，适应新形势、应对新情况、解决新问题的能力不强"，诸如此类。继承发扬党的优秀革命传统和边区司法精神，有利于从根本上解决政法干警在"权从何来、为谁掌权、为谁执法、如何执法"等重大思想问题，在"理想信念、宗旨意识、执法司法"等方面改进思想和工作作风，有利于引导广大政法干警在正确的思想理念指导下，坚定做中国特色社会主义事业建设者和保障者的信念，不断提高自身素质，增强执法司法能力，从而造就一支政治坚定、业务精通、作风优良、执法公正的政法队伍。

4. 陕甘宁边区司法精神对当前政法工作的启示

政法系统继承和发扬以陕甘宁边区司法精神为代表的优良作风和光荣传统，就是要适应新形势新任务的要求，着力解决思想、纪律、作风和执法能力等方面存在问题，全面提高政法队伍的素质和政法工作的水平，更好地保障和促进经济社会科学发展。

（1）促进三项重点工作深入开展。中央政法委部署在全国开展社会矛盾化解、社会管理创新、公正廉洁执法三项重点工作，目的是解决发展不平衡、不协调、不可持续问题。继承和发扬陕甘宁边区司法精神，对于深入推进三项重点工作具有重要意义。一是要继续发扬陕甘宁边区司法实践中重视调解的优良传统，完善人民调解、行政调解、司法调解三位一体的"大调解"工作体系，在劳资关系、医患关系、环境资源、安全生产、交通事故等矛盾纠纷多发领域，深入化解矛盾纠纷。二是要

继续发扬依靠群众、勇于创新的精神，拓宽社会管理的触角，下大力气在流动人口管理、服刑在教人员教育改造、未成年犯罪预防、易肇事肇祸精神病人管控等方面健全机制体制，努力消除影响社会稳定的隐患。三是要继续发扬陕甘宁边区司法实践中深入调查、公正廉洁的作风，积极推进良性规范化改革，探索建立案例指导制度，实行讯问、拘押、庭审全程录音录像，推广网上办案，推进"阳光执法"强化对执法人员、执法活动、执法场所的监督。组织开展集中清理涉法涉诉信访积案和百万案件评查活动，对刑讯逼供、涉案人员非正常死亡等社会反映强烈的执法问题进行专项治理，提高人民群众对政法工作的满意度。

（2）推动司法体制和工作机制改革。司法体制改革是我国政治体制改革的重要内容，坚持正确的政治方向，把坚持党的领导、人民当家做主、依法治国有机结合是改革成败的关键。继承和发扬陕甘宁边区司法精神，有利于促进司法体制改革的全面推进。一是要继承和发扬陕甘宁边区因地制宜，注重工作实效的传统，准确把握中国的国情和法制建设的进程，在保证司法权威公正的基础上兼顾人民群众的生活传统和感情意愿，努力建设公正高效权威的社会主义司法制度，而决不照抄照搬西方国家的政治制度、司法制度。二是要总结和吸收陕甘宁边区司法实践中坚持党的领导的优秀传统，加强和改进政法机关在党的统一领导下，协调办案的工作方式，进一步规范政法机关互相配合、互相制约的内容、形式、程序，在司法权过于集中的领域和岗位，要合理配置权力，切实完善和落实检察机关对公安机关执法办案的监督机制，完善和落实检察机关对民事、行政诉讼和民事执法工作实施法律监督的各项规定。三是要学习和继承陕甘宁边区司法实践中司法向人民群众公开的做法，进一步扩大司法民主、推进司法公开，全面实行人民陪审员、人民监督员、行风评议员制度。

（3）深化主题教育实践活动。中央政法委决定在全体政法干警中开展"发扬传统、坚定信念、执法为民"主题教育实践活动。继承和弘扬陕甘宁边区司法精神是开展革命传统教育和理想信念教育的重要举措，也是对这次主题教育实践活动的一次深化。一是要学习马锡五等老一辈司法工作者心系群众，依靠群众开展工作的方式方法，真正做到立党为公、执法为民。要主动倾听群众呼声，及时了解群众疾苦，千方百计为群众解忧排难。要把执法过程变为服务群众的过程，既要维护好群众合法权益，理顺群众情绪，又要引导群众依法理性表达诉求，把党和政府主导的维护群众权益机制落到实处。二是要通过丰富多彩的活动形式，教育广大政法干警继承和发扬自力更生、艰苦奋斗，解放思想、实事求是，与时俱进、改革创新，忠诚使命、无私奉献的光荣传统，自觉地把崇高的理想信念同肩负的神圣使命结合起来，同脚踏实地工作结合起来，始终保持忠于党、忠于国家、忠于人民、忠于法律的政治本色。

（4）创造性地实践能动司法。在新的历史条件下，继承和发扬陕甘宁边区司法精神中所体现出来的能动司法的品质，是政法队伍的光荣使命。继承和发扬陕甘宁边区司法精神，创造性地实践能动司法，与时俱进重点解决突出问题，提高人民群众司法工作满意度。一是要在严格执法的同时能动司法。司法人员要发扬陕甘宁边区司法精神中依靠群众、实事求是的作风。在处理案件的时候，要充分考虑特殊案件的特殊背景，正确解读法律原则和政策精神，慎重把握审判尺度，充分运用弹性司法手段最大限度地化解矛盾纠纷。二是要在坚持司法被动性原则的同时能动司法。陕甘宁边区司法实践中主动服务人民群众与司法被动性原则并不矛盾。司法的被动性属于制度范畴，而司法的能动性属于司法方法。法院受理案件之后的行为，是法官秉承法律价值，遵循法律原则，在司法过程中创造性地适用法律的理念和行为。三是要学习陕甘宁边区司法实践中联系群众、顾全大局的作风，协调好法律效果与社会效果的关系。在能动司法的实践中，要坚持依法审判与服务大局相统一、适用法律与执行政策相统一、司法裁判与诉讼调解相统一的原则，依法把握好审判尺度，统筹兼顾各方利益，妥善协调各种关系，努力寻找法律效果与社会效果统一的最佳结合点，"尽可能使用有利于当事人双赢、多赢的处理办法，追求司法工作的最佳效果"。

（5）改进和丰富政法部门工作方式。充分发挥巡回审判的作用，创造性的改进工作方法，是马锡五审判方式的重要特点。就法院系统而言，继承和发扬陕甘宁边区司法精神，一是进一步把马锡五审判方式与本地实际相结合，推动巡回审判工作深入开展。要在乡镇政府司法所、村委会、居委会和人口相对集中的村民小组设置固定的巡回审判点，推广假日法庭、农忙晚间法庭、车载流动法庭和速裁法庭等利民、便民措施，方便当事人诉讼。进一步推行巡回立案、预约立案、上门立案，对涉及人民群众切身利益的赡养、相邻关系、宅基地、农民工工资、劳动争议等案件，对典型或新类型案件，特别是对于规范指导公民行为具有普遍教育意义的案件，对当事人争议较大、在当地有较大影响的案件，要普遍推行巡回审判。要建立健全开展巡回审判的工作机制，把开展巡回审判的情况纳入绩效考核，将考核结果作为评价工作、奖惩干部的重要依据。二是进一步把巡回审判和调解工作相结合，开创调解工作的新局面。"庭上调解区别于人民调解，要讲究艺术、讲究时机"。我们要依靠巡回审判的平台，借助人民群众、舆论、道德伦理的力量，充分发挥巡回审判深入群众、深入基层、有利于加强与群众之间的沟通和联系的积极作用。

（6）丰富法律理论研究成果。从中国共产党建立政权起，在法学理论界、研究界一代代不懈努力下，中国特色社会主义法学理论的研究始终保持着繁荣兴旺的良好态势。我们要继承和弘扬陕甘宁边区司法精神，一是要充分利用法律理论教育资源，结合当前政法工作实际，为陕甘宁边区司法精神的具体应用提供理论支持和实践指导。二是要深刻把握人民群众对公平正义的需求，切合国家发展阶段的现实，努力探索既符合中国国情又合乎法治进程的中国特色社会主义法治道路。三是要研究"乡土中国"的人情与法理之间的平衡，把社会的法、"活法"的诉求体现到司法实践中去，使守法成为社会的普遍认同。四是要总结、研究、完善实践陕甘宁边区司法精神中已经取得成功社会效果和法律效果的经验做法，把成熟的模式、方法用法律的方式巩固下来，成为在更高层面、更大范围规范政法工作的依据。

三　对多重文化背景下陇东老区法律传统和"马锡五审判方式"的再认识

对"马锡五审判方式"，法学法律界已进行了一番讨论，本书在中国百年来多重法律文化背景下，以自己的认知方式，对"马锡五审判方式"及相关法律文化形态作了分析和论述，以表明自己的态度和主张。旨在以兼容并包的开放意识，在继承发扬革命传统的同时，兼采各家之长，为加快推进中国特色社会主义法治建设与法律文化建设，提供更加丰富的滋养。

（一）百年来中国法律文化生态体系

在自然界生物界，物种以种群形式存在，种群与其周围环境形成生态体系。在人文领域，文化品种、文化形态与其所处的历史社会环境形成文化生态体系。中国自 1840 年鸦片战争后，由古代社会进入近代、现代、当代社会，社会急剧变革，古今中外各种文化形态荟萃，形成百年来中国特有的文化生态体系。在这一文化体系中，不同的文化形态各自独立，但又相互影响、碰撞、交锋、交错、渗透、融合，演绎出诸多人事与变故，改变着中国的历史和中国人的思想与生活。仅儒学与西学之争，就出现过章太炎的"国粹论"，蔡元培、梁启超等人的"中西会通论"，张之洞、陈寅恪的"中体西用论"，陈独秀、胡适等的"西化论"，潘光旦、张君劢、牟宗三、杜维明的"充分现代化论"和"充分世界化论"等 11 类最有代表性的观点。前些时候读到重庆行政学院喻中教授对现代中国两种法律传统的比较，他把被中西之争"抹杀"了的中国现代法律传统分为相互对峙的两翼：西方化法律传统与乡土化的法律传统。前者的代表人物是留美学者、国民政府"上海临时法院院长"吴经熊，后者的代表人物是陕北的马锡五。二者的比较可以勾画出现代中国两种法律传统的整体图景。

其实，中国百年来法律文化不仅仅是现代两种传统，它已经形成了一个比较完整的多重法律文化生态体系，主要包括：

（1）中国特色社会主义法治文化。它是中国当今法律文化的主流形态和核心，是影响中国人民现实法律生活和未来发展的决定性法律文化因素。

（2）中国新民主主义革命时期法律文化。包括中华人民共和国成立前陕甘宁边区（含陇东革命根据地）和其他革命根据地法律文化（以"马锡五审判方式"为表征）；中华人民共和国成立后社会主义改造完成前这一时期的法制建设与法律文化。新民主主义革命时期的民主法制建设与法律文化是中国共产党领导中国人民进行法制建设的开始，是社会主义法制的直接渊源。它的优良传统值得继承和发扬，但它有当时当地的历史背景与社会条件，不能等同于或者代替当今已经发展了的中国特色社会主义法制与法律文化。

（3）中国资产阶级革命时期的法律文化。这是在辛亥革命中建立起来的、以孙中山民主主义思想为指导、具有资产阶级性质的政权、法制与法律文化，是中国民族资产阶级按照西方资产阶级共和国方案改造中国的一次尝试。虽然这一尝试没有成功，但是它的法律与民主主义思想作为一种历史存在，也还产生了一定影响。它在中国当今的港澳台地区，也还是现实的存在。

（4）西方法律文化。中国法律文化的现代化，是与西学东渐——以欧美等西方资本主义文化包括法律文化的传播、继受、移植和制度化联系在一起的。至今虽然中国特色社会主义法制及其法律文化日渐走上了中国化、社会主义化的独立发展道路，开始有了自己的语境与天空，但是其基础理论框架、具体制度和法律规范设计，直至审判程序的运作模式、专业人才的培养、法学研究参照体系等，亦与西方法律文化有着借鉴、吸纳的密切联系。

（5）中国古代法律文化传统。以儒学为主流和核心的中国古代文化包括法律文化传统，支撑了5000年从未间断并曾长期领先世界的中华文化发展和民族法律生活运行，成为用之不尽的本土法律文化资源。它是民族的血脉，已深入民族性格与民间生活日用之中，包括"马锡五审判方式"的亲民作风，都不可避免地深受祖祖辈辈相传相袭的民族文化影响。中华民族文化传统永远是民族的脊梁。

（6）宗教法律文化和少数民族法律文化。中国没有统一的宗教文化，但道教、佛教所包含的宗教文化对中国法律文化有着重要影响。同时，中华民族是个多民族法律文化共同体，各少数民族在历史发展和现实生活中形成的制定法与习惯法及其法律文化，也成为中华民族法律文化的重要组成部分。

（7）民间法律文化。民间法律文化主要包括民间习惯与习惯法、风俗礼仪、家法族规、私契惯例、乡规民约等。它根植于民间生产生活的深厚土壤，马锡五审判方式也是在乡土社会和民间法律文化的影响下形成的。

以上诸种法律文化形态共同存在、相互影响，形成了百年来中国法律文化的完整生态体系，表现出文化的多元性、多重性、丰富性和包容性。另外，也可以从法律文化生态资源的角度，把我国法律文化资源划分为国内国外两种资源。从时序上则可划分为古代、近代、现代、当代法律文化，或原本在西方相继问世的"前现代""现代"与"后现代"法律文化。

（二）中国特色社会主义法治文化的主流地位

中国人民在中国共产党领导下，把马克思主义与中国实际相结合，经过艰苦卓绝的革命斗争，取得了新民主主义革命和社会主义革命的胜利，实现了从2000多年的封建专制向新型人民民主政治的历史跨越，建立了社会主义制度，为当代中国一切发展进步奠定了根本政治前提和制度基础。社会主义的本质，是解放生产力，发展生产力，消灭剥削，消除两极分化，最终达到共同富裕。只有社会主义才能实现真正意义上的民主法治、自由平等、公平正义。经过中华人民共和国成立后的社会主义建设和法制建设，特别是经过40余年改革开放，中国特色社会主义建设与法治建设取得了巨大成就，中国特色社会主义法律文化已成为中国当代法治文化的主流与核心。这一文化定位主要体现在：

第一，中国特色社会主义法治文化是以中国化、时代化的马克思主义法学意识形态为指导的先进文化形态。它结合中国社会主义初级阶段的基本国情，坚持马克思主义辩证唯物主义与历史唯物主义基本原理，坚持毛泽东思想、邓小平理论、"三个代表"重要思想，贯彻落实科学发展观，以习近平新时代中国特色社会主义法治思想为指导，并在理论实践中坚持与时俱进，不断开拓创新。实施依法治国的基本方略，提出党的领导、人民群众当家做主和依法治国相统一的理论，坚持以人民为中心，增强"四个意识"，做的"两个维护"。准确把握社会主义民主法治、自由平等、公平正义理念的科学内涵等重要理论主张，不断为中国特色社会主义法治文化发展提供思想理论支撑，使其始终保持特色性、先进性、时代性、开拓创新性，成为中国特色社会主义法治与法治文化建设的思想理论支柱。

第二，中国特色社会主义法治文化立足于中国特色社会主义法治建设的基本实践，表现出广阔领域的覆盖性、内容的丰富性、制度设计的合理性、规范性和总体上的日渐成熟性。在立法领域，中国特色社会主义法律体系已经形成，它以宪法为统帅，以宪法相关法、民法商法等多个法律为主干，由法律、行政法规、地方性法规等多个层次的法律规范所构成。仅从民商法领域看，党的十一届三中全会以来，随着改革开放、社会主义市场经济体制的确立和依法治国方略的实施，我国民商事立法进入了一个快速发展的历史新时期。1986 年在几部民法典草案的基础上制定具有综合性质的《民法通则》，此后相继制定新婚姻法、继承法、公司法、中外合资企业法、证券法、海商法、合同法、担保法、物权法、侵权责任法等一系列民商事重要立法，并于 2020 年 5 月 8 日由第十三届全国人民代表大会第三次会议通过，颁布《中华人民共和国民法典》，形成了以宪法性民商事原则规定、民商事基本法和法律为主干，以国务院民商事行政法规和地方性法规为主要组成部分，以最高人民法院民商事司法解释、部门规章、民商事习惯法等法律形式为补充的比较完整的民商事法律体系，特别是随着我国《民法典》出台，民商事法律体系建设已进入新的发展阶段，成为中国特色社会主义法律的子系统。

在宪法相关法领域，行政法、刑法、社会法、民族宗教法、涉外立法等领域，也各自形成了比较完整的法律体系。这是中国共产党领导中国人民在社会主义现代化建设的伟大实践中，所开拓的具有自身特点和风格的新道路、新样式、新体系，是中国人民法制实践经验的总结和立法智慧的结晶，是我国立法机构和立法者数十年不懈求索，坚持民主立法、科学立法、规范立法、"精耕"立法所取得的巨大成果，反映出我国专业立法队伍的形成、壮大和成熟。

在执法、司法、审判实践领域，从 20 世纪 90 年代初，随着市场经济的快速发展和法治建设的推进，各级人民法院开始探索审判方式改革，推行辩论式审判方式，强调以公开审判为重心，实行一步到庭、坐堂问案；审判活动由职权主义转变为当事人主义，淡化职权，法官消极、中立；强调法定证据和举证、质证、认证规则，法院不再包揽查证；确立以判决为主，调解必须遵循自愿、合法原则，调解不成应及时判决；更加强调程序正义和程序的规范、严肃。这场司法改革虽然出现了当下"张立勇新政"和"马锡五审判方式"的讨论与论争，虽然确实存在照搬西方某些司法制度和审判模式，因而脱离中国实际的缺憾；但它在改革开放深入发展的大环境下，在世界经济一体化、中国社会加快转型、中国法治现代化建设深入发展的背景下试图使司法制度现代化上一个台阶，在司法改革中强调尊重当事人的主体地位和意思自治，树立法院依法独立审判的权威，实行以公开审判为中心，严格程序，增强法院和审判人员的专业素质和严谨作风，加强法院的软硬件建设等，都取得了一定成绩，在总体上是前进的。经过必要的调整，仍将会是中国特色社会主义法治现代化建设的重要方面。

在执法、司法实践的各个领域，各级政法部门和政法干警坚持党的领导增强大局意识和以人为本、构建社会主义和谐社会的核心价值观，继承和发扬党的优良传统，坚持依法行政，创新社会管理，寻求维护社会稳定、化解矛盾纠纷的多重渠道与方式，努力完成中国特色社会主义法治建设在新时期提出的新任务、新要求。

第三，中国特色社会主义法治文化具有开放性、包容性、独特性和不可替代性。它是开放而不是封闭的体系。它直接来源于新民主主义革命时期陕甘革命根据地和其他根据地所创建的法律文化，与"马锡五审判方式"一脉相袭；它与中国古代法律文化传统有着割舍不掉的血脉联系，中华传统文化包括法律文化的有益价值是它取之不尽的文化资源和历史文化滋养；它对人类社会所创建的一切文明成果包括西方法律文化和其他各民族创造的法律文化，均取开放和兼容并包的态度，而不封闭自己的视野。但是借鉴和吸纳不是照搬与复古，而是要去其糟粕、取其精华，是要古为今用、洋为中用；即便是精华，也还要看其是否与中国当今国情相符，是否为中国老百姓所接受；而且要在借鉴、吸纳中实现开拓创新，把古人洋人的东西变为自己的东西，以丰富、壮大、发展自己。这几句话似可称之为"借鉴吸收规则"。

中国共产党领导中国人民经过中华人民共和国成立70多年来社会主义建设和改革开放所形成的"中国特色社会主义法治和法治文化"，已经成为自立于世界法律文化之林，具有独特性、质的规定性和不可替代性的成型化法治形态和法律文化形态。不仅西方的法律精神和法律制度不能替代它，即使是开始时期的革命根据地法律文化和"马锡五审判方式"，除了革命精神永存之外，其具体运作也难以完全适应和替代改革开放、市场经济、社会转型中已经极大改变了的、日渐发展成熟的"中国特色社会主义法治与法治文化的已有格局。"司法改革"的不足和缺憾，在于某些方面脱离国情与民众而照搬西方审判模式；而"张立勇新政"虽然强调继承和发扬革命根据地法律文化传统，是完全必要的，并具有现实针对性，但在推行"马锡五审判方式"的具体运作中，也有某些简单化做法。二者更应把主要着眼点放在中共十八届四中全会和党的十九大提出的"加快推进中国特色社会主义法治建设"和"全面依法治国"的基本要求上来，而不违背借鉴吸收传统文化与外来文化的应有规则。

（三）对陇东革命根据地法律文化和"马锡五审判方式"的再认识

（1）陕甘宁边区是第二次国内革命时期于1934年建立的革命根据地和革命政权，政权形式是在抗战爆发后，为适应全国政治形势的变化和抗日民族统一战线的需要，在原来红色政权基础上，发展形成的以共产党为领导，以工农联盟为基础，联合一切抗日民众的政权，即于1937年成立的陕甘宁边区人民政府。陇东革命根据地则是在甘肃以南梁为中心的陇东地区创建的革命政权，后来与陕甘边、陕北根据地连成一片，发展成为统一的西北革命根据地。各级抗日民主政权由各界抗日进步人士参加的各级议会、各级政府委员会、司法机关三部分组成，司法机关是政府机关的组成部分，受参议会的监督和政府的领导，独立行使审判权。1937年7月12日，陕甘宁边区政府高等法院成立，原苏维埃政府下设的裁判部均改为司法裁判处，设司法裁判员、书记员等，承担刑民事司法工作。并设立保安科或武装科，加强保卫工作，维护社会治安。1941年初，边区高等法院在陇东根据地设立地方法院。1943年4月，陇东根据地各县统一建立司法处，处长由县长兼任；设立陕甘宁边区高等法院陇东分庭，陇东分区专署专员马锡五兼任分庭庭长，"马锡五审判方式"即产生于此一时期。

（2）陕甘宁革命根据地包括陇东革命根据地在法制建设中形成的法律文化，具有如下基本内涵和特点：

第一，在法律思想文化上，遵循马克思主义法学意识形态和新民主主义法律文化、抗日根据地法律文化形态。早在土地革命时期，井冈山革命根据地政权于1931年11月7日召开的中华苏维埃第一次全国代表大会所制定和此后修改的《中华苏维埃共和国宪法大纲》中，就明确规定了工农民主政权的本质、形式、任务和目的，其第一条规定：中华苏维埃共和国的基本任务，"在于保证苏维埃区域工农民主专政的政权达到它在全中国的胜利。这个专政的目的，是在消灭一切封建残余，赶走帝国主义列强在华的势力，统一中国，有系统地限制资本主义的发展，进行国家（苏维埃）的经济建设，提高无产阶级的团结力与觉悟程度，团结广大贫农群众在它的周围，同中农巩固的联合，以转变到无产阶级的专政。"这就是党的反帝反封建的基本纲领。它是革命斗争经验的总结，是人民民主宪政思想和民主法制文化的集中体现。

在此后的抗战时期，由于民族矛盾上升为主要矛盾，打败日本帝国主义成了我党我军及全国人民的最重要任务。为了适应这种形势，陕甘宁边区抗日根据地总结吸收苏区红色政权的立法经验，以党的抗日民族统一战线为总原则，在民主政权建设中不断加强法制建设，集中体现了各抗日阶层的意志和根本利益，是对汉奸、反动派实行专政和夺取抗战胜利的有力武器。陕甘宁抗日民主政权的法制建设和法律文化，是我国新民主主义革命法制和法律文化的新发展，在中国革命法制史上占有重要地位。

第二，在立法和制度文化上，边区抗日民主政权取得了一系列重要成果，为抗战和边区发展发挥了保障作用。

1937 年 8 月，中共中央政治局在洛川召开扩大会议，通过了《抗日救国十大纲领》，1941 年 5 月又批准了陕甘宁边区制定的《陕甘宁边区施政纲领》，规定了陕甘宁边区民主政权"发挥一切人力、物力、财力、智力，为驱逐日本帝国主义而战"的总任务，规定了保障人民民主自由的权利，规定了边区政府的土地政策、经济政策、婚姻政策、民族政策等，体现了"团结、抗战、救中国"的总方针，成为边区其他立法的依据。此后，1938 年 4 月边区政府颁布《陕甘宁边区土地典当纠纷处理原则及旧债纠纷处理原则》，1942 年 2 月公布《陕甘宁边区保障人权财权条例》，1943 年颁布《陕甘宁边区政纪总则（草案)》，《陕甘宁边区婚姻条例》，1944 年 12 月颁布《陕甘宁边区地权条例》等，另外还有一些刑事法规、劳动法规等。这些立法确定了一系列法律原则和法律制度，也体现出制度文化的深层蕴含。

第三，在司法实践文化上，出现了有代表性的法律文化形态和实践成果，即形象化、人格化的《马锡五审判方式》。这一方式的产生是当时当地陕甘宁边区的革命思想、基本任务、政权与法制建设的直接产物和组成部分又与马锡五个人的政治思想品质和亲民形象、人格魅力密切联系在一起，成为革命老区法律文化传统的象征和代名词。

相关资料显示，"马锡五审判方式"这一表述，是在此前已在边区推广的基础上，由时任边区政府主席的林伯渠在 1944 年 1 月 6 日《边区政府一年工作总结报告》中提出的，同年 3 月 13 日延安《解放日报》以"马锡五同志的审判方式"为题，将马锡五审判方式的特点概括为两点：一是深入调查研究；二是合理调解，为群众又依靠群众。1954 年 12 月 1 日，时任最高人民法院副院长的马锡五在《新民主主义革命阶段中陕甘宁边区的人民司法工作》一文中，重新将陕甘宁边区政府时期审判方式的特征概括为 5 个方面，即就地审讯、巡审判、公开审判、人民陪审制度、调解工作。这一归纳主要是从实际工作的角度即实践与操作的角度讲的；近几年各地基层法院在对马锡五审判方式的回归实践和具体运作中，也主要体现在简化起诉程序、巡审判、实地调查、就地办案、注重调解、听取群众意见等方面；而思想理论界则着重从精神实质、意识形态、革命传统的角度来认识这一审判方式的传统价值和现实意义。

著者认为，作为陕甘宁革命根据地法律文化传统集中表现形式的"马锡五审判方式"，其基本特征是：坚定的革命立场和思想信仰；坚持原则，忠实执行党和政府的方针政策与法律；实事求是，一切从实际情况出发，深入调查、重事实证据，反对主观主义审判作风；认真贯彻群众路线，亲民、为民、利民、便民，实行审判与调解相结合；忠于职守、严格依法办事，清正廉洁，以身作则。这一鲜明的思想特征和朴实作风，具体体现在马锡五深入田间地头，裁决调处的许许多多案件和司法活动之中。

（四）继承、发扬革命传统与现实运作的调适与衡平

（1）任何一种文化都有过去时、现在时、未来时的不同形态，或称之为传统与现代，或前现代、现代、后现代。过去与现在、传统与现代，往往是一脉相承的；也有往事不再，决然隔绝、断裂的；还有前现代的文化形态，越过现代而重现在后现代的情形；或者现代文化的超前运行。陕甘宁革命根据地法律文化与当今中国特色社会主义法律文化，是过去时与进行时的关系，或初始与发展的渊源关系，革命根据地法律文化传统包括马锡五审判方式的传承是理所当然的，特别是它们所彰显的司法为民的精神实质与价值观，更是永远值得发扬光大的思想精华和文化珍宝。但在具体运作中，则应根据时代的进步、社会的转型、各阶层人民

的广泛需求和中国特色社会主义建设日渐发展成熟所形成的现有格局，进行必要的调适，避免简单化和泛化、全能化。在深入改革和社会转型中，党的十九大提出全面推进中国特色社会主义法治建设，建设民主法治国家已成为时代的最强音和全国人民的最大期盼。在这种大潮流、大环境下，在立法已经取得重大进展的推动下，司法改革和司法现代化是必然趋势。这就需要有法必依，依照宪法和法律治理和管理国家。由此，行使国家审判权、检察权的权威机构和思想业务素质高的专业人员都是不可削弱和缺少的，通过诉讼、审判解决纠纷，维护以权利义务为体系的法治秩序，实现公平正义的宗旨，也就成为司法职能和功能的基本内容和要求。

（2）在司法改革中，出现了诸如强调坐堂问案、当事人主义、弱化审判职权和法官消极中立以及证据规则复杂化等引起争议的问题，少数司法人员中也存在革命传统观念淡薄，脱离群众的倾向，引起群众不满。重提继承、发扬革命传统和"马锡五审判方式"，就具有了某种端正司法改革方向的含义。其实，照搬西方法律原则与制度的做法并非仅仅出现在司法改革中，中国近现代法律的现代化始终没有摆脱西方法律文化的影响，今后也还要依照党的十七大提出的"吸收借鉴世界各民族文化优长"的要求，继续借鉴西方的先进经验，包括在诉讼程序上的某些普适性做法；但在议会制、三权分立等重大政治制度和法律制度上不能照搬西方。特别要加深认识党的十八大、十九大以来，习近平法治思想的世界意义，深刻把握人类政治文明发展趋势，在中国特色社会主义法治建设实践基础上，逐步开拓出属于我们自己的创新道路，从而更加明确司法为民的司法改革方向。

（3）在继承发扬革命传统和"马锡五审判方式"过程中，人们还感受到中华传统文化包括法律文化的深刻影响，其中包括儒学的影响。特别是儒学下移民间、以人为本、"和为贵""礼法并治""德主刑辅"和"息讼"精神等，都可以在马锡五审判方式中找到它的潜移默化的影子。我国新文化是与否定、批判儒学和孔子联系在一起的，如今在改革开放和民间"国学热"的潮流中，党的十七大提出要"弘扬中华文化，建设中华民族共有精神家园"，于是儒学有了合法的存在和复苏的机会。其实，儒学的学统、道统、政统既有维护封建统治和纲常礼教的一面；也有约束皇权、行仁政，入世济世，回应天下百姓的乞愿与吁请的民间性的一面。应当给予儒学复兴以更多的关注和条件，在继承和发扬老区革命文化传统的同时，也应重视包括儒学在内的中华文化的传承，为中国特色社会主义法治建设和法治文化建设提供更加丰富的营养。

四　马锡五审判方式研究报告

（一）概要

陇东地区是中国共产党在甘肃最早活动的地区之一，也是土地革命战争时期中国共产党保留下来的唯一根据地。它对西北革命根据地建设及中国革命的胜利作出了历史性的贡献。陇东地区也是马锡五审判方式的诞生地和推广运用的重要区域，是中华人民共和国司法制度的摇篮。

马锡五审判方式于 20 世纪 40 年代，在陕甘宁边区的陇东分区产生后，在各抗日根据地进行了广泛宣传和大力推广，对推动边区司法制度的发展完善、保卫边区的抗日成果、推动人民群众积极参与边区生产和维护边区稳定发挥了重大作用，对中华人民共和国司法制度的建立和发展产生了重大影响，是"中华人民共和国司法制度的基石"。陕甘宁边区陇东分区高等分庭、各县司法处、县属区政府运用马锡五审判方式审理了大量案件，对马锡五审判方式的形成、发展和完善做出了积极的实践与探索。

中华人民共和国成立初，陇东地区的司法机关在配合土地改革、贯彻婚姻法、镇压反革命等中心工作中，依据政策与各种条例，注重马锡五审判方式的运用。土改时期人民法庭建立了人民陪审员制度，审判活动注重便利群众、便利审判的探索，创造了民事审判的"两便原则"。在 20 世纪 50 年代末之前，司法为民的群众路线得到认同与坚持，重视调解、巡回审判、就地审判等马锡五审判方式的优良传统得到继承和发展。自 20 世纪 50 年代末开始，"左"的思想影响逐渐强化，"五四宪法"被搁置废弃，1958 年 1 月全国人大常委会公布的《户口条例》实际上将《宪法》第九条第二款"中华人民共和国公民有居住和迁徙的自由"废止，初建的宪法、法律制度逐步弃置。

1957 年以后，从当时中国社会的主要矛盾是"无产阶级和资产阶级的矛盾、社会主义道路和资本主义道路的矛盾"的错误认识出发，导致了否定和批判此前关于完善社会主义法制的正确决定，"公民在法律面前一律平等"被指责为"抹杀法律的阶级性"；强调依法办事是资产阶级"法律至上"的观点，是"不要党的政策"；辩护制度、律师制度受到批判，被指责为"为阶级敌人开脱"的制度。在这个过程中，无产阶级专政不受法律限制，破除资产阶级法权残余等错误理论，助长了法律虚无主义倾向，损害了宪法与法律的权威，扰乱了人们的思想，使得刚刚培植起来的法律意识成了批判的对象。

"文化大革命"期间，法制遭到严重破坏，各级法院数年实行军事管制，检察院被撤销、职能并入公安机关，军管会行使国家审判权，轰轰烈烈的群众运动是在没有法制、以服务阶级斗争的需要为核心而开展，与马锡五审判方式的群众参与、群众路线完全不同。

党的十一届三中全会之后，民主与法制逐步恢复，以重视程序、司法公正、司法平等、司法廉洁、司法效率为核心的现代法治理念逐渐确立并进入民众视野，马锡五审判方式较少提及。2002年，最高人民法院依据党中央"执政为民"的理念，对法院提出"司法为民"的要求，2005年确立"公正司法，一心为民"的指导方针，法院与法官可以多种方式为群众提供法律服务。随着上述理念与方针的贯彻落实，马锡五审判方式再次进入大众视野，重新回到司法实践。2008年时任最高人民法院院长王胜俊提出能动主义司法改革方略，主张"继承和发扬马锡五审判方式"。河南、陕西、黑龙江等地司法审判方式改革中大力推行马锡五审判方式，激发了一批学者的研究热情，形成大量研究成果，同时产生了马锡五审判方式的"回归"之争。十多年来，法院系统根据4个"五年改革纲要"确定的指导思想、改革目标和措施，在司法体制、诉讼程序和纠纷解决机制等方面进行了较为系统的改革，也取得了一定成效，但是最高司法机关主导的自我改革，在司法体制改革以及司法价值和功能定位等方面，特别是在提升司法公信力、提高司法效率和保证司法公正方面仍然存在比较突出的问题。

党的十八届四中全会，开启了执政党主导的司法改革。法治政府、法治国家和法治社会的建设是全党、全国人民的事业。党的十八届四中全会通过的《关于全面推进依法治国若干重大问题的决定》指出，法治必须从我国基本国情出发，同改革开放不断深化相适应，总结和运用党领导人民实行法治的成功经验。2016 年 8 月最高人民法院院长周强在庆阳视察调研时强调，马锡五审判方式是人民司法的优良传统，具有很强的时代意义，永远不会过时，最高法要进一步挖掘"马锡五审判方式"，大力弘扬"马锡五审判方式"。

陕甘宁边区陇东分区因诞生和运用马锡五审判方式而成为当时各根据地司法制度运行的模范区域。中华人民共和国成立初期，陇东地区的审判机关在配合国家和地方党政中心工作的过程中，仍然积极践行马锡五审判方式的基本精神。土改过程中，审判机关从保个人土地所有权出发，为巩固土改成果、发展生产、促进团结，采取审判与调解结合的方式，在重视发挥区乡调解组织作用的同时，派出巡回法庭就地办理案件；在不断健全民事审判制度的基础上，为及时有效贯彻第一部婚姻法，法院认真贯彻"调查研究，调解为主，就地结案"的审判方针，派出巡回法庭深入乡村，就地办案，尽可能缩短办案时限、减少积案。"大跃进"开始后，审判工作以"依靠群众、调查研究、就地解决、调解为主"的民事审判十六字方针，处理损害赔偿、房产等纠纷。"文化大革命"前夕，审判工作仍然坚持依靠群众，就地处理案件以提高办案实效。

改革开放到 20 世纪 80 年代中期，陇东地区在逐步恢复和健全审判机构的同时，结合法律法规体系的不断完善和司法手段的现代化、信息化，积极探索实施法律过程中坚持群众路线的方法和途径，践行马锡五审判方式的精神。20 世纪 80 年代初第二部婚姻法颁布后，法院以婚姻法确定的标准，强调以感情好坏作为离与不离的基本原则，注重通过调解处理案件，到发案地公开审理案件；以调解为主解决了大量赡养、抚养、扶养案件（习称"三养"案件）和继承案件。

实事求是是马锡五审判方式的基本特点。陇东地区坚持践行马锡五审判方式，也体现于错案的纠正，通过审判监督发现和纠正已发生法律效力、而在认定事实和适用法律法规及政策等方面存在错误的案件。1945 年 10 月陇东分庭庭长马锡五主持召开各县司法处长联席会议，就庆阳、环县、曲子等县执行"调解为主，审判为辅"的方针中错误地将部分刑事案件调解处理提出批评，对庆阳县 1944 年 1 月至 1945 年 6 月调解处理的 4 起逼死人命案重新审理；1948 年，边区自卫战争结束后，法院对战争期间临时处理有误的案件复查纠正，对抗战期间过度强调统战利益，忽视保护农民财产权益的案件予以纠正。

中华人民共和国成立后，审判监督作为检查、纠正审判工作中的失误错误、正确适用法律和保护当事人合法权益的制度，司法实践中仍然得到运用。法院对两次"镇反"期间所判案件复查纠正，20世纪60年代初纠正了"大跃进"时期的冤错案，通过办理申诉信访案件对解放后在认定事实、定罪科刑确有错误的刑事案件和处理不当、有悖事实和法律的民事案件再审后依法改判。"文化大革命"期间，1973年至1976年两级法院恢复后处理数百件刑、民事申诉案件。1978年落实政策、纠正冤假错案工作开始，法院复查了中华人民共和国成立后近7000件刑事案件、少量民事申诉案。1981年6月，主要通过办理刑事、民事申诉案件及检察机关依再审程序提出抗诉的案件开展审判监督业务，到1985年办理刑、民事申诉案663件，审结改判211件。

马锡五审判方式在陇东地区的实践研究，目的在于通过对马锡五审判方式形成的案例判例研究、陇东地区法院审判过程的研究，尽可能还原马锡五审判方式每个案例判例形成的背景和条件，探索马锡五审判方式运用的程序、方法，评价马锡五审判方式具体的社会与法律效果，回应马锡五审判方式回归之争，对司法改革提供参考。

"治天下者以史为鉴"，法治建设是构建新时代中国特色社会主义制度的重要保证，应当积极学习继承本土的优良司法传统。对陇东地区践行马锡五审判方式的实践经验进行研究总结，可以为新时代法治国家、法治社会、法治政府建设提供历史经验与司法规律的借鉴，填补陕甘宁边区审判史中陇东分区部分的空白，弘扬南梁精神，发扬马锡五审判方式亲民、爱民、为民、便民的优良传统和作风，推动司法工作者提高政治与业务素养，为新时代法治队伍建设提供历史素材与智力养分；通过个案研究探究马锡五审判方式形成的真实背景，还原马锡五审判方式运用的场景、方式方法与程序，评价马锡五审判方式产生的社会与法律效果，使马锡五审判方式的研究不再因史料的缺乏而只能停留于精神、实质、特点的理论推导与逻辑演绎层面，走向以司法活动的历史载体——案例判例为核心、以实证为主的研究。同时，该研究也有利于回应当前"司法为民、司法民主、提高司法公信力"与司法规范化关系与马锡五审判方式回归的争论，对探索马锡五审判方式优良司法传统与目前司法改革融合的模式等具有一定的实践价值与理论价值。

（二）马锡五审判方式的范围与研究现状

马锡五审判方式的研究起始于马锡五审判方式产生之时，持续至今，产生了大量的研究成果。

1. 马锡五审判方式的范围问题

马锡五审判方式的范围，即何时、何地发生的何种司法活动属于马锡五审判方式，这是马锡五审判方式研究涉及的基础性问题，包括时间、地域界定，目前的研究几乎没有涉及。

著者认为，时间上，马锡五兼任陇东分庭庭长和高等法院院长期间，边区的审判活动均应属于马锡五审判方式的产生和推广运用范围；地域上，包括陕甘宁边区及推广运用的华中、晋察冀边区等其他根据地。在上述期间和地域形成的案例判例，应当属于马锡五审判方式。马锡五审判方式是在继承革命根据地司法传统的基础上、结合陕甘宁边区的实际创造的审判方式，必然会延续既往有效的审判方式，如根据案情复杂程度依然对简单案件运用法官主持、坐堂问案的传统审判方式。如果仅仅按照边区总结的马锡五审判方式的特点界定马锡五审判方式的范围，至少需要解决如下问题：对于没有运用调解、无群众参与、法官没有携卷下乡就地审判、也无巡回审判等案件，又形成于上述期间与地域的案例判例，包括马锡五指导或主持审理的案件，如"刘兰香被拐骗贩卖案"，是否不能认定为马锡五审判方式？这些案例判例是否只能归结到马锡五审判方式之前陕甘宁边区的审判方式？对同一时期、在推广马锡五审判方式期间形成的案例判例，排除在马锡五审判方式之外是否符合历史事实？

1943 年 4 月陇东分庭成立，陇东分区专员马锡五兼任分庭庭长，1946 年 4 月马锡五被陕甘宁边区第三届参议会选举为陕甘宁边区高等法院院长，陇东高等分庭庭长前后由朱开铨、张仲良和李培福兼任。1949 年 2 月，陕甘宁边区高等法院更名为陕甘宁边区人民法院，马锡五任院长，随后相继成立的晋南、陕北、甘肃、宁夏、西安市人民法院均受陕甘宁边区人民法院领导，陕甘宁边区人民法院成为当时西北地区最高司法领导机关和最高审判机关。从 1943 年至解放战争时期，陕甘宁边区、其他抗日根据地司法机关都广泛推广马锡五审判方式，各根据地审理的案件，必然因环境、条件和案件的差异而运用不同的方法、形成不同的判断和判决结论，但从党领导的司法要求而言，司法应当为人民群众服务、为边区政权服务，在上述期间和地域形成的案例判例均应属于马锡五审判方式的范围。陕甘宁边区是马锡五审判方式产生、推广运用的主要区域，将陕甘宁边区1942年后形成的案例判例归结到马锡五审判方式的研究范围应当符合历史事实。

2. 马锡五审判方式的研究现状

国内学术界对马锡五审判方式已有大量的研究，但研究成果形成的时间不是持续性的，具有明显的阶段性特点。仅从研究文章看，以"马锡五"为主题从"知网"搜索，1953年至2008年55年之中发表论文323篇，年均4篇：1959年至1979年20年中，未检索到发表的论文；2002年至2008年21篇，年均3篇；2009年至2016年，以同一主题搜索，发表论文1328篇，年均166篇。收录于"知网"的硕博论文从2002年至2017年共120多篇，2011年至2013年共计57篇，约占全部论文的一半；会议论文31篇，18篇在2010年至2012年。可见，发表论文在不同时间段比较集中。似乎可以推定，在2009年时在最高人民法院院长王胜俊发表讲话及其之后，各地推行马锡五审判方式的审判实践活动引发了马锡五研究的新一轮热潮。

马锡五审判方式代表性的研究成果有：张希坡的《马锡五审判方式》与《马锡五与马锡五审判方式》、杨永华与方克勤的《陕甘宁边区法制史稿》（狱政诉讼篇）、侯欣一的《从司法为民到人民司法：陕甘宁边区大众化司法制度研究》、正发的《马锡五传》、李喜莲的《陕甘宁边区司法便民理念与民事诉讼制度研究》、汪世荣的《新中国司法制度的基石：陕甘宁边区高等法院（1937—1949）》和《陕甘宁边区高等法院研究》、刘全娥的《陕甘宁边区司法改革与"政法传统"的形成》等专著；张希坡的《马锡五审判方式：群众路线的生动实践》、张卫平的《回归"马锡五"的思考》、侯欣一的《陕甘宁边区司法制度的大众化特点》、范愉的《简论马锡五审判方式——一种民事诉讼模式的形成及其历史命运》、李喜莲的《马锡五审判方式再研究——以司法便民理念的践行为分析路径》、高海深的《简论马锡五审判方式的当代价值》、王利明的《也论马锡五审判方式》、王晋林的《陇东抗日根据地的法制建设与马锡五审判方式》等近 1700 篇论文。2016 年西北政法大学"中华法系与法治文明研究院"接受最高人民法院、陕西省高级人民法院委托完成的"马锡五法治思想研究"课题，该课题将马锡五审判方式作为一种法治思想进行研究。另外，西北政法大学正在筹划组建"马锡五司法精神"研究机构，中国法学会也在筹划组建马锡五审判方式研究会。这两个机构的筹组，将进一步推进马锡五审判方式的研究走向深入和常态化。

"马锡五法治思想研究"课题的研究，将马锡五审判方式的研究拓宽到马锡五的法治思想、司法公正、司法精神、马锡五审判方式与中国传统中的青天思想的继受与发展等方面。其他研究主要采用历史描述及理论演绎方法，阐述马锡五审判方式的产生条件、特点、意义与价值、淡出与回归等问题。对马锡五审判方式的"回归""当代价值""怎样学习"等方面，绝大多数学者认为应回归的是马锡五审判方式的精神，应学习其"司法为民、利民、便民"的精神，大多停留于抽象的精神价值归纳上，少见个案研究和实证分析，如马锡五审判方式产生、运用的场景、方式方法、基本程序、社会与法律效果等基本没有实证研究的成果。究其原因，主要是公之于众的马锡五审判方式案例判例不足 10 件，且多以文学叙事的方式展现，少见其载体——档案资料的研究；就实践经验的总结而言，主要是河南等地如张立勇的《马锡五审判方式在当代的继承与发展》等少量成果。

陇东地区作为马锡五审判方式的诞生地和推广运用的重要区域，研究成果除杨正发的专著《马锡五传》和张克杰的《现代法治理念下"马锡五审判方式"的继承和发展》等论文和庆阳中级人民法院举办的马锡五审判方式研讨会外，实践经验总结研究的研究项目、专著、论文等成果不多。

国外关于陕甘宁边区的研究，代表性著作有《西行漫记》《中国未完成的革命》《中国的惊雷》《剑桥中华民国史》《革命中的中国——延安道路》等，内容主要集中于政治、军事、经济、抗战、国共关系等，鲜见法律方面的研究，也未检索到边区法律的专门研究成果，从一个侧面说明边区司法史料的缺乏。

（三）部分概念说明

1. 陕甘宁边区

红军主力 1935 年 10 月抵达陕北，组建中华苏维埃人民共和国中央政府西北办事处。1937 年 9 月 6 日，根据国共两党关于国共合作的协议，中国共产党将陕甘苏区改名为陕甘宁边区，成立边区政府，林伯渠任主席，张国焘任副主席（后高自立接任副主席、代主席兼党团书记）。包括陕西北部、甘肃东部和宁夏南部，抗战时期为国民政府行政院的直辖行政区，是中共中央和中央军委所在地，辖 23 县，面积近 13 万平方公里，人口约 150 万，首府延安。

2. 陇东地区

陇东地区，指陇山（六盘山）以东的甘肃地区，主要包括现在的庆阳、平凉两市所辖区域，处陕、甘、宁三省（区）交汇处，位于黄土高原西端。中国历史上唯一以个人姓名命名的审判方式——马锡五审判方式形成于陕甘宁边区陇东分区，即现在庆阳市所辖的华池、环县、合水、庆城等县，本节所指陇东地区指今庆阳市（2002 年撤地设庆阳市），陕甘宁边区时期分属陇东分区（6 县）、关中分区（新宁、新正 2 县）。

3. 马锡五

陕西保安（志丹）县人，1916 年县立模范小学毕业。因家境贫寒，小学毕业后在家劳动，1918 年到甘肃合水县一油坊当学徒，1924 年在陕西朝邑县政府任职员，1927 年在军阀部队当排长，参加过“哥老会”。1930 年春结识刘志丹，追随刘志丹参加革命。先后担任南梁游击队、西北反帝同盟军、红十六军的军需。1935 年入党，1934 年 5 月至 1936 年 4 月，任陕甘边区革命军事委员会供给部长，陕甘省粮食部长、经济部长，陕甘宁省苏维埃政府主席。1937 年 10 月任陕甘宁边区政府庆环专区专员兼曲子县县长，1940 年 7 月任陇东专员公署副专员，1942 年 3 月任专员，1943 年 3 月兼任高等法院陇东分庭庭长。兼任陇东分庭庭长期间，对华池县“封芝琴婚姻案”等案件以有别于以前边区和国统区的审判方式予以处理，在群众中产生了良好的反响，引起边区党政高层的关注和褒奖，并将这种新的审判方式称为“马锡五审判方式”，随后又在各根据地进行推广。1946 年任边区高等法院院长，1949 年后，任最高人民法院西北分院院长兼西北军政委员会政治法律委员会副主任、最高人民法院副院长。

1962 年 4 月 10 日病逝于北京。马锡五在陇东地区工作的时间长达 16 年，司法工作仅仅是他全部工作的一部分，因为以他为主的陇东分区司法工作人员创造了"马锡五审判方式"，使马锡五本人在司法、法学领域的影响广泛而深远。

4. 马锡五审判方式

马锡五审判方式诞生于抗战时期的陇东地区。1943 年，陇东分区专员公署专员、陕甘宁边区高等法院陇东分庭庭长马锡五和其他司法人员在司法实践中，通过审理华池县"封芝琴婚姻案"、环县"苏发云兄弟杀人案"等案件，创造了"马锡五审判方式"，案件处理结果得到陕甘宁边区高层的关注和边区群众的称赞。这一审判方式与当时国民政府的审判方式具有明显的区别，也有别于边区之前的审判方式。马锡五审判方式不仅作为民事诉讼，而且作为整个陕甘宁边区司法工作原则在各根据地推广后，为解放区法制建设树立了一面光辉旗帜。陇东地区产生了争取婚姻自主的楷模——华池县温台乡的封芝琴，为中华人民共和国第一部《婚姻法》诞生提供了实践依据。中华人民共和国成立后，封之琴的事迹被拍成电影《刘巧儿》，其艺术形象和婚姻自主精神影响了中华人民共和国几代妇女的婚姻观念，对妇女解放运动的发展产生了积极的推动作用。

（四）马锡五审判方式的典型案例及其特点

1. 马锡五审判方式的典型案例

马锡五审判方式的典型案例见诸论著的近 10 件，除下文选的，还有"合水县王治宽企图霸占王统一场地案""延安杨兆云诉区乡干部案""华池县李能离婚案""庆阳县新堡区张天柱与华池县悦乐区徐德明土地纠纷案""庆阳县三十里铺地主芦炳与李明土地纠纷案"。曾经广为传颂的"乌鸦告状案"被认为是马锡五审理的案件，实际上是马锡五担任陇东高等分庭庭长期间由庆阳县县长兼司法处处长苏耀亮审理的案件，系误传。该案发生于 1941 年，1944 年庆阳县司法处审理，案件的破获与乌鸦无关。之所以被误传为是马锡五所审理，一是 1945 年边区高等法院派专人整理此案以"乌鸦告状"为题印发，二是作家柯蓝又以该案为素材写成小说《乌鸦告状》，其中将办案人称为"马审判员"，因马锡五在陇东地区享有"马青天"的盛誉，容易导致误传。张希坡教授经过细致考证，也认为"乌鸦告状"是子虚乌有。早期、甚至今天的大部分论著对马锡五审判方式特点的总结主要以这些典型案件的处理过程、裁判结论与群众的评价作为依据。马锡五审判方式的原始档案主要收藏于国家档案馆，陕西省档案馆收藏的为国家档案馆的复制档案，庆阳市、延安市、榆林市档案馆和延安高等法院陈列馆、华池马锡五陈列馆也收藏有部分原始档案。现将部分典型案例略述于下，前4件均发生在马锡五任陇东分庭庭长期间的陇东地区，第5件发生在马锡五任高等法院院长后的延安。

（1）封芝琴与张柏婚姻上诉案

封芝琴是甘肃省华池县温台区封彦贵之女，自幼与张金才之子张柏定亲。1943年2月，封芝琴与张柏均表示同意结婚。同年3月，封彦贵又以法币8000元将女儿许给朱寿昌为妻。张金才知道后，于3月13日夜召集部分亲属闯入封家将封芝琴抢回自己家中与张柏成亲。封彦贵随即告到华池县，县司法处以抢亲罪判处张金才有期徒刑6个月，宣布张柏与封芝琴之婚姻无效，没收彩礼。封、张两家均不服判决，群众亦反映强烈，封芝琴到庆阳县找马锡五上诉。马锡五与石静山亲自调查了解案情，于1943年7月1日宣布二审判决。判决如下：①原判决撤销；②张金才聚众抢婚罪判处有期徒刑二年零六个月；③张金贵实行抢婚罪判处有期徒刑一年零六个月；④张德赐符合抢婚罪判处劳役三个月；⑤张忠符合抢婚罪判处劳役三个月；⑥张老五符合抢婚罪判处劳役三个月；⑦封彦贵屡次出卖女儿包办婚姻判处劳役三个月；封彦贵出卖女儿的法币8000元没收；⑧封芝琴与张柏婚姻自主有效。封芝琴反对父母包办买卖婚姻案，通过陇东高等分庭的上诉审理，不仅宣传了边区的婚姻制度，也促进了中华人民共和国第一部婚姻法的诞生，对妇女摆脱封建社会父权夫权统治，推动婚姻自由平等、提高女性的地位发挥了积极作用。该案的处理适应了边区实际，在当时的情境下，马锡五处理这个案件的合理之处，不仅在于其否定买卖婚姻、抢婚，对封彦贵和张金才等给予一定处罚，更在于，其就地调查研究，倾听当事人、群众的意见，跨越本案内买卖婚姻、抢婚等婚姻成立中的障碍因素，仅因封芝琴和张柏的合意而承认其婚姻的有效性。这在正常的社会、正常的法律程序中，是不可能出现的事情，但是在边区当时的特殊环境之下，却是一种较为合理的、乐于为人所接受的解决方案。二审判决生效后，张金才家属要求减轻处罚，高等分庭于当月10日向高等法院呈文请示彩礼的处理、张金才等人处罚是否适度等问题，高等法院批答认为处理适当，彩礼应当视不同情况处理，张金才等人如果此前的行为善良合法，可以假释或宣告缓刑。

（2）果断排除苏发云兄弟"谋财杀人"嫌疑

1943年初，甘肃省曲子县孙某被杀害于一条山梁上，县司法处最初认定苏发云三兄弟为嫌疑人，依据包括：有人证明孙某死前曾与苏发云同行；苏发云家炕上、地上及斧头上均有血迹。苏氏三兄弟据此被拘押一年，因证据不足，司法处既不能定案，又不敢果断排除。马锡五了解后，经多次调查查明：①苏发云与被害人同行，但后来分手；②苏家距杀人现场20余里，如在苏家杀人再移尸，时间上不太可能；③苏家炕上的血是产妇生孩子留下的，地上的血是有人得伤寒流感的鼻血，斧头上的血是杀羊留下的。马锡五排除嫌疑后，宣布苏氏三兄弟无罪释放。后来查明，孙某为木匠杜老五所杀。群众认为，"只有人民司法机关的负责人，才能深入调查，不冤枉好人，判得非常正确"。

（3）合水县丑怀荣与丁万福土地纠纷案

甘肃省合水县五区六乡丑怀荣拥有丑家梁山地，二乡丁万福拥有川子河及附近山地。原来地广人稀，群众对土地不重视。八路军到来实行生产自给后，才重视土地。丁、丑两家都企图扩大土地面积，丁姓从川子河向北扩展，丑姓从丑家梁向南发展，双方土地最终地界相连，引发冲突。1938年，丁姓诉至国民党宁县政府，丑怀荣借助其侄女婿担任该县保安队长之利，由县政府发给补契承业执照，占有原属丑家梁山地和丁万福川子河及附近山地240多亩。丁姓又上诉到国民党甘肃高等法院第一分院（平凉），杀猪请客，贿赂士绅和法官，收回了川子河及附近山地，连丑家梁丑姓的土地、坟墓一并归其所有。1942年上诉陇东分庭，马锡五指派石静山实地勘察，会同合水县人员召集群众座谈，随后与群众、干部20余人勘验地形，先与干部讨论、再征求群众意见，最后由推事、区长与群众分头调解，达成川子河及附近山地归丁姓，丑家梁山地归丑姓的协议，双方签订息讼协议。涉讼6年的土地纠纷仅用4天彻底解决，当事人、群众说："政府处理案件，真正适合人心。"

（4）劝和潘氏兄弟，合理解决土地纠纷

曲子县天子区潘文治、潘焕文为同族弟兄，同治年间因西北区发生回族与汉族冲突流落异乡。冲突平息后，潘文治先回到故乡，他耕种了全族 190 亩滩地。潘焕文后回家乡，与潘文治将 190 亩滩地以四六比例分开耕种。当时滩地足够耕种，山地便没有分配，仅约定谁开垦谁耕种。1940 年开荒时，两家为争一块土地引起纠纷。次年县政府派人调解，潘焕文拿出 50 亩山地给潘文治。1943 年开荒时又生争执，县长进行调解，要求潘焕文再拿出 10 亩山地，但之后潘焕文没有交付 10 亩土地。1944 年春，两家又发生冲突。潘文治控告潘焕文的理由是：自己以前耕种的滩地，潘焕文回来分了；现在潘焕文占有大量土地，没有分给自己，山地未经分配，潘焕文不应一人独占。县政府派员与村中长者座谈，同意按下列条件解决：①收回旧的土地证，会同四邻另行登记土地；②潘文治开垦的山地秋收后退还给潘焕文；③潘文治拿走的潘焕文木板，由潘焕文背回。潘焕文不服，告至陇东分庭。马锡五于 1944 年 5 月 22 日在办公室根据调查情况、边区土地政策和亲情关系进行了细致的调解，延续数年、发生在亲属之间的土地纠纷宣告和解。

（5）重证据不轻信口供，审慎复核周定邦杀人案

1946 年夏，被告周定邦（八路军某部采购员）在从延安去南泥湾途中遇到一骑骡子的人。周见骡子好，便起歹意杀死骑骡人，将尸体掩埋，把骡子抢走。不久部队领导机关对骡子产生怀疑，经追查，周定邦承认是抢来的。按《军民诉讼条例》规定，将周移交延安地方法院。嫌疑人对犯罪事实供认不讳，延安地方法院判处嫌疑人死刑。高等法院复核此案时，马锡五认为，嫌疑人虽供认了杀人经过，但仅凭口供不足以定案，只有实地勘查，证明与被告供认情节相符才能定案。根据该意见，复核人员按被告口供去现场查寻尸体，第一次未找到；马锡五坚持"非找到尸体不能定案"，亲自提审嫌疑人，让嫌疑人画出掩埋尸体地点的草图。第二次去现场，按图将被害人尸体挖出。经调查，被害人为贸易公司工作人员，骑骡未归。证实嫌疑人口供属实后，马锡五才同意呈报边区政府主席核准，执行死刑。

2. 马锡五审判方式的特点

马锡五审判方式自产生，边区党政、司法高层和学术界有着并不完全相同的总结，迄今没有形成统一的认识；对马锡五审判方式是审判的方式，还是司法精神，抑或是司法思想，也没有统一的认识。陕甘宁边区时期，对马锡五审判方式特点的概括总结根据主要是前述案例。解放

后大多关于马锡五审判方式特点的研究也主要依据这些案例。改革开放以来，随着部分边区档案开放、陕甘宁边区部分领导人传记自传和回忆录、陕甘宁边区涉及的地方志等资料的出版，马锡五审判方式的研究内容得到扩展，拓宽到马锡五审判方式产生的条件、马锡五审判方式在陕甘宁边区司法制度中的地位、马锡五审判方式与人民司法传统形成件的关系、马锡五审判方式与中华人民共和国司法制度的关系、马锡五法治思想与司法精神、马锡五与中国传统文化中"青天"观念的关系、马锡五审判方式与党的领导等都有研究成果，有着更为宽广的领域，不再局限于特点或精神。

1944 年 3 月 13 日《解放日报》将马锡五审判方式的特点归纳为深入调查，能抓住案件关键，从本质上解决问题；坚持原则，坚决执行政府政策法令，在照顾群众习惯及维护其基本利益的前提下，合理调解；诉讼手续简单轻便，方法是座谈式而不是坐堂式。马锡五审判方式——这就是充分的群众观点。1945 年 1 月 13 日《解决日报》署名"林间"的文章《新民主主义的司法工作"边区建设展览会介绍"》归纳为 8 个方面：走出窑洞，亲到纠纷发生地解决；不片面听信供言，深入调查，收集材料，多方研究；倾听群众意见，坚持原则，掌握政策法令；经有威信的人说服解释；分析当事人心理，征询其意见；采用集体自我教育方式，共同断案；座谈式审问，不拘时间地点，不影响生产；态度恳切，做到双方自愿，乐于接受判决。1944 年 5 月 11 日，谢觉哉在为边区高等法院草拟的指示信中指出："审判与调解结合，即马锡五同志的审判方式。审判，是强人服从；调解，是自愿服从。审判得好，赢的输的都不能不自愿服从。审判与调解是一件事的两面。马锡五同志的审判方式是与调解结合的。这是一个大原则，为群众又依靠群众的大原则。""马锡五同志的审判方式是与调解结合的，这是一个为群众又倚靠群众的大原则。在此原则下，审判上有许多问题我们要注意研究和创造，各级政府尤其司法部门必须遵照调解为主，审判为辅的方式，以及马锡五的审判方式，在实践中运用、发挥和积累新的经验，遇有模范判例，足资表扬的须详细报告上来，以便传开去，大家学习与参考。"谢觉哉认为马锡五审判方式的主要特点是调解与审判相结合；边区政府认为马锡五审判方式是以党的群众路线为指导思想的"调解"，审判只是辅助方式。1945 年 3 月至

1946 年 5 月任高等法院院长的王子宜认为，马锡五审判方式的精神实质是"联系群众的群众观点"，1945 年 12 月他讲"什么是马锡五的审判方式？我们认为它有三个特点：一是深入农村调查研究；二是就地审判，不拘形式；三是群众参加解决问题。这三个特点的总精神就是联系群众。调查、审讯都有群众参加，竭力求得全面正确，是非曲直摆在明处，然后把调查研究过的情形在群众中进行酝酿，使多数人认识上一致，觉得公平合理，再行宣判，既合原则，又近人情，不仅双方当事人服判，其他事外人也表示满意……我们提倡马锡五审判方式，是要求学习他的群众观点和联系群众的精神。"1945 年 5 月，马锡五自己归纳为"就地审判，不拘形式，深入调查研究，联系群众，解决问题"。中华人民共和国成立后，马锡五的讲话将"群众路线的审判方式"总结为就地审判、巡回审判、公审制、人民陪审制度、调解制度。1945 年 12 月陕甘宁边区司法工作会议将马锡五审判方式的特点归纳为 3 项原则："深入农村，调查研究；就地审判，不拘形式；经过群众解决问题。"改革开放后，随着马锡五审判方式再次被推崇，马锡五审判方式的研究在新的经济社会条件下趋于多样化。有的学者将马锡五审判方式的特点概括为"创新、求实、高效"，创新在于"其主要表现是完全不同于旧的审判方式，即不轻信言状，注重深入实际，调查研究，群众参加，就地审判，不是坐堂式，不拘形式；对于一般民事案件，把判决和调解结合起来"；求实"主要表现是上依陕甘宁边区的政策法规，下依人民群众，把二者紧密地结合起来，运用到审理案件上，实事求是地作出准确判断，坚持了党的实事求是的优良传统"；高效"主要表现是上诉时效快；调解判案准确和社会效果好三个方面"。南开大学侯欣一教授主要从政治机构组织方面论述，将马锡五审判方式作为大众化司法确立的标志；北京大学强世功教授认为马锡五审判方式的核心是调解，并从体制转换的背景与困境理解马锡五审判方式的产生，从共产党的权力组织技术等功能上分析马锡五审判方式，从社会学、政治学的角度来阐释以调解为核心的马锡五审判方式；中国人民大学范愉教授则主要从民事诉讼模式分析马锡五审判方式形成的制度背景和历史命运。

西北政法大学汪世荣教授认为，现有研究成果对马锡五审判方式的诉讼形式特征、产生的社会与司法背景及其在司法实践中的作用等问题，论述与分析还远远不够，并结合马锡五本人对马锡五审判方式的总结，将上述关于马锡五审判方式的特点概括为 3 类：调解、群众路线、就地审判。在分别分析的基础上认为，马锡五审判方式的核心特点就是就地审判，就地审判的目的有二：就地调查研究，注重证据收集，了解风俗民情和群众意见；就地解决问题，不影响生产。

张希坡在 2013 年出版的《马锡五与马锡五审判方式》中，以《马锡五审判方式》对马锡五审判方式特点的概括总结为基础，结合法治建设的实际，充实和完善了这些特点的表述，但仍然归纳为 4 方面："一切从实际出发，客观、全面、深入进行调查研究，反对主观主义的审判作风，重证据不轻信口供——将审判工作牢牢建立在科学的基础上"；"认真贯彻群众路线、依靠群众讲理说法，实行审判与调解相结合——要在审判工作中贯彻民主原则"；"坚持原则，严格依法办事——要在审判工作中始终坚持法制的原则"；"实行简便利民的诉讼手续—要在审判工作中执行便民的方针"。马锡五审判方式的特点反映马锡五审判方式的特质，是形式、内容、效果等均区别于传统审判方式的综合。从形式而言，马锡五审判方式针对传统的坐堂式审理，不拘形式，不以程序束缚实体，重视群众对司法过程的参与；从内容而言，案件审理在坚持法律政策的前提下，重视常理人情和风俗习惯的运用，重视普通群众利益的均衡与保护，重视通过实地调查研究掌握案件事实；从效果讲，程序简单、当事人便利、司法效率高，既重法律效果，更注重社会效果特别是司法工作保持与边区政治发展大局的吻合。司法为民、利民、便民的措施或制度设计，体现了马锡五审判方式的精神实质是群众路线。

本章作者：
甘肃省庆阳市依法治市办公室
甘肃省委政法委
李功国，甘肃省法学会敦煌法学研究会会长，兰州大学敦煌法学研究中心主任。
刘志峰，甘肃省法学会科研人员。
曹建章，陇东学院政法学院副教授。

第 六 章

中华人民共和国成立至改革开放
甘肃法制建设①

一　中华人民共和国成立至改革开放甘肃法制发展变化

（一）国民经济恢复时期（1949—1952）

1949 年 8 月 26 日，兰州解放，10 月甘肃全省陆续解放。随着全省解放，中国人民解放军成立军事管制委员会，依据中共中央《关于平津司法机关之建议》和《关于接管国民党司法机关的补充建议》，组织接管小组，接管原国民党甘肃各级司法机构。1949 年 9 月 19 日，甘肃人民法院成立。陕甘宁边区政府任命史文秀为院长，焦胜桐为副院长。甘肃人民法院隶属最高人民法院西北分院，是甘肃行政公署的组成部分。中华人民共和国成立之初，根据《中国人民政治协商会议共同纲领》《中央人民政府委员会组织法》《中华人民共和国人民法院暂行组织条例》和各级人民政府组织通则规定，按照行政区域，建立甘肃人民法院、兰州市人民法院，在武威、张掖、酒泉、临夏、庆阳、平凉、天水、定西、岷县和武都分区建立甘肃人民法院分庭，在 73 个县、市、区建立基层人民法院。甘肃人民法院及分庭和县法院属同级人民政府的组成部分，法院机构和干部编制属于政府序列，分庭庭长由分区专员兼任，县法院院长由县长兼任。各级人民法院根据工作需要和干部情况，设置刑事审判庭、民事审判庭或刑事审判组、民事审判组、巡回法庭和秘书室等机构全省各级人民法院实行上级人民法院和同级人民政府双重领导。

---

① 参见甘肃省地方审判志编纂委员会编《甘肃省志·审判志》，甘肃文化出版社 1995 年版。

甘肃各级人民法院在创建过程中，运用审判职能参加剿匪、土改、镇反、"三反""五反"和建立新的婚姻制度等社会改革运动。1951年，全省处在剿匪镇反、抗美援朝、土地改革和经济恢复时期，各级人民法院在党委和人民政府的领导下，以土改法庭、镇反法庭、"三反"法庭、"五反"法庭、巡回法庭等组织形式，配合各项社会改革运动，展开审判工作，推动和保障各项社会改革运动的顺利完成，维护新生的人民政权，保障全省国民经济的恢复发展，为大规模进行经济建设，准备有利的条件。各地人民法院在社会改革运动中，暴露出思想和组织不纯的问题。一些司法干部以"六法全书"为指导，因袭旧司法作风，利用职权，贪赃枉法，敌我不分，包庇罪犯。对此，全省法院在1952年冬季进行司法改革运动，清除旧法观点和旧司法作风，确定人民的司法制度和司法作风。根据政务院政法委员会提出"思想改造与组织整顿相结合"的方针，各地人民法院在思想整顿的基础上，进行组织整顿，清除不宜在人民法院工作的人员，其中多数是旧司法人员。司法改革运动为各级人民法院的组织建设打下良好基础。

1949年10月至1952年的国民经济恢复时期，全省累计审结民事案61488件，占同期审结全部案件56.03%。主要类型：债务、契约、合同、租赁、损害赔偿、物权争执、土地所有权、土地典当、土地买卖、土地租佃、离婚、婚约、工资、劳动福利、解雇、恢复工作、窑房、房屋所有权、房屋租赁、房屋买卖、房屋典当、分家、析产、扶养、继承、合伙、买卖、运输、包工、承揽、清算账目。占前3位的分别是债务纠纷、婚姻案件和土地案件。1949年9月，甘肃人民法院发出指示，要求全省法院继承革命根据地人民司法工作优良传统，便利人民群众诉讼，尽量到纠纷发生地解决纠纷。新成立的各级人民法院在审理民事案件中，推行调解制度，组织巡回法庭，开展巡回审判。审判人员遵循"马锡五审判方式"，深入群众，调解纠纷，就地调解处理案件。为便利人民群众诉讼，实行口诉、代书制度等。受理案件均免收诉讼费。各级法院就民事案件的审判组织、审级、管辖、陪审、公开审判及调解、判决、上诉等程序，开始建立必要制度。

（二）社会主义改造时期（1953—1956）

1954年9月，第一届全国人民代表大会第一次会议通过的《中华人民共和国宪法》《中华人民共和国人民法院组织法》颁布实施。人民法院从人民政府分离出来，设置高级、中级和基层三级地方法院。各级人民代表大会选举各级人民法院的院长，任命副院长、庭长、审判员，各级人民法院设立审判委员会。依据法院组织法，省人民法院改为省高级人民法院。1954年12月，甘肃省第一届人民代表大会第二次会议选举史文秀为省高级人民法院院长。

1952年至1956年，全省受理一审民事案125619件，占同期受理各类案件61.8%。主要类型：离婚、婚约、军人婚姻等纠纷；寡妇带产、婚后财产及生活费、扶养、抚育、分家、亲属纠纷；工资、解雇、劳保福利、劳务、劳资纠纷；加工订货、收购包销、委托经销、代销代购、包工、承揽、预购合同等工商业纠纷；各种债务、赔偿、合伙、税款纠纷；各种土地和房屋纠纷；山林、水利、草原和牧场纠纷；选民资格审查案件和公私利益纠纷。1953年，全省开展宣传贯彻婚姻法运动。青年男女纷纷要求婚姻自主，摆脱封建婚姻束缚。各法院的婚姻诉讼案件猛增。1950年收案3160件，1953年收案30253件，比1950年增长近10倍。其中绝大多数为包办买卖婚姻、重婚纳妾、童养媳、早婚及毒打虐待等封建婚姻制度造成的不合理婚姻。在离婚案件中，女方提出离婚的占89%。这一期间，全省受理婚姻案108058件，占民事案件68.47%，居首位。债务案件占第二位，其中私人之间借贷纠纷较多。土地案件占第三位，继承案件占第四位，房屋案件占第五位。

（三）全面建设社会主义时期（1957—1965）

1956年底在全省范围内统一了各级人民法院的组织体系。经过机构调整，全省形成高级（省）、中级（地、州、市）、基层（县、市、区）三级审判体系。共组建116所法院：省高级人民法院1所；市中级人民法院1所，地区中级人民法院9所，自治州中级人民法院4所，铁路运输中级人民法院1所；县人民法院87所，县级市人民法院4所，自治县人民法院8所和玉门油矿区人民法院。各基层人民法院设置人民法庭145所。全省各级人民法院共有工作人员1402人。这一时期省高级人民法院内部机构基本稳定，先后担任院长有史文秀、吴思宏、权为才等人。

1957年的整风运动和反"右派"斗争扩大化，使法院干部受到冲击，许多职工被错划为"右派分子""反社会主义分子""阶级异己分子""反革命分子"和"坏分子"，下放农场劳动改造。1958年，在"人民公社化""大跃进"运动中，人民法院的工作方针是"有事办政法、无事办生产"。全省人民法院抽调二分之一干部参加大炼钢铁和建立人民公社工作。一部分审判业务骨干被调出，干部队伍受到削弱。为从组织上适应人民公社化的需要，各级法院精兵简政，机构撤并。部分基层法院和中级人民法院与同级公安、检察机关合并成立政法部，人民法院成为政法部下属的司法科或司法股。没有合并的实行公、检、法三机关合署办公，"一长代三长"，"一员代三员"，"加强政法协作"。对法院审判工作造成一定的负面影响。

1957 年至 1966 年，全省审结民事案 184319 件，占同期审结的各类案件 53.66%。婚姻案件占同期民事案件 87.19%。已结民事案件的类型：离婚和离婚后财产生活费纠纷；扶养、赡养、抚育、继承和分家纠纷；劳动纠纷；加工订货、收购包销、代购代销、经销、包工、承揽、货款、买卖、预购等合同纠纷；合伙及合营纠纷；债务、赔偿、房屋、土地、宅基地、房租纠纷；水利、山林、牧场、财产、牲畜纠纷；工资及其他纠纷。1958 年"大跃进"中，按照民事诉讼程序依法办案被认为"束缚手脚"，造成有法不能依，有法不敢依，使初步建立的民事诉讼程序弃置不用。1962 年开始纠正"大跃进"的错误，恢复民事审判各项程序制度。1963 年，省法院召开第一次全省民事审判工作会议。会议通过总结几年来民事审判工作中"左"的错误及其教训，强调贯彻执行"调查研究，就地解决，调解为主"的方针，要求全省法院恢复公开审判、陪审、辩护、宣判及上诉等民事诉讼程序制度，以保护当事人的诉讼权利。

（四）"文化大革命"时期（1966—1976）

1966 年至 1976 年的"文化大革命"中，林彪、江青反革命集团任意践踏国家法制，否定多年来形成的人民司法工作优良传统和民事审判工作制度，将法院审理民事纠纷歪曲为"削弱对敌斗争"，把依法审理民事案件诬蔑为"修正主义的条条框框"，将调解处理民事案件歪曲为"搞阶级调和"。法院机构取消，民事案件由各级革命委员会保卫部受理。有的县不受理民事案件，或将民事审判权下放人民公社。办理民事纠纷案件，由各地革委会决定，办案人员形式上履行法律手续。1973 年法院机构恢复。各地法院恢复受理民事纠纷案件，但由于"左"的路线影响，民事审判工作仍不能依法进行。民事案件种类：除离婚及离婚后财产、生活费纠纷外，仅有少量的抚育、赡养、扶养、继承、房屋、宅基地、山林、水利、赔偿、债务纠纷。

（五）改革开放初期（1977—1982）

1976年，粉碎"四人帮"后，拨乱反正，清除"左"的思想影响，全面恢复整顿各级法院组织机构，使审判工作、干部队伍和其他建设逐步走上正轨。1977年12月，甘肃省第五届人民代表大会第一次会议选举彭应为省高级人民法院院长。1979年7月1日，第五届全国人民代表大会第二次会议制定颁布新宪法和《人民法院组织法》，人民法院的建设进入新的历史时期。1979年，甘肃省第五届人民代表大会第二次会议选举吴思宏为省高级人民法院院长。中共十一届三中全会以来，全省各级人民法院随着民主与法制建设的不断加强和社会主义建设事业的发展，进行一系列重大改革，使审判机构建立健全，优化设置，走上依法建制的轨道。

1976年"文化大革命"结束后，各级法院开始纠正"文化大革命"中对刑事审判制度的破坏，复查纠正冤假错案。1978年12月，中共十一届三中全会决定停止使用"以阶级斗争为纲"和"无产阶级专政下继续革命"的口号，确定健全社会主义法制、完善社会主义民主的任务。1979年实施《刑法》和《刑事诉讼法》。刑事审判工作进入严肃执法，依法办案的新阶段。

1976年10月，粉碎"四人帮"，"文化大革命"结束。民事审判工作进入新的历史时期。1978年底，最高法院召开第二届全国民事审判工作会议。1979年2月，甘肃省法院召开第二次全省民事审判工作会议，贯彻全国民事审判工作会议精神。会议根据中共十一届三中全会将工作重点转移到社会主义现代化建设方面的方针和发展社会主义民主、健全社会主义法制的精神，纠正民事审判"以阶级斗争为纲"，忽视保护人民正当合法权益的错误，研究贯彻执行最高法院《关于贯彻执行民事政策法律的意见》及《审判民事案件程序制度的试行规定》。1980年10月，甘肃省高级人民法院召开全省民事审判工作和调解工作座谈会。总结交流第二次全省民事审判工作会议以来民事审判工作和调解工作经验，对民事审判工作中出现的新情况和新问题进行研究并提出具体解决办法。第二次全省民事审判工作会议后，各级法院"重刑轻民"的偏向开始扭转。1977年至1981年，年均受理案 10166 件，比"文化大革命"期间年均数上升 1 倍多。1982 年 3 月 8 日，《中华人民共和国民事诉讼法（试行）》颁布。是年 9 月，甘肃省高级人民法院召开全省第三次民事审判工作会议，传达全国第三次民事审判工作会议精神。研究如何实施民事诉讼法，全面开展民事审判工作。会后，各级法院调整和加强民事审判力量，民事审判逐渐步入正轨。

二　中华人民共和国成立后至改革开放甘肃省法学研究

甘肃省近现代结合法制建设和法律院校的教学科研，法学研究已有开展并具备一定基础。除兰州大学及其前身甘肃法政学堂之外，西北师范大学、甘肃政法学院、西北民族大学等政法院系法学研究也结合法学活动，有了一定发展。在中华人民共和国成立初期"五四《宪法》"和其他系列众法及各项政策基础上，省内公安、检察、法院、司法各政法部门也结合各自业务，积极开展地律、政策研究及制度建设，并取得一定成绩。这就为法学会成立后法学研究的开展，奠定了良好基础。

《甘肃省法学会史稿》"成书过程"校样

1980年5月22日，甘肃省法学学会在兰州成立

1980 年 5 月 22 日，甘肃省法学第一届理事会在兰州成立

甘肃省法学会第六次会员代表大会

甘肃省法学会第八届理事会二次会长会议胡焯会长作报告

三　法学人物

1. 吴文瀚

吴文瀚甘肃省法学会第一届至第四届的副会长、会长、名誉会长
兰州市法学会名誉会长
兰州大学法律系名誉系主任，甘肃省政法学院名誉院长

吴文翰，字菩默，1909 年 11 月 2 日出生于天津大沽口。父亲曾于北洋水师学堂学习英文数理，时任大沽口关监。1929 年，在天津商科职业学校就读，1930 年至 1935 年在北京朝阳大学法律系大学部本科学习六年，获法学学士学位。1948 年至 1949 年在国立兰州大学法律系任副教授，1950 年，在北京中国新法学研究院第一期学习班结业，1957 年在中国人民大学法律系进修一年，1958 年至 1962 年在甘肃财经学院任副教授，1962 年至 1969 年在甘肃教育学院任副教授，1969 年至 1985 年，在西北师范学院任副教授、教授，1986 年至 2004 年在兰州大学法律系任教授、硕士生导师。

曾任九三学社甘肃省委员会主任委员，甘肃省人大第五届常委，甘肃省政协第六届常委，中国法学会理事，中国政治学会理事，中国行为法学会理事，甘肃省法学会第一届至第四届的副会长、会长、名誉会长，兰州市法学会名誉会长，兰州大学法律系名誉系主任，甘肃省政法学院名誉院长等职。

2. 满达人

满达人　　　　　　　《经济法概论》（满达人　著）

满达人（1917—2002），满族，吉林市人，祖籍山东，出生于吉林。1941 年毕业于长春法政大学法律系，兰州大学教授。1949 年迄今，曾先后任兰州大学中文系、法律系副教授、兼职副教授、图书馆研究员、法学教授、法律系研究生导师，讲授外国法制史及日本经济法等课程。全国外国法制史研究会理事、甘肃省法学会顾问。从事外法史、日本法、日本经济法和中亚史文献等研究多年。1980 年至去世前，先后出版译著、专著合编《经济法概论》（［日］金泽良雄著）、《文化教育法》、《中亚史地文献综述》《简明俄语语法手册》《现代日本经济法律制度》以及《西北开发史料选辑》等多种。发表论文、译文等 40 余篇。分别获兰州大学、省等先进工作者及优秀科研论文、译著等一、二、三等奖多次。获国家教委人文、社会科学"国际问题"研究"八五"规划项目资助基金。

3. 刘延寿

刘延寿（1936—　），字西凉，甘肃酒泉人。中共党员。读者出版集团/甘肃人民出版社编审。1958 年于甘肃省酒泉中学毕业后以优异成绩考入北京大学法律学系，1963 年本科毕业后即服从分配来到兰州甘肃省行政干校从事教学工作。1968 年行政干校撤销，遂下放甘肃省红旗山"五七"干校。1971 年 9 月由干校分配到甘肃人民出版社，先后在文教编辑室、政理编辑室、政经编辑室、老年读物编辑室等，从事法学、逻辑学、因明学、中国哲学、社会学、伦理学、科学社会主义等多学科社科图书文字编辑工作。

刘延寿　　　　　　　　　　　　　　刘延寿著作、责编著作

"做学者型编辑家，不做操作公式的编辑匠"，一直是他从业几十年来坚持不懈的职业理念。截至 2016 年的不完全统计，责编和参编出版的图书有 500 余种，其中有 30 余种获省部级优秀图书奖；3 种图书：《中国

法律思想史纲》（上下）获全国高校优秀教材奖，《中国社会主义问题研究》获首届"五个一"工程优秀图书奖，《犯罪学大辞书》获第十届中国图书奖。刘延寿做编辑工作很重视编前学习，于20世纪80年代初就提出"编学相长"的观点，并身体力行。他特别关注理论前沿新观点和学术科研动态，经常与作者一道参加法史学、犯罪学、中逻史逻辑学、因明学、中国哲学等学术研讨会，从而获得本专业法学之外诸如中国哲学、中逻史、因明学、社会学、伦理学等相邻学科知识的话语认知，使自己的学科知识积累不断丰富和广博起来，从而能够胜任多学科社科书稿的审读加工和选题策划及组稿工作。

刘延寿在负责编辑室领导工作期间，号召编辑搞点科研，撰写兼论（文）式书评。他自己工作很忙，但也坚持见缝插针，挤出时间做科研著书立说，在《光明日报》、上海社科院《学术季刊》、西南政法大学学报《法学季刊》、北京《法学杂志》，甘肃人民出版社、甘肃民族出版社等省部级以上报刊、出版社发表宪法学、行政法学、法史学、社会学、伦理学、中国哲学等学科方面的学术论文（80多万字）和犯罪学专著《犯罪的人性解读》，自选论文集《学步集》，省上组织出版的系列人文学术套书之一《陇上学人文存·刘延寿卷》，以及普法读物《法制问题解答》等。已交出版社等待出版的书稿《老年法学对话》《学步集》（增订本），是近几年来的科研成果。主编出版的有"一五"普法读物《简明法律知识读本》《法律知识手册》和全国老年大学法学教材《老年法律知识教程》等。

刘延寿在长期编辑工作和学术科研活动中形成了独立思考、独立批判、独立人格的"三独"精神，以为其治学操守。他在编辑学、法理学、犯罪学等学科的著述中都有自己独立的见解和观点，特别是关于法的阶级性和犯罪原因的研究，他旗帜鲜明地批判了长期以来存在于法学理论界"以阶级论是非"为特征的"左"倾教条主义和"左"倾空想共产主义；提出犯罪之所以发生的人性根源和人为什么不犯罪原因的研究，这些正是当代犯罪学研究的空白。他形成了自己独立的思想格局和理论框架。

刘延寿长期以来恪守自己提出的"三终"，即终身学习、终身工作、终身做学问，以为其终身守护的精神家园和养生之道。他自20世纪 70 年代初步入编辑生涯，到 90 年代末退休至今，半个世纪从未中断编辑工作和学术科研活动。退休后，即先后应聘上海大学法学院（今上海政法学院）学报《法治论丛》编辑部、北京大学出版社、人民法院出版社等，任社外编辑和特邀编审，以及至今还在应聘特邀编审，为甘肃民族出版社、读者晋林工作室审读加工书稿。在应聘北京大学出版社期间，参与责编和审读加工了大型多卷本法学辞书《北京大学法学百科全书》（九卷本），他独立审读加工的一审稿和参与责编的《宪法学·行政法学》《中国法律思想史·中国法制史·外国法律思想史·外国法制史》《刑法学·犯罪学·监狱法学》《诉讼法学》《法理学·立法学·法律社会学》《国际公法学·国际私法学》等 6 卷，至 2016 年 4 月已全部出版。这套辞书每卷大都在 300 万字左右，最少的也有 200 多万字。另外，2015 年还独立审读加工和参与责编了北大法学院中国法制史专家、资深教授蒲坚先生独立编著的《中国法制史大辞典》（400万字）。此书在电脑排版期间遇到了电脑无法处理多音字辞条索引的逻辑排序难题，刘延寿应北大出版社之邀，和夫人立即赴京处理之。他与夫人合作，用了 10 天时间，共检出 460 个多音字辞条，顺利解决了索引排序问题。本书出版以后，于 2017 年荣获北京大学第十三届人文社会科学优秀科研成果一等奖。不久，《人民法院报》还发表了刘延寿为本书写的兼论（文）式书评。

4. 李功国

李功国，男，汉族，1939 年生于山东省淄博市桓台县，1964 年毕业于山东海洋学院（现中国海洋大学）。毕业后分配到甘肃，扎根西北从事法律实践和教学研究已近 60 年。该同志自参加工作以来，先后在甘肃省高级人民法院、兰州大学法学院等单位工作。从事何种工作，他都是干一行爱一行，一心扑在工作上，模范执行党的路线、方针、政策，遵守国家法律、法规，立足岗位、奋发进取，开拓创新，勇于奉献，无论在何种岗位，兢兢业业、踏踏实实、勤勤恳恳，各项工作想在前、干在前，充分起到了模范带头作用，多次获得国家及省级荣誉，为甘肃省政法工作作出了重要贡献。

从事法学法律工作逾 **50** 年，服务甘肃省法学会 **42** 年，
历任第 **1—7** 届理事会理事、常务理事、副会长、学术委员会主任、名誉主任，
兰州大学法律系原主任，甘肃省敦煌法学研究会会长

（1）甘于奉献，全心全意做学问。李功国教授忠于职守，爱岗敬业，不畏艰难，脚踏实地，甘于奉献，时刻不忘全心全意为人民服务。工作50多年来，都能兢兢业业，勤勤恳恳，任劳任怨，不计名利得失，服从安排，顾全大局，并出色地完成组织交给各项任务。

在科研领域，李功国教授承担国家社科基金项目《犯罪学大辞书》（分科主编）全国人大常委会委托项目《中国自然资源法立法可行性研究》《中国地方科技立法研究》，中国法学会部级项目《中国古代商法史稿》，甘肃省社科项目 20 余项。参加 1993 年《中国科学技术进步法》、最高人民法院《担保法司法解释》立法起草、《甘肃省农业技术推广条例》《甘肃省科学技术进步条例》等国家和地方立法起草 18 件。撰写、出版《民法本论》《民法学》《欧洲十二国公司法》《中国古代商法史稿》《敦煌法律文献研究》《法律文化概论》《敦煌法学文稿》《敦煌古代法律制度略论》等重要著作 40 余部，参编《甘肃省志·法学篇》，执行主编《甘肃省法学会史稿》大型方志，执行主编《农家书屋文库·法律系列》大型丛书 60 部，推向全国，受到全国人大常委会姜春云副委员长和中国法学会及法学界的祝贺与好评。同时发表论文300 余篇。《犯罪学大辞书》获第十届全国优秀图书奖，《农业技术推广条例》等地方科技立法获全国立法优秀成果奖，《中国古代商法史稿》评为优秀，《法律文化与民法文化》等论文获"中国·西部法治论坛"第三、四、五届一等奖 3 次，《欧洲十二国公司法》《法学基础》《商人精神与商法》等评为甘肃省优秀图书奖一次、甘肃省教学优秀成果一等奖一次、甘肃省社科优秀成果奖二等奖 4 次、甘肃省高等院校优秀社科成果奖一等奖一次，以及科技进步奖、优秀教材奖、兰州大学老教授贡献奖共 40 余项。长期从事敦煌法制文献研究，于 2019 年 12 月和 2020 年 11 月，以 80 岁高龄先后创办兰州大学敦煌法学研究中心和甘肃省法学会敦煌法学研究会，为敦煌法学新文科创立和建设做出了重大努力。此外，在甘肃省高级人民法院工作 16 年，担任审判委员会委员、审判员、研究室主任，起草政策性文件、工作报告 300 余万字，其中部分文件由最高法院转发全国。承办重大审判与仲裁案件 300 余件，参与平反纠正冤假错案 4 万余件。

"罗马法·中国民法典化"国际研讨会
（左为著名法学家杨振山教授，右为李功国教授）

李功国教授手稿

《犯罪学大辞典》第十届全国优秀图书奖
（刘延寿编审，李功国分科主编）

《民法本论》《民法学》多次出版印刷

被列为高等教育民法课程推荐教材

李功国主编《欧洲十二国公司法》出版后，中共中央办公厅、国务院办公厅、港台等地多次订阅，为早期中国公司改制提供重要参考，获"甘肃省优秀图书奖"

李功国执行主编《农家书屋文库·法律系列》

丛书 60 部 1000 余万字，已发行 50 余万册

《农家书屋文库·法律系列》丛书出版后，

原国务院副总理姜春云、中国法学会等发来贺词、贺信

　　李功国主编《中国古代商法史稿》，中国法学会部级课题，课题结项等级被评为优秀，并获得 2015 年"甘肃省社会科学优秀成果奖"。专家组认为其拓展了中国法制史新领域，填补了中国古代商法史阙失

　　李功国：《重视民商法文化的历史传承》载于《人民日报》（理论版 2010 年 11 月 12 日），国内多家主流媒体平台转载

李功国执行主编《甘肃省法学会史稿》,甘肃省法学会建档立志重要资料

(2)作风严谨,矢志不渝筑师魂。李功国教授作风优良,为人正直,遵纪守法,有高尚的品德和良好的精神风貌。关心同事和学生,团结同志,无论是在工作、生活还是学习中,都能以身作则,为同事作出了表率。能做到办事不推诿,遇难不回避,做到不贪不占,清正廉洁。1987年3月调入兰州大学法律系任教至今30余年,曾任法律系主任、学术委员会主任,兼任中国民法经济法研究会理事,犯罪学研究会理事,甘肃省法学会副会长,学术委员会主任等职,身正为范,用自己的言行诠释了师德的高尚。三尺讲台,一颗爱心。放飞期望,乐此不疲。这就是李功国教授从师几十年来的真实写照,也是他的执着追求。

在教学领域,李功国教授在兰大法律系法学院开设民法学、公司法学、法律文化专题等课程,参与培养本科生、硕士生上万人,其所带学生中有数百人成为法学博士、正副教授、高校法学院正副院长、正副校长、博士生导师、省部级领导干部。孟庆瑜、周江洪二人先后成为教育部法学类教学指导委员会委员。同学们普遍反映,李功国老师治学严谨,学养深厚、讲课条理清晰，生动感人，常常三言两语即将同学引入文化的深大之境。他对教学、对学生有一颗美丽的心，课堂上可以听到同学们专注听讲的心音脉动。李先生深情地说："投身兰大教学，是平生最好的选择，站在站台，面对青纯学子，是一生的最大亮点！"李功国教授获"甘肃省教学成果一等奖""老教授贡献奖""兰州大学优秀共产党员"。2019年兰州大学110年校庆李功国教授被评为"坚守·奋斗"贡献奖。

《李功国法学文集》等著作33部

5. 马玉祥

马玉祥

马玉祥主编《走进中国回族》

　　马玉祥，1947 年 8 月生，甘肃兰州人，回族。1996 年加入九三学社。第十届全国政协委员。现任西北民族大学二级教授、硕士研究生导师，中国法学会会员、中国法学会民族法学研究会副会长，中央统战部民族宗教研究基地甘肃分基地特邀研究员，西北民族大学法学院原院长暨法学本科、环境与资源保护法学、宪法与行政法学及法律专业硕士学位点的创建人，也是中国民族法学最早一批开拓者和民族法学论坛有建树的专家学者，先后任十届全国政协委员，甘肃省人民政府参事。

　　6. 张谦元

曾任甘肃省社会科学院法学所所长，二级研究员

　　张谦元，男，1956 年 10 月生，甘肃永昌人，中共党员，曾任甘肃省社会科学院法学所所长、二级研究员，国务院特殊津贴专家、"四个一批"人才、甘肃省优秀专家、甘肃省第一层次领军人才。主要研究方向为宪政及地方立法。近年来主持完成国家社科项目 3 项、甘肃省社科项目 2 项、省级其他项目 3 项。主要著作有：《县乡人大代表直接选举的监督研究》（中国社会科学出版社）、《城乡二元户籍制度改革研究》（中国社会科学出版社）、《甘肃法治建设报告》（中国民主法制出版社）等；在《光明日报》理论版、《人大复印资料》《甘肃社会科学》等报刊发表论文 50 余篇，其成果多次荣获甘肃省社科成果一等奖、二等奖、三等奖等。

　　7. 任先行

　　任先行，1934 年 8 月生，四川苍溪人，兰州财经大学法学院教授，中国商法学会常务理事，甘肃省人大、省政府立法顾问，国内著名商法学教授。

任先行

　　1959 年毕业于西南政法学院（今西南政法大学）法律系，毕业后多年从事财政工作；1981 年调入兰州商学院（今兰州财经大学），先后担任经济法教研室主任和商经系主任等职。主要研究方向为经济法学、商业经济、丝绸之路驿站文化与制度研究。

　　任老作为国内知名的商法学者他的学术观点和著作至今在学术界有很高的评价和广泛的影响。由其主编并担任主要撰稿人，北京大学出版的《比较商法导论》一书至今仍然为很多高校民商法研究生的必读书目，该书从国际商法学的理论视角，用比较法学的方法，通过对大陆法系和英美若干国家特别是欧美发达国家商务法律制度的比较研究。运用大量翔实的资料，详尽地阐述了商事法学的基础理论和商事法治建设实务文献的理论问题。

甘肃省法学会第六届理事会学术委员会成员
左起：李功国（主任）、王章合、任先行、李玉基、李玉璧、任尔昕

四　高等院校法学研究

（一）西北师范大学法学院法学教育与研究简史①

西北师范大学的前身是国立北平师范大学，即北京师范大学。1937年"七七事变"后，国立北平师范大学迁出北平，几经辗转，后更名并成立"国立西北师范学院"，1940年至1944年，陆续由陕西城固迁址于兰州十里店，成为永久校址。1945年抗日战争胜利后，部分师生返北京复校，部分师生留在了兰州继续从事教育教学活动，从而使西北师范学院（1988年更名为西北师范大学）得以独立设置。简言之，西北师范大学本身也就国立北平师范大学受抗日战争影响而西迁至兰州的一个意外的副产品——抗日战争胜利后国立北平师范大学复校时，在兰州的"驻地"被幸运地保留下来了。中华人民共和国成立后，西北师范大学迎来了新的发现机遇，是部属师范院校。20世纪五六十年代的西北师范大学，

---

① 本节由王勇、周瑛执笔。

可谓是大师云集，当时及随后来校工作和任教的著名法律学人有梁选青、萨师炯、吴文翰、夏起经、沈唯善等。

西北和西南的地方高等师范院校，在中华人民共和国成立前后至20世纪80年代中期以前，集中了大量的杰出的法律学人，这是一个较为普遍的现象。之所以能够汇聚较多的优秀法学人才和师资，主要原因其实有两个：一是由于抗日战争的全面爆发，东南地区即政治经济中心或腹地，比如北平、上海和南京等地的院校开始了一个向西北和西南方面战略性撤退搬迁的浪潮，在此背景之下，有一大批优秀的学人便汇集到了西北；二是中华人民共和国成立后，此前的大批专业政法院校被撤销、合并和压缩，在此背景之下，大量专业法律或政法院校的专业法学师资开始下放或分流到非政法院校，于是，其中的很多精英法律学人便陆续来到了西北。1960年前亟须集中培养"新政法人才"的中央政法干校也存在时间很短，当时的一个基本目的是为每个县市培养3名至5名政法"明白人"（县长、民政局长、公安局长、法院院长、检察长"五长"），以实现中华人民共和国政法事业从旧到新的历史转型。

据记载，"抗日战争爆发后，东南一些沿海地区的律师为躲避战祸，纷纷内迁，西安地区的律师人数开始增多，素质也开始有了较大的改善。"① 所以早期西北师大大师云集的盛况，实乃是特定的历史政治背景的产物。所以，当时的西北和西南的地方非政法院校，尤其是师范院校成了很多精英法律学人的"避护之所"和临时容身之地。正是这些杰出法律学人在中华人民共和国的师范院校开始播撒了最初的法学知识的薪火——当时是作为培养具有社会主义法律意识的人才，而以政治思想和德育课程的形式开设出来的，从而就意外地为后来师范院校法学专业的开办和人才培养创造了条件。这正所谓"有心栽花花不开，无心插柳柳成荫"。

当然，20世纪五六十年代，全国所有高等师范院校几乎未设法律专业，所以许多法学师资都依托于高师院校的政治思想教育这个专业来开设法学概论课程。梁选青先生在西北师大政治教育系1964级、1965级本科班中，较早地开设法学概论课程，这在当时全国所有高校中是极为罕

---

① 侯欣一：《民国晚期西安地区律师制度研究》，《中外法学》2004年第4期。

见的，这无疑是西北师大法学教育史上的一段珍贵记忆。不过，另据西北师大1941年《院务概况·学则》第15页和第23—25页记载：文科各系学生还要修习"中国文化史""西洋文化史""哲学概论"；还要选修两门"政治学""社会学""经济学""法学通论"之类的课。可见其中有选修课"法学通论"，这就表明，很可能早在1941年时，当时正在从陕西城固往兰州搬迁过程中的国立西北师院就开设了法学课程。

"文化大革命"期间，几乎完全停止了一切正常的教学科研活动。"文化大革命"结束后，尽管有这些法律学人的努力争取，在20世纪70年代末80年代初，此前一直没有设立过法律专业的师范院校，要想说服学校领导层在政治教育专业中开设出除法学概论以外的其他部门法课程，极为困难，而要在恢复高考后的首批思想政治教育专业的大学生即1978级、1979级中重新开设法学概论课程，也并不容易。然而，令人吃惊的是，吴文翰等人却在西北师大政治教授专业1978级、1979级中开设出了法学概论课程，而且是每周4课时，共一学年。这在全国当时可以说是凤毛麟角，北京的许多高校包括后来再次恢复招生的一批专业政法院校，基本上都是在80年代中期以后才重新开设出法学课程的。所以，吴文翰等人在西北师大刚刚恢复高考后的首批政治教育专业1978级、1979级中开出法学概论课程，这一当时全国的领先之举，无疑是西北师大法学教育史上非常值得骄傲的光辉灿烂的一页。

在师范院校，开设法律课程当属不易，那么，要实现作为非师范专业的法律专业的设立和招生，就是更加困难的事了。整个80年代直至90年代中期，当时的学校领导层强调师范院校的生命在于"师范教育"，"师范性"是师范大学不能削弱而只能强化的优势所在。因此在吴文翰和夏起经，尤其是沈唯善和李玉璧老师努力下，想到了通过"曲线求国"的方式来实现法律专业的设置——先在"外围"通过函授大学、夜大学以及自学考试进行经济法专业的招生和教育。经过多年的"外围"法律教育的探索和尝试，一方面，使学校看到了改革开放背景下法律人才具有广阔社会需求的现实；另一方面，也训练了师资，积累了经验。于是，1993年经济法专业专科首次获得了学校的批准而得以招生，1995年经济法本科专业招生获得批准。至此，西北师大法律专业得以正式创建和招生。

沈唯善老师参与主编的《法学概论》教材（1989 年）

经过曲折努力，法律专业是设立了，但是师资短缺的问题开始出现。
80 年代中后期至 90 年代，尤其是邓小平南方谈话以后，出现了西北师大
法学师资的第一次流失大潮，当时的大部分教师都是政治教育专业本科
毕业留校并经学校的后期在职培养，均具备律师资格并有丰富的法律实
务经验。这一次"孔雀东南飞"的杰出教师有严为众、杜刚、刘秦、张
明川等。后来便出现了第二次流失大潮，其中有冯玉军、蒲夫生、刘锐、
朱沛智、李铁林、李占荣等。这样就能够解释，为什么从 20 世纪 80 年代
末至 1990 年初的西北师大法学教育，只能依靠本校的留校生担当师资，
很少有"下放"或自愿调至西北师大的卓越师资和人才了，中华人民共
和国成立前后法学大师云集的情形似乎是一去不返了。其实，纵观近现
代 100 余年的历史，我国法学教育的演变体现了时代性、间断性、非自主
性的基本特征，兴衰更替在很大程度上是由特定的历史大背景所造成的。

既然是西北师大的法律专业教育是在高师院校政治教育专业的基础
上发展起来的，那么"师范底色"和"政法传统"，就成了西北师大法学
教育抹不掉的历史胎记。这样的历史沿革，从今天的专业政法院校的培
养方案来看，似乎有诸多缺憾，但换个思路看，却正是先天的优势所在，
尤其是今天在强调"特色建院，特色强校"的背景下。2001 年开始，政

法学院的所有本科专业包括法学本科专业，开始实施"2＋2"培养模式实验改革，其基本思路是按照"宽口径、厚基础、复合型、高素质"的原则对现有人才培养模式进行根本性改造。法学专业课程需采用"体系化"设置和实行有条件的"弹性"授课，实践环节课程大量增加。这一改革，事实上进一步提升了法学本科专业人才的培养质量。师范院校法学教育需要借助师范专业构筑综合学科平台，其培养目标之一是具备教师和律师资格或能力的"双师型"人才。

尽管西北师范大学的法学专业的创建，也曾经错失了一次次重要的机会（尤其是20世纪80年代中期要求从政治教育系分离出法律系的提议未被学校同意），但是，作为师范大学的法学教育，却具有了一个比专业政法院校的优势所在——"政法传统"。也就是说，师范大学的法学专业，基本上都从思想政治教育这个师范专业的母体中孕育成长起来的，先天具有重视思想政治教育、通识教育和社会科学综合知识训练的优势。这是侧重强调专业性和实务性的专业政法院校所无法比的。后者的问题是，强调了法律的专业性和实务性，却收窄了本科生的知识面，淡化了政治思想方面的培养和训练。西北师范大学法学教育中的政法传统和通识教育的一个显著成绩是，培养了一大批在国内具有重要影响力、学术水平及综合素质高的法律学人，比如王翰、周林彬、刘志坚、马玉祥、冯玉军为代表的一大批优秀律师人才等。

从2003年获批法学理论专业硕士点开始，到2012年法学院独立建制，迎来了西北师范大学法学教育和研究全面发展的历史机遇。值此时机，通过人物寻访、档案查阅、文献检索等方式收集珍贵的历史信息资料，初步呈现出了西北师范大学的法学教育和研究的历史概貌。下面是以法学人物及历史发展为主线，以陈夏红先生所倡导的"人本法史"[1] 为价值维度，梳理出的西北师范大学法学教育和研究简史。第一部分萨师炯：问道宪制，播撒星火（1949—1966 年）；第二部分吴文翰：法治启蒙，再开概论（1978—1985 年）；第三部分沈唯善：承前启后，创建法科（1986—1996 年）；第四部分李玉璧：固本夯基，学科升级（1996—2012 年）；第五部分杜睿哲：完备建制，全面发展（2012 年至今）。

---

[1] 陈夏红：《政法往事——你可能不知道的人与事》，北京大学出版社2011年版。

第一部分　萨师炯：问道宪制，播撒星火（1949—1966）

萨师炯（1913—1973）

20 世纪 50 年代的西北师大，有法学研究，但尚无严格意义上的法学教育。1950 年至 1958 年，徐劲任西北师范学院院长。徐劲为谋求发展，想方设法，四处奔波，先后从北京和全国各地陆续调李秉德、萨师炯、金宝祥、刘熊祥、彭铎、郭晋稀、许重远、金少英、吕斯百、赵荫棠、沈心芜、尤炳圻、朱肇轩、王明昭、吕方、刘仲瑜、焦北辰、王文新、陈震东、荣书之、魏文泽等 40 多名教授、副教授来校任教。"中华人民共和国成立后，西北师大继续着创办一流大学的抱负，20 世纪 50 年代初，从全国各地延揽 50 多位教授、专家，构成后来教师队伍支柱的李秉德、萨师炯、金宝祥、王俊杰、郭晋稀、彭铎、赵荫棠、洪毅然、吕斯百、焦北辰等，皆于此时汇集校园。"[①] 这些措施，充实了教师队伍，加强了教学力量，提高了教学、科研水平，为学校在 20 世纪五六十年代和以后的发展奠定了基础。其中，作为著名法学家、政治学家和历史学家的萨师炯先生也赫然在列。

[①]　徐斌：《校园荡漾"大师风"——西北师范大学百年校庆随笔》，《观察与思考》2002年第 11 期。

中国政法大学陈夏红博士在其撰写的《谁是萨师炯？——"失踪的政治学家群体"之一》一文中，对萨师炯先生的生平作了较为详细的记述：

《民国政制史》……这本书事实上由钱端升担任主编，萨师炯、郭登皞、杨鸿年、吕恩赖、林琼光、冯震等当时中央大学法学院行政研究室的同事协力完成，初版于 1939 年春，抗战胜利后发行第二版。1992 年上海书店影印出版"民国丛书"时，选入了这本书。钱端升等一行，都是民国时期政治学界的中坚力量。但由于种种原因，1949 年后他们都集体失踪。……关于萨师炯，笔者尚未见到任何完整的传记文字。萨师炯 1913 年生于福建，据李道刚的一篇文章透露，萨师炯曾留学英国，学习历史。萨家乃福州望族，从元朝时期即开始在福州繁衍生息，有名者如萨镇冰、萨本栋、萨孟武等，在各行各业均有作为，搜狐网上讨论福州"四大家族"时，即有网友主张萨家应算其一。

萨师炯的学术著作，除了和钱端升等合著的《民国政制史》之外，1932 年还由新生命书局出版了其和萨孟武合著的《宪政的原理及其应用》。除此之外，萨师炯 1939 年出版的《共产主义与法西斯主义》也值得关注。1946 年，他还编过一本《地方自治法规》，由上海大东书局出版。1949 年前，萨师炯还对中国古代行政制度感兴趣，除了于 1945 年 7 月在《东方杂志》发表《秦代的地方制度——郡县制之起源区划及其政制》外，还出版了《清代内阁制度》一书。1940 年，萨师炯在《新政治》第 5 期上，曾发表了《清代内阁的组织及英特权》一文。据《近百年来魏晋至隋地方行政制度研究概况》中介绍，20 世纪 30—60 年代，萨师炯是该领域研究的主要骨干，而其代表作即是发表在《东方杂志》第 41 卷第 17 期上的《魏晋南北朝时代的地方制度》一文。

当然，关注历史并不等于忽视现实。萨师炯于 1935 年 7 月在《东方杂志》上发表的《白银问题与中国经济前途》一文，只是其时事评论代表作之一。此外，萨师炯还曾与同事林琼光、周书楷一道，合作翻译了 R. Freund 的《国际形势》一书。1949 年后，萨师炯任教于西北师范学院，并担任教务长以及西北师院附设中学校长。西北师范大学附属中学校史《百年风雨树人路》第三章指出，1951 年2—8 月，萨师炯被西北师院指派担任西北师院附设中学校长。萨师炯"对附中进行了整顿，加强了师生思想教育工作，特别是纪律教育。调整了课程设置。精简下放了冗员。初步改善了办学条件，安装了一部电话和230 盏电灯，结束了学校点煤油灯的历史，又添置了拉水马车，改变了长期用毛驴在黄河驮水的状况。进一步恢复和建立了新的教学秩序，提高了教学质量，当年高中应届毕业50 人，考入大学49 人，李永寿、王仲鸿、郝建玺、黄康、窦宜五人考入清华大学。"这就是萨师炯作为西北师院附中校长，在半年时间内的工作成绩。

1959 年，萨师炯曾在甘肃师大学报副刊《历史教学与研究》第5 期，发表《英国内阁制度的形成与发展》一文。据天津师范大学经济—社会史研究中心资料中心的统计，该文是 1949 年后中国大陆地区关于英国议会和内阁制度的首篇论文。1964 年，萨师炯还在《西北师大学报》（社会科学版）第6 期发表《从一七八七年美国宪法及其发展论资产阶级民主制的实质》一文（作者注：这是一篇22 页的长文）。1973 年，萨师炯逝世①。

除此之外，笔者在西北师大档案馆中未查阅到萨师炯的任何档案信息资料。据西北师大历史系了解到的资料，萨师炯系福建福州人，主要研究世界现代史，1936 年毕业于北京大学。1947—1973 年任西北师范学院教务长，历史系主任、教授，主要著作有《世界现代史》等。这就是说，在西北师大 23 年的工作中，萨师炯除担任教务长和附中校长等行政职务之外，还是历史系的教授，担任过相关课程的教学工作。兰州大学图书馆"手稿库"中收有在甘肃工作过的外省籍学者杨伯峻、彭铎、郭晋稀、陈涌、洪毅然、金少英、萨师炯、金宝祥、王沂暖等人的手稿。

---

① 陈夏红：《谁是萨师炯？——"失踪的政治学家群体"之一》，载陈夏红《政法往事——你可能不知道的人与事》，北京大学出版社2011 年版。作者注：据西北师大校史记载，西北师大在"文化大革命"中被迫害致死的教职工达28 人之多。

CNKI 上仍然检索到了大量萨师炯在西北师大工作期间以此前发表的有关民国政制、地方政制、政制比较和政制史等方面的论文和著述。

对于萨师炯的民国政制研究，截至目前，学术界已有极高的引用率。赵红在其博士论文《抗战时期国民政府政治体制研究》（吉林大学 2011 年博士学位论文）中，有如下评述："广大学者对国民政府的政治体制的研究，大体经历了以下几个阶段：第一个阶段是 1949 年前，就研究成果来看，研究国民政府政治体制的著作有：钱端升、萨师炯等合著的《民国政制史》（商务印书馆 1938 年初版）和陈之迈著的《中国政府》（商务印书馆 1946 年版），这两本书是研究国民党党治理论与制度的最高成就，其中包括对党治理论的创立、国民党与国民政府的关系、国民党的组织及其机构、国民会议以及训政和训政时期的约法等进行了粗线条的研究，其结论至今仍具有重要影响。"田湘波在其博士学位论文《中国国民党党政体制剖析：1927—1937》（湖南师范大学 2004 年博士学位论文）中，有如下评论："从宏观上研究党政体制的有：1938 年春，由商务印书馆初版、后一版再版的钱端升、萨师炯等合著的《民国政制史》和 1946 年由商务印书馆出版的陈之迈著的《中国政府》，是研究国民党党治理论与制度的最高成就，其结论至今仍为台湾和大陆的学者肯定，对这一问题的研究至今也没有取得突破性的进展。"

有学者还评论道："钱端升与萨师炯等人合著的《民国政制史》翔实描述了民国自诞生以来各个历史时期从中央到地方的政治组织及其职权、政治制度及其运作，至今依然是中外政治制度研究的必读之作。……钱端升等人密切关注中国政治学发展动向，开拓了中国政治学研究的领域。"①"在'文化大革命'爆发前两年，萨师炯先生发表文章讨论美国宪法，认为它是对'包含有某些民主内容'的《独立宣言》的'否定'。"②"政治学家萨师炯认为，政治的良性运转对于一个国家而言固然非常重要，但这其中起核心作用的依然是人，所以在他看来最重要的还是提升重要位置之人的素质，同时配以完善的监督机制，他举例说就像

---

① 李剑鸣：《中国的美国早期史研究：回顾与前瞻》，《美国研究》2007 年第 2 期。
② 李剑鸣：《中国的美国早期史研究：回顾与前瞻》，《美国研究》2007 年第 2 期。

古代的吏治制度，以避免政府机构中存在人员混沌的现象。"① 对于司法机关在民国时期的宪制定位，《民国政制史》中提到这样一句话："司法院为国民政府最高司法机关，在三十二年九月国府组织法修改以前，独立行使司法权，并独自对中央执行委员会负责。"

对于当时的国际经济问题，萨师炯也发表过一些独到的见解。"萨师炯认为'中国工商业之不振'和'半封建和半殖民地经济结构'是中国入超的原因，中国解决入超问题的途径为管理汇兑、统制贸易、制止汇兑倾销税、关税政策、统制经济，而'克服封建残余与帝国主义的压力为第一前提'。"② "罗斯福新政对中国之影响最大者，'殆莫过于白银政策'。"③ 另外，萨师炯还发表过以下文章：《驳斥南斯拉夫修正主义关于国际局势的反动论点》，《西北师大学报》（社会科学版）1958 年第 3 期；《试论 1918—1941 年帝国主义国家间的矛盾及其发展》，《西北师大学报》（社会科学版）1963 年第 3 期；《论省地位问题》（时事新报专栏 1944 年 3 月 27 日）；《中国传统政制与五权宪法》；《中国立法程序之平时与战时》（《东方杂志》第 40 卷第 14 号）；《中国的入超问题》（《东方杂志》第 32 卷第 18 号）；《国际与世界和平》；《省制问题之再检讨》（《东方杂志》第 40 卷第 19 号）。

据记载，萨师炯还参与了近代中国最早的中小学教材的编定工作。"徐文珊、赵畸（太体）、李辰冬、萨师炯、舒蔚青、陈廷杰、阎金愕、张德熙、温肇桐、李竹年等一批国内知名人士都让张道藩给搜罗到旗下，使教科用书编辑委员会相当于一个大型的书局编辑所。"④ 也许是基于早期参与教材编定的经验，萨师炯在西北师大工作期间，大部分时间都在主持并负责学校的教学事务工作，并于 1963 进入校务委员会。当时，萨师炯同时还是历史系的教授，大致属于"双肩挑"的教师。据西北师大校史记载，1970 年时，学校决定将政治、历史系合并为政史系，设政治历史专业，以培养中学毛泽东思想教育课和历史课的教师。合并后，精

---

① 张阳：《西南联大"今日评论"研究》，硕士学位论文，云南师范大学，2014 年。
② 乔兆红：《论 1935 年的学生国货年》，《中国社会经济史研究》2006 年第 4 期。
③ 萨师炯：《白银问题与中国经济前途》，《东方杂志》1935 年 7 月，第 32 卷第 13 号。
④ 王昌善：《我国近代中小学教科书编审制度研究》，博士学位论文，湖南师范大学，2011 年。

简了 38 门课。"文化大革命"结束以后的 1977 年 11 月，学校决定将合并的政史系恢复为政治系和历史系。这虽是一段不太重要的历史，却表明了萨师炯与政治教育系的渊源关系。作为法学家的萨师炯，在其主持学校教务工作期间，可能对本校政治教育专业中法学课程的开设给予更多支持，是可信的。

在西北师大早期的法学教育历史中，还有另一位重要的、不可忽视的法律学人——梁选青。梁选青，生卒不详，男，祖籍山西运城，早期朝阳大学法学院的毕业生，20 世纪 40 年代曾任西安地区律师公会理事，作为辩护律师代理过多起重要的诉讼案件。中华人民共和国成立后，先后任兰州市中级人民法院副院长、兰州师范校长，1962 年底调至西北师大政治教育系工作，当时的政治教育系，还没有设立单独的法学教研室。在西北师大工作期间，年事已高，当时的教职员工都尊敬地称其为"梁老"，与当时的学校领导同住在水塔区的平房院里。曾先后给政教专业 1964 级、1965 级本科班学生主讲《法学概论》，用自编的油印本的《法学概论》教材。据范圣予教授回忆，当时系里派他担任梁老的"助教"，学期中间曾代梁老上过几节课。梁老授课认真严谨，对师生和蔼可亲。"文化大革命"开始后不久退休，即回山西运城老家。其子梁树仁，原系西北师大中文系教师，后来调至陕西师大工作。据夏起经老师回忆，20 世纪 60 年代她曾与梁老共同研讨法学问题的情形——"在梁选青同志领导下，研究并论证《子史钩沉》等书内记载的李悝著《法经》，是唐代以后人所伪造（提供我省公安局、法院的同志学习古代法学时参考）；编写章炳麟等人的有关资料及文章注释。"

梁老晚年居住在山西运城，有时也在西安。20 世纪 70 年代初去世，据说当时西北师大政教系还专门派代表去西安参加了梁老的葬礼。

作为一位法律学人，梁选青的人生经历是一个极为特殊且珍贵的样本，是集律师、法官和教师 3 种人生阅历于一体的法律学人，很值得研究。幸好还在 CNKI 上检索到了梁老早期在西安从事律师的一些资料，可谓弥足珍贵。20 世纪 40 年代的西安律师公会是全国成立最早的律师自治组织之一，梁选青便是在 1947 年经法定程序选举产生的该会的理事之一。据记载，当选的理事要举行宣誓仪式，其誓词为："余恪遵国父遗嘱，奉行三民主义，服从法律，忠心于本职，如违背誓言愿受最严厉之处罚。"

侯欣一教授在其所著的《民国晚期西安地区律师制度研究》（《中外法学》2004 年第 8 期）中，引用了西安档案馆的一份资料，其中较为详细地记载了梁选青律师代理过的一起刑事案件：

案情：1948 年 3 月 24 日，28 岁的河南商人陈清振涉嫌在西安市市民史正国家中购买毒品时，被西安市戒烟协会成员当场抓获，经西安市卫生事务所检验陈并无毒瘾，该会将陈移送警察局。在警察局陈承认贩卖毒品的事实。警察局侦结后，认为陈本人并无毒瘾，购买毒品显系为了贩卖，于是，又将陈移送地方法院检查官，检查官高佑时经审训后，于 4 月 19 日以贩卖毒品罪向地方法院提起公诉。

4 月初陈正式聘请律师梁选青为辩护人。梁随即提出阅卷和会见被告申请，在阅卷和会见了陈清振后，4 月 10 日梁律师向检查官提交刑事辩护书，辩护书重在对事情的过程进行叙述，最后得出陈无罪、系被人诬陷的结论：陈与史正国早已认识，去年陈曾托史另寻住房，史亦曾向陈借钱，陈未借，故开罪于史。今年 3 月 24 日史到陈住处谎称为陈所寻找的住房已找好，让陈一同去看房。陈遂与史一同先到了史家。此时史家已有一陌生男人。史请陈先给陌生人帮忙破获几个烟毒案，他说如能如此，史便可以到禁烟协会去工作。陈当即拒绝。陌生人说："我是禁烟协会的，你不能帮忙，就将你带走。"并指桌上的一小包东西说这就是证据。随即陌生人即唤来本院内所住的甲长之妻子和其他几个人，并持一张纸条，一面打陈，一面强令陈在纸上盖一指印，随后将陈与史一同带到禁烟协会。几日后，陈得知史因贩毒于 3 月 18 日被抓，为立功减罪，陷害于陈。现史已逃跑。

4 月 27 日本案第一次开庭。同时被起诉的还有陈的另两位吸毒及贩毒的朋友。法官在对被告的基本情况进行询问后，梁律师陈诉了辩护意见：由于史已逃跑，陈是否有罪，很难对证。此外，应注意陈曾在史家及禁烟协会被打之情节，希望对此进行调查。法官谕令调查后再审。随后法院函请禁烟协会调阅陈案案卷。5 月初，梁律师向地方法院呈刑事辩护书："为检察官起诉陈贩卖毒品一案，仅具辩护意见。查'贩卖鸦片烟罪，即以贩卖行为为其构成要件（见前

大理院二年非字第五二一号）'刑律第二六六条之意图二字系构成
要件，无贩卖之故意者虽收藏鸦片烟亦不能论以贩卖罪。'（见民国
三年统字第一七九号解释）'贩卖鸦片或其代用品之罪，均以贩卖行
为为成立之要件，如贩卖行为尚未证明，仅持有鸦片之事实并其持
有之目的在于贩卖，亦仅成立意图贩卖，而持有鸦片或其代用品之
罪不能据依贩卖之例论罪'（见最高法院二十二年上字第八三三号判
例）。陕西禁烟协会函选送之被告陈犯罪嫌疑部分之毒品，据陈供述
系本市市民史家中之物，因不堪禁烟协会强暴、胁迫乃被迫承认系
自己购自另一陈姓烟犯之手。假定即系陈之物，亦不过触犯禁烟禁
毒治罪条例第十条第一款之持有烟毒罪，检察官依据禁烟禁毒治罪
条例第四条第一款提起公诉，与上开各判解所示之要件，显有不合，
为此仅具辩护意旨，恭请钧院判决。"

5月11日被告又聘请律师曹铭勋为辩护人，曹律师当日提出阅
卷申请。5月12日下午地方法院再次开庭。法官首先询问证人，证
明3月24日陈在史家曾被打。之后，梁律师先陈述辩护意见：起诉
书指控陈贩卖毒品，而检查毒品之处是在史家，并不在被告家中，
被告无贩卖毒品之确凿证据，请法庭宣告无罪。曹律师又陈述了自
己的辩护意见：毒品是在史家查出的，证人又未能证明系何人所有，
再被告史逃跑，实属可疑，另被告是在禁烟协会受刑不过才承认的，
故口供不成立，请宣告被告无罪。但检察官坚持原指控。法庭再次
休庭。

5月17日曹律师向法院呈送辩护意见书，称："陈是否犯罪，应
以其有无贩毒吸毒，暨持有毒品诸行为为断。本年3月24日陈因买
房一事去史家，适逢禁烟协会在史家搜查被牵连。证人对陈被殴打
及毒品是在史家收出进行了证实。殴打逼供属非法行为，其供词自
非真实，当无采信之价值，更不足为审判上之根据。且经西安市卫
生事务所检查陈无毒瘾。由此可见，陈既不贩毒、也不吸毒，持有
毒品亦无证人，总之，被告陈无罪。"同日，法院函请禁烟协会将史
送法院审讯。协会函称史已找不到了，并声明史当时是受协会指令
向陈诱买毒品，传讯实无必要。

6月4日和6月26日曹律师两次声请阅卷，均获同意。6月28

日曹律师再次向地方法院呈送辩护意见书，称："协会两次公函前后矛盾，疑为伪证。说史无传讯必要，更属无理，法院传讯证人，任何机关不得拒绝，今拒绝传证，更足证明其中虚伪。函中说，史是受协会指令去向陈诱买，违背常识，如系诱买，应到陈家，而不应到史家。所以，该函不可采信。"

7月9日地方法院第三次开庭，9月25日第四次开庭，其他被告对指控的吸毒事实承认，但在被告陈的问题上控辩双方均无新证据和意见。10月9日曹律师又一次声请阅卷。10月12日第五次开庭，曹律师未到庭。12月3日法庭一审宣判：陈帮助他人贩卖毒品，处有期徒刑六年。

以上是梁、曹二律师所代理的一件刑事案件一审的全部过程。尽管此案最后的判决可能有些问题，但仅就案卷中所反映的律师所做的辩护工作而言，无论是态度，还是水平，从专业角度讲是无可挑剔的。

西安档案馆的资料中还记载了梁选青律师的一则"律师启事"（民国三十七年8月5日出版的《黎明日报》）：

> 梁选青律师代表吕孝威声明前与李介君缔结之买卖机器契约，业已解除启事。据吕孝威君称："本人前与李介君缔结之买卖机器契约已于上月解除，双方所有关单据一概作废特请贵律师代为声明等语合代声明如上。"[1]

1951年的一份黄宣纸上（26cm×26cm），记载了兰州市人民法院的一项执行通知书的内容：——"查刑事人犯李玉兰案，经判决确定依法送监执行，现填写执行通知书，希即查收办理。"其中有院长张建堂（有印章）、副院长梁选青（有印章）、书记员法警（有印章）、张耀宗（有印章），正中间公章处有一裂痕，但不少印章和文字边沿处纸张有缺。这是一份珍贵的历史档案，见证梁选青当年在法院的司法工作。另外，梁

---

[1]　侯欣一：《民国晚期西安地区律师制度研究》，《中外法学》2004年第4期。

选青还在《甘肃日报》1957年6月16日的报纸上发表了题为《六法观点不但要批判，更要清除》的文章，表明了他当时积极向中华人民共和国法制路线转型的立场。《六法观点不但要批判，更要清除》记录了那个特定年代法律人对当时法治建设方向的判断，作为一篇难得的历史文献资料，不妨附在这里，以供参考。

人民的政法工作，在巩固人民民主专政，保卫社会主义建设和人民群众的合法利益上，都起了伟大的积极作用，取得了很大的成绩。但是，有部分政法干部业务水平较低，办案质量不高，甚至在思想作风上程度不同地还存在着官僚、宗派、主观三个主义，也是无可讳言的。因此，我们本着知无不言、言无不尽的精神，对政法工作方面的缺点和错误，多多提些意见或批评，这是极其应该的。可是，水梓先生在中共甘肃省委政法座谈会上的发言中，认为"旧法不能完全废除，六法观点不应批判"，我是完全不同意的。这种说法，如果不是有意维护旧法统，至少也是一种极其错误的看法。因这一问题，事关对新旧法律原则界限的划分，未便缄默，特将我个人的意见提出，以供商榷。

法律是什么？马克思和恩格斯在"共产党宣言"里早就说过"法律只是提高成为规律的统治阶级意志。"中共中央在关于废除国民党伪六法全书的指示中也说明："法律是统治阶级公开以武装强制执行的所谓国家意识形态。法律和国家一样，只是保护一定统治阶级利益的工具。"资产阶级学者说：法律是神圣的，至高无上，超乎一切阶级，人人在法律面前都是平等的。其实完全不是那么一回事，既没有超阶级的国家，哪有超阶级的法律？所谓平等，更是自欺欺人，不攻自破的谎言。试问佃农与地主能否平等？工人与资本家能否平等？被统治阶级与统治阶级能否平等？殖民地与帝国主义能否平等？实际没有真正平等的法权。旧法观点是指一切反人民的法律观点的总称，但主要是指的国民党的"六法观点"。六法全书是国民党从日本帝国主义那里沿用来的名称，其中包括宪法、民法、刑法、商法、民事诉讼法、刑事诉讼法，它的商法合并于民法后，六法即变为五法。其中的刑法，一方面是继承了中国封建旧法刑律，另一方面又抄袭了资本主义国家甚至法西斯专政国家的刑法；其中的民法，也是封建主义和资本主义的混血儿；其中的商法、民、刑诉讼法、宪法与民、刑法一样，都是替国民党反动政府服务的极端反动的法律工具，是保护地主与买办官僚资产阶级反动统治及镇压束缚劳动人民群众的武器。

因此，中共中央早在 1949 年 2 月就指示全国废除了国民党的伪六法全书。嗣后共同纲领第十七条又规定："废除国民党反动政府一切压迫人民的法律、法令和司法制度，制定保护人民的法律、法令，建立人民司法制度。"再看马克思列宁主义的国家法律观告诉我们：对于旧的国家法律，不能简单地夺取它，而必须彻底粉碎它。因为从本质上讲，旧法与新法是由两种根本不同的社会基础上所产生的两种根本不同的上层建筑物，在两种根本不同的思想体系指导下所形成的两种不同的国家法律观。旧法不能适用于新的革命的阶级，就如狼牙不能安在人嘴里一样。所以革命的人民在取得胜利，夺得政权之后，绝不能利用旧的政权和法律来为自己服务。况且国家的本质已经变了，旧国家的法律当然不能让它再继续存在下去。因而，旧法一定要完全废除，六法观点更要批判，否则会使新旧法混淆起来，贻害无穷。

至于说解放前国民党的法律是六法，将来我们也要制定民法、刑法、民事诉讼法、刑事诉讼法等，还不是六法吗？所以，对六法观点的批判应该纠正。这样说法，是完全强调了法律形式的对比，而遮掩了法律阶级性的本质，且无论将来我们制定的法律是几种，假定也是六种，而新旧法亦不能相提并论，因其本质是根本不同的。从已公布的宪法、土地改革法以及其他法律来看，——都能说明这一点，所以绝不能单以法律形式的对比，而作为"六法观点"不当批判的理由。

过去有许多司法干部都受到了"六法观点"的影响，以致在不少诉讼实践中拖延了时间，增加了当事人的诉累，在审判中又增加了不少的谬论和错误。1952 年经过司法改革对于六法观点大为批判后，一般司法干部对于新旧法律在思想认识上，都有了很明显的提高，人民法院内部的现象也为之焕然一新。但因过去这种影响过深，遗留的残余尚未完全清除，致使那种旧衙门的偏听偏信、主观臆断，实际上也就是官僚主义、主观主义的作风，有时还在滋长着。现在如果再以批判"六法观点"为不当，它的贻害更不知伊于胡底了。因此，六法观点不但要批判，更要清除。①

1949—1996 年在西北师大任教的早期五位法律学人

姓名	性别	籍贯	简历
萨师炯（1913—1973）	男	福建福州	1936 年毕业于北京大学，1949 年后任教于当时西北师范学院历史系，先后担任过西北师院附属中学校长、教务长。代表作是与钱端升等人合著的《民国政制史》。
梁选青生卒不详	男	山西运城	毕业于朝阳大学法律专业，20 世纪 40 年代在西安地区做律师，中华人民共和国成立后，先后担任兰州市人民法院副院长、兰州师范学校校长，1962 年调至西北师大政教系。
吴文翰（1910—2004）	男	天津	1936 年毕业于朝阳大学法律系，获得法学学士学位。1969—1985 年期间，在西北师范学院任教。
夏起经（1931—2012）	女	江苏泰州	1953 年毕业于华东政法学院，毕业后在中央政法委等单位工作，1970 年调入甘肃师范大学。代表作是《刑法中的因果关系》（《法学研究》1981 年第 2 期）。
沈唯善（1935— ）	男	浙江绍兴	1955 年毕业华东政法学院，先后在甘肃省教育厅等单位工作，1957 年调至西北师范学院，1986—1996 年任西北师范学院政治系法学教研主任。

第二部分 吴文翰：法治启蒙，再开概论（1978—1985）

据《陇上学人文存：吴文翰卷》②记载，吴文翰（1910—2004），字菩默，祖籍天津，父亲是个小职员，微薄的收入，供养着 8 个子女。吴文翰天资聪慧，喜欢读书，读了历代许多法家的书。1930 年，去北京考

---

① 梁选青：《六法观点不但要批判，更要清除》，《甘肃日报》1957 年 6 月 16 日。

② 吴文翰著，范鹏、杨文德编：《陇上学人文存：吴文翰卷》，甘肃人民出版社 2010 年版，第 1—5 页。

入了朝阳大学法律系大学部本科。吴文翰在求学时期，受梁启超、章太炎等学者影响颇深，尤其深受当时法学界著名学者余启昌、程树德、陈瑾昆、江庸、黄佐昌等人的指导和影响，对民法、刑法、中国法制史、罗马法等学科产生了浓厚的兴趣。

1936 年，以优异成绩毕业。然而 1937 年 7 月卢沟桥事变后，天津沦陷，到处笼罩着国破家亡的阴霾。吴文翰昼夜兼程，甚至以步当车来到了西安，但是西安的上空仍然经常盘旋着日本飞机，他难以栖身，又向西行了。1943 年他落脚到了甘肃兰州。起初由甘肃学院院长李镜湖（曾在朝阳大学任教）介绍，在该院任讲师，1946 年甘肃学院升格为兰州大学，吴文翰又先后任讲师、副教授等职。1958 年吴文翰到甘肃财经学院（现兰州商学院），1962 年到甘肃教育学院（现甘肃联合大学），1969 年到甘肃师范大学（现西北师范大学），1981 年晋升为教授，1984 年起任甘肃政法学院名誉院长，1985 年 1 月调回兰州大学法律系，并指导民法、经济法两个专业的硕士研究生。至 2004 年去世，在兰州整整 62 年。

吴文翰先生是著名的西北法学"二吴"之一（另一位是当时在宁夏大学的吴家麟教授）。关于吴文翰先生的学术人生，甘肃省社科院《甘肃社会科学》编辑部杨文德在其所编著《陇上学人文存—吴文翰卷》（甘肃人民出版社 2010 年版）一书中有详细记述，其中对吴文翰在 1957 年 5 月 27 日北京法学界座谈会第一次会议上的发言《为旧法"招魂"》，以及随后被打成"右派"的经历也作了完整的评论，在此不做赘述。吴文翰先生著述丰富，教学科研贡献卓著，在甘肃法学界有崇高的声誉。杨文德《陇上学人文存：吴文翰卷》中对吴先生的主要观点作了精练的概括，兹引用如下：

1. 在宪法和法律基础理论方面，认为法治就是"以法治国，依法办事"，要实行法治就必须划清权与法的关系，加强法律调整，限制非法权力；对于法制的自身协调问题，指出法律、法规要与宪法精神完全相符，改变法出多门、各立所需的现状，改变有关部门之间、法与法之间存在的互相重叠、互不衔接的现象，使法制本身成为一个有机联系的、互相配合的整体。同时，还要将执法视为法制的关键，使立法和执法相协调，切实严格执行宪法第五条的规定，杜绝某些个人凌驾于法律之上的违法现象。法律只有得到切实的、公正的实施，才能起到其应有的作用。

2. 在民主和法制方面，认为没有民主就没有社会主义，就没有社会主义现代化。民主的制度化和法律化是建设高度社会主义民主的必由之路，其途径在于：一是要使社会主义民主的行使得到制度和法律的保障；二是要使社会主义民主的不断实现同巩固和发展社会主义法制建设结合进行；三是为适应政治生活民主化、民主法律化的需要，必须改革党和国家的领导制度。

3. 关于法律和经济体制改革的关系，认为，经济体制改革中除采取各种行政手段和经济手段外，都需相应的法律来调整客观存在的新的经济关系。法律不仅要及时适应新的经济关系的要求，而且在某些情况下，要进行一些超前性的立法，以指导社会经济关系的发展。

4. 特别强调民法、经济法在经济体制改革中的作用，认为经济体制改革要首先从微观经济基础的重构入手，在界定国有资产的产权归属的基础上，实现国家所有权结构的多层次调整，并提出了股份物权所有权（独立国有企业所有权）的企业制度的设计，从权利主体的重构上突破经济体制改革的操作难关。

5. 认为要建立商品经济法律观。商品经济新秩序要有一整套法律制度相配套，现有的法律及法规尚不完善，需要通过总结中国经济体制改革的实践经验和借鉴国外的先进经验，创立新法，如海商法、公司法、票据法、银行法等，建立与商品经济相适应的、符合中国国情的新的法律体系。同时，认为与商品经济秩序相配套的法律体系的建立和民主政治的法律化是相辅相成的，是关系中国体制改革的两大建设。①

1969 年至 1985 年，吴文翰先生在西北师范学院工作期间，尤其是 20 世纪 70 年代末 80 年代初，最值得一提的是，在刚刚恢复高考后的首批思想政治教育专业的大学生即 1978 级、1979 级中重新开设法学概论课程，每周四课时，上一学年的课程。这在全国当时可以说是凤毛麟角，北京

---

① 吴文翰著，范鹏、杨文德编：《陇上学人文存：吴文翰卷》，甘肃人民出版社 2010 年版，第 12—15 页。

的许多高校包括后来再次恢复招生的一批专业政法院校，基本上都是在80 年代中期以后才重新开设出法学课程的。这也许就是西北边缘地区的"优势"所在——受政治中心政策频繁变动影响相对小一些，反而比北京等政治中心地区更有主动创新的空间。正所谓"中心挤至边缘处，火种幸存再勃发；失礼求诸大西北，秦陇之地再弘法"。所以，吴文翰等人在西北师大刚刚恢复高考后的首批政治教育专业 1978 级、1979 级中开出法学概论课程，这一当时全国的领先之举，无疑是西北师大法学教育史上最值得骄傲的光辉灿烂的一页。

吴文翰在西北师大政治系讲授法学概论课程，给每一届学生都留下了深刻的记忆。甘肃文化出版社出版的《追梦三十年——西北师范大学政治系八三届同学毕业三十周年文集》（1983—2013 年）中有很多校友用自己的真情写下了对吴先生的深刻印象（以下引用只注明本文集的页码）。崔亚军在《忘不了》一文中写道："记得吴文翰老先生在第一节法学课上，用《说文解字》对'法'的别有一番风格的解释以及吴老先生的讲课魅力，从此让我对法律产生了兴趣。"（第 13 页）。贾应生在《在生命的历程中感悟生命的本相》中写道："那个时代的老师们，普遍恪守师德，为人正直，治学严谨，教学认真。其中有一些老师，例如教授法学的吴文翰先生……皆以其丰富的知识和富于逻辑性的理论阐释，给我留下了深刻的印象。"（第 126 页）张岗在其《我的太阳》一文中有这样的话："恩师吴文翰……等老师非常敬业，治学严谨、一丝不苟，充分准备，认真授课，讲起课来，耐心细致，旁征博引，语言生动，风趣幽默，引人入胜，给我们讲了各个专业当时最新的知识，使我们终身受益。吴文翰老师善于运用生动鲜活的司法案例讲授法学课，学生爱听，板书功力极佳。"（第 313 页）

据 86 届毕业生李玉璧教授回忆，1982 年末，时值冬季，吴文翰先生在西北师大露天操场上为全校师生讲授刚颁布不久的"82 宪法"。当时，全校师生每人搬着一个小板凳，围坐在操场上聚精会神地听吴先生宣讲宪法，师生们热血沸腾，翘首期盼的法治的春天终于到了，当时的情景，可谓盛况空前。

夏起经老师（1931—2012）

夏起经（1931—2012），女，祖籍江苏泰州，是与吴文翰先生同期在西北师大政治系教授法学概论课的另一位重要的法律学人。夏起经 1950 年进入原南京大学法律系学习，1953 年毕业于华东政法学院，毕业后分配至中央政法委司法组工作，后遇中央下放干部，被分配甘肃教育学院，随后于 1970 年调入西北师大（"文化大革命"期间称为"甘肃师范大学"）。夏起经调入西北师大伊始，在外语系讲授《文选写作》及《现代汉语》（词法部分）等课程。1981 年夏起经曾在甘肃省军队转业干部学习班上讲授《中华人民共和国刑法》课。1983 年，除讲授《法学概论》课程外，还在甘肃省举办的县人民法院院长、县人民检察院检察长和县公安局长的学习班上讲授《中华人民共和国刑法》。1985 年 3 月 18 日，夏起经被中共政治系总支委员会哲学教研室支部吸收为预备党员，1986 年 3 月按时转正，成为一位中共党员。

夏起经在法学教学中，十分重视通过实践环节来培养学生的法律实务能力。20 世纪 80 年代中后期，为了提高政治系学生对马克思主义法学理论的理解和分析问题、解决问题的能力，夏起经在教学方法上作了一些改进，特别是增加了实践环节的教学时数，曾多次组织学生旁听人民法院审理案件和参观监狱等，增加了学生对司法实践的感性认识，效果良好。政治系 1984 级校友"玲子"在一篇题为《少年同学都得见》的博文有如下的记载：

> 毕业离开西北师范大学荏苒 20 年了。昨晚的晚餐，夏起经老师徒步从住处赶到专家楼一楼餐厅，为我们即将离兰的远道的同学送行。许多同学都哭了，我也是其中的一个。我记得大学二年级我们组织"燃起心灵之火"演讲团，到甘肃各地监狱、看守所、劳教所区巡回演讲的时候，只有夏老师和严老师代我们法律课，我们

一群十八九岁参加演讲的丫头最喜欢"黏糊"的就是夏老师了，她帮我们组织材料，看稿子，还一起乘车前往，忙活得很。夏老师年轻时一定很漂亮，大大的眼睛，总是那么有神采。对待我们她像妈妈一样，人特别慈祥，温和，到现在 20 年过去了，那时候的印象居然没改变多少，只是她退休了，除了白发多了些，人依然很精神。……①

夏起经老师是同期法学教研室教师中，教学和科研成果较为丰硕的一位。除先后担任《文选写作》、《现代汉语》（词法）、《法学概论》、《法学基础》、《民法》、《刑法》等课程的教学工作外，还完成了下列著作：1.《刑法中的因果关系》，1981 年第 2 期《法学研究》刊登；2.《略论教唆犯》，在甘肃省法学会编的 1982 年《论文选辑》上刊登；3.《刑法中因果关系的几个问题》，在 1984 年的《论文专辑》上刊登；4.《简明中学政治辞典》（参编法学部分），1984 年青海人民出版社出版（与陕西、青海师范院校的教师合编）；5.《保护改革与打击贿赂罪犯》，《西北师大学报》（社会科学版）1985 年第 2 期刊发；6.《简明法律知识读本》，1986 年 2 月由甘肃人民出版社出版（参编其中的第三讲）；7. 主编《法律基础简明教程》，并编写第一、二章，本书于 1987 年在兰州大学出版社出版。

夏起经老师在主编《法律基础简明教程》时，还特别提到了编写本书法学基础理论部分时一个重要学术方法论立场：

近几年来，在法学界曾有人提出："马列主义的法学理论已经过时了。"有的人说"法没有阶级性""法的作用是为全社会服务"等等。我在省法学会的发言以及在校内的教学和科研上都是坚决反对上述所谓"时新"观点的。因为那些论点是早在五十年代的法学界就以批判过了的资产阶级法学论调。现在只是改头换面或者披上一件华丽的"时装"而已。1987 年，我在主编《法律基础简明教程》一书时，我决定自己执笔编写法学基础理论部分，因为它涉及运用

① 玲子：《少年同学都得见》，http://blog.sina.com.cn/s/blog_5798ef74010004rv.html。

夏起经主编的《法律基础简明教程》（1987 年）

马列主义理论来论述法学的一些基本问题，如法的阶级本质、法的作用以及社会主义民主、社会主义法制等。……

《刑法中的因果关系》发表于《法学研究》1981 年第 2 期，可以说是夏起经老师的代表作，此文曾被北京大学陈兴良在其早期的一篇研究论文《论客观危害中的行为事实》① 所重点引用。时任西北师大政治系主任的张学军教授，于 1986 年 11 月 24 日，在评定夏起经副教授职称时，对其中探讨刑法中因果关系的两篇论文给予了这样的评价：

《刑法中的因果关系》和《刑法学中因果关系的几个问题》二文，分析了刑法学中一个比较重要和复杂的问题，目前在法学界尚无统一认识。作者在这两篇论文中主张，在司法实践中，某种社会危害结果必是和某人的社会危害行为之间存在着因果关系，"这是确定构成犯罪的一个重要依据"，因而必须研究刑法中的因果关系和因

---

① 《法律科学》（西北政法学院学报）1992 年第 6 期。

果关系的多种表现。作者认为，只有这种研究才能"全面地分析犯罪构成的各种要件"，不致"产生客观归罪"。作者的分析，观点明确，条理清晰，论证有力，为法学界多数人所承认，对于刑法的理论和司法实践都有一定的现实意义。……总的来说，这两篇论文表明作者有较深的理论功底。

（二）甘肃政法大学

甘肃政法大学的前身是 1984 年成立的甘肃政法学院。

2019 年 12 月 20 日，甘肃政法学院更名为甘肃政法大学

峥嵘六秩，盛世如歌。2019 年 12 月 20 日上午 9 时，甘肃政法大学揭牌仪式在学校举行。甘肃省委常委、省委政法委书记胡焯，甘肃省人民政府副省长张世珍，省人民政府副秘书长贾宁，省委教育工委书记、教育厅党组书记、厅长王海燕出席揭牌仪式。省高级人民法院、省人民检察院、省司法厅、甘肃省委党校负责人，中国政法大学、华东政法大学、中南财经政法大学、西北政法大学、上海政法学院、山东政法学院等"立格联盟"成员单位有关负责人，兰州大学和西北民族大学、西北师范大学、兰州理工大学、兰州交通大学、甘肃农业大学、甘肃中医药大学、兰州财经大学、天水师范学院、河西学院、陇东学院、兰州工业学院、兰州文理学院等省内高校有关负责人，甘肃政法大学全体校领导、各职能部门负责人、历任校领导和离退休干部代表、师生代表200余人共同见证了这一历史时刻。

甘肃省领导同志参加甘肃政法大学揭牌仪式

在甘肃政法大学揭牌仪式上的讲话
校党委副书记、校长　李玉基

　　甘肃政法大学党委副书记、校长李玉基讲话。

　　尊敬的胡书记、张省长，各位领导、来宾，老师们、同学们：

　　大家好！

　　今天我们在这里隆重举行甘肃政法大学揭牌仪式，这是甘肃政法大学发展历程中具有里程碑意义的一件大事。在此，我谨代表学校党委，向支持学校发展的省委省政府、省上各相关部门，以及为学校更名工作和各项事业发展作出积极贡献的广大师生和教职员工表示衷心的感谢！向关心学校更名工作的各级领导、广大校友和社会各界人士表示崇高的敬意！

　　"星霜荏苒，兰薰桂馥"。从1956年创办甘肃省政法干部学校，到正式更名为甘肃政法大学，学校因法而生，循法而行。在艰难的办学征程中，甘法大人拽耙扶犁，崇文重教，辗转办学，耕读传家，如同坚毅的胡杨，在平凡中坚守，在坚守中博求人才，广育士类，始终为国家法治昌明孜孜以求，不易其心。在六十余载办学征程中，甘法大人用务实的行动凝练了"艰苦奋斗，自强不息"的精神史诗，用智慧和汗水书写了"崇德明法，弘毅致公"的历史长歌。

　　改革开放以来的40年，是甘肃政法大学迈开大步、实现转型跨越发展的40年。学校不仅实现了由政法干校到全日制本科院校的华丽转身，也实现了从规模发展到内涵建设的优化升级，各项事业迈上了新的台阶。学校先后取得硕士学位授予单位资格，开办硕士研究生教育。顺利进入甘肃省博士学位授予立项建设单位行列，成为国家首批"卓越法律人才教育培养基地院校、全国高校实践育人创新创业教育基地"和全国政法院校"立格联盟"成员等。教学单位也由建校之初的1个增加到现在的13个，校园占地面积由31.95亩增加到1066.58亩，在校生人数由1200人增加到11000余人。研究生从无到有，已经超过1000人的规模，国际生招生实现了零的突破。专任教师由42人增加到894人，固定资产由600万元增加到4.5亿元。本科专业由1个增加到34个，其中，法学、侦查学、边防管理专业被确定为国家级特色专业建设点。法学学科进入甘肃省优势学科，证据科学、工商管理2个学科为甘肃省特色学科。学校具有法学、工商管理、网络空间安全3个一级学科硕士学位授权点，17个二级学科硕士学位授权点，4个专业硕士学位授权点。目前，学校已累计为国家和社会培养各级各类人才7万余人。政法学子足迹遍布祖国大江南北，从雪域高原到大漠戈壁，从南海岛礁到北国边陲，从国家机关部委到边远乡村小镇，无处不有政法学子无私奉献的身影，他们以质朴的初心维护着社会的公平正义，用微薄的力量推动着中国法治化的历史进程。

"伟大的时代总是成就伟大的事业"。进入新时代的几年，也是学校发展最好最快的几年。党的十八大庄严宣告中国特色社会主义进入了新时代。党的十八届四中全会进一步确立了建设社会主义法治国家的总目标，更为政法院校的发展指明了方向。有了灯塔，我们就可以勇敢前行。在"一带一路"倡议、全面依法治国战略的指引下，2015年，学校召开了具有划时代意义的第二次党代会，全面描绘了建设甘肃政法大学的宏伟蓝图。确立了"稳定规模、优化结构、突出特色、提高质量"的办学思路，努力寻求在"政法类、区域性、应用型"的结合中确立办学定位，打造办学特色，提升办学水平，凸显学校在西部经济社会发展和法治建设中的重要地位，强化学校在国家治疆治藏治边中法治人才培养和科学研究中不可替代的作用，提升学校在"丝绸之路经济带"建设中的贡献度和影响力。

"压力催生动力，动力激发活力。"4年来，我们砥砺前行，强补短板，实现了学校发展质的飞跃。更名之初，学校办学条件基础差、底子薄的问题很现实地摆在我们面前，特别在师资力量、校园面积、教学用房等方面离教育部指标还有一定差距，但一系列的困难并没吓倒我们。4年里，我们以矢志不渝的政治决心加强党的建设和思想政治工作，为学校发展营造出良好的政治生态；我们紧盯一流目标，以咬定青山不放松的决心毅力努力打造优势特色学科，全方位开展博士学位授权单位建设；我们坚持立德树人，以质量就是生命的责任担当推进教育教学改革，顺利完成本科教学工作审核评估；我们优化奖惩机制，以不进则退的危机意识提升科研能力和社会服务水平，科研成果丰富，学术交流日益广泛；我们强化引才用才机制，以人才是第一生产力的战略思维引进培育高水平人才队伍，一系列人才政策陆续落地，师资队伍数量结构明显优化；我们强化服务理念，以爱校如家的主人翁意识服务学生成长成才，校园文化丰富多彩，全员育人成效逐步显现；我们坚持统筹规划，以只争朝夕的紧迫感加紧校园基础建设，新老校区功能布局日益明晰，办学条件逐步优化。

4年来，我们以不达目的誓不罢休的决心毅力，不断为理想而执着追求。全体法大人众志成城，共同践行着建设更名大学就是我们共同事业的铮铮誓言，全校上下表现出了空前的向心力和凝聚力。建大4年，锻造出甘法大人求实奋进的"建大精神"，凝聚起甘法大人无坚不摧的意志品质，也成就了学校发展史上新的历史丰碑。功夫不负有心人，成功永远垂青于有准备的人。历时四载1000多个日夜的努力，甘法大人梦寐以求60余年的大学梦终于在2019年6月得以实现。这一切都得益于这个伟大的时代给予我们追求法治梦想的无限动力，得益于国家高等教育大发展赋予我们的良好机遇，更得益于省委省政府对学校的特殊支持与厚爱。此时此刻，让我们再次以热烈的掌声向为学校更名事业作出贡献的每一位参与者、创造者和劳动者表示最诚挚的问候和感谢！

再过几天，历史的脚步即将迈入2020年，蓬勃发展的伟大国家也即将实现全面建成小康社会的宏伟目标。可以预期的是，再过10年、20年，到全面实现"两个一百年"奋斗目标的关键阶段，必将是高等教育百舸争流、千帆竞发的重要发展机遇期。坚持和完善中国特色社会主义法治体系，坚持和完善中国特色社会主义制度、推进国家治理体系和治理能力现代化的历史进程，必然离不开法治服务、法治研究，更离不开法治人才的全面培养。这些新机遇必将成为政法院校发展的重要基石和强力助推剂。"逆水行舟，不进则退"。在看到机遇的同时，我们也应当清醒地认识到，学校基础设施仍然落后、人才培养水平依然不高、服务社会能力相对不足、科学研究不深入、对外交流不广泛等问题依然突出，博士点建设、双一流建设等一道道难题和挑战依旧严峻，更加需要我们为之奋斗、砥砺前行。

习近平总书记强调："幸福都是奋斗出来的，把蓝图变为现实，将改革进行到底，无不呼唤不驰于空想、不骛于虚声的奋斗精神，无不需要一步一个脚印地踏实工作。"走下领奖台，一切将重新开始。从更名成功之时，学校党委班子便提前谋划，主动思考，全面布局学校未来发展。一张建设西部一流、全国有重要影响的高水平政法大学的宏伟蓝图已经绘就，学校新的发展使命，将在一代又一代甘法大人身上接续传递。实践一次次证明，只要法大人团结一致，我们就没有攻不克的堡垒，只要法大人众志成城，我们就没有不可战胜的艰难险阻。

"雄关漫道真如铁，而今迈步从头越。"我们相信，有习近平新时代中国特色社会主义思想的伟大指引，有省委省政府的坚强领导，有全体甘法大人不忘初心、牢记使命的深入践行，努力建设西部一流、全国有重要影响的高水平甘肃政法大学的奋斗目标就一定能够早日实现。

［附：小散文］小小的大学　大大的能量

母校甘肃政法学院是当时全国唯一的省属政法院校，她位于兰州市安宁区黄河岸边的十里桃园之中，同兰大、师大、农大、铁院等这些庞然大物相比，她只能算小家碧玉。学校当时只有一栋教学楼，一栋办公楼，两栋宿舍楼，4栋家属楼。砖红色的小楼映衬于青松翠柏之中，显得更加小巧迷人。

1991年入学时，学院只有法律与公安两个系，还不到400名学生，学院共有3名教授，其中两名给我们上过课，而许多大点的大学里，本科生连教授的影子都看不见。

法律系的郑家奎教授是福建人，长得又干又瘦，但治学严谨，为人正直，有点仙风道骨的感觉。他给我们上《宪法》，说话福建味很浓，过了半学期才略懂，但他正直的人格就像法律的化身，影响了我的一生。

有位叫刘亚玲的女讲师，她的笔记细致地记录《德国民法典》的重点条款，又加上自己的点评，原来笔记可以这样详细。我学习刘老师的笔记方法，从而改变了我读书的深度。在大学里我写下 10 本法律课外笔记，给我的法律工作打下良好的基础。

学院小有小的好处，我们学院的食堂就很好。当时两角钱的土豆烧牛肉，只有两三块土豆，其他的都是牛肉，真是价廉物美哟。但到了第三年，土豆就变成了一碗，牛肉成了两三块，学生便与食堂展开了辩论，认为从语法上"土豆烧牛肉"是偏正词组，土豆是辅料，牛肉是主菜，主料如此之少，就是名不符实，在没有改名前销售，就是"欺诈行为"，应当"双倍返还"学生的菜金。学院因此成立学生参与的伙管会，实行民主管理方式，但牛肉并没有恢复到以前的状态，回想起来就好笑！

学院小有小的好处，图书馆借阅十分方便。那时候我一周要读二十本书，广泛阅读法、文、史、哲方面的书籍，可以说"让历代的马蹄在头脑中践踏了一遍"，形成了我的知识基础。我们班有 45 个人，每个人的兴趣各不相同，有的专读古典哲学，有的专读文学，有的专读计算机，有的读商学。毕业之后，有的创业而成亿万富翁，有的成为计算机技术专家，有的走上文学创作之路，但更多的成为司法机关的骨干，书写着正义与侠义结合的人生。甘肃政法学院就是一个神奇的大学，会不拘一格地培养人才，其实功劳最大的就是图书馆，还有轻松自在的学习环境。

学院小有小的好处，师生沟通没有距离。

我们与学校的老师基本认识，我还在几位老师家吃过饭。记得有一次在班主任刘树君家里吃饭时，她老公突然回家了，他长着一副大胡子，像《水浒传》"蒋门神"一样可怕——虽然同在一个学校里，可是我们彼此并不认识。他凶神恶煞地问："你是谁？"我也攥紧拳头问："你是谁？"刘老师从厨房出来介绍说是她的学生，他露出奇怪的目光，上上下下打量我好几遍，才慢慢地进卧室去了。

当时，我懵懵懂懂，根本不知道他的激动情绪从何而来，他的目光为何那么奇怪。后来才明白，刘老师当时二十六七岁，长得如花似玉，而当时我 20 岁，算是一个真正的男子汉了，他错把我当成竞争对手啦！确实，刘老师温润可人的形象，成为我们班男生的择偶标准，影响不可谓不深远矣。

学院小有小的好处，同学才能没有埋没的机会。学院有许多社团，我参加了"正艺"文学社，我们晚饭后最多的工作就是"拉人入伙"，谁能写谁能画，清清楚楚，我至今还珍藏着数本"正艺"，还能区分各位兄弟的文笔。学院每周都有许多专题讲座，请来知名教授开设，内容有诗歌、文学、法学、宗教等，无所不包，只是阶梯教室的那个挤法，想起来还冒汗！

甘肃政法学院是我法律启蒙的地方，也是我梦想起航的地方，更是我心灵归宿的地方。我走遍五湖四海，再没有发现比她更好的大学。

小小的大学，大大的能量。（本文作者吴应珍）

甘肃省除兰州大学、西北师范大学、甘肃政法大学之外，尚有西北民族大学、兰州理工大学、兰州财经大学等法学院，限于本册篇幅，容后介绍。

五　政法部门（以省高级人民法院为例）法学研究

"文化大革命"后期，甘肃省高级人民法院于 1972 年 2 月重建，并设立研究室，开展法学研究。其活动主要表现在以下几个方面：

（一）最高法院领导对法学研究的指导

最高人民法院郑天翔院长、马原副院长、研究室主任廖伯雅、刑民庭长等领导同志多次到甘肃高院调查研究，指导工作。1973 年 10 月在甘肃法院恢复后第一次全省法院院长大会上，最高法院领导特别强调：要牢记"人民法院"和"人民法官"的性质，忠实于法律和制度，切实保障人民的民主权利。民主原则是我国宪法的基本原则，是社会主义法制的基础。要用好国家赋予的生杀予夺的审判权，惩罚犯罪，保护人民。正确理解和适用法律，确保办案质量。要大力开展法学理论研究，加速我国社会主义法制建设。党的十一届三中全会提出"必须加强法制，做到有法可依，有法必依，执法必严，违法必究"。据此，省法学会首届理事、时任省法院研究室主任的李功国于 1979 年 1 月 20 日在甘肃日报头版发表"特约评论员"文章，贯彻中央上述精神，论述审判工作应忠实于事实真相，忠实于国家法律，忠实于人民利益，做一名刚正不阿的人民好法官。此后，他又于 1979 年 3 月、8 月、10 月先后在《甘肃日报》发表关于"重视和加强民事审判""我国刑法是与犯罪作斗争的有力武器"

"刑法基本知识讲座"等重要文章，产生一定影响。这是历史新时期甘肃发表的早期法学成果。

（二）省上领导对法学研究的指导

甘肃省委、省政法委、省人大、省政府领导宋平、胡继宗、侯宗斌、李子奇、王秉祥、顾金池、卢克俭等同志，经常对审判工作进行调研和指导，参与重大疑难案件的讨论审核（当时重大疑难案件须经省委或省政法委讨论审核）。他们的指导性意见主要有：

（1）甘肃是法制和法律文化大省，要发扬优良传统。甘肃法律文化积淀深厚，远有丝绸之路文明和以敦煌莫高窟藏经洞法律文书为代表的古文明，近有陕甘宁边区、陇东南梁政府的审判经验和"马锡五审判方式"。这些都是我们的宝贵财富，要研究整理，做好优秀历史文化传承，促进我国社会主义法制现代化建设。

（2）要了解省情。甘肃与东中部省份相比，自然条件恶劣，生产力水平低，经济落后，以农牧业为主，工商业不发达，人与人之间财产关系比较简单，但与人身有关的权利义务关系比较突出，这是审判工作的重点。甘肃是少数民族聚居地区，有十几个民族在这里繁衍生息，贯彻宗教信仰自由政策、维护民族团结是法制工作的一大要务。甘肃既是自然资源大省，又是生态环境最为脆弱的省份，必须依法有序开发、合理利用自然资源，努力保护、改善生态环境，走可持续发展的道路。

（3）办案质量是整个审判工作的核心。刑事审判要做到稳、准、狠，以准为重点地惩处犯罪，做到事实清楚、证据确凿、定性准确、量刑适当。要不断总结经验，提高办案质量。

（4）要培养一支好的队伍。甘肃法院队伍的素质是高的，既有陕甘宁边区政府和南梁政府的"老八路"，也有中华人民共和国成立前兰州大学法律系地下党的骨干，还有中华人民共和国成立后政法院校毕业的学生，队伍政治立场坚定，审判经验丰富，作风优良。要端正思想政治路线，批判"左"的思潮，行使好党和人民交给的审判权。

（三）其他部门法学研究的概况

甘肃省人大常委会于1980年12月设立以来，认真履行宪法和法律赋予的各项职权，积极开展地方立法工作，加强对"一府两院"的监督，选举和任免国家机关工作人员，对加强社会主义民主与法制建设，发挥了积极作用。省人大常委会成立人大理论研究会，创办《甘肃人大报》和《人大研究》杂志，积极开展宪法和人大制度理论研究。卢克俭、穆永杏、胡慧姚、汤九夫、马斌、王力群等领导同志带头学习、研讨法律，开展立法调研活动，并与法学会共同举办法学研讨，推动了全省法制建设和法学理论研究的发展。

这一时期，甘肃省公安厅、检察院、司法厅也各自结合自身业务，积极开展法学理论与调研活动，并且取得了不少研究成果。像省公安厅李金曼、权宗树，丁生辉、白瑞庆、张顺、方士樵、华光禄等，省检察院洛林、王平、陈守谦检察长，以及王守让、郝临秋、陈新生等，省司法厅张克鲁、黄效震、张克开、刘志、张兴中、朱永、陈仁川等，都是令人尊敬的老政法，思想理论水平很高。

六 甘肃法院恢复重建（李功国亲历）

（一）初进法院

清办室工作完成后，省政法部门面临变动，省保卫部即将撤销，"文化大革命"中于1966年被"砸烂"的公安、法院即将恢复（检察院缓后）。保卫部将我预分配到省公安厅秘书处。有一天，即将恢复的甘肃省高级人民法院院长刘兰亭敲门走进我的办公室。我知道他原是陕北老干部，赫赫有名的延安保卫处处长，中华人民共和国成立后甘肃省第一届公安厅厅长。我挺紧张，竟忘了让座、倒水。他自己移把椅子坐下，和蔼地说：

"是小李吧？今天来认识一下。保卫部和同志们介绍过你，我们想让你到法院来工作，想听听你的意见。"稍停一会儿，又说："法院工作与公安工作同属政法系统，但各有不同特点。公安是第一线，在复杂多变的敌情、社情面前，往往强调问题的尖锐性，快速破案，打击犯罪；而法院则较稳妥，讲求事实、证据，案件质量，不出错案冤案。你可以慎重选择一下。"

我表态说："就去法院吧，谢谢刘院长！"

几天后，法院政工人事干部郭克固帮我办理好人事调动手续，我即于1973年"五一"刚过，正式调入甘肃省高级人民法院（筹）办公室材料组，成为一名法院干部。当时省高院仅有50人左右，分为办公室、刑庭、民庭三个庭室。

　　我主要承担了两项任务：第一项是为省高法恢复成立大会做材料准备，包括筹备工作汇报、院长报告、省上领导讲话、今后工作安排等；第二项是去地、县了解和考察各基层法院恢复重建情况。当时省院派出4个工作组，分赴陇东、陇南、天水定西、河西4个地市，我与材料组另一干部朱奠甲一同去河西各地县法院。河西主要有武威、张掖、酒泉、嘉峪关4个中级人民法院及他们所属的十五六个县区基层法院。恢复重建中任职的中级人民法院院长、副院长有：武威赵菊英、周述曾，张掖陆佩华、田庆荣，酒泉陈守学、付景华，嘉峪关市中院高树栋。我们重点对武威、张掖中院及其所属的武威、永昌、山丹、高台4个县法院的筹备情况、组织机构、人员配备、业务建设、办公条件、存在问题等，一一进行了解、考察，听取了他们的意见。回兰后向省法院党组作了汇报，认为各地、县党委重视，法院恢复重建已准备就绪，可以开展下一步工作了。党组对我们的工作是满意的。

　　1973年10月10日，甘肃省高级人民法院正式挂牌恢复重建，并在兰州饭店召开成立大会。会议由刘兰亭院长主持，出席会议的有省革委会副主任胡继宗、最高人民法院研究室主任廖伯雅、省政法部门领导等。刘兰亭院长在报告中主要讲了中央对恢复重建人民法院的指示精神和甘肃省贯彻意见，建院筹备情况，法院建制和基本制度，建院后的主要任务，工作安排和要求等。胡继宗主要讲了3点：一是建院后，法院工作的开展需了解和立足于甘肃省省情。甘肃与东中部省份相比，自然条件恶劣，生产力水平低，经济落后，以农牧业为主，工商业不发达，人与人之间财产关系比较简单，但与人身有关的权利义务比较突出，这是审判工作的重点。甘肃是少数民族聚居地区，有十几个民族在这里繁衍生息，贯彻宗教信仰自由政策、维护民族团结是法制工作的一大要务。甘肃既是自然资源大省，又是生态环境最为脆弱的省份，必须依法有序开发、合理利用自然资源，努力保护、改善生态环境。二是狠抓办案质量。办案质量是整个审判工作的核心。刑事审判要做到稳、准、狠，以准为重点地惩处犯罪，做到事实清楚、证据确凿、定性准确、量刑适当。要不断总结经验，提高办案质量。三是要培养一支好的队伍。甘肃法院队伍的素质高，既有陕甘宁边区政府和南梁政府的"老八路"，也有中华人民共和国成立前兰州大学法律系地下党的骨干，还有中华人民共和国成立后政法院校毕业的学生，一大批政法干警和复转军人。队伍政治立场坚定，审判经验丰富，作风优良。要端正思想政治路线，行使好党和人民交给的审判权。

最高法院廖伯雅主任讲：法院恢复后，首要任务是承办案件，迅速开展各项审判工作，这就要加强思想理论建设，业务和队伍建设，大兴调查研究之风，在当前法律不健全的情况下，要增强政策意识，努力学习和掌握政策，正确适用法律。要结合审判实践，开展法学研究，为审判工作服务。

会议还宣布了法院体制、建制和人员使用。法院实行"四级两审"制，即最高人民法院、省市高级法院、地市中级人民法院、县区基层法院四级，另有铁路、森林、矿区、海事、军事专门法院。审判案件实行"两审终审"制等基本制度。法院建制有院长、副院长、刑事审判庭、民事审判庭、办公室、研究室等，并有党组、院务会、审判委员会等组织形式。法院干部分为审判员、助理审判员、书记员、行政人员等。省法院院长为刘兰亭、副院长周鸣、张凯，刑庭正副庭长是张秀文、张鸿儒，民庭庭长宫震环，办公室正副主任为李兴国、隋朝贵。研究室尚未成立，我被任命为材料组组长、审判员、审判委员会委员，实际上也是院长秘书。刘兰亭院长又一次找我谈话说："法院工作主要是稳妥地处理案件，思想方法要有理论性、学术性，要有分析案件、适用法律的能力，工作作风应严谨、扎实。法院同志思考问题不能云里雾里，要对历史负责，对人民负责。你搞研究工作、文字工作，肩负重任，要加强学习，做一名优秀的法律工作者、理论工作者。"这些话语重心长，对我影响很大。

（二）甘肃审判制度变迁

甘肃是华夏民族的重要祖居区域，是政区设置和司法审判制度实行最早的地区之一。自夏禹划九州，"皋陶作士以理民"，至先秦三代、春秋战国，李悝制《法经》，秦始皇定《秦律》，汉唐以降，循典依律，刑狱诉讼，立法司法，均有新的发展演变。延至近现代，1927 年 4 月 18日，南京国民政府建立后，成立甘肃高等法院和 6 个分院，及皋兰地方法院。1932 年陆续设 29 县地方法院，另 42 县仍为司法处。各级法院内部设刑事审判庭和民事审判庭，由推事分理刑、民事案件。1937 年抗日战争初期，国民党西北行辕军法处在兰州审判日本间谍、汉奸分子，判处横田（陆军中将）和江奇寿夫（陆军少将）等 13 名日本间谍和 5 名汉奸死刑。

国民党军队各级军法处、保安司令部军法处及其各县军法审判庭等都有审判权。1948 年，国民党政府司法部批准在甘肃建立兰州高等特种刑事法庭和 7 个地方特种刑事法庭，专门审理有关共产党人及民主爱国人士政治案件、有关危害金融的经济案件和盗匪案件。国民党特务机关军统、中统，在兰州设置多处秘密监狱，关押共产党人、爱国民主人士、进步青年和政治嫌疑犯，不经审判，随意处决杀害。先后杀害数以万计的红军西路军战士。

1929 年，中国共产党在甘肃境内的陇东地区开始进行革命武装斗争，建立苏维埃政权。1935 年陕甘省苏维埃政府成立司法内政部，继而改建为裁判部，设省、县、区 3 级。工农政权审判机构开始形成。1937 年，陕甘宁边区成立边区高等法院，撤销县区裁判部，在县设立裁判员，办理各类民、刑案件。不久，又在县成立裁判委员会，讨论裁判员办理并报告的案件。1943 年 4 月，陇东分区根据《陕甘宁边区高等法院分庭组织条例（草案）》和《陕甘宁边区县司法处组织条例（草案）》，建立陕甘宁边区高等法院陇东分庭，庭长由分区专员兼任；各县建立司法处。1949 年 2 月，各县司法处改称人民法院。

1943 年 4 月，陇东分区马锡五专员兼陕甘宁边区高等法院陇东分庭庭长，创造了"马锡五审判方式"。其主要内容：巡回审判，就地办案；审理案件实行审判与调解相结合，以调解为主；反对主观主义审判作风，坚持法律原则，忠于事实真相。1943 年 6 月，马锡五在华池县温台区四乡封家塬子就地审理了一件复杂的婚姻纠纷案件，通过审判支持了女青年封芝琴反抗封建买卖婚姻、争取婚姻自主的行为。后来，以封芝琴案为原型编成戏剧《刘巧儿》。

1949 年 8 月 26 日兰州解放，12 月 15 日甘肃全境解放。在中国共产党领导下，甘肃人民迅速建立人民民主政权，各级人民法院陆续建立起来。

自 1949 年中华人民共和国成立到 1989 年，甘肃省各级人民法院在甘肃省委和各级党委的领导下，在各级人民代表大会及其常务委员会的监督下，建立和健全审判机构，开展各项审判业务，惩办犯罪分子，解决民事纠纷、经济纠纷和行政纠纷，巩固人民民主专政，维护社会主义法制和社会秩序，保卫社会主义建设，保护公民合法权益。全省审理各类一审案件993345件。其中：刑事案件346831件，民事纠纷案件631615件，经济纠纷案件14571件，行政诉讼案件328件。1953年至1989年，复查刑事案件139738件143186人。各级人民法院还指导人民调解工作，接待人民来信来访，处理申诉告诉事项，开展法律咨询服务和法制宣传教育。

40年来，甘肃省各级人民法院发展历程：

（1）1949年9月19日，甘肃人民法院成立，并设有分庭，在县（区）建立了基层人民法院。翌年9月，甘肃人民法院改称甘肃省人民法院。1954年，第一部《中华人民共和国宪法》和《中华人民共和国法院组织法》颁布。甘肃省人民法院依法改称甘肃省高级人民法院。各分庭（分院）改建为地、州、市中级人民法院，有兰州、天水、武威、酒泉、张掖、定西、平凉、庆阳、武威、临夏、甘南和铁路运输中级人民法院。是年12月，在甘肃省第一届人民代表大会第二次会议上，选举史文秀为甘肃省高级人民法院院长。1952年冬季，全省法院系统进行司法改革，纯洁干部队伍，建立规章制度。1953年，在各少数民族自治地方建立了审判机构，又建立了铁路和玉门油矿专门法院。1954年，各级人民法院从各级人民政府机构序列中分离出来，成为独立行使审判权的司法机关；法院院长开始由各级人民代表大会选举。甘肃省地方各级审判机关及其内部组织依法设置，形成高、中级人民法院和基层法院三级审判体系。这期间，原由法院管理的监狱、司法行政、公证、律师等机构先后从法院分离。各级法院认真贯彻宪法和人民法院组织法，建立健全审判组织，进行干部培训，加强司法队伍建设，积极执行各项诉讼制度，使法院的审判组织和诉讼制度逐步走上正轨。

（2）1966年5月"文化大革命"运动开始，甘肃各级法院遭到冲击，法院机关被造反派占领，领导干部被揪斗，审判工作无法正常进行。

1969年8月，全省各级革命委员会成立，下设保卫部。保卫部设"审判组"，行使审判权。

（3）1972年12月，中共甘肃省委决定恢复甘肃省高级人民法院，同

省高级人民法院研究室的同志们（前左一为作者）

时任命刘兰亭为院长，周鸣、张坎为副院长。1975 年，中共甘肃省委任命薛浩平为副院长。1973 年 1 月，省法院在省保卫部审判组的基础上恢复，设刑事审判庭、民事审判庭和办公室，逐步行使 1954 年宪法和人民法院组织法赋予的审判职权。1975 年 7 月，增设公证处，对外称兰州市公证处，统一办理全省涉外公证工作。

1977 年 12 月，省第五届人民代表大会第一次会议选举彭应为院长。1978 年，中共甘肃省委任命史文秀为副院长。1979 年，省第五届人民代表大会第二次会议选举吴思宏为院长。1980 年，省第五届人大常委会第一次会议和第十次会议先后任命刘昌蔚、李磊、秦炳、张鸿儒为副院长。

1979 年 7 月，省法院根据《人民法院组织法》，设立经济审判庭，刑事审判庭分设为刑事审判第一庭和刑事审判第二庭。同时设立人事行政处和研究室。

1983 年 5 月，省第六届人民代表大会第一次会议选举秦炳为院长。省第六届人大常委会第一次会议任命胡慧娥为副院长。1984 年 7 月，省第六届人大常委会第八次会议任命草平为副院长。1985 年 5 月，省第六届人大常委会第十二次会议任命忻杏华、张树兰为副院长。

随着各项审判工作的开展，中共甘肃省委办公厅于 1983 年 7 月批准；省法院内部机构设刑一庭、刑二庭、民事庭、经济庭、研究室、办公室和人事行政处，人员编制 106 人。省编委于 1985 年 4 月批准设立省法院法医技术室。1985 年 9 月，省法院依照最高人民法院成立全国法院干部业余法律大学的决定，设立法律业大甘肃分校。1986 年 6 月，设立司法行政处。人事行政处改为人事处，人事处设干部一科、干部二科和老干部科。1988 年 11 月，设立行政审判庭。办公室设总务科、秘书科、档案科和财务科。

1989 年，省法院共有工作人员 178 人。其中：正副院长 6 人，正副庭长 12 人，正副主任 7 人，审判员 28 人，助审员 24 人，书记员 26 人，法医 5 人，法警 6 人，专业人员 10 人，其他干部 40 人，工人 14 人；副省级 1 人，副厅级 5 人，正处级 22 人，副处级 24 人，正副科级 46 人，科员 68 人，办事员 3 人；本、专科文化程度的 96 人（其中法律专业 64 人）。

自 1954 年各级法院依宪法独立行使审判权以来，甘肃省高级人民法院审判员（含庭、室、处负责人）名录：

梁纪德	柴发邦	康雄世	李兴国	陈守学	蔡南海	唐汝川
段成信	霍德义	李德林	刘子固	白成斌	谢 光	宋绍祖
黄多斋	苏格兰	郭定藩	楚 凡	田大润	李丰岭	李润生
宫震寰	卢克助	辛荣新	陈福生	李 刚	李振民	王凤阶
丁怀玉	谢道顺	范雨萍	陈春元	张毅然	李堆山	梁国斌
郭孟泽	颉克信	王贵德	郝 克	孙耀先	郭家礼	田开霖
张鸿儒	韩福喜	贺美成	景存鑫	王玺魁	贾田夫	常致中
张秀文	尉广尧	朱 铮	雷 俊	艾玉珍	隋朝贵	彭文明
李翔林	张树兰	张维育	李功国	姚 桢	张耀宗	王文彩
午明强	魏 廉	张增瑞	王育秀	孙光铭	赵金铭	贺兰芳
段 云	魏中扬	雷波民	杨志明	把志先	郭桂兰	龚正权
蔡秋香	冯耀习	徐公达	赵群礼	孙 福	任士彩	冉志江
梁 炜	张 增	边立仁	相里奇	邱仲康	邢恩杰	郑 萍
黄永毅	黄振华	温炳荣	邢 军	李功德	王志清	惠治华
尚志义	潘文俊	庞 军	张荣庆	马治明	吕效武	李沪声
孙桂芝	段枚君	欧阳庆	张燕生	陆 敦	丁子和	宋有文
高俊生	范 忠	王 俊				

甘肃省高级人民法院的法官们

（三）在我履职期间法院的领导和同志们

我在法院工作近 20 年期间，先后换了 5 位院长，7 位副院长，除 2 名副院长出自省院自身外，其余均由外单位调入。刘兰亭院长系陕北放羊娃出身，老革命、老政法，对党忠诚敬业，经验丰富稳健，清正廉洁正派，对我教育很大，"四人帮"粉碎后不久即调回公安厅，后又调任省人大常委会副主任。

李功国在甘肃省高级人民法院任职期间，

两位老院长、老八路：刘兰亭（左）彭应（右）

　　还有一位领导叫彭应，青年时代毕业于河南开封师专，毕业后，即于1938年奔赴延安，投身革命。中华人民共和国成立后，曾在公安部长罗瑞卿手下任局长，后"下放"甘肃，任兰州市副市长、甘肃农业大学党委书记，最后调入省法院当院长。其时正值平反冤假错案工作，他非常投入。记得一次他在会上提出，"平反冤假错案，我们要根据省情，搞出几条政策界限，上报省委，以推动这项工作。可由研究室先调研并拟稿。"我当时正忙于其他工作，未立即作答，他站起身在会议室走了几步，说："我老了，当年是不用人的。"会后，我正要去接受任务，却见他拿了自己拟好的稿子来让我修改。幽默地说："今天咱俩换换角色，我写稿，你改稿，中不中？"我惶然而惭愧！稿子用工整的小楷毛笔字仔细写就，显示出老革命者的思想政策水平。后在此基础上，形成六条政策界限，报省委批准后贯彻执行，收到了良好的效果。甘肃省在全国平反冤假错案工作中名列前茅，受到了最高法院的肯定和表扬，这与彭院长的热切与指导是分不开的。

　　彭院长4个子女都不在身旁，一生廉洁奉公，保持老八路本色。他调到省法院时，老夫妻只带了两只临时用白木板钉成的书箱、衣箱，就住在原省法院办公楼一楼最东端的两间十几平方米的简陋办公室，在过道支个小煤炉做饭，直到过世。竟然在兰州没有一处宿舍、一个家。他反而亲自拟稿给省委、省政府打报告，请求为职工解决住房困难，只字不提自己。他看到我用手写"正"字的方式搞统计分析，即刻让总务科为我买了一部最新的计算器，已使用几十年。我陪他向省委书记冯纪新汇报工作，冯书记主动回忆起当年一起在热河打游击的事，他"唔"了几声即转身离开，不套近乎。又在1978年全国第八次法院院长会议期间，中央政法委赵苍璧、于桑等首长来看他，他没说几句话，临别也没有送出门口。我说了他几句，他当晚迟迟未睡，坐起说："小李，先别睡，咱们拉几句家常吧，你刚才的批评是对的，是有点不近人情了。不过家国父老战友情岂敢相忘！只是一生不搞拉拉扯扯，更不曾攀高结贵！其实党内过去不兴这一套。我与赵苍璧、于桑都是几十年的老战友，他们不会在意的。"这段话表达出一位老一辈共产党人的高洁人品和轩昂气节，令我辈心生惭愧，永记不忘！

　　彭院长刚满60岁，竟在深夜审阅案卷时，晕倒在办公桌上。经送医院救治，3 天不省人事。他的战友、广东省委书记派专机将他接往广州医院，仍未能挽回他的生命。在 2000 多人的追悼会上，省市领导与干警无不垂泪。这是我在舅舅之后，又一次送别的一位老八路、老领导、忠正为民的好法官。如今卅载过去，特以这段文字告慰老院长的在天之灵！

与彭院长同时和稍后有 3 位副院长，一位是周鸣，一位是刘长瑜，另一位是张鸿儒。3 人均系老政法，经验丰富，审判业务能力强，政策法律水平高，为省院重大案件的判处严格把关。1974 年秋在武威召开全省首届刑事审判工作会议，在 3 人主持下，对 20 件典型案例的事实、证据、定罪、量刑和程序制度，进行了详细讨论，得出了比较一致的结论，大大提升了全省各级法院的刑事审判水平和办案质量。十几年省法院判处的刑事大案要案，没有出现大的差错，多次受到省委、宋平书记和最高法院的表扬，这与 3 位业务副院长有力配合院长的工作是联系在一起的。

周、刘、张三位待人宽厚，作风民主，对我支持帮助很大。尤其在此后的"严打"中，我们观点一致，为刚刚起步的依法办案作出了共同努力。后来我调离法院，长瑜副院长对人说："这是很令人惋惜的事，可谓峣峣者易折！功国什么都好，就是政治上弱，不会算计，不拉关系，又个性强，太理想主义。这也是难以改变的。就让他去吧，他会走出一条新路！"我听到此话后，深感乃知我者也。

在高院的同事中，除研究室的同志外，尚有许多真挚的好同志、好朋友，如后来的北大法学博士、北京知名律师冉志江，省法院副院长杨丽萍、邢恩杰，刑、民庭老庭长张秀文、宫震环，办公室主任辛荣新，老法官陈春生、尉广尧、朱铮、郭桂兰等。还有兰州市中级人民法院院长雪瑞、陈守谦，武威中院院长周述曾，张掖中院院长田庆龙、李继武，酒泉中院院长陈守学、付景华，甘南中院院长李仲兴、张根银，平凉中院院长高雄伟，庆阳中院院长刘国礼等，以及一些基层法院的领导、普通干警，彼此都建立了深厚的同志友情。那时候我与爱人月薪各 65 元，20 年未动。省法院每年给职工分 500 斤煤、20 斤食油、10—20 斤牛羊肉，多数由我和总务科赵群礼开车去武威、甘南草原筹集。日子过得十分清苦，但是，全院、全省法院没有听到过有人贪腐。领导同志能够率先垂范，法官队伍整洁、和谐，工作艰苦努力，公正司法，从 1973 年法院恢复成立到 1983 年"严打"前，确实堪称法院"黄金 10 年"。我个人也由材料科提为办公室副主任，再提为研究室主任，时年刚满40岁。由于当时提拔干部极慢，我所经历的20年期间，省法院仅从自身提拔了三名处级、一名地级干部，我算是提升较快的。不过当时提拔干部，也是极其自然，上午我在值班室碰到党组机要秘书老张，他朝我神秘地笑笑，下午开大会时竟宣布了组织部对我的任命，事先毫无察觉，也不太在意。不像现在一些人跑官要官，拉扯关系。

（四）材料工作

材料工作是法院工作与审判活动的及时展示，是上通下达的信息平台、参谋部、资料库。其工作内容和任务主要有：

第一，法院文件的拟稿。包括每年向甘肃省人大及其常委会和省委、政法委、最高人民法院提交的全年工作总结；专项请示报告；简报、要报、情况反映等；法院领导在各种会议、各种场合的报告、讲话等；各种工作安排部署等。以上工作量大、任务繁重，而且经常要二稿、三稿反复修改，相当艰巨。由于省院材料组人手少，以上工作主要由我承担。

第二，为省上领导写讲话稿。我先后为甘肃省委、省政府领导宋平、冯纪新、李子奇书记、卢克俭、王秉祥副书记、贾志杰省长等，写过涉及法院或政法工作的讲话稿。特别为身兼政法委书记的卢克俭（后为甘肃省人大常委会主任）和王秉祥书记、李福盛书记所拟的讲话稿更多。

第三，为最高法院报送的各种专项报告、统计报表、汇报请示、典型案例、领导同志讲话稿等。1978年，在北京召开的粉碎"四人帮"后首次全国法院院长会议（中华人民共和国成立后第八届）上，确定由北京高院的陈宝树（后为中国社科院法学所研究员）和我参与江华院长讲话稿的修改。最高法院后任院长郑天翔、副院长马原、王战平等领导同志来甘肃视察工作时的指导性讲话稿等，也多由我整理成文，经其本人阅改后下发全省。

文字工作极其辛苦，近20年的法院工作，出自我手的文字材料不会少于500万字。对于个人，它不属于学术成果或其他创作；但它是本职工作和法院事业的重要组成部分。在谋划全局中，经常起到参谋和助手作用，是有重要意义和价值的。

（五）研究室·法学研究

当时大部分政法院校、科研院所尚未成立，刊物也少，因而纯学术活动尚未开展起来，主要是针对审判实践中提出的一些问题，进行服务性调查研究。同时，按照著名法学家江平教授的划分，中华人民共和国成立60年经历了4个法律时期：法律实用主义，法律虚无主义，法律经验主义，现在走向法律理念主义。我在法院工作期间，尚属法律虚无主义和经验主义时期，直到20世纪70年代"七九年刑法""刑诉法"，80年代"八二宪法""民法通则"等颁布以来，以法律与法理为研究对象的法学研究才逐步开展起来。

省法院于1979年在原材料组的基础上，成立省高级人民法院研究室，任命我为研究室主任。全室由贺兰芳、段云两位中华人民共和国成立初期的老法官及王凯（后为省政府法制办主任）、邢恩杰（后为省法院副院长）、张荣庆（后为陇南中级人民法院院长）、任建国（后为兰州市中级人民法院院长、省法院副院长）、金剑锋（后为最高人民法院执行庭副庭长）、把志先、杨巍（二人先后为研究室主任）、李承超、邢军、胡云青等，共计15人组成。负责本院和全省各级法院的政策与法律法学研究工作。由于当时公安部门忙于自身业务，检察、司法部门与各大专院校的政法院、系正在筹建中，因而这一时期全省法律法学研究的主阵地在省法院，这是实际情况。

研究室在法学研究领域开展了以下主要活动并取得了一定成果：

1. 组织学习

按照院里安排，我们组织同志们积极参加最高法院的业务培训，参加全国法律业大的学习，又利用省、市图书馆、省委党校图书馆的法律藏书，进行了如饥似渴的学习阅读生活。并在院长的支持下，与3位同志常住在西北师大图书馆，系统学习了西方的一些法学名著、我国及港台地区的一些著名学者的法学著作。整理了近50万字的读书笔记，提高了法学素养。并结识了著名法学前辈梁宣清、吴文翰先生，受到了他们的教诲。

2. 进行案件统计分析

在我主持研究室工作期间，抽调专人进行了中华人民共和国成立40年以来甘肃审判案件的统计分析，特别是对刑事案件，绘制了犯罪发案、立案、结案等情况的数量变动曲线，以及对各种犯罪类型、定性和量刑等情况的数据分析。这对认识犯罪的特点，发展规律和趋势，把握治安形势，指导法院审判工作起了很大作用。此后，在各项研究中，均注重微观定性、定位、定量分析，在研究方法上保持了先进性。

3. 研究适用法律政策界限

调查研究、拟定适用法律政策界限，这也是研究室的主要工作之一。我本人走遍了全省 100 多个地、县法院和许多基层人民法庭，查阅案件数以万计，其他同志和庭室也做了大量调研工作。这对指导本院和所属下级法院的审判工作发挥了重要作用，其中有些还被最高法院转发各地，对指导全国的审判工作也发挥了一定的作用。

譬如对伤害与抢劫案件的分析：抢劫罪是长期危害甘肃人民生产、生活和人身、财产安全的重大犯罪。从 1949 年至 1982 年，甘肃各级法院共受理抢劫案件 6232 件，1982 年比 1978 年增长 10 倍，而且出现了一些新特点。伤害案件也一直居高不下。我们在分析数千案件后提出，处理这两类案件，要区分罪与非罪的界限，对一些犯罪团伙，在公共场所、光天化日之下，呼啸过市，搞得人心恐慌，社会秩序紊乱，群众憎恨的，要从严惩处；但对刁抢军帽、少量钱物的青少年顽劣行为，可按治安处罚条例处理，不以"抢劫"定罪；对轻微伤害行为，也不宜定"伤害罪"；对伤害案件中受害人的赔偿，要具体问题具体处理，对不构成犯罪的，可按民事赔偿案件处理，对构成犯罪的，既追究刑事责任，也要令其酌情承担民事赔偿责任。这一研究成果于 1980 年 10 月 8 日由最高法院转发全国，对处理这类案件有一定的参考价值。

再如对流氓案件分析：根据统计资料，中华人民共和国成立后三十年中，流氓犯罪一直稳定在低水平上，没有大的起伏。20 世纪 50 年代初，沿袭过去的做法，把某些流氓犯罪行为归入"妨害风化"罪，后来在判决和统计报表中正式确定了"流氓"这一罪名。到 80 年代初，流氓犯罪案件明显增多，迅速跃居各种刑事案件的首位，成为审判实践和刑法学术研究的热点。我们通过对全省法院审理的一些典型案件的研究和分析，提出了审理流氓案件的一些应注意的问题：第一，要正确理解法定"流氓罪"的准确含义，不能把它看做是一个大口袋，什么犯罪都往里面装。要与一般的男女作风，群众中的吵嘴打架，流氓习气，

社会生活中的刁横、耍赖等行为区分开；第二，要掌握流氓活动的各种
表现形式，除聚众斗殴、寻衅滋事、侮辱妇女外，对其他流氓活动，在
审判实践中主要有流氓奸宿鬼混、鸡奸等表现形式；第三，要注意情节
和后果的分析，讲究构成要件。这在当时震动很大，对加深对流氓罪的
认识和指导审判实践有积极意义。

4. 关于青少年犯罪的调查研究

20 世纪 80 年代初，青少年犯罪出现前所未有的新高峰，法院受理的
青少年犯罪案件急剧上升，引起了我们的重视。我们通过对中华人民共
和国成立以来全省各级法院受理的青少年犯罪案件统计分析，结合现实
情况，从法院角度分析总结了甘肃省青少年犯罪出现的一些新情况和新
特点。主要有：青少年犯罪数量变动曲线分别于中华人民共和国成立初
期、1958 年 "大跃进" 和 1960 年生活困难时期、改革开放时期呈现三个
高峰期，而且公安机关收案数与法院受理数不一致，总的呈上升趋势；
犯罪类型主要有暴力犯罪、财产型犯罪和奸淫妇女型犯罪为主；犯罪向
低龄化方向发展；重大案件中，青少年增多；结为团伙，共同犯罪的增
多；重新犯罪的增多。并分析了犯罪原因、治理方针、方略等。这一研
究成果后被新华社《内参》采用，又由中国社科院报送中共中央政治局，
引起了党和政府的高度重视，对预防和打击青少年犯罪起到了重要作用。

5. 重视民事审判和民法研究

甘肃各级法院在 20 世纪七八十年代民事案件收案一般在每年 2 万
件左右，其中婚姻案件占一半，其余为损害赔偿、宅基地和房屋纠纷
等。长期以来，对民事审判重视不够，认为民事审判工作 "是些婆婆
妈妈的事"，"误不了大事"，"坏不了收成"。1979 年 2 月中旬，在兰
州召开全省民事审判工作会议，要求必须重视和加强民事审判工作，开
展民法研究。要认真执行 "依靠群众，调查研究，就地解决，调解优
先" 的民事审判工作方针，认真执行民事政策与法律，积极开展民事
审判调研活动。为宣传和普及民法知识，我在《甘肃日报》《法制导
报》《法律百科》《甘肃青年》等报刊发表民事审判和民法方面的理论
文章、基础知识、案例分析、纪实文学等 40 余篇，有的被国内刊物转
载，产生了广泛影响。《民法通则》和新《婚姻法》颁布前后，我出版
了关于财产和婚姻家庭领域的两部专著和系列论文，参加最高法院副院

长、著名民法学家马原来甘肃进行的民事调研活动，又去陇东了解、学习马锡五办案方式，看望、走访了"刘巧儿"的原型人物封秀芹。从此更加感悟到民法贴近民本、民生、民用的重要意义和价值，确立了我半生从事民法研究的基本方向和追求。

6. 参加全国学术研讨会议

研究室积极参加全国学术研讨会议，交流研究成果，加强与学术界、理论界的联系。1982 年，我受最高法院指派，与最高院研究室雷迅参加了在广西南宁举行的"中国青少年犯罪研究会成立大会"，我作为第一发言人就青少年犯罪出现的新情况、新特点及历史变动曲线等在大会上做了交流，受到了当时会议主持人胡克实、张黎群、高占祥等领导同志和学界的高度重视与好评。此后我先后参加了"第十四届世界法律大会"，并在分组会上发言，受到中外学者好评。又参加了"中国刑法学研究会成立大会"，做了"论团伙犯罪"发言，会后被中国社科院《青少年犯罪研究》和《西北政法学院学报》刊用。

7. 撰写专著、论文与案例

研究室对审判实践中一些典型案件和重大争议的案例进行分析研讨，汇编成案例选编，作为各级法院办案参考。例如，甘肃省法院研究室编的《刑事案件选编》《刑事复查案例》，被全国法院业大、兰州大学法律系等作为教学案例使用。此外，研究室的同志还积极撰写专著、论文、总结审判经验，回答民众关心的一些热点、焦点问题，产生了很大的社会反响。我撰写的《农民财产与法》，关注农民权益，汇集、阐释中华人民共和国成立以来一系列土地房产、婚姻家庭财产、水资源、林木草原及土地承包中的政策和法律问题，印行 5 万册，很快销售一空。上海一些读者给甘肃人民出版社来信反映，这本书在上海书店一出现，很快就卖完了，要求多印这种解决实际问题的书。此书获 1988 年甘肃社科最高奖二等奖。我和研究室的同志们还撰写了新婚姻法和宪法、刑法、民法及全国组织的《法律百科问答》《法律基础知识》方面的著作和系列论文。

以上学术活动和研究成果，在当时刚刚起步的法学法律界，已处于前沿水平，多次受到最高法院的好评和学界的认可。

8. 大规模平反冤假错案①

背景。由于"四人帮"的祸害，十年"文化大革命"动乱制造了大量冤假错案。加之"文化大革命"前"左"的影响和"反右""反右倾"及 20 世纪 60 年代生活困难，存在不少有冤错的历史老案。于是，复查纠正冤假错案就成为党的十一届三中全会拨乱反正的重要内容。全国遂形成热潮，更成为各级法院的重要任务。到 1982 年底，全国共为 300 多万名干部纠正了冤假错案。甘肃属于"左"的危害重灾区，省委也发出了 30 号文件贯彻中央精神。据此，省高级法院和全省各级法院，开展了平反纠正冤假错案的工作。

对于"文化大革命"中判处的案件，甘肃各级法院已于 1979 年至 1980 年进行了全面复查。共复查了"文化大革命"期间以及 1977 年、1978 年内经办的刑事案件 36871 件，从中改判纠正了冤、假、错案 12803 件。其中半数是以"反革命"判处的政治案件，包括所谓"恶毒攻击"案。此类案件平反纠正 6076 件、6565 人，其中宣告无罪 5091 人，占改判人数的 77.55%（数据引自《甘肃省志·审判志》）。

本章作者：

李功国，甘肃省法学会敦煌法学研究会会长，兰州大学敦煌法学研究中心主任。

杨磊，甘肃省铁路中级人民法院院长。

王勇，西北师范大学法学院教授，甘肃省法学会敦煌法学研究会副会长。

刘晓霞，甘肃政法大学教授，原民商法学院院长，甘肃省敦煌法学研究会常务理事。

吴应珍，甘肃农业大学副教授，原法律系主任，甘肃省敦煌法学研究会常务理事。

---

① 本章重要提法，均引自《中国共产党简史》，人民出版社、中共党史出版社 2021 年版。

第 七 章

敦煌法学专题

一 敦煌法学情结

自从 1900 年敦煌莫高窟遗书被发现，被西方"探险家"斯坦因、伯希和、华尔纳等人骗购盗卖后，国内外对敦煌遗书的关注、抢救、整理、研究就已开始，上千学者发表敦煌学论著不下万篇（册），其中法制方面的研究成果数以千计。由于敦煌地处甘肃，敦煌学研究，包括敦煌法制法文化研究，就成为陇上学术研究的一大重点领域和亮点。

本书主编李功国于 1964 年从山东海洋学院（现中国海洋大学）水产专业毕业分配甘肃后，先在河西参加"四清"、进"干校"5 年，后调入甘肃省高级人民法院任法官、研究室主任 18 年。这期间，与敦煌有了密切联系，在当地法院同志的帮助、陪同下，参观了大部分洞窟中的画塑，调读了部分文献资料，对敦煌文化学术和法制有了一个比较深入的了解，深为敦煌文化艺术之丰富、精湛和古代法制文化发达而深受震撼。特别是佛教人物、本生画、故事画、经变画等，对其内容、表现形式与文化蕴含，逐渐有了认识和感悟。誓如第 254 窟"摩诃萨埵太子舍身伺虎图"，作为佛祖化身的萨埵太子为了救频死饿虎，舍身跳下高崖，以身殉道。实际上是表现为敦煌艺术而献身的精神，令人感动。盛唐时期第 45 窟佛祖与弟子、菩萨、天王群像更是精美绝伦、蕴含深厚。使李功国对敦煌产生了一种浓浓的亲近感，对其内容、表现形式与文化蕴含，逐渐有了认识和感悟。他说，这是一种"人生若只如初见"的缘分，月光下，青苔上，我们相见垂泪……敦煌成了如幻如痴的梦！

1987 年春，李功国由省法院调入兰州大学法律系任教，对敦煌法制资料进行了专业化整理研究，又于 1989 年结合新开法律文化课增加了敦煌法制与法文化专题讲座，指导几位硕士生选择撰写了敦煌契约等方面的硕士学位论文，培养了最早一批敦煌法制研究人才。

同时，从 20 世纪末至新世纪初，李功国教授撰写和发表、出版了《敦煌契约研究》《敦煌法律文化略论》《敦煌法制与法律故事》《从敦煌法制文献看中国古代民商法的存在于发展》，在学界产生了一定影响。

这些论著注重整体观察、系统研究，开始上升到学理层次，一门新的学科——敦煌法学呼之欲出。

这期间还有两件事值得一提：

1987 年 8 月，李功国与甘肃省法学会秘书长杨雨生等同志策划筹备，在嘉峪关、敦煌召开了我国首届"西部开发与法制建设学术研讨会"。有十几个省市政法部门和学术界人士参加。如北京于浩成、康树华，上海刘灿朴、陕西潘宇鹏、张少侠、甘肃甘棠寿、赵可等。会议就我国西部开发的法律保障、河西与敦煌法制文献研究、民族宗教制度、对外商贸等法制建设问题进行了重点讨论。李功国担任会议学术组长、论文集主编，提交了《我国西部开发与法律参入》的论文，由《兰州大学学报》1988 年半月期发表，被潘宇鹏等学者认为是西部法制建设"开篇举旗之作"。论文中提出，我国西部开发不同于美国、巴西等国对荒蛮地域的开发，而是华夏文明东归南移后的复归、反哺，敦煌、河西、大西北是中国传统文化、法文化的根脉传承之地，法律过程必须积极参入！

第二件事是 1996 年 12 月，李功国的老友甘肃省作家协会主席王家达送给他一本刚出版的报告文学《敦煌之恋》，这本书既写了敦煌文化艺术本身，敦煌学的发展历程，更用浓烈深情的笔墨，书写了于右任、张大千，常书鸿、段文杰、樊锦诗、李正宇、席臻贯及无数无名英雄，共同以坚韧不拔的毅力和萨埵太子舍身饲虎的牺牲精神，共同谱写的一曲撼天动地、震古烁今的敦煌恋歌，表现了中华民族动人心魄的真精神。这也是中国知识分子奉献给祖国的最圣洁的礼品。千年敦煌文化和百年敦煌学术团队相互因应，成就了古往今来中国乃至世界文化的一座丰碑，成就了炎黄子孙魂牵梦萦的敦煌情结！

李功国教授 1965 年春在河西初见莫高窟

1988 年西部法治建设研讨会，李功国（左一）与著名法学家于浩成（左二）、刘灿朴（左三）、康树华（右二）、张少侠（右一）在嘉峪关城楼合影

1988 年西部《体制改革与法制建设》文集

二　敦煌法学

(一) 敦煌法学的概念

敦煌法学是研究我国敦煌及其周边地区石窟艺术与出土法律文献及其他资料中所反映出的我国古代敦煌法律现象、法制状况、法律生活、法律关系、法律过程与变迁及其规律的学问，是敦煌学的一个分支学科，一个重要组成部分。

敦煌法学研究，在敦煌学的影响带动下，伴随着出土文物的新发现，早已有了百年历程，凝结着几代学人的心血和汗水，取得了丰硕研究成果和一定成就，为敦煌法学的综合系统研究和学科理论建设开创了条件，奠定了基础。

(二) 敦煌法学的属性与特征

第一，敦煌法学是敦煌学一个相对独立的分支学科，虽然归属于敦煌学这一文理兼容的综合学科，但它又与社会科学、法学、法文化学、法史学、部门法学乃至哲学、社会学、文献学等有着割舍不断的联系。综观当今时代学术研究的趋向，是在牢固基础理论综合研究的同时，更加注重学科细化和独立归属。所以总的看来，敦煌法学应是一门独立归属而又有所归依的交叉学科。由于它鲜明的地域性，以地为名归依于敦煌学系列是适宜的。

第二，敦煌法学的调整对象与范围是独特的。敦煌法学的调整对象和调整范围是我国敦煌及其周边地区石窟艺术与出土文献及其他资料所反映出的我国古代敦煌法制状况和法律生活。敦煌法学作为法史学的一个局部，有着历史时段和地域空间的限定。虽然敦煌法律文献与中国法律史特别是中古时代法律史资料有联系，有交叉，与敦煌周边各民族法制，甚至与中亚、西亚、东南亚、欧洲及蒙古、俄国、日、韩、印度等国家、地区法制有联系，使敦煌法制文明成为世界性的多国、多地区、多民族法制文明的荟萃之处，但这不仅不会影响和削弱以地冠名的敦煌法学的地域独特性，反而会更加凸显敦煌法学的多元性、多样性、丰富性、开放包容性和辐射性。

而敦煌法学所面向的敦煌社会，是一个已经在茫茫黄沙中消失了的社会；是一个隐现在敦煌石窟彩塑壁画中的虚拟世界。因此，法学研究者只能通过地上尚存的、已经出土的、尚埋在地下将来有可能开掘的历史文物文献，间接地接触和了解敦煌当时当地的人和事及其现实世界。这就决定了敦煌法学对敦煌文献资料真实性、丰富性、关联性、独特性的高度依赖。

第三，敦煌法学已经初步形成学科理论体系。敦煌法律文献研究已有百年历史。伴随着考古新发现和敦煌学的创建与发展，对法律文书的识读、考究、阐释、整理、专题研究已有不少著述问世，取得了一定成绩。新世纪以来，从法律专业的角度进行系统研究也已开始，初步构建了敦煌法学的基本概念体系、原理体系、知识体系、立法与制度体系、方法体系，形成了一定的敦煌法律文化思想、原则、价值观。尤其在部门法和法律制度层面，国家正籍典章、行政建制与管理、刑法刑诉、判集案例、民事所有权与侵权、契约形式、婚姻家庭与继承、经济贸易、民族宗教、民间习俗等，几乎涵盖法学各领域，表现出精湛的法律智慧与理论深度。从一个局部，彰显出盛唐和其他几个时代法制的发达态势。有学者讲，"敦煌发现了敦煌藏经洞，告诉大家中国有个唐代。"这虽然是形象的说法，但绝非是轻言。

第四，敦煌法学具有很强的实践应用性。敦煌法律文献是我国古代、特别是中古时代近千年敦煌及周边地区法制状况和法律生活的真实写照，文献所记载的国家正籍典章以及行政、刑事、民事、经济贸易、婚姻家庭与继承、民族宗教、生态科技、军旅屯田等法律制度，条文具体细致，很有操作性。文献中的土地、水利、商贸活动，刑、民诉讼文书、契约形式、婚姻嫁娶礼仪、风俗规约、汉晋简牍、碑铭题记等，均系当时当地百姓、官员、豪族、工匠商人、粟特胡羌、寺庙信徒、军旅戍卒等所亲见亲历，当属法律关系的主体和当事人、参加人。法律事务密切联系生活实际，关涉每个人的利益。由此可以看出，敦煌古代法制已经形成了国家制定法与地方立法相结合，国家法与习惯法、自治法相结合，立法、执法、司法、监督、守法相衔接的法制体系，而且效率高，运作灵活。由此，敦煌法律文献所反映的敦煌社会，在一定程度上正是一个法制社会。敦煌法学也必然具有与敦煌社会密切联系着的实践性、应用性。

第五，敦煌法学蕴含着浓郁的法律文化色彩。法律文化包括传统法律文化、现代法律文化、中国社会主义法治文化等类型。传统法律文化是一个国家、民族、地域在长期的法律生活中，所凝聚形成的法律观念、思想意识、价值观和行为样式、制度设置的综合，由于法律自身属于思想领域，具有文化属性，因而传统法律文化可以说与人类社会法律生活共始终。但是，法律并不等同于法律文化，法律文化是法律与文化的结合，赋予了法律更多的文化意义。

敦煌是世界的文化艺术宝库，也应是中华传统法律文化的宝库。浓郁的法律文化色彩蕴含在中华法系、儒学典籍、佛道教义之中，荟萃于农耕文明、游牧文明、工商文明和世界各国多民族文化交融之中，展现在彩塑壁画、公私文书、碑铭简牍、文学样式、习俗景场的画面文本、判例判词字里行间。法律文化虽然与法学有着相通、混同之处，但他更具有形上思维和文化性。只有从"法律加文化"的眼光观察审视敦煌法律文献及其所反映的社会法律生活，才能极大地拓展敦煌法学的研究领域，并把握敦煌法学法制的文化特质。敦煌文化、法文化与河西文化、五凉文化、丝路文化融为一体，成为我国河西文化、北国文化、江南文化三极之一。

第六，建立敦煌法学新学科条件已经成熟。它立足于丰富、真实的法律文献资料及其所反映的敦煌古代法律生活；依托于前人百年研究成果；适应新时代，深挖历史，把握当代，依法治国和"加强敦煌学研究""讲好敦煌故事"的新要求。理应要以庄敬自豪的态度，提炼敦煌法学法制法文化的传承价值、典型意义，把握历史延续性、关联性、传承性、生长性的发展规律，坚持唯物史观，反对历史虚无主义和文化殖民主义，弘扬敦煌法学法制法文化所集中展示的中华法系和优秀传统法律文化的有益价值，彰显中国意识、中国智慧、中国风格与中国语境。

三　组织建设

2020 年先后成立兰州大学敦煌法学研究中心、甘肃省敦煌法学研究会。

（一）兰州大学敦煌法学研究中心

以上为兰州大学敦煌法学研究中心成立大会会场

兰州大学敦煌法学研究中心成立暨首届学术研讨会

兰州大学社科处处长 杨林坤

甘肃省法学会副会长　薛峰

兰州大学敦煌法学研究中心主任　李功国

人生若只如初见
——兰州大学敦煌法学研究中心成立暨首届学术研讨会致辞

李功国

今天，2020 年 6 月 20 日，我们在兰州大学逸夫科学馆 202 会议室聚会，宣布成立兰州大学敦煌法学研究中心，并召开首届学术研讨会。这是一件大事、喜事，特向会议致以热烈祝贺！向各位来宾、各位领导、各位专家教授、各位青年才俊，表示热烈欢迎和衷心感谢！

一

敦煌，东汉应邵解释为："敦，大也。煌，盛也。"其实，两千年前的敦煌仅是一个由军屯、民屯发展起来的边陲小镇。它虽然有久远的人类活动史，但由传说时代进入信史时代，还是在汉武帝经略西北，于公元前 121 年设立酒泉郡属敦煌县、前 111 年设立敦煌郡、酒泉郡、张掖郡、武威郡四郡开始的。西汉时的敦煌郡，下辖敦煌、冥安、效谷、渊泉、广至、龙勒六县，包括当今玉门、瓜州、肃北及新疆哈密、焉耆、库尔勒、若羌县的一部分，总面积约 20 万平方公里。据《汉书·地理志》记载，汉平帝元始二年（2）敦煌郡有 11200 户、38335 人。又据《通典》载，唐开元年间，瓜、沙二州有 7562 户，36098 人。地域空间大，而绿洲地带少，耕地面积有限，制约了人口的发展。

但是敦煌扼守河西，是丝绸之路咽喉，西域三道总凑，高山河谷、戈壁绿洲，成就了敦煌特殊的地理景观、生态环境、区位优势，使敦煌超越了县界、郡界、国界，成为区域研究的一个中心地带。而且，敦煌、河西、大西北又是中华农耕民族与游牧民族争锋的最前线，是拱卫关中王朝的战略要地。自前凉、西凉、北凉、北魏、西魏，再到北周、隋、唐等多个王朝，河西势力及关陇集团长期把持朝政，成为影响中华帝国千年历史的重要因素。

敦煌又是一处历史文化沃土。从设县至今有 2141 年历史，汉至宋千余年为其兴盛期。岁月变迁、风云际会、王朝兴退、人文造化，使它成为大漠戈壁中一座很有代表性的历史名城。

敦煌文化表现为多元一体、多族一国。它以中原文化为主体，又吸收融化国内外多种文化于一体，形成新型地域文化，即敦煌文化。它首先是佛教文化圣地，精美绝伦的画塑，寄托着人们脱离苦海，向往美好净土世界的理想。敦煌的区位特点是"华戎所（支）［交］，一都会也"（《后汉书·郡国志》刘昭注）。敦煌北邻匈奴，西邻楼兰，南邻羌戎，与吐蕃、西夏、回鹘、蒙古曾有密切关系，境内也有多个民族杂居，更远处则沟通西域、中亚、西亚、欧洲及东亚、南亚，成为多民族文化交汇之地，农耕文化、游牧文化、绿洲文化、工商文化交汇之地，三大宗教、四大文明独一无二的融汇之地。尤其是敦煌石窟画塑和上世纪初莫高窟藏经洞遗书的出土、敦煌悬泉置汉简的出土，使得敦煌丰富灿烂的文化震惊了世界。正如姜亮夫先生所说："整个人类的历史都在敦煌，它为什么不至贵？"季羡林评价说："世界上历史悠久、地域广阔、自成体系、影响深远的文化体系只有四个：中国、印度、希腊、伊斯兰，再没有第五个；而这四个文化体系汇流的地方只有一个，就是中国的河西走廊、敦煌和新疆地区，再没有第二个了。"

自从1900年莫高窟遗书被发现、被盗窃骗取后，国内外对敦煌遗物的关注、抢救、保护、整理、研究就已开始，据敦煌学学者李正宇先生估计，自1908年以来，国内外发表敦煌学论著不下万篇（册），作者不下千人。包括王国维、陈寅恪、罗振玉、王仁俊、蒋斧、陈垣、刘复、胡适、郑振铎、季羡林、向达、许国霖、王重民、姜亮夫、张大千、常书鸿、段文杰、史苇湘、李正宇、樊锦诗及台港等著名学者近年来不断涌现的国内中青年学者，形成了一个秉持"坚守大漠，勇于担当，甘于奉献，开拓进取"莫高精神的学术团队，代代相因，使"敦煌学"成为世界显学，为传承中华优秀文化，建设中国特色社会主义文化作出了突出贡献。

敦煌与兰州大学同在甘肃，兰州大学也为敦煌学的发展作出了重要贡献。在学校的支持下，改革开放初的1979年元月，历史系建立敦煌学研究室，开始培养敦煌学研究生，1998年至2004年兰州大学又与敦煌研究院联合申报敦煌学博士点获得批准，2003年建成博士后科研流动站，使我国有了高层次人才培养基地和科研基地。

二

敦煌文献中包含丰富法律法文化资料，对敦煌法律文献的研究与敦煌学研究同步进行，同样取得了重大成果。但是既往研究取材面偏窄；研究内容侧重于单项和专题研究，缺乏整体观察与综合；更没有从法学学科基础理论建设上做文章；加之法律专业性研究力量单薄，人员分散。致使历经百年，尚未建立敦煌法学的基础理论框架，尚未在敦煌学诸多分支学科中占有一席之地。令人遗憾！

鉴于新时期加强敦煌学研究和建立敦煌法学新学科的需要，我们在前人研究成果的基础上，经过数十年的积累和近些年的酝酿筹备，开始积极慎重地着手"敦煌法学"新学科建设。恰在此时，习近平总书记在专访敦煌时提出"要加强敦煌学研究"，"讲好敦煌故事"。兰州大学严纯华校长也在兰大百十年校庆致辞中讲到，要将敦煌学（含敦煌法学）作为特色重点学科纳入学校"双一流"建设规划。这也为敦煌法学的建设和发展提供了难得的历史机遇和条件。

　　于是，我们于 2019 年 9 月 22 日向兰州大学法学院提出建立《敦煌法学研究中心》的意见，经学院报送学校，学校于 2019 年 12 月 3 日下达《关于成立兰州大学敦煌法学研究中心的通知》，批准成立了以敦煌法学研究为主旨的这一学术研究基地，为敦煌法学研究提供了组织保障。这是十分荣幸的一件大事！

　　敦煌法学研究中心的主要任务，是推动敦煌法学学科建设。敦煌法学的概念、特征、内容和意义是：

　　第一，构建敦煌法学新学科，填补敦煌学的一大空白和阙失。我们认为，敦煌法学是研究我国敦煌及其周边地区石窟艺术与出土法律文献及其他资料中所反映出的我国古代敦煌法律现象、法制状况、法律生活、法律关系、法律过程与变迁的学问，是敦煌学的一个分支学科，一个重要组成部分。敦煌法学将形成自身概念体系、原理体系、知识体系、制度体系、方法体系，具备自身认知方式、思维方式、行为方式，通过丰富、真实的敦煌法律文献，认识、再现、研究尘封千年的古代敦煌法制状况、法律生活与变迁，探取其发展规律与传承价值，为当代法治建设提供借鉴、源泉。

　　第二，拓展敦煌法学研究空间、领域、资料范围。增强敦煌法学与周边、中原、河西、丝路、西域乃至与中亚、西亚、南亚、欧洲的联系；法制与政治、经济、社会、文化的联系；强调画塑、遗书，汉简、碑铭赞及古道、邮驿、长城、烽燧、城堡、河渠、古代墓葬等遗址遗物的搜集、整理；在时间跨度上，以中古时代千年为主，但也可以扩及传说时代至今的五六千年；如果以区域研究为中心，则敦煌学、敦煌法学的研究范围还会更加扩展，这是亚欧北非板块所提供的辽阔地理历史空间使然，虽然它依然是有边界的。

　　第三，注重敦煌法学的归属与自身特点。敦煌法学是以地为名的新型法学学科，它有自身独立的研究对象、范围、学理体系、制度体系和研究方法，理应归属于敦煌学，成为敦煌学的一个重要分支学科。它是我国法学、法理学、法史学的组成部分，但也在一定程度上跨越了国别和地理界域。它依然以中华文化、法文化为主流，但也融汇国内外各民族、各国、各地域、各宗教文化、法文化，具有多元性、多样性、丰富性。成为独特的法学学科门类。

第四，敦煌是世界文化艺术宝库，敦煌学、敦煌法学必然依其浓郁的文化性为其本质特征。敦煌文化法文化表现出很高的哲理性和形上思维，究天人之际，探万物运行机制，荟萃世界文明。加之儒释道融通，独树一帜，气象恢宏。敦煌人物、事件、故事、场景、艺术造型，常常表现出法律角色与文化角色、宗教角色、社会角色的兼具共融，展现出多面性、复杂性。像佛陀、弟子、观世音菩萨，他们既是佛祖、佛教，又是佛教惩恶扬善基本教义和"清规戒律"的最高立法者、戒律改革者、执法者、履行者，是佛教人物、文化人物与法律人物的完美结合。再如九色鹿，它是非常完美的艺术形象，但也蕴涵着平等、自由、善良、尊严、权利和公平正义的最高法律宗旨。这些事例形象地诠释了"法律文化"，是"法律与文化相契合"的基本学理和基本精神。

第五，敦煌法学具有很强的实践应用性，彰显出盛唐和敦煌法制的发达形态。敦煌法制和法律生活是当时当地敦煌人自己创造，自己生活其中，关系自身利益，寄托自身欲求的社会现实和历史记载，是真实生活的法律化、制度化。国法私契、民事刑事、诉讼判例，体系完整、办案认真、效率快、水平高，彰显整个敦煌法制状况已达发达程度。

人生若只如初见，坚守、奋斗度时艰。兰州大学敦煌法学研究中心将在学校、法学院的领导支持下，在各方支持协同下，以敦煌法学人才培养和学术研究为己任，根植于中华文化和法律文化的深厚历史沃土，适应时代需求，依据数以千计万计的丰富法律文献资料，2000 余年的历史跨度和地理区位优势，百年研究史和累累硕果，弘扬敦煌学术团队的莫高精神，使敦煌法学迅速发展成长为敦煌学的一大支柱性分支学科和学科群，在深挖历史、把握当代、传承创新中展现新姿！

兰州大学敦煌法学研究中心（筹）

2020 年 6 月 20 日于兰州

李功国教授向敦煌学者郑炳林颁发聘书

李功国教授向敦煌学者郝树声颁发聘书

兰州大学敦煌法学研究中心聘任顾问、研究员

兰州大学敦煌法学研究中心主任李功国教授发言

（二）甘肃省敦煌法学研究会

2020 年 11 月 21 日甘肃省法学会敦煌法学研究会成立大会会场

中共甘肃省委政法委副书记、甘肃省法学会党组书记　华凤

兰州大学副校长　沙勇忠

甘肃省法学会副会长　薛峰

兰州大学法学院院长 甘培忠

华风书记与李功国教授等交谈

敦煌法学之水是很甜很甜的

——甘肃省法学会敦煌法学研究会成立大会祝词

李功国

今天我们在这里聚会，宣布成立"甘肃省法学会敦煌法学研究会"，这是继今年 6 月 20 日"兰州大学敦煌法学研究中心"揭牌成立之后，甘肃法学法律界的又一件大事、喜事！是我们学习贯彻习近平同志关于"加强敦煌学研究""讲好敦煌故事"的重要举措和实际行动，标志着敦煌法学研究已从分散、自发的民间学术活动走向国家公助，中国法学也开始重视并承担历史责任，这是敦煌法学研究新的觉醒和历史拐点。它犹如当下风雪寒冬中红梅的逆势绽放，带给人们温馨如春的向往。这也是参会诸位敦煌法学学者和爱好者数十年艰苦奋斗的结果，是兰州大学、甘肃省法学会和相关单位理解、支持的结果。对此，我们表示由衷感谢，扎西德勒！

记得 25 年前的 1995 年 10 月初，在北京召开的首届"罗马法·中国民法法典化"国际学术研讨会议上，以斯奇巴尼教授为首的 50 多位欧洲罗马法学者宣扬："罗马法之水是很甜很甜的！"我当时正在台上发言，于是即刻回应道："我们中国儒家法文化、敦煌法制法文化之水也是很甜很甜的！"当时台下的外国来宾都站起来为我友好地鼓掌，我国学界前辈周枏先生也称赞我回答得"很好、很得体"。这是我在国际学术场合第一次讲到敦煌法制法文化。

那么，什么是敦煌法学？敦煌法学是怎样的？为什么说敦煌法学之水很甜很甜？我们当前为什么要构建敦煌法学新学科？它的传承价值和现实意义是什么？这几个问题是关于敦煌法学的根本性提问，是敦煌法学的形上思维和学理基础，不可不搞清楚。

敦煌法学是研究我国敦煌及其周边地区石窟艺术与出土法律文献及其他资料中所反映出的我国古代敦煌法律现象、法制状况、法律生活、法律关系、法律过程与变迁及其规律的学问，是敦煌学的一个分支学科，一个重要组成部分。

敦煌法学研究，在敦煌学的影响带动下，伴随着出土文物的新发现，早已有了百年历程，凝结着几代学人的心血和汗水，取得了丰硕研究成果和一定成就，为敦煌法学的综合系统研究和学科理论建设开创了条件，奠定了基础。

敦煌法学是敦煌学一个相对独立的分支学科，虽然归属于敦煌学这一文理兼容的综合学科，但它又与社会科学、法学、法文化学、法史学、部门法学乃至哲学、社会学、文献学等有着割舍不断的联系。综观当今时代学术研究的趋向是在牢固基础理论综合研究的同时，更加注重学科细化和独立归属。所以总的看来，敦煌法学应是一门独立归属而又有所归依的交叉学科。由于它鲜明的地域性，以地为名归依于敦煌学系列是适宜的。

但是，在敦煌学现有分支学科中，却缺失敦煌法学。这是很不正常的，理由是：

第一，敦煌学是通过现存和出土文献资料，去认识和研究已经消失了的古代敦煌社会的。文献资料是敦煌学第一手、最直接的研究对象，是敦煌学的研究基础。总数达数十万计，而敦煌法律文献则是敦煌文献中最为丰富、最为重要者之一。敦煌文献资料，包括地上地下两种存在形式，十几大门类。无论是莫高窟藏经洞遗书、汉晋简牍、碑铭赞，乃至石窟画塑、历史人物，无不保存着丰富的、数以千计的典章文本、公私文书、契约样文、判集案例、法律人物与故事。即使是佛经、儒学典籍，也蕴涵着深厚的法学法制法文化内容。如果说敦煌石窟画塑等文化艺术形象是敦煌的硬实力，那么，蕴含在其中的哲学、美学、法学法文化学、社会学等，则是敦煌文化的软实力。敦煌法治文献是敦煌文献的极其珍贵的重要组成部分，缺失法律文献，敦煌文献将会遭受重大削弱。

第二，敦煌法学法制法文化事关国家基本法律制度。敦煌法制集中展示了我国古代2000年，特别是中古时代强汉盛唐时期封建法制的顶峰状态，可作为中华法系的代表。形成了敦煌政治制度、行政与经济管理制度、刑事民事与婚姻家庭制度、民族宗教制度、商贸制度、交通邮驿制度、军旅烽燧屯田制度、诉讼制度等基本制度。制度是社会治理和安定、经贸发展的保障，这些制度及其付诸实践，使得敦煌社会成为处于发达状态的封建法制社会，在世界法制史上也处于领先地位。如果漠视敦煌法制，就会失去这一中国古代法制的历史见证，也会使敦煌文化失去社会与法制根基。

第三，敦煌法制文献研究与敦煌学同步，已有百年学术史，数以百计的学者参与，成果累累，已为敦煌法学研究打下了一个好的基础，使它的学理体系构建不亚于其他分支学科。但是，这样一个较为成熟的学科，却迟迟不能从敦煌学学科群中独立分离出来，成为中国学术伤心史之又一伤心史也！这是中国法学的一大憾事！当然，就敦煌法制文献研究自身来看，这一研究主要是对部分文献的考释，尚缺乏整体观察、综合研究；而且法学专业性研究薄弱，敦煌学各大研究机构和高校极少配备法学专业人员，也没有人才培养计划，没有组织保障。致使敦煌法学至今尚未完成学科理论框架的建设，尚未在敦煌学中占有应有的一席之地。今年 8 月 21 日，由甘肃简牍博物馆、甘肃省考古研究所等单位专家学者，历时 8 年完成的《武威汉简集释》举行了图书首发式。在全书收录的 643 枚简牍中，最为重要的"武威三简"的两简即"礼仪简"和"王杖简"，正是中国古代"礼法并治"和"老人权益保护"的极为珍贵的法律文献资料。而这些资料的挖掘、考释竟无法律专业人士参与，也未引起法学界、法史界的重视，典型反映出法学界对待敦煌法制法学的漠然心态！由此，敦煌法学研究至今仍处于自生自灭、被学界漠视的冷门绝学状态。

敦煌法学具有很强的实践应用性。敦煌法律文献是我国古代、特别是中古时代近千年敦煌及周边地区法制状况和法律生活的真实写照，文献所记载的国家正籍典章以及行政、刑事、民事、经济贸易、婚姻家庭与继承、民族宗教、生态科技、军旅屯田等法律制度，条文具体细致，很有操作性。文献中的土地、水利、商贸活动，刑、民诉讼文书、契约形式、婚姻嫁娶礼仪、风俗规约、汉晋简牍、碑铭题记等，均系当时当地百姓、官员、豪族、工匠商人、粟特胡羌、寺庙信徒、军旅戍卒等所亲见亲历，当属法律关系的主体和当事人、参加人。敦煌法制的一大特征是其庶民性、民间性、自治性，法律事务密切联系生活实际，关涉每个人的利益。由此可以看出，敦煌古代法制已经形成了国家制定法与地方立法相结合，国家法与习惯法、自治法相结合，自然法与僧俗两界法并存的二重性、多重性。同时，也已形成立法、执法、司法、监督、守法相衔接的法制体系，而且效率高，运作灵活。由此，敦煌法律文献所反映的敦煌社会，在一定程度上已是一个相当发达的法制社会。敦煌法学也必然具有与敦煌社会密切联系着的实践性、应用性。

　　敦煌历届地方政府或政权都以中央王朝正籍典章为基本遵循，注重国家正典与地方立法、实施细则相结合、与社会治理相结合；注重礼、法、刑、政综合为治；注重法律适用中的实际效果。在诉讼判集、案例、契约等公私文书中，体现出儒家文化的主流地位和各民族文化的影响，体现出中国优秀传统法律文化中天理、人情与法的和谐内涵和民本、民生、平等、正义的价值观，德主刑辅、宽仁慎刑、无讼等理念。敦煌古代社会法律体系比较完备，执行力度强，办案水平高，效率高，像《阿龙土地纠纷案》《宋玉认子案》《宋里仁侍母案》《候粟君所责寇恩事案》等，不仅适用法律准确、认定事实、证据严格，而且程序完备，判处得当，完全符合程序正义与实质正义。特别是办案人员态度认真、执法公正、效率高，灵活掌握情、理、法的衡平；诉讼当事人法制意识强，讼词有说服力。反映出办案的高水平、高质量，在中外案例史上也有很高的借鉴意义。这就使得社会整体治理处于比较稳定、成熟发达状态，为敦煌社会在相当长时期的繁荣安全提供了法制环境，也为中华法系的历史实践和文化传承提供了范例。这是敦煌人在千年悠长岁月中，法律生活与法律智慧的原创性结晶，在中国、在世界都是独一无二的。

　　敦煌法学的传承价值是：敦煌法学、法制、法文化是中华法系和我国优秀传统法文化的集中展示。它具有本土性、融汇包容性、丰富性以及融入现代的传承延续性、生长发展性。始终坚持大一统天下观、多元一体、多族一家、中央集权、郡县制、正籍典章、本土制度、集中展示了中华法系与传统法律文化优势；始终坚守中华民族精神基因，爱国爱家、抵御外侮、拱卫中原、维护国土安全的价值观，具有坚忍不拔、自强不息、向往美好生活的强大生命力和创新能力；始终重视民本民生、发展经济贸易，创造了经济繁荣、社会安定的局面，曾经富甲天下，河西存粮曾占全国三分之一；始终维护以儒家文化为主流的多元文化，包括与法文化的融合，使敦煌文化与五凉文化、丝路文化融为一体，构成西北文化与中原文化、江南文化并列文化三极，成为世界的敦煌、人类的敦煌；始终注重法制实践，形成较为完善发达的法律体系和制度体系，并具有很强的法律执行力，成为盛唐法制的一处范例。如果说《唐律疏议》是中华法系的标志性法典；那么，敦煌法制、法文化则是中华法系最有实证性、典型性、全景式的集中展示。而且，它的开放包容性、多元文化融合性已经伴随敦煌学产生了世界性影响。

敦煌法学立足于丰富、真实的法律文献资料及其所反映的敦煌古代法律生活；依托于前人百年研究成果；适应新时代深挖历史，把握当代，依法治国的新要求。我们怀着数十年的学习、关注、参与、思考，审慎地提出建立敦煌法学新学科及其学理体系的意见，主要是出于一种沉重的历史责任。如果让真实反映古代敦煌法制社会的数以千计的法律文献在尘封千年、出土百年之后，仍然缺乏专业化的、学科层次的系统整理与开掘，这是敦煌学与中国法学的一大遗憾。

由此，我们理应要以庄敬自豪的态度，提炼敦煌法学法制法文化的传承价值、典型意义，把握其历史延续性、关联性、传承性、生长性和发展规律，坚持唯物史观，反对历史虚无主义和文化殖民主义，弘扬敦煌法学法制法文化所集中展示的中华法系和优秀传统法律文化的有益价值，彰显中国意识、中国智慧、中国风格与中国语境，使敦煌法学成为法苑特色学科的一个新的生长点。成为与当代中国特色社会主义法律制度的深度连接的历史传承新模式，成为中国特色社会主义法治建设的厚重历史资源和丰润滋养。

在甘肃省法学会敦煌法学研究会
成立大会上的讲话

甘肃省委政法委副书记、省法学会党组书记　华风

（2020 年 11 月 21 日）

各位专家学者、同志们：

今天，甘肃省法学会敦煌法学研究会在兰州成立。这是我省法学法律界的一件大事喜事。我代表甘肃省委政法委、甘肃省法学会，向大会表示祝贺！向参加大会的各位专家学者致以诚挚的问候！

甘肃省法学会敦煌法学研究会的成立，对于建立敦煌法学新学科，改变敦煌法学冷门绝学的落后状态具有重要意义。敦煌是世界文化艺术宝库，敦煌学是世界显学，敦煌法学应是敦煌学的重要组成部分。敦煌法制文献研究与敦煌学研究同步已有百年学术史，但是，至今没有形成敦煌法学新学科，是敦煌学的一大缺失。这是令人遗憾的。敦煌就在我省，我们有责任改变这一状况。敦煌法学研起点。习近平总书记在敦煌座谈会上讲，要加强敦煌学研究，讲好敦煌故事。敦煌研究会的成立正

是落实习近平讲话精神的一件重大举措，必将为加强敦煌学和敦煌法学研究提供新的动力。

媒体报道、评论

敦煌研究会的成立，将有利于传承中华优秀法律文化的价值，推动当代中国特色社会主义法治建设，促进我省政法工作的新发展。敦煌法学具有很强的实践应用性，彰显出盛唐和敦煌法制的发达形态。敦煌法制和法律生活是当时当地敦煌人自己创造，自己生活其中，关系自身利益，寄托自身欲求的社会现实和历史记载，是真实生活的法律化、制度化。国法私契、民事刑事、诉讼判例，体系完整、办案认真、效率快、水平高，彰显整个敦煌法制状况已达发达程度。它有力地佐证中国特色社会主义法律制度不是从天上掉下来的，而是有着 5000 年的深厚历史土壤与实践基础，必将以史鉴今，为中国特色社会主义法律制度建设与社会治理提供新的滋养。

敦煌法学研究会的成立，将有利于推动普法教育，培养法律人才。敦煌法学的一大特征是它的庶民性、民间性，是敦煌当时当地人民的伟大创造。敦煌文化理应成为广大人民群众的精神财富，敦煌法学将本着学术下移民间，学术大众化，让老百姓看得懂，能够为人民群众所喜爱。敦煌法学研究将按照习近平所讲的讲好敦煌故事的要求，坚持大众化，让老百姓充分享受敦煌的文化和法律文化的成果，提高法治观念和法律意识。同时，研究会将大力组织敦煌法学人才培养，为我省和中国法学研究提供是雄厚的后备力量。

最后，敦煌法学研究意义重大，任务艰巨，需要大家艰苦奋斗，发扬敦煌学术团队精神，使敦煌法学迅速稳步地发展起来，预祝敦煌法学研究会通过扎实的努力获得成功。

甘肃省法学会大力推进敦煌法学研究和人才培养

作者：中国法学会《民生与法制时报》社记者　李卓谦

时间：2021. 6. 3　9∶50∶36

为敦煌法学研究打造重要阵地和专业平台

4 月 24 日，100 多名来自不同高校的敦煌法学爱好者拿到了甘肃省法学会敦煌法学研究会和兰州大学敦煌法学研究中心共同颁发的第一期敦煌法学新文科人才培训班结业证书。

从最初计划招录 80 人，到最后 300 多人报名、100 多人结业，第一期敦煌法学新文科人才培训班比预想的要"火爆"。在结业仪式上，甘肃省法学会敦煌法学研究会会长李功国与学生一样高兴、激动。

李功国介绍，敦煌法学，在敦煌学的影响带动下，已有百年历程，凝结着几代人的心血和汗水，取得了丰硕研究成果，为敦煌法学的综合系统研究和学科理论建设开创了条件，奠定了基础。但苦于专业研究人才极度匮乏，敦煌法学的发展一度停滞不前。上述培训班的成功举办让大家看到了希望，看到了敦煌法学后继有人。更让他欣慰的是，此次培训班也取得了丰厚的研究成果，共组织学员撰写学术论文 93 篇，且大多在敦煌法学研究领域具有较高的学术水平和价值。

甘肃省法学会秘书长曹军利表示，开展敦煌法学研究是甘肃法学界以实际行动践行社会主义法治文化建设的具体举措，甘肃省法学会将加强与各高校、科研院所专家学者的联系，在法学研究、学科建设、法治文化大讲堂等方面深入合作，力争推出一批有影响力的优秀法学人才和学术成果。

成立敦煌法学研究会讲好敦煌法治故事

敦煌文化延续近两千年，是世界现存规模最大、延续时间最长、内容最丰富、保存最完整的艺术宝库，是世界文明长河中的一颗璀璨明珠，也是研究我国古代各民族政治、经济、军事、文化、艺术的珍贵史料。作为敦煌学的一个分支学科，敦煌法学是研究我国敦煌及其周边地区石窟艺术与出土法律文献及其他资料中所反映出的我国古代敦煌法律现象、法律生活、法制状况、法律关系、法律变迁及其规律的学问。

"敦煌文献中包含着丰富的古代敦煌法制法文化内容，大家对敦煌法制文献的研究，成果斐然。但至今敦煌法学尚未形成自身学科理论体系，尚未在敦煌学中占有一席之地。"李功国表示，敦煌地处甘肃，甘肃法学界拥有得天独厚的研究条件，对敦煌法学的研究和繁荣负有不可推卸的历史责任。

2020 年 11 月 21 日，甘肃省法学会敦煌法学研究会正式成立，这是继 2020 年 6 月 20 日"兰州大学敦煌法学研究中心"成立之后，甘肃法学界在敦煌法学研究道路上的又一件大事。

在成立大会上，甘肃省委政法委副书记，省法学会党组书记、常务副会长华风表示，要把敦煌法学研究会办成凝聚全省敦煌法学研究力量的重要阵地和专业平台，甘肃省法学会也需继续大力支持敦煌法学研究会的工作，努力为研究会繁荣法学研究、服务法治实践创造良好的条件。

"研究会的成立，标志着敦煌法学研究已从分散、自发的民间学术活动向在国家指导和支持下的集中统一的、自觉的学术活动转变，得到了法学界的重视。"李功国说，这是敦煌法学研究新的觉醒和历史拐点，也是敦煌法学学者和爱好者数十年艰苦奋斗的结果，还是甘肃省法学会、兰州大学和相关单位理解、支持的结果。

根据甘肃省法学会敦煌法学研究会章程，甘肃省法学会敦煌法学研究会是甘肃省法学会下属的学术研究会，致力于敦煌法制文献资料的收集、整理、考释、利用以及敦煌法学基础理论研究，培养学术交流与专业人才，弘扬中国优秀法律文化。研究会的宗旨是团结甘肃全省敦煌法学研究力量，与兰州大学敦煌法学研究中心等单位密切协同、联合攻关、艰苦奋斗、实事求是、创新发展，为构建敦煌法学新学科、加强敦煌学研究、讲好敦煌故事、弘扬中国优秀传统法律文化作出应有的贡献。

甘肃省法学会敦煌法学研究会成立后，除积极参加中国法学会和甘肃省法学会组织部署的各项工作与学术活动，承担科研与立法项目，为依法治国、依法治省和以法治引领甘肃经济建设、社会建设和文化建设服务之外，还将重点开展敦煌法制文献资料的收集、整理、考释、利用，编辑资料集、建立资料库等工作。目前，该研究会组织编写的《敦煌法学文稿》《敦煌古代法律制度要论》共 100 万字的学术著作即将问世，《敦煌法律故事 200 例》《陇上法律人物》等多部书稿也正在组稿之中。

除此之外，甘肃省法学会敦煌法学研究会还将积极开展敦煌法学基础理论研究，形成敦煌法学学理体系、制度体系、实践体系、方法体系，为完善和构建敦煌法学新学科做出努力；深挖历史，把握当代，总结提炼敦煌法学的典型性、传承性、发展性，为法治中国建设提供历史依据与现实滋养；加强学术交流，举办学术座谈会、交流会，组织必要的考察、访问，加强与国内外敦煌法学界的联系、沟通、资料交流，试办文集、专刊，共同促进敦煌法学的发展；促进学术大众化，将敦煌法学中的真善美经典案例列入"普法"内容，为人民群众讲好敦煌法律故事；加强人才培养，创造条件在相关高等院校建立敦煌法学专业方向，培养研究生；举办敦煌法学"新文科"培训班，培养更多敦煌法学研究人才。

"我们要以严谨负责的态度，提炼敦煌法学法制法文化的传承价值、典型意义，把握其历史延续性、关联性、传承性、生长性和发展规律，弘扬敦煌法学法制法文化所集中展示的中华法系和优秀传统法律文化的有益价值，彰显中国意识、中国智慧、中国风格与中国语境，使敦煌法学成为法苑特色学科的一个新的生长点，为法治中国建设提供丰富资源和丰润滋养。"李功国说。

推动敦煌法学新文科建设培养后备研究人才

培养更多敦煌法学研究人才是敦煌法学研究会的主要任务之一，也是甘肃省法学会一直在努力推动的一项工作。为此，敦煌法学新文科建设和敦煌法学新文科人才培养被列入甘肃省法学会敦煌法学研究会近期的重点工作计划。

李功国对敦煌法学新文科建设抱有非常大的期待。他认为，敦煌法学立足于丰富、真实的法律文献资料及其所反映的敦煌古代法律生活，依托于前人百年研究成果，能适应新时代依法治国的新要求。

"我们审慎地提出建立敦煌法学新学科及其学理体系的意见，主要是出于一种历史责任。如果真实反映古代敦煌法制社会的数以千计的法律文献尘封千年、出土百年后，仍然缺乏专业化的、学科层次的系统整理与开掘，那么这是敦煌学、法学研究者的一大遗憾。"李功国说。

据了解，敦煌法制文献研究成果丰硕，为敦煌法学研究打下了一个好的基础，但其迟迟未能从敦煌学学科群中独立分离出来。对此，西北师范大学法学院教授王勇说，就敦煌法制文献研究自身来看，该研究主要是对部分文献的考释，缺乏整体观察、综合研究，且法学专业性研究薄弱，敦煌学各大研究机构和高校极少配备法学专业人员，也没有人才培养计划，没有组织保障，致使敦煌法学至今尚未完成学科理论框架建设，尚未在敦煌学中占有应有的一席之地。

在王勇看来，敦煌法学新文科建设，是以兰州大学、西北师范大学等高校为代表的甘肃法学界，立足敦煌、立足西北、立足华夏文明传承创新示范区，率先为中国法学新文科建设探路。

到底该如何理解"敦煌法学新文科"？王勇说，敦煌法学新文科，是以中国法学和敦煌学交叉为基点，以传承中国传统优秀法律文化为使命，以夯实中国特色社会主义法律文化的历史根基为目标，以建构主体性中国法学为愿景的一门新型交叉学科。基于敦煌学的学科特点，敦煌法学新文科所体现的学科交叉，已经超出了单纯的数个文科之间的交叉和融合，具有文科与理工农医深度交叉融合的潜在趋势。同时，敦煌法学新文科还具有将国学与史学重新整合起来的优势，对于重建既具有中国特色又能够面向世界的"经史之学"意义重大。

王勇表示，敦煌法学是典型的真善美学，具有丰厚的法理学、法哲学和法美学资源。这些资源具有知识层叠性和递进性，对推动中国法学新文科教育创新发展、构建以育人育才为中心的哲学社会科学发展教育新格局、加快培养新时代卓越法治人才具有重要的意义。

在甘肃省法学会的支持下，目前，兰州大学组建了以李功国、韩雪梅、康建胜等为中心的教学科研团队，成立了敦煌法学研究中心；西北师范大学成立了西北法律文化资源整理与应用研究中心，出版相关学术辑刊《西北法律文化资源》（已出版至第四辑），成立了以王勇、牛绿花、田庆锋等为中心的教学科研团队。这些都为敦煌法学新文科建设提供了强有力的专业支撑。

今年，甘肃省法学会还专门印发文件，要求有关高校充分发挥文化大省优势，在甘肃全省出土的数量庞大的秦汉简牍和敦煌文书中，充分挖掘、整理和阐释蕴藏其中的优秀法律文化资源和国家治理智慧，建议设立法治文化与敦煌法治文化研究所（院）等研究机构，加强法治文化复合型学科建设，研究设立"法治文化与敦煌法学"二级硕士点和二级博士点，并将其纳入平安甘肃建设年度考核和甘肃省法学会年度考评。在人才培养方面，将采取强化服务、经费保障等方式进一步支持敦煌法学研究，继续以举办敦煌法学新文科人才培训班、敦煌法学高端论坛、法治文化大讲堂等方式培养敦煌法学人才、宣传弘扬敦煌法治文化。

四 最高人民法院党组书记、院长周强来兰州大学调研并与法学院教师代表座谈

9月29日上午，最高人民法院党组书记、院长周强在兰州大学调研座谈时强调，要坚持以习近平新时代中国特色社会主义思想为指导，深入贯彻习近平法治思想和习近平总书记"七一"重要讲话精神，坚持理论联系实际，促进人民法院与法学院校、研究机构的交流与合作，共同为推动新时代社会主义法治人才培养、推进法治中国建设作出积极贡献。甘肃省委常委、省委政法委书记胡焯，甘肃省高级人民法院党组书记、院长张海波，兰州大学党委书记马小洁、校长严纯华等参加调研或座谈。周强与法学院教师代表座谈交流，围绕深入贯彻习近平法治思想、推进司法改革、深化法学研究进行了探讨。周强指出，兰州大学底蕴深厚、特色鲜明，广大教师潜心治学、心无旁骛，法学院在敦煌法学研究、"一带一路"法律问题研究、马克思主义法学研究等方面做出了许多很有价值的成果。周强强调，要认真贯彻落实习近平总书记在中央人才工作会议上的重要讲话精神，深入贯彻习近平总书记在中国政法大学考察时的重要讲话精神，进一步加强最高人民法院与兰州大学的联系与合作，支持兰州大学和兰州大学法学院建设，加强理论研究和司法实践融合发展，共同培养造就更多优秀法治人才，同时把兰州大学法学研究成果宣传推介好、转化运用好。希望兰州大学与人民法院在人才培养、学科建设等方面加强深度合作，特别是发挥学科交叉优势，运用好人才资源，在生态环境司法、经济法学、法经济学等领域加强研究，共同为推动新时代社会主义法治人才培养、推进法治中国建设作出积极贡献。会上，严纯华表示，学校将认真落实周强同志提出的工作要求，努力搭建合作载体、健全合作机制，在学生实践锻炼、法律课题研究、高素质法治人才培养等方面与各级人民法院开展更加深入的合作，以学校在长期研究中形成的系统成果，为推进国家治理体系和治理能力现代化作出应有贡献。教师代表李功国、马明贤、迟方旭分别围绕敦煌法学研究、"一带一路"沿线国家法律制度研究、马克思主义法学研究和英雄烈士保护工作等进行了交流发言，并对相关工作开展提出了建议（以上引自兰州大学党委宣传部新闻中心）。周强和各位领导参观了法学院学术成果展，对李功国教授新近出版的关于敦煌法学的两部著作，即《敦煌法学文稿》和《敦煌古代法律制度略论》，很看重，翻阅后说，"这是两部重要著作，很有意义，应当推广推介，推向世界。"李教授将两部书赠送周院长，请院长指导、赐教，提道："周院长几年前曾在全国敦煌会议上倡导，敦煌法律资源丰厚，要大力开展'敦煌法学研究。'习近平主席2019年巡视甘肃、河西更提出'要加强敦煌学研究'，这几部敦煌法学系列著作，正是在总书记和中央领导同志的倡导鼓励下，在甘肃省委政法委、法学会和兰州大学的支持下，经过作者辛勤劳动成书的。虽然大体构建了敦煌法学的学理体系，为敦煌法学新学科建设打下了一定基础；但还仅仅是初步的，尚需要艰苦努力，坚守奋斗，才能在创造性转化，创新性发展中，完成敦煌法学新学科建设这一历史使命。敦煌法制文献所真实反映的敦煌古代社会，是发达的法制文明社会，是中华优秀传统法律文化的集中展示。它的最大特点是本土性、主体性、包容性、民族宗教性、实践性、文化性，在当今世界地缘政治格局下，它更具有了抵制法律殖民主义、民族虚无主义的强大战略意义。敦煌、河西、西北是中华民族根脉重地，理应固本强基，加深对敦煌、河西、西北法治文化研究，为中国特色社会主义法治文化建设多做贡献！"周强院长说："讲得很好。"李教授年迈高龄，为开拓中国法学新领域作出了重要贡献，值得钦佩！今后要加强联系、共同努力，祝愿敦煌法学取得新发展！

五　学术成果
著作

兰州大学敦煌法学研究中心、甘肃省法学会、敦煌法学研究会成立前后已经有部分学术成果出版，两个机构成立后，又完成了下列学术成果：

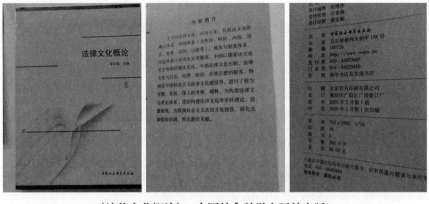

《法律文化概论》（中国社会科学出版社出版）

《敦煌古代法律制度略论》（中国社会科学出版社出版）

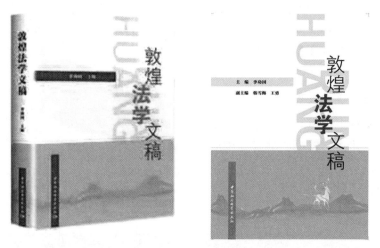

《敦煌法学文稿》（中国社会科学出版社出版）

内容简介

世界显学敦煌学是一个多学科集合体，敦煌法学是敦煌学的一个分支学科，一个重要组成部分。

敦煌法学于 19 世纪初与敦煌学同步产生，历经百年发展，成果累累。但至今没有形成完整的学科理论体系，没有在敦煌学中占有一席之地，这不能不是敦煌学与中国法学的一大遗憾！

为此，本书及其姊妹篇《敦煌古代法律制度略论》及其他系列著述，旨在构建敦煌法学基本学科理论体系。阐述敦煌法学的概念、特征、研究对象与范围、要素与结构、敦煌出土法律文献的组成、历史文化背景、价值与现实意义、研究方法与成果综述等。以期在前人研究成果的基础上，以整体观察的眼光，进行一次新的、系统完整的综合，从而弥补敦煌法学的缺失，建立敦煌法学新学科，开拓敦煌学的研究领域，也为传承优秀法律文化、为当代社会主义法治文化建设提供滋养。

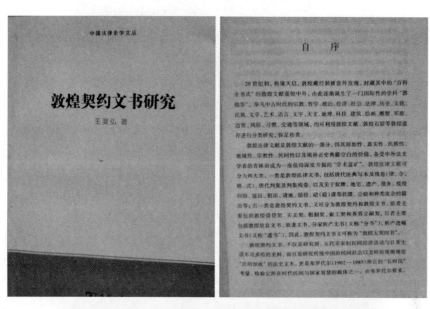

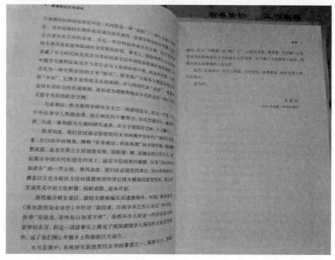

论文

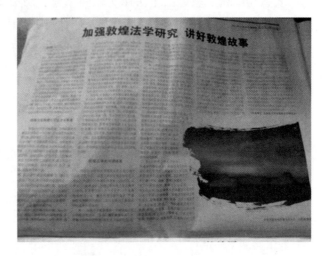

中国法学会《民主与法制时报·理论版》

【我们兰大人】李功国：青牛函谷犹可期

2022 – 05 – 19 10：07·兰州大学

年近83岁的法学院李功国教授背朝窗户端正地坐在会议室的椅子上，虽处于耄耋之年却仍精神抖擞。面对我们，他时而慷慨陈词，时而宁静温和，缓缓地讲述着他这八十多年的旧时光。

希望成为对国家有功的人

海洋生物专业毕业的他却以一生的耕耘在与之相去甚远的法学领域开拓出了一片天地；法院工作期间得心应手却在临近知命之年毅然弃业从教，桃李芬芳；退休之后本该安享晚年却仍心系甘肃、心系法学，研究和繁荣敦煌法学，为其增添异彩。

八十余载披星戴月，八十余载栉风沐雨，行过山水万程。

李功国 1939 年生于山东省淄博市桓台县一个教师家庭，祖父是一名私塾先生，父亲是一名小学校长。但据先生回忆童年生活中，外祖母王张氏与三舅王幼平对他影响最深。

父亲因工作地点较远经常不在家，母亲去世又早，李功国与弟弟妹妹三人在外祖母身边长大。"我外祖母一生吃过很多苦，但她从不会抱怨生活，这是外祖母对我影响最大的地方：就算吃再多的苦也不会抱怨。"

李功国的三舅王幼平 1931 年加入中国共产党，在宁都起义后参加红军。中华人民共和国成立后，他历任中国驻罗马尼亚、挪威、肯尼亚、古巴等国大使，外交部副部长、中共中央顾问委员会委员。谈及三舅王幼平，李功国就像个孩子似的，眼神中充满了崇拜之情，讲述起来也滔滔不绝。"我舅舅是老革命，参加过红军长征、跟周恩来总理搞过地下工作、参加过抗美援朝、解放西藏，再后来成为了将军大使。"

1950 年李功国母亲去世后，李功国的学费、生活费都由王幼平承担。李功国从王幼平那里得到的不仅是物质上的支持，更多的是精神上和心灵上的关爱与引导。

对于中国共产党的历史、中国共产党的初心和使命，李功国因为其舅舅的影响从小便耳熟能详。李功国初入党时，王幼平便给他寄去了一封信表示祝贺：功国入党，是我们第三、第四代的党员，你要做一个好的共产党员，与国家一起成长，你的名字寄托了我们对你的期望，希望你成为对国家有功，为国家做贡献、精忠报国的人！

时光无痕，却在李功国的心里刻下千丝头绪。外祖母王张氏吃苦耐劳、不抱怨的精神，舅舅王幼平的革命精神与人文情怀从小就对李功国产生了潜移默化的影响，让他在未来选择了一条滚烫的人生路。

践行公平正义

"成绩优秀""学习委员""保送"……同时拥有这些标签的李功国却并非一个"死读书"的人。上学期间他十分喜爱文学，创办过文学社，读中学的李功国便发表过几篇小说、文章。谈及此，李功国自豪地说道："我的文学素养还是很高的！"

李功国用笔名弓戈在《当代文艺思潮》第三期发表了当代诗评文章《去其自负，取其自信》。这篇文章在《当代文艺思潮》发表后，被《文学评论》《作品与争鸣》等数家刊物转载。北岛写信给《思潮》编辑部，认为这篇诗评是公正的、实事求是的，是真正懂得中国当代诗歌的。著名文学评论家谢昌余认为，这篇文章表现出"作者可贵的责任意识和精神操守"。

1964 年，李功国从山东海洋学院水产系（现中国海洋大学水产学院）毕业，由于历史原因，当时国家暂停了所有海上研究项目，学生都要被分配至内陆。学习海洋生物的李功国服从安排，来到了甘肃，自此他的故事便在这片广袤的西北大地上展开。

工作生涯中李功国前期参与过劳动锻炼、建干校、当厂长，在落实政策工作队中辅助过相关部门落实政策，后大部分时间在甘肃省高级人民法院工作，先后任审判员、办公室副主任、研究室主任。

工作中，李功国主观上坚决不会把任何一个人当成敌人，全心全意为他人服务。就这样，李功国因为工作做得好，慢慢地有名气了，也就是在那段时期李功国入了党。

1973 年，全国各级人民法院恢复重建，当时李功国是公安、法院都想要的人才。当年的情景在他的脑海里记忆犹新。省高院的老院长刘兰亭告诉他："小李啊，我知道你很不错，虽然年龄小但很稳当，很愿意动脑子，很愿意学习，法院很需要你这种人，我看你还是到法院来！"

一句"好，我愿意！"李功国就在省法院工作了近 20 年。职务在变，但为他人服务的心，却十八年如一日。

李功国在法院和研究室的工作有很多，其中一项就是审判政策的调研与起草。20 世纪 80 年代初，李功国与同事们绘制的甘肃省 30 年青少年犯罪数量变动曲线得到的研究成果被新华社《内参》采用，并由中国社会科学院报送中共中央政治局，引起党和政府的高度重视，对预防和打击青少年犯罪立法与执法起到了促进作用。这段时期李功国起草了刑事、民事、经济案件政策界限的文件材料百余件，如"伤害与杀人案件区分""关于抢劫案件审理中的几个问题"等，均由最高人民法院转发全国，为国家法制建设作出了贡献。

在法院工作期间，李功国独立办理重大案件 300 多件，撰写重要材料达 300 余万字。这个时期甘肃省高级人民法院研究室工作在全国各级法院研究室名列前茅。李功国参与平反了 16000 千多件冤假错案，李功国说这是他觉得这辈子干得最光彩的事情，是一个共产党员一生最应该做的。

甘肃当时一共 111 个县，因当时交通原因，只有肃北一个县李功国未涉足过。110 个县、24000 余份资料，李功国几乎调研了甘肃每一个中级与基层法院，查阅卷宗近万册。

向着美好的事物敞开心灵

1987 年春，李功国辞去了甘肃省法院的工作和职务，毅然在天命之年以一名普通法学教师的身份进入兰州大学。回顾往昔，李功国十分庆幸自己在人生的重要关头选准了方向，成为一名名副其实的兰大法律人，一名光荣的人民教师。

在业界，李功国做实践，是说话有分量的骨干；来兰大，李功国做理论，是最初级的教师。业界向学界的转换对于李功国来说是不易的，但他并未气馁，开始了艰苦的劳动和高强度的专业学习。

李功国有一次去成都出差，一路上昼夜苦读，到成都时笔记做了整整一本。后来去武汉大学参加学术会议，会后乘船溯江而上，一路上连续四昼夜读完一部 50 余万字的文集。几乎一路没看沿江风景，两岸猿声更未听到，千里行舟在苦读中渡过。

看到有人下船，李功国问他的下铺："三峡过了没？"

"三峡？三峡早就过啦，这都到重庆了！看你一直在看书，我们都没好意思叫你！"

就这样，李功国迅速在理论上提升，适应了新的教师岗位，赶上了相应的研究与教学要求，并开始为本科生开课，深入学生之中。恰好，兰大法律系于 1984 年恢复重建后招生的首届 84 级本科生已是大三，他便于1987年9月新学年第一学期，为该班开设文理兼备的新课《犯罪心理学》。

一身中山装，以一名人民教师的庄重身份步入三尺讲坛，面对40余名莘莘学子，开讲课程时还半带着山东土话的语调，这是李功国第一次给学生们上课时的情景。看到同学们专注的神情，听到他们记写笔记的沙沙声，李功国仿佛可以感受到他们年轻一代对知识的渴求与新一代法律人的心音动脉，猛然间一股暖流与激情涌上心头，职场转换的陌生与胆怯一扫而光。

1986年法学院获得国务院学位办审批的经济法硕士点，1997年获得由李功国教授牵头申报的民商法硕士点，成为兰大法学院最早的硕士点之一。后来法学院又取得法学硕士一级学科点和2020年的法学博士二级学科点。这期间，李功国还主编了《民法本论》《中国古代商法史稿》《法律文化概论》、中译本《欧洲十二国公司法》等著作。

作为老师的李功国对于课堂是敬畏的，他从无迟到早退。据统计，李功国所带学生已有数百名法学博士，他们或薪火传承，成为教授、博导，奉献于国家法律人才培养一线，或走上省部级、公检法司、高校、学院主要领导岗位，以深厚学养、精深造诣致力于依法治国学术与实践前沿。

"学生们都是可爱的，我们作为老师要对孩子们全心全意、真心真意，要投入，要爱生如子。"提及学生们，李功国眼神中满是父亲般的慈爱与对事业的敬畏，"孔子笔下的'君子'形象，正是'修己安人'，向着一切美好事物敞开自己的心灵。王国维也说教师要有一颗'美丽的心'。这些话语，道尽了教师的尊严、情致、学识与责任，能够追随先哲，成为教师中的一员，是一生的最大亮点。"

研究和繁荣敦煌法学

2021年4月，甘肃省法学会敦煌法学研究会和兰州大学敦煌法学研究中心共同举办了第一期敦煌法学新文科人才培训班，100多名来自不同高校的敦煌法学爱好者拿到了结业证书。

从最初计划招录80人，到最后300多人报名、100多人结业，第一期敦煌法学新文科人才培训班比预想的要"火爆"。和学员一样，李功国也难掩内心的激动。

2006 年，李功国从教师岗位退休，但他依然笔耕不辍，学术的脚步从未停下。退休后的时光，他一直在从事一项研究工作——敦煌法学。他每天给自己分配了 8 小时的研究创作时间，上午 3 小时，下午 3 小时，晚上 2 小时，要是碰到兴趣极浓的资料时还会通宵创作。李功国时常与老伴儿说再干两年就"退休"，而他的老伴儿每每都会毫不留情地戳穿他：你这个是停不下来的！

"别看我是个山东人，但我对敦煌的了解及感情更深。"早年李功国去法院工作之前，在河西地区度过了 8 年的时光，这期间张掖、武威、酒泉、敦煌，李功国都踏足过，也就是这 8 年时光使李功国意识到敦煌是个珍贵的文化宝地。

敦煌文化延续近两千年，是世界现存规模最大、延续时间最长、内容最丰富、保存最完整的艺术宝库，是世界文明长河中的一颗璀璨明珠，也是研究我国古代各民族政治、经济、军事、文化、艺术的珍贵史料。作为敦煌学的一个分支学科，敦煌法学是研究我国敦煌及其周边地区石窟艺术与出土法律文献及其他资料中所反映出的我国古代敦煌法律现象、法律生活、法制状况、法律关系、法律变迁及其规律的学问。

在敦煌学的影响带动下，敦煌法学已有百年历程，凝结着几代人的心血和汗水，取得了丰硕的研究成果，为敦煌法学的综合系统研究和学科理论建设开创了条件，奠定了基础。但苦于专业研究人才极度匮乏，敦煌法学的发展一度停滞不前，李功国对此十分遗憾。

后来在兰州大学教书时李功国敏锐地察觉到，法律领域中关于河西这片区域的研究还是一片文化空地，敦煌法学的研究也是一片空白。于是，敦煌法学的研究项目由此展开。

莫高窟内的史料非常丰富，文献中包含着丰富的古代敦煌法制法文化内容，例如土地制度、行政制度等。"我们刚好和敦煌学研究团队互相补充，他们拿到资料进行简单的翻译、解释、注释，这其中就有很多的法律文章，那我们就进行深入的研究。"不仅如此，这些年李功国团队也积累了很多可供研究的资料。

2020 年 11 月 21 日，甘肃省法学会敦煌法学研究会正式成立，81 岁高龄的李功国当选研究会会长。这是继 2020 年 6 月 20 日"兰州大学敦煌法学研究中心"成立之后，甘肃法学界在敦煌法学研究道路上的又一件大事。

对于敦煌法学的研究，李功国有三个"一百"的目标："一百个研究敦煌法学的学生""一百篇高档次的论文"，以及"一百万字的书稿"；"立志于让敦煌法学成为法苑特色学科的一个新的生长点，为法治中国建设提供丰富资源和丰润滋养"。

目前，甘肃省法学会敦煌法学研究会组织编写的《敦煌法学文稿》《敦煌古代法律制度要论》共100万字的学术著作即将问世，《敦煌法律故事200例》《陇上法制与法律人物》等多部书稿也正在组稿之中。

被问及为何退休后仍笔耕不辍，李功国感慨道："我都到这个年纪了，早已没有了什么功利心啊。我来甘肃这么多年，就想着要为它留下些什么。"

在面向全体兰大法学校友征稿的"兰大法律人的故事"专栏中，李功国撰写了开篇词。

光滑的A4纸上立着工工整整的黑色方块字，乍一看好似一幅工整的临摹，仔细看却发现那些横、撇、捺都是锯齿状的，透过这些波浪线的锯齿状可以看出背后写字之人用了多大的力气与毅力去书写。"老啦，现在手已经抖得不成样子了，但我还是想再坚持坚持。"

匆匆一日，忽忽一生。李功国说："我现在感觉自己好像还有许多事情没有做，还有许多想完成的没有完成，如果要停下来，可能要到离开的那天了……"

夕阳渐移，李功国行走在校园中。路两边的树木郁郁葱葱，橘黄色的阳光铺洒满地、斑驳林立，好似把兰大的春风酿成了千言万语，跟在李功国的身后，吹过他的故人旧里。

来源：兰州大学报

文：王耀辉、武莹景

编辑：王瑛

责任编辑：彭倩

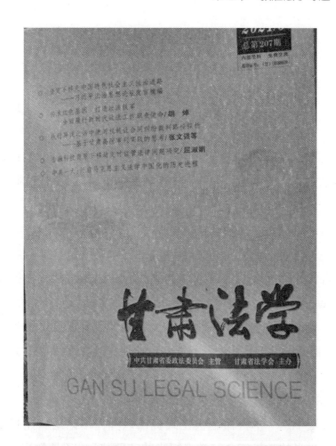

《甘肃法学》刊载，一门新兴人文学科——敦煌法学

敦煌法学的知识形态与未来图景

张雪寒①

弁言：选题的源起

2020 年 11 月 25 日，甘肃省法学会敦煌法学研究会正式成立，作为"敦煌法学"夙先的倡导者，敦煌法学研究会会长李功国先生在会上谈道②："成立该研究会标志着敦煌法学研究已从分散、自发的民间学术活动走向国家公助，这是诸位敦煌法学学者和爱好者数十年艰苦奋斗的结果。"

这一结论厘定了敦煌法学的学科属性。按照定义，敦煌法学是"研究我国敦煌及其周边地区石窟艺术与出土法律文献及其他资料中所反映出的我国古代敦煌社会法律现象、法制状况、法律生活、法律关系的学问，是敦煌学的一个分支学科、一个重要组成部分"。③ 其实，在"敦煌法学"这一论题正式提出畴昔，敦煌法律文献研究业已历经近百年的历史④，其主要关注对象是敦煌及河西一带出土简牍中的法律文献，学人围绕敦煌法律文献中的契约文书，产出了一系列学术成果，并将敦煌契约文书的研究提升到了一个新的高度⑤。

自敦煌法学这一学科命题被正式提出以降，不论是从诠释学意义上的敦煌法学自身的学术使命和学术担当的"赋格"，还是敦煌学、法学这两大学科各自的研究范式刷新及知识生产而言，都可谓是一个难能可贵的机缘，具有独到的意义。诚然，敦煌学的发展已有 100 多年的历程，敦煌学的研究涵盖了人文学科的各个领域⑥，但对敦煌学经由法学向度的知

---

① 作者简介：张雪寒（1993—），甘肃省酒泉市人，中南大学法学院博士研究生，湖南省高级人民法院—中南大学司法人工智能研究中心研究人员；研究方向：法律社会学。

② 《甘肃省法学会敦煌法学研究会成立》，载中国法学会网站，https：//www. chinalaw. org. cn/index. php/portal/article/index/id/29116/cid/25. html，2022 年 2 月 18 日访问。

③ 详见李功国主编《敦煌法学文稿》，中国社会科学出版社 2021 年版，第 17 页。

④ 马德、马高强：《进一步开创敦煌研究的新局面》，《敦煌研究》2022 年第 1 期，第 138 页。

⑤ 罗将：《二十年来敦煌契约文书研究述评与展望（2000—2020）》，《河西学院学报》2020 年第 4 期，第 53—59 页。

⑥ 赵声良：《百年敦煌艺术研究的贡献和影响》，《中国社会科学》2021 年第 8 期，第 157—165 页。

识建构而言，除却对传统敦煌契约文书的写本研究以外，在更为广泛及更为深刻的意义上，敦煌学法学向度的研究尚存在着广阔的探索空间。这是因为，法与文化是不可分割的，法是一种复杂的社会—文化现象，就应该把它放在社会—文化的整体结构中去把握。① 不论从法律意识或法律制度作敦煌法学研究的切入点，敦煌文化始终构成了学者研究的意识自觉。只有充分了解产生某一种法律的社会背景，才能了解这些法律的意义和作用。②

由此，敦煌文化可以视为敦煌法学研究的整体语境，而敦煌法律世界恰好又是观察我国历史法律文化的典型样本。又因敦煌在中国历史的很长一段时间里，都曾是丝绸之路上繁华的国际都会之一③，试想在汉唐时期，敦煌作为丝绸之路的枢纽，它是无数商人、使节、僧侣中西交往互通的离散地，不同文明背景与价值观念迥异的主体在此进行社会交往，而主体相互之间的交往，势必是一种依据"法律"作为沟通理据的交往而非依据道德或宗教的交往；同时敦煌又是古代中华帝国经略西域的前线阵地，必定存有古典敦煌关于大国宪制传统的典章制度。因而敦煌法学也是特定时空中人们权利义务分配的制度构造，是经受历史的社会主体普遍所承认的现实活动的规范。这从侧面反映了，敦煌法学研究需要从敦煌文化的总体入手，除了剖析敦煌律文遗书之外，需要人们注重体察敦煌法律世界背后的深厚文化历史传统，于现象中求本质，于变中见不变。因为法正是文化的题中应有之义，法律文化研究少不了要谈历史与传统，否则，就不能深入下去，终究只是现象的肤泛说明④。

研究视角：敦煌法学的内部与外部视角

1. 敦煌法学的"内部视角"：敦煌学的理论承继与表达

站在敦煌学的立场上看，按照敦煌学的定义⑤，敦煌法学无疑是敦煌学的子系统，敦煌法学这一命题的提出，理论上为敦煌学研究的范式更新与成果再产出提供了作业空间。作为以地名学的敦煌学，它的一切是

① 参见梁治平《法辨》，广西师范大学出版社 2020 年版，第 4 页。
② 瞿同祖：《中国法律与中国社会》，中华书局 2003 年版。
③ 荣新江：《敦煌学十八讲》，北京大学出版社 2001 年版，第 48—49 页。
④ 梁治平：《法辨》，广西师范大学出版社 2020 年版，第 17 页。
⑤ 郝春文：《论敦煌学》，《光明日报》2011 年 2 月 17 日，第 11 版。

围绕着"敦煌"展开的,但从研究的角度来说,则不能局限在"敦煌",要走出"敦煌"。①而当下就敦煌文献的整理和研究而言,通常使用的是文献学的范式和历史学的范式②。敦煌法学对敦煌学的知识贡献,很可能就在于挖掘与提炼敦煌学中的法律现象,将其从既往史料分析与文献注释的范式围墙内"解放"出来,置于法学的视野中重新进行观察,刷新和激活业已"例行化"的敦煌学研究,使得敦煌学研究中熟悉的研究经验再陌生化以及对再陌生化的研究成果予以整合。因为,"即使到了今天,从选题来看,敦煌学的研究也还是以传统题目和传统方法、范式为主,敦煌学的转型仍然是任重而道远"③。易言之,敦煌学经由法学这一世界上最古老的学问的桥梁沟通,或许能够揭示出隐藏在敦煌学体系中、关于人类文明生存发展结构的制度规范要素,为人们尤其是那些秉持"莫高精神"、坚守敦煌学研究"中国本位"的学人贡献另一套看待敦煌的视角,并从一种簇新的维度上,让敦煌学这样一门显学从法学的理论疆域中获得知识再生产的蝶变。

2. 敦煌法学的"外部视角":法学的历史经验与主体叙事

站在法学的立场上看,敦煌学是法学研究的活水源头,通过敦煌学的法学叙事,一定程度上能够给本土法学研究提供方法论意义上的启示,回应中国法学主体性问题的歧异。尽管敦煌法学的研究对象——敦煌社会早已湮没在丝路黄沙中,是只能通过写本、彩塑与壁画来复原、描述抑或想象的虚拟世界。但是,在人类尚未认识到文化领域的分别和它自身固有的规律性的早期时代,法律不仅与习俗、道德和宗教,而且与艺术紧密联结,甚至彼此包含④。经由这些鸿篇巨帙、体大思精的写本、彩塑与壁画所共同摹勒、还原出的法律意义世界,对关于人们规范生活——制度设计事实的描述,对关于多元文明、多元文化、多元民族与

①　刘进宝:《再论敦煌学的概念和研究对象》,《敦煌研究》2019 年第 5 期,第 13 页。

②　郝春文:《用新范式和新视角开辟敦煌学的新领域》,《敦煌研究》2020 年第 6 期,第 18 页。

③　郝春文、宋雪春、武绍卫:《当代中国敦煌学研究(1949—2019)》,中国社会科学出版社 2020 年版,第 4—5 页。

④　[德]古斯塔夫·拉德布鲁赫:《法哲学》,王朴译,法律出版社 2013 年版,第 122—123 页。

多元宗教沟通交往的政治历史智慧和法律心智图式的显明，以及对关于宗教壁画与本土故事所折射出的正义、公平、秩序等法价值的呈现而言，这些与法学规范元素紧密相关的文化现象，自身可能含藏着经由法学范式表达与转换后、作为法学本土化"锚点"的智识资源，有待人们进一步去挖掘与阐释。

归并论之，敦煌法学是传统敦煌学与法学沟通的"衍生物"，是一种新的"知识形态"，对其法学知识的身份负有应然的论证义务。其一，从语义分析学的角度，"敦煌"与"法学"的双向概念成组，字义层面的理解是"关于敦煌法律问题的知识和理论体系"，这决定了敦煌法学不仅需要站在既有敦煌学研究的理论逻辑视角，通过方法论与本体论意义上的敦煌文化，形成在文化层面更开阔、深入地进入和观察法律的视野；还要站在敦煌学资源的社会经验视角，即空间地理意义的敦煌学—敦煌史地，体悟与解释作为"地方性知识"的敦煌法学，在敦煌史地的地域表达中关照主体的规范交往活动。其二，敦煌法学是一门"新近"的学科，其能否成为一门"成熟"的学科，还有赖于进一步厘清固定的研究对象、塑炼自身的法科属性与促进知识的体系化。学科是知识的载体，是专门化的知识体系，承担着知识传承与创新的重任。这意味着敦煌法学这一学科在创制伊始便有知识专业化生产的目的，即将过去的敦煌社会关于法律交往与规范生活的经验知识形态从敦煌学资源的内外部视角进行新的推理，成为法学知识谱系中关于历史、文化与法理的规范知识形态，令敦煌学知识与法学原理实现实质性的融贯，使得敦煌学与敦煌法学之间展开更具实质性的对话，而不仅仅是作为一种"比喻性"的用法，进而发现这两者间新的联系，并转化为回应和解决当下现实生活中重大复杂的社会性问题和全球性问题的理论，推动法治事业的不断深化。

敦煌法学虽然必须培壅敦煌法律文献经典解读的一贯作业方式，却不能仅仅止步于此，而是必须能够解释与说明所处的社会，并尝试回应所处社会所遭遇的问题。无论是在特定历史时空层面、总体社会层面，还是在特定学术领域、特定的社会问题，这些问题非但构成了敦煌法学研究的客体，同时更是敦煌法学研究的视域。也正是在这个意义上，敦煌法学作为国际显学的衍生学问，才能更好地完成学科场域内"创造性转化"与"转化性创造"的知识使命。

理论因应：敦煌法学知识形态的三重叙事

从法学的知识论角度，它建立在认识论的基础之上。法学的知识性质，在很大程度上取决于其研究方法和研究对象这两个要素，前者决定法学知识的呈现方式，关涉法学知识谱系的建构与知识生产的进路；后者决定法学知识的基本性质与理论范畴，即人们在论及某类"法学知识"时，不免要推究这类法学知识的来源，亦即这样的知识是如何生成的？①从研究方法的角度看，不同的方法论选择往往会形成不同的知识，或者勾勒出不同的知识图式。譬如，王勇先生将敦煌法学的知识锚点定位在"中国法学话语体系的重构"②上，认为敦煌法学对当代中国法学自主性话语体系的重构具有独特而重大的方法论意义。从研究对象的角度来说，法作为一种规则体系，可以进行多元视角的观察，通过多元视角的观察又能够得出存在形态各异、理论价值各有千秋的结论。

通过亚里士多德的知识形态观得以推知，知识的三种存在形态分别为"理论知识—纯粹理性""实践知识—实践理性"以及"制造知识—技艺理性"。③围绕法学的知识形态，基于"法是一种规则体系"的普适性定义，以及根据法的研究对象的差异，又可以把法的形态分别定位为"价值—法哲学""规范—法理学"以及"事实—法社会学"。当通过这样的标准对敦煌法学的知识形态进行归类、甄审时可以发现，如果认为敦煌法学的研究对象是指"我国古代敦煌社会的法律现象"，是公元 4 世纪至 14 世纪这一特定历史时期、在敦煌这一特定地域，由历史上敦煌民众的族群、社群交往行动所构成的法律动态性景观，那么根据法的哲学命题："①一切法律均处于一定的时间结构之中；②法律的历史并非空洞的时间序列；③因为有了人，法律的历史才不是空洞的。"把敦煌社会这一居于中古时期时空片段的族群交往行动作为观察敦煌法律现象的基本立场，此时敦煌法学的知识，它既是"规范"向度内、中古时期敦煌民众关于交往行为的权利义务分配的规范表达，也是"价值"向度内、敦

---

① 陈兴良：《法学知识的演进与分化——以社科法学与法教义学为视角》，《中国法律评论》2021 年第 4 期，第 73—82 页。

② 参见王勇《"敦煌法学"与中国法学话语体系之重构》，载李功国等主编《敦煌法学文稿》，中国社会科学出版社 2021 年版。

③ ［古希腊］亚里士多德：《形而上学》，吴寿彭译，商务印书馆 1959 年版。

煌壁画所演绎的关于正曲为直、平衡正义的哲学隐喻，更是"事实"向度内、敦煌多元文明、多元族群、多元主体用以解决纠纷、寻求社会公平与秩序、帮助人们"讲道理"的必要手段。故此，敦煌法学从知识形态上存在着三重维度的叙事，需要分而述之。

1. "价值—法哲学"向度

法律不仅是面向全体社会成员的行为规范，体现对社会主体的规范效力，也是一种价值，体现对社会主体生存交往的人文关怀。尽管法律总是存在"现实取向"，人们需要法律来规范自身的生活实践，即解决社会的现实问题，但法学这一"关于法律的学问"，需要但不仅仅是用以回应社会现实，还同时涉及对法律自身价值伦理的评价与反思。价值向度上对法的考察，或者说对法的哲学性反思，一方面是基于法律对社会全体成员而制定，需要回应社会主体对公正正义的价值追求，另一方面是基于法律的内核并不总是实践取向的，更是理论思辨或是伦理评判的，前者体现法对人们的人文关怀，后者则体现法作为知识的使命与担当。

在法学的知识流变中，站在法学的价值立场上，西方法学家围绕"正义"所提出的、分门别类的学术判断和理论主张，譬如强调自然秩序乃正义的自然正义观、主张借助神灵超验理性的神学正义观以及侧重于人这一主体自身经验的理性正义观等。这些对理解法律价值具有重要影响的解释和观点，其学说本身可以追溯至西方的古希腊、古罗马文化，但就法律的价值性关注而言，古代的中国传统文化是毫不逊色的，尽管这种对法律价值的关切并非西方法律传统所定义的，而是侧重于人们普遍关注的自然、社会、人生等根本问题。敦煌法学作为大国历史地理文化交织、凝结的产物，本身存在诸多法哲学意义上的智识资源，尤其是敦煌石窟遗存中所反映的、关于法律价值的喻示。

譬如，敦煌壁画艺术的代表作之一，莫高窟第 257 窟的《鹿王本生图》的故事正是对人类所追求的最高价值——"正义"的哲学表达。首先，《鹿王本生图》反映出了古代传统中的法律逻辑与道德逻辑的耦合，体现出对"公序良俗"的尊重。壁画中当事人"调达"因其背信弃义、恩将仇报的行为而最终"罪行赝惩"，即便这当中的"法律"是神学超验性意义上的规范，但"规范本身并非人类追求的目标，而是利用规范追求公平正义，因此必须予以价值补充，才可实现此项伦理的要求。"① 在中西的法律史上，公序良俗从来是个与人未远的制度规定和行动理念②。尤其是在尊崇道德伦理和礼仪教养的我国古典传统中，背信弃义和恩将仇报的行为始终是为人唾弃和不齿的，而当事人也因此受到道德伦理上自我与他人的"谴责"，"教法"意义上的"刑罚"。其次，《鹿王本生图》体现的是一种以"行动为文本"的法律规范。这是指人类可以不必一定经由语言或文字规定、通过"类行为"便可达到规范的效应。按照常理，当事人调达溺水、被鹿王施救后，合理地负有替鹿王"保守秘密"的义务，这形成对当事人一种事实上的规范约束力。"替鹿王保守秘密、面对国王的悬赏理应保持沉默"这一行动本身是"被救者"的义务，是对正义价值的自然践履，而当"被救者"违背这一"推定"的义务之后，规范的拘束力此时便会作用在当事人自身，使得当事人自身来承担此不利后果。最后，《鹿王本生图》是对法律"实质正义"的艺术表征。现实世界中曾真实地发生过与《鹿王本生图》壁画故事高度类似的法律案件："里格斯诉帕尔默案"③。案例中的法官面对"法律冲突"，通过超越程序法治的立场而转向从高阶的实证正义观来解释和适用法律，尤其是法官在裁判说理部分对古老法谚——"任何人不能从自己的过错受益"的援引，无疑是该案最具有哲理运思的部分。如果说"里格斯诉帕尔默案"是现实法律世界价值与原则的具体诠释，那么《鹿王本生图》无疑是对

---

① 杨仁寿：《法学方法论》，中国政法大学出版社 1999 年版。

② 谢晖：《法律方法论——文化·社会·规范》，法律出版社 2020 年版，第 242 页。

③ 1882 年美国纽约，帕尔默用毒药杀死了自己的祖父，他的祖父在遗嘱中给他留下了一大笔遗产。帕尔默因杀人的罪行被判处监禁，但帕尔默是否能享有继承遗产的权利却存在分歧。一种主张是"既然帕尔默杀死了被继承人，那么法律就不应当继续赋予帕尔默以继承遗产的任何权利"。另一种主张是"由于纽约州的法律并未明确规定如果继承人杀死被继承人将当然丧失继承权，那么这份遗嘱在法律上是有效的，帕尔默应当享有继承遗产的合法权利"。主审法官厄尔的裁判理由在于：1. 法规的真实含义不仅取决于法规文本，而且取决于文本之外的立法者意图，立法者的真实意图显然不会让杀人犯去继承遗产；2. 理解法律的真实含义不能仅以处于历史孤立状态中的法律文本为依据，法官应当创造性的构思出一种与普遍渗透于法律之中的正义原则最为接近的法律，从而维护整个法律体系的统一性。3. 厄尔法官最后援引了一条古老的法律原则——"任何人不能从其自身的过错中受益"来说明遗嘱法应被理解为否认以杀死继承人的方式来获取继承权。最终，纽约州最高法院判决帕尔默败诉，剥夺帕尔默的继承权。详参美国联邦最高法院《里格斯诉帕尔默案判决书》（中英文对照），赵玉增译，2007 年 12 月 7 日，载民间法与法律方法网，http://www.xhfm.com/2006/1101/1397.html，2022 年 5 月 4 日访问。

想象法律世界正义与秩序的艺术表征。

2. "规范—法理学"向度

规范是法的基本存在形式，规范性是法律的根本性特征。不论以何种形式出现、以何种视角观察，法律总是以"规范"的形式呈现。在某种程度上，法理学首先是对法律规范本身展开研究作业的学问。沿着这个思路，对敦煌法学的规范研究集中体现于三个板块，分别是"国法""习惯法"以及独特的"教法"，而敦煌遗书中的公私法律文书、宗教文献又是这些规范研究的主要载体。

其一是对敦煌法学的"国法"规范研究，其主要针对的是不同历史时期敦煌地域官府的典章制度、官府文书以及判集案卷。其中，敦煌地域的典章制度，尤其是对"唐制"中"律、令、格、式"的写本记载，令人们得以窥见唐律的整体面貌，弥补当世唐制除"律"之外、"令、格、式"散佚的憾仄，譬如唐制的刑事法《神龙散颁刑部格残卷》对"格"的定制，按照《唐六典》的定义："律"乃正刑定罪，"格"乃禁违止邪，《神龙散颁刑部格残卷》所载内容，依照今日刑事规范的位阶来看，《神龙散颁刑部格残卷》属于对唐律的补充性规定，有助于人们了解唐代司法实践中立法罪名与司法罪名纷争的问题，把握唐格的源流与递变，明了中国古代法律形式的异变、开掘法律史研究的深度以及促进中华法系研究的深入①，对当今刑事法学的研究均具有重要的价值。

其二是对敦煌法学"契约"的规范研究。在我国古代社会，"民有私约如律令"，契约文书向来是民间自治的重要表征，形成了"官有政法，民从私契"的古典制度平行结构。契约文书在敦煌法律文书的总量中占有重要比重，契约中包含涉人、涉事、涉物等多种法律行为，敦煌契约文书广涉借贷契、买卖契（包括一般买卖、土地交易）、租佃契、雇工契、养男立嗣契和放妻书、放良书、分书和遗书，契约文书本身的形式构成要件较为完备，体现了较为发达的"意思自治"理念，浸透了历史上敦煌民众的价值追求，是敦煌法学的重要研究领域，对研究我国古代传统法律文化具有不可估量的价值。

其三是对敦煌法学"宗教文献"的规范研究。历史上的敦煌除却本

---

① 王斐弘：《敦煌法论》，法律出版社 2008 年版，第 67 页。

土流行的儒释道三教盛行外，还基于"华戎交汇，一都会"的区位优势，汉文化和外来文化在敦煌地区表征出多元共生的景象。产生于中亚、西亚以及欧洲的景教、伊斯兰教、摩尼教、袄教等都曾在敦煌流行。尤其是敦煌本身作为佛教文化圣地，被誉为"佛国殿堂"，"本土化""敦煌化"了的佛教，连同其他宗教形成了大量的宗教经典，特别是对宗教古佚经典的留存，使得敦煌法学的宗教规范的研究，尤其是"教法规范"的研究，具有独特的法文化意义，也构成了敦煌法学研究的典型标识。尽管通识观念中我国向来是一个"世俗化"的国家，没有或很少受到宗教影响的国家，但对历史上的敦煌社会而言，宗教及教法规范的研究显然是一个重要线索，展示了敦煌法学独特的法文化景观。在一定意义上，宗教与法律虽然分属性质完全不同的规则体系，但从历史的向度讲，二者并不能隔绝相互支持的关系，如法律信仰与宗教信仰之间的内在逻辑关联，以及宗教观对法律正当性的扬升等。① 而敦煌艺术的中心是宗教信仰②，敦煌宗教文献中的教法人物、教法故事，经过转化性的诠释后，也可以视为法律人物与法律故事，至少在强调法律信仰方面，它与中国传统法文化的研究存在比较优势，具有深远和超然的借鉴意义。

3. "事实—法社会学"向度

法的产生端赖于社会经验事实，而非立法者的理性使然。通过社会事实来解释敦煌法学，主要是通过历史上敦煌民众现实的、交往的社会实践关系来发现法律，恰如拉丁格言所述的"给了我事实，就可以给你法律"。所谓"事实向度的法律研究"或"法律的社会学（经验事实）研究"，通常是指通过联系人们的社会实践关系，将社会主体的交互行为视为一种事实基础，进而对法与社会的动态关系作为经验意义上的认识和把握。与传统法解释学那种拘泥于规范文本的研究范式不同，法社会学将自身的逻辑锚点放置在人们的实践关系当中，或称"行动中的法"，它从法与社会的关联来把握法现象，极大地拓展了法学的研究视界。一言以蔽之，"不了解社会事实，则不了解法律"。

从这个意义上讲，对敦煌学形成的背景事实——历史上的敦煌社会

① 周安平：《常识法理学》，北京大学出版社 2021 年版，第 350—351 页。
② 常书鸿、［日］池田大作：《敦煌的光彩》，天地出版社 2021 年版，第 84 页。

样态便是不能被忽视的研究板块。敦煌社会的千年历史演进，以及伴生形成的关于敦煌族群的生活规范事实乃是敦煌法学、社会学研究向度的重要样本。这是因为敦煌地界独特的自然禀赋使然，基于中古时期我国政治统治实体对西北地域的经略流变，在某种程度上使得敦煌成为一个政治传统意义的"化外之地"，敦煌得以葆有一种对比中央集权而言的、相对意义上的民间自治空间。在这样特殊地理禀赋下，敦煌生成了民族多元、观念多元和习俗多元的社会生态景观。

　　譬如，对敦煌法学中对于"习惯"这一现象便存在广阔的作业空间。从历史叙事的角度，可探索印证习惯与习惯法在古典敦煌社会的作用及其对当下敦煌地域乃至整个西北地域的现实运用与影响；从民族叙事的角度，可挖掘与解释历史上敦煌社会多元民族的固有生活习惯、交易习惯与纠纷解决习惯，以及如何处理不同民族之间的习惯共在共存的方案；从规范诠释的角度，可梳理和考证国家法与习惯、习惯法之间的制度框架与作用机制；从个案裁判及决纷方式的角度，可整合与调查不同习惯及习惯法在补充、替代司法性的解决方式及其现代性的镜鉴价值；从国际交往的角度，可采制与撷取丝绸之路时期不同文明在敦煌进行的民商事交往习惯，以及这些民商事习惯与现代国际法意义上的法律渊源之间的谱系关系等。这里虽然对习惯的可能研究方向进行挂一漏万的列举，但这绝不意味着事实向度的敦煌法学研究仅能止步于此。事实上，从理解古典敦煌法律生活与法律秩序的社会视角，敦煌法学的知识来源并不仅仅在于敦煌写本、文书等"文献规范证据"中，与其同等重要的还在于至今仍然在敦煌社会存留与运用的"事实经验证据"。又如，我国河西一带（包括敦煌、酒泉乃至整个甘肃地域）的酒俗文化源远流长，根据敦煌遗书《某寺油面破历》（编号为 S.1519）的记载，历史上的敦煌民众以好酒为风俗，古沙洲不仅官府、商户酿酒，甚至寺院也在酿酒；官员、百姓、使节是饮酒大户，僧侣亦是酒的主要消费群体[①]，由此可见酒俗文化在当地的影响力。而这与当代河西一带好酒成风的酒文化现象之间存在何种联系，反映了何种历史文化传统的因袭与承继，这都是可资

---

① "廿七日，酒壹角，僧录寿昌来迎用；廿九日，酒壹斗，解法律瓜州到来迎用"。参见冯培红《敦煌基层社会史刍议》，《中国高校社会科学》2015 年第 2 期，第 85 页。

敦煌法文化研究镜鉴的一个缩影。

敦煌法学的事实经验研究更加侧重对敦煌民众社会生活的把握，而不仅是将目光拘囿在敦煌法律制度与法律契约方面。因为敦煌民众的社会生活反映的是人们的精神状态和文化意识，从这一切面入手，有助于从其社会情境和实践层面导向更深层次问题的解释力。它强调的是在一种具体的法律事实中观察敦煌社会，在互动惯习的具体场域中解读法律，需要的是"功能主义"意义上马林诺夫斯基的法人类学研究，是"本土经验"意义上费孝通的乡土惯习调查。也正是这一语境的法社会学研究可能为解答敦煌法学这道几何学难题画上极为重要的辅助线。

未来图景：敦煌法学的文化自觉与规范塑造

毋庸置疑，敦煌法学作为大国历史文明的产物，敦煌法学知识域的主题是历史与文化。这尤其体现在对敦煌法学研究对象的突出强调上，即敦煌法学所研究的，既非社会转型与个体交往意义上的权利冲突与纠纷化解，也非国家治理与法治转型意义上的制度调整与体系升级，而是主要指向人们精神世界的历史与文化传统，它所指涉的物质世界确是业已湮没于文明历史中的敦煌社会。换句话说，尽管敦煌法学研究资料的富集密度非同寻常，但其研究对象是一个只能经由文本或彩绘、雕塑进行勾勒、还原抑或是"想象"来还原的世界，是一项间接性的研究。而对研究对象的界定又对概念的内涵与外延有着直接的决定作用，那么通过如此间接性的研究如何能够对当下的法治实践提供具有建设性与启发性的镜鉴价值，尤其是在法学自诞生起向来便是一种强调"实践理性"的问题背景下，显然是一个难度上不啻"构建敦煌法学学科体系与知识谱系"的元命题。这或许也是敦煌法学自成立以来，虽然在法学界受到了一定关注，但其地位和价值未能如同"敦煌学"一般显赫的缘由所在。

1. 文化基因与敦煌法学知识主体性的规范建构

但是，对敦煌法学"可能"的置喙仍不构成对敦煌法学知识主体性与整全性的否定。正如两百多年前，著名法学家萨维尼面对德国正在不断学习《法国民法典》时所提出的论断，"要从整个民族的精神理念出发寻找法律建构的逻辑起点"。①这反映出一国制度的创设调整、规范的创制实施总是与本国的观念形态与文化语境紧密相关的。又因法律与文化之间的关系长期受到法律人类学和法律社会学的关注。但在当今，两者的关系被视为各类不同法理研究的核心问题。② 从这个意义上理解，"民族的才是世界的，而世界的却先是民族的"。敦煌法学作为跨学科合作或对话的产物，"文化"（表征敦煌学主研究域）与"规范"（表征法学主研究域）是敦煌法学的"一体两面"，构成互为表里的惯常关系。"文化的敦煌"是"里"，"规范的敦煌"是"表"，二者相互依存。缺了前者，则敦煌法学顿失底色，论理不存；缺了后者，则敦煌法学难以形状、法度不具。可以说，规范是敦煌法学之所以定位于"法学研究"的本质标识，而文化则是敦煌法学理论空间拓展的能动性、甚至是决定性因素。姜亮夫先生曾谈到，"整个敦煌文物、经卷也好，不管什么也好，我们要研究它，要认识它的话，要从中国文化来看。从整个中国文化来看，敦煌替我们保存了我们文化里边的宝，最重要的宝，保存得太多了，道家经典、儒家经典几乎都保存了，中国的一些知识也在里边保存了，中国社会的一些现象也在里边保存了。我们兜了这样大的圈子，顶顶重要的，是要说明敦煌文化在中国文化史上的价值"③。因此，基于文化观念和历史法学的基本思路，敦煌法学研究的整体性叙事的建构，其关键在于"文化敦煌"与"法学敦煌"的转化，将文化作为敦煌法学研究的支点与蕲向，准确把握敦煌文化内在的精神意识向外在规范行为择向转换之间的物化模式，体察精神道德传统的传承对历史敦煌社会的深刻影响。

可见，敦煌法学这一以地名学的法学研究课题，文化自觉是贯穿在

① 萨维尼指出："放眼人类信史的最为远古的时代，我们不难看到，法律已经具有某些自身特定的禀赋，这便为一定民族所特有，如同风俗、习惯、言语、行为方式和基本的社会组织体制。不仅仅如此，这些现象并不是各自孤立地存在着，实际上，它们是为一个独特的民族所独有的绝对不可能分割的禀赋和取向，它们反过来向我们展现出一幅特立独行的景貌。将这些现象联合为一体的，便是排除了一切偶然与任意意图的为这个民族独有的共同信念及对其内在必然性的共同意识。［德］弗里德里希·卡尔·冯·萨维尼：《论立法与法学的当代使命》，许章润译，中国法制出版社 2001 年版，第 33 页。

② ［英］罗杰·科特雷尔：《法律、文化与社会——社会理论镜像中的法律观念》，郭晓明译，北京大学出版社 2020 年版，第 183 页。

③ 姜亮夫：《敦煌学论稿》，浙江大学出版社 2017 年版，第 33 页。

敦煌法学知识建构全过程中的，这也是敦煌法学作为法学知识存在的独特品格。也由此，敦煌法学当前面临着一个根本性的目标命题，即怎样在如此开阔的时空尺度下、实现敦煌法学的"创造性转化"与"转化性创造"，从学科的基础性价值判断转向知识的体系性事实陈述，这同样是敦煌法学由知识发现到知识建构、激励法学知识生产的关键性问题。显然，这涉及对敦煌法学提出与存在的哲理性思辨，而这样一项学术上宏远的建构性事业也并不可能通过几句话或几篇著作便可解释清楚，但基于相同的理由，这同样也不构成阻碍学人思索的限制性条件。

制度与法律是人类文明普遍关注的因素，尽管人们生活在不同时代、不同语境围绕制度与法律会不断衍生出新的问题，但其中总有些问题是全程递归的，在不同的时代与语境中始终在场，而历史与文化无疑是获知这些问题答案的钥匙。敦煌学本身作为我国中古时期社会经济和意识形态的"百科全书"①，敦煌法学借由"敦煌学"这一中国历史文化的"无尽藏"，从理论起点上天然存在着话语优势。但是，不论敦煌法学的资源积贮多少、境界位阶高低，都应当按照符合法学逻辑的框架内完成转化，因为资源是知识建构的手段，而非新的答案；境界是知识供选的提示，而非研究的目的。

2. 敦煌法学的规范表达与中国问题意识

众所周知，中华法系曾在世界法制史上独树一帜，其中又以唐律为代表。历史的敦煌社会正是盛唐发达法制形态的真实写照。然而从法学的知识谱系观之，其运用至今的研究范式与话语机制乃是西方文明发展史中的内生产物，对比传统中国的中华法系而言，法学并未在传统中国的学术结构中找到与之相对应的位置，进而引申出一系列围绕当代中国法学研究格局中"法学在中国"或"在中国发现法学"的经久法理反思。"如果说现代法律存在着信仰危机，那么，这种信仰危机不过是文化危机的表征，而文化危机则是这种信仰危机的深层根源；如果说对于现代的法律而言，文化确实成了一种'稀缺资源'，那么，依循'缺什么补什么'的思路，重新思考法律的文化情境及其意蕴，则确有必要。"② 换句

---

① 刘进宝：《敦煌学通论》（增订本），甘肃教育出版社2019年版，第4页。

② 高鸿钧：《法治漫笔》，译林出版社2017年版，第214—215页。

话说，法学在我国是一项现代性知识，并非自古便存，因而中国法学的历史叙事是不连贯的，在传统和现代之间存在着观念认知、思想传承的割裂，那么回应法学研究的主体意识迷津，以及把中国法学建构成为兼顾传统与现代的连续性历史叙事，便是极为重要的学术命题。

敦煌法学的提出，在一定程度上可以为回应这种法理追问提供指引。根据李功国先生的研究发现，"敦煌、吐鲁番契约文书是中国社会和中华民族文化自身的产物，迄今尚未发现移植或借鉴的证据，说明它是真正出自我国古代民间的原创性法律文化成果"。[①] 如果说当前我国法学研究的话语机制和范式运用尚未摆脱对西方知识传统的依赖或者仍受制于西方法治话语的宰制，那么此种态度的背后，反映的正是学人对我国传统法律文化的不自信。一方面，中国古代法律文献的传承并未如西方法学知识呈现为一种连续的历史叙事，导致法学家在试图论证中国古代法学知识时总是因"述少"而"难作"；另一方面，根据武树臣、何勤华的研究，中国古典传统并非没有法学，而是没有那种按照西方定义的"法学"，不但如此，中国古典法律文化中关于"宪、政、民、刑"的思想智慧是丰富且发达的。因之，敦煌学的"回国"与中国主体意识与主体场景的始终在场，使得敦煌法学为中国法学构建自身的话语体系与话语权力提供了一个难觅的契机，在接近历史的现场中重塑主体文化的自信，在对敦煌学的"旧邦新造"的创新过程中型塑我国法学理论研究的话语权重，提升与国家法学研究对话与沟通的实力。毕竟，按照萨维尼的理解，学问必须以自身为主体，没有对中国问题意识的主体自觉，我们的法学研究便没有了意义。

3. 敦煌法学的规范表达与其法学知识构造的多元展开

从敦煌法学的知识来源上讲，既有观念价值路向的知识与方法，也有日常生活交往路向的资源与研究；既有遗书的文献存在样式，同样也存在石窟壁画的艺术表达形态。本着敦煌文化的宏远性，以理论或非理论形态存在的敦煌学知识，本质上是敦煌文化这一卓具解释力空间的知识疆域与文化体系的反映。基于同样的理由，敦煌法学的知识构造，需

---

① 李功国、陈永胜：《敦煌、吐鲁番契约文书研究》，载王宝树主编《商事法论集》第4卷，法律出版社2001年版。

要的不仅仅是在历时性关系中剖析已经发生的事实结构与实践经验，也不应单单囿于具体法律制度与法律渊源的具体部门法知识，更为重要的是升华境界、叩问关涉制度与法律的哲学智慧。同时，还需要注重方法论运用的转换。敦煌法学具有独特的文化条件、话语情景和知识生态，决定了在方法论选择切入具体问题时，势必需要跨学科视野与方法的实质展开。这是因为一个学科提出的问题，其答案很可能在别的学科那里，跨学科研究就是共同重新面对复杂的事实，而跨学科对话要求的是不同专业之间的专业性对话，而不是放弃各自专业性的泛泛而谈。① 当然，无论是前者所谓"规范之外"（法外求法）的法学研究，还是后者所谓"规范之内"（法内求法）的知识求索，二者共享一个根本性的前提：敦煌法学在注重文化自觉的同时，更应坚定地把内容搭建在规范的框架之内。

另外，敦煌法学所处的历史文化条件还潜藏着关于中国法律文化生成基因密码的知识传统。站在大历史观的整体视野来看，敦煌的地理位置处于我国甘肃河西地域，或者说是广义上的河陇地区，而这一区域是古典中国农耕文明与游牧文明的交汇空间，俗语"长城内外，列祖列宗"正是人类地缘政治学问的经验凝练，也体现了中国古代的文明建构逻辑与文明秩序原理，即如史学家对中国历史的洞见描述一般②，人们对古代中国的历史叙事常不自觉或无意识地将"长城之外、胡风汉韵"的历史细故摒除开来，未能见到历史上代表"胡马"的游牧文化与代表"洪水"的农耕文化对于作为文化共同体的中国的深重影响。而历史上的河西陇右地区，恰好同时兼顾了这两种历史文化面向。王勇先生多年前便提出了"河陇地区作为中国法学运思的知识锚点"，"全面完整地研究中国法律文化，一定要有一个合适的文化地理锚点。立足这个文化地理锚点，

---

① 赵汀阳：《世界图景中的当代中国思想》，载中国社会科学网 2021 年 4 月 15 日，http：//news. cssn. cn/zx/bwyc/202104/t20210415_ 5326460. shtml，2022 年 5 月 4 日访问。

② "两千年来的中国史学家，上了秦始皇一个大当。以为中国的文化及民族都是长城以南的事情。这是一件大大的错误，我们应该觉悟了！我们更老的老家——民族的兼文化的——除了中国本土以外，并在满洲、内蒙古、外蒙古以及西伯利亚一带：这些都是中华民族的列祖列宗栖息坐卧的地方。到了秦始皇筑长城，才把这些地方永远断送给'异族'了。因此，现代人读到'相土烈烈，海外有截'一类的古史，反觉得新鲜，是出乎意料之外的事了。"参见李济《中国民族的形成》，江苏教育出版社 2005 年版。

也就找到了中国法学的历史'原点'，中国法学的主体性的重建才有历史基础"。① 站在这一理论原点上，可以发现敦煌法学的历史文化样态，不单是具有作为地域性文明交互演进的文化空间的存在意义，其包括中原汉家法律文化、雪域高原法律文化、西域伊斯兰法律文化、草场蒙原法律文化、西南少数民族法律文化及其相互影响，还具有其作为大国文明递嬗流变意义上的世界文明中心的存在意义，包括中华文明与古老希腊文明、伊斯兰文明、印度文明的互相晕染与融通。如果说起点决定高度，格局决定结局的话，那么敦煌法学作为敦煌文化的知识显映，无疑对我们认知古代中国法律文化及其当代法学研究主体意识具有悠远的重要意义。

余论

长久以来，随着敦煌学人奋发踔厉地对敦煌学学术求索事业的展开，国内的敦煌学研究成果在国内外均产生了广泛的影响，以自身的学术品质与态度重塑着"敦煌在中国，敦煌学在国外"的旧有论调，对当代中国敦煌学话语体系的锤炼及提振国家文化自信发挥了重要作用。而在这一过程中，诸多学科借由敦煌学这一"学术的海洋"得以完善自身的知识体系、升华学科境界，但不无遗憾的是，多年来在倡导敦煌学跨学科研究的背景下，对法学研究的学术分量明显重视不够，尤其是关于法的历史文化阐释方面尤为不足。开启敦煌学研究的法学面向，意味着敦煌法学作为社科领域内新的研究方向，需要把它整合成为敦煌学与法学双向领域中新的理论养分，在法学与敦煌学的交复过程中得到新的理解，因其所已知而发现其未知，使得敦煌法学的学术价值得以充分彰显，这既是对敦煌学知识体系的完善，也是对我国法学研究的主体与问题意识的革新。如果说过去敦煌法学的研究是个案分析式的，如对敦煌出土的某一法律文献进行分析考释，那么自敦煌法学作为学科被提出以后的研究阶段，理应重视其知识原理阐释与宏观理论框架建构工作。也正是在这个意义上，敦煌法学庶几成为当代中国法学研究中的显学。从历史法学的角度讲，法律可以被当作理解一个民族的符号和密码，而敦煌法律

---

① 参见王勇《没有锚点的中国法学——河陇地区作为中国法学运思的历史文化地理锚点》，《甘肃政法学院学报》2016 年第 1 期。

世界是中华法文化的典型样本表征。对敦煌法学的研究，时下也正是一个找回中国历史法学的高级法背景的契机，这是启发当代中国法学研究历史心智的窗口；又因为敦煌在甘肃，甘肃地区学者从事敦煌研究具有天然的学术使命和研究便利条件，所以这也是当代陇籍乃至西北法学人的使命担当和难得机遇。敦煌法学的发展需要我辈有所作为，我辈也应当能够有所作为。

敦煌法学部分著作与资料

六 人才培养

人才培养对敦煌法学的传续与发展非常重要，第一期培训班初级班招收 325 人，高级班 120 人。

（一）兰州大学敦煌法学研究中心敦煌法学特色学科建设案例

敦煌法学是研究我国敦煌法制文献及其他资料中所反映出的我国古代敦煌社会法制状况、法律生活的学问。敦煌法制文献研究已有百年学术史，但是，这样一个较为成熟的支柱性学科，却至今仍处于冷门绝学状态，未能在敦煌学中占有一席之地。

我们力求担负起构建敦煌法学新学科的历史责任，使之成为填补空白、传承中华优秀法律文化的一处范例；也成为兰州大学"双一流"建设的一个特色学科生长点。2019 年 12 月、2020 年 9 月先后成立兰州大学敦煌法学研究中心、甘肃省法学会敦煌法学研究会，两个研究机构已有敦煌法学学者56人，承担国家社科基金项目、省部级项目16项；出版《敦煌法学文稿》等专著8部；发表论文33篇。法学院、研究中心已确立招收《敦煌法学》方向研究生。并举办学术研讨会、敦煌法学青年学者论坛20余次，参会2000余人，举办免费人才培训班，学员253人。以上活动，受到兰州大学、甘肃省委政法委、甘肃省法学会等相关单位的大力支持。并被中国法学会网、新华网、甘肃省政府网、甘肃日报等各大媒体广泛转载与报道，产生很大反响。认为研究中心与研究会是关于敦煌法学全国独一无二的研究机构，显示出开局良好，很有潜力的发展态势。

兰州大学法学院

兰州大学敦煌法学研究中心

2020年12月3日

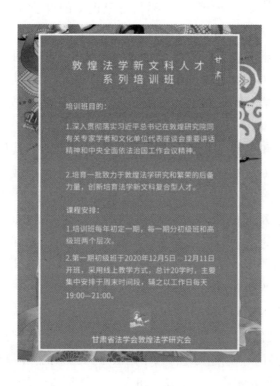

敦煌法学新文科人才培训班（第一期）线上教学模式初步设计

举办敦煌法学新文科人才培训班的目标在于为敦煌法学的研究和繁荣培养源源不断的后备人才，同时也为法学新文科建设探路，重在社会效应，属公益性质，学生不收费，老师无酬劳。每年初定一期。每一期分初级班和高级班两个层次。初级班采用线上教学方式，总计20学时，时间初定在12月5—11日，主要安排在周末和晚上7—9点的时间段。初级班课程结束后，通过学员提交的课程论文设计和完成学时（以每次授课结束后在微信群里提交的课堂手记来统计）进行综合评定，从中选出30人左右进入高级班。高级班择时在线下进行，以会诊、辅导完成一篇有创新的课程论文的形式进行。优秀的论文全部收入《西北法律文化资源》第五辑。可谓敦煌法学教学与学术研究、学术发表一举三得。初级班和高级班的毕业证书，由敦煌法学研究会签章核发。

除李功国和王斐弘老师的授课具有概论特点外，其他老师可设计敦煌法学相关专题讲座。专题讲座内容若以敦煌法律故事切入，能激发学生对敦煌法学研究的兴趣，则更好。请各位授课老师将课程题目、阅读文献及可授课具体时间初定一下。当然，初定时间有冲突时，可在教师之间进行酌情调整，原则上，李功国老师和王斐弘老师的授课宜靠前。

如何理解"敦煌法学新文科"？

敦煌法学新文科，是以中国法学和敦煌学相交叉为基点，以传承"大中国"传统优秀法治文化为使命，以夯实中国特色社会主义法治文化的历史根基为目标，以建构主体性中国法学为愿景的一门新型交叉学科。敦煌法学新文科人才培养，是以兰州大学、西北师范大学等高校为代表的甘肃法学界，在甘肃省法学会和李功国教授的支持和提议下，立足敦煌、立足西北、立足华夏文明传承创新示范区，率先为中国法学新文科建设探路，这是极富有远见、并具有历史担当精神的一个有益的探索和尝试。

基于敦煌学的学科特点，敦煌法学新文科所体现的学科交叉，已经超出了单纯的数个文科之间的交叉和融合，具有文科与理工农医深度交叉融合的潜在趋势，因为作为世界显学的敦煌学本身就是文理工农医的综合知识集群，是知识创新、交融会通的典范；同时，敦煌法学新文科还具有将国学与史学重新整合起来的理论关切，对于重建既具有中国特色，又能够面向世界的"经史之学"意义重大。

教育部等相关部委正在推动的"四新"建设即"新工科、新医科、新农科、新文科"建设中，有这样的原则性设想：新工科、新医科、新农科为新文科提供新的命题、新的方法、新的技术、新的手段等；新文科为新工科、新医科、新农科提供方向、标准、价值判断以及未来所需要的职业综合素质。新文科很重要，推进新文科建设要注重工文结合、医文结合、农文结合。由此看来，敦煌法学新文科建设，在"四新"建设中，具有极为典型的示范意义和价值引领作用。

徐显明教授认为，新文科将是文理打通、人文与社科打通、中西打通、知行打通、古今打通的"五通文科"；我们的法治是走向大国的法治，我们的目标是建设法治中国、法治强国；大国的法治应该有大国的样子。敦煌法学是具有世界关怀的中国历史法学，因此，敦煌法学新文科建设的初衷与方案设计，与此目标愿景亦高度契合。

敦煌法学是典型的真善美学，具有丰厚的法理学、法哲学和法美学的知识叠层和递进资源，对于推动中国法学新文科教育创新发展、"讲好中国法学故事"、构建以育人育才为中心的中国法学教育新格局、加快培养新时代"经律双修""又红又专"的卓越法治人才、增强文化自信、提升国家文化软实力具有极为重要的历史和现实意义。

敦煌法学新文科人才培训班第一期结业证书

敦煌法学新文科人才培训班高级培训班结业典礼

（二）系列讲座

敦煌法学系列讲座

（三）高端青年论坛

敦煌法学高端青年论坛专题广告

（四）学术交流

中国法律哲学武汉高层会议（王勇教授参加）

第五位发言人是西北师范大学法学院王勇教授，王勇教授以《人生阅历、知识结构与思想涌现——从李功国先生创立"敦煌法学"看"法治中国"的理想图景》为题作会议发言。王勇教授从 6 个方面来论述这一发言。

第一，作为"历史智慧老人"的"前见"。王勇教授强调，没有任何前见的理论是不可能的，想象"法治中国的理想图景"，同样离不开前见，但是，我们需要的是作为"历史智慧老人"的"前见"。

第二，读书、读人与读世——"根据中国"想象"法治中国的理想图景"。从李功国先生的人生阅历、知识结构和学术关切中，可以发现先生身上具有"真善美"的可贵禀赋和人格魅力，这或许正是先生能够率先发现"敦煌法学"的原因所在。作为敦煌法学的主创人和倡议人，李功国先生的理论视野和学术关怀，或与"法治中国"的理想图景之间有着高度的契合之处，理解了"敦煌法学"，也就理解了"以中国为根据"，因此，才能更好地理解和想象"法治中国"。

第三，从敦煌法学看法治中国之"真"。法治中国之真，是农牧文明底色之真，是"四时月令"之真，是作为"法自然"的真，提示着"先予后取"的世界第一低熵文明即生态文明的初心，是天人合一的主体性、自觉性法文化意象。

第四，从敦煌法学看法治中国之"善"。敦煌法学中的"善治"，与法治中国的"善治"价值是一脉相承的。敦煌法学中的"善治",其实是儒家"家身国"共同体文化之善的集中体现。

第五,从敦煌法学看法治中国之"美"。从敦煌"法美学"中,我们能够找回"美"的神圣、崇高、大爱等原生性含义,而这正是"法治中国"之全民守法和"信仰人民"最为浓厚的本土历史文化资源和社会心理基础。

第六,自然中国、共和中国与人民中国——法治中国的主体意象。主体维度的"法治中国"是自然中国、共和中国(家和中国)和人民中国统一,是本真中国、善治中国和大美中国的统一。敦煌法学是典型的真善美学,具有丰厚的法理学、法哲学和法美学的知识叠层和递进资源,为主体性法治中国的建构,提供了弥足珍贵的历史法学滋养。

敦煌法学学术工作站广告

本章作者：

李功国，甘肃省法学会敦煌法学研究会会长，兰州大学敦煌法学研究中心主任。

王勇，西北师范大学法学院教授，甘肃省法学会敦煌法学研究会副会长。

叶孔亮，甘肃省兰州飞天公证处主任，敦煌法学研究会副会长。

田庆锋，西北师范大学法学院教授，甘肃省法学会敦煌法学研究会常务理事。

宋鹏鹏，兰州大学法学院法学硕士。

李梦婷，兰州大学法学院法律硕士。

参考文献

陈炳应、卢冬：《古代民族：遥望星宿——甘肃考古文化丛书》，敦煌文艺出版社 2004 年版。

范文澜：《中国通史》，人民出版社 1994 年版。

高平叔编：《蔡元培全集》（第 3 卷），中华书局 1984 年版。

何炳棣：《读史阅世六十年》，中华书局 2012 年版。

何双全：《简牍：遥望星宿——甘肃考古文化丛书》，敦煌文艺出版社 2004 年版。

胡同庆、安忠义：《佛教艺术：遥望星宿——甘肃考古文化丛书》，敦煌文艺出版社 2004 年版。

瞿同祖：《中国法律与中国社会》，中华书局 1981 年版。

［美］拉铁摩尔：《中国的亚洲内陆边疆》，唐晓峰译，江苏人民出版社 2005 年版。

郎树德、贾建威：《彩陶：遥望星宿——甘肃考古文化丛书》，敦煌文艺出版社 2004 年版。

李猛：《自然社会：自然法与现代道德世界的形成》，生活·读书·新知三联书店 2015 年版。

李学勤、于玉蓉：《追寻中国古代文明的足迹——著名历史学家李学勤先生访谈录》，《甘肃社会科学》2014 年第 1 期。

梁启超：《法学文集》，中国政法大学出版社 2000 年版。

陆润林主编：《兰州大学校史（1909—1989）》，兰州大学出版社 1990 年版。

钱穆：《中国文化史导论》，商务印务馆 1994 年版。

（清）许容监修，李迪等撰，刘光华等点校整理：《甘肃通志》上下册，兰州大学出版社 2018 年版。

《尚书·尧典》《尚书·禹贡》，中华书局 1980 年影印本。

司马光：《资治通鉴》，中华书局 1986 年版。

司马迁：《史记》，中华书局 1999 年版。

唐晓峰：《新订人文地理随笔》，生活·读书·新知三联书店 2018 年版。

唐晓军、师彦灵：《古代建筑：遥望星宿——甘肃考古文化丛书》，敦煌文艺出版社 2004 年版。

王知三：《成纪神话传说》，兰州大学出版社 1997 年版。

徐旭生：《中国古史的传说时代》，科学出版社 1960 年版。

杨显惠：《甘南纪事》，花城出版社 2011 年版。

《易经》《庄子》，中华书局 1986 年版。

岳邦湖：《岩画及墓葬壁画：遥望星宿——甘肃考古文化丛书》，敦煌文艺出版社 2004 年版。

张力华：《长城：遥望星宿——甘肃考古文化丛书》，敦煌文艺出版社 2004 年版。

张蕊兰主编：《甘肃档案史话》，甘肃省档案馆编，甘肃文化出版社 2011 年版。

张行：《古生物与古环境：遥望星宿——甘肃考古文化丛书》，敦煌文艺出版社 2004 年版。

郑也夫：《文明是副产品》，中信出版社 2015 年版。

祝中熹：《早期秦史：遥望星宿——甘肃考古文化丛书》，敦煌文艺出版社 2004 年版。

祝中熹、李永平：《青铜器：遥望星宿——甘肃考古文化丛书》，敦煌文艺出版社 2004 年版。

后　记

　　甘肃省（古称陇），是历史悠久的文化大省，也是法律文化大省。它的地域与自然人文环境极具特色，在中华法制文明史上很有代表性。

　　本书的撰写出版完成了甘肃从远古到近现代法制状况、法制发展流变及其规律的梳理、发掘，可以从一个省的角度一斑窥豹看到中华文明包括法制文明的先进性、发达性，可以证明民族虚无主义毫无历史根据。人们可以从陇上法制的发展中吸收历史智慧和力量，传承、转化、发展创新，为中国特色社会主义法治建设增添营养。

　　本书以人物事件为主，强调专业眼光，重视整体观察，综合研究，实事求是。

　　本书的出版是兰州大学法学院、敦煌法学研究中心、甘肃省法学会、敦煌法学研究会，省校合作共建世界一流大学的具体举措，也是与西北师范大学法学院、西北法律文化资源整理与研究中心、甘肃民族法制文化研究所共同协作的结果，还有中国社会科学出版社的大力支持以及全体作者的共同努力，以及书务人员谢丹、刘英、李梦婷、宋鹏鹏等所付出的辛勤劳动，我们对此深表感谢！

　　本书撰写的人物、事件均属一家之言，不当之处欢迎赐教！